아시아의 역사와 문화 2

中國史〔中世〕

監修 竺沙雅章 / 責任編輯 藤善眞澄 / 譯者 金羨珉

執筆者 愛宕 元 氣賀澤保規
杉村邦彦 中西久味
中村圭爾 西脇常記
東 晉次 宮崎法子
宮下三郎 渡邊信一郎

圖書出版 新書苑

역자〔김선민(金羨珉)〕약력

1959년 경기 출생

연세대학교 사학과, 동대학원 석사·박사과정(문학박사)

주요논문「부병제의 성격에 관하여」등

역서『고대중국』(까치, 1995)

아시아의 역사와 문화 2—중국사 중세

1999년 4월 15일 초판1쇄 인쇄
1999년 4월 30일 초판1쇄 발행
2006년 3월 5일 초판2쇄 발행

편자 藤善眞澄 역자 김선민

도서출판 신서원

만든이 임성렬

서울특별시 종로구 교남동 47-2(협신209호)

등록번호 제1-1805(1994.11.9)

전화번호 739-0222·0223 팩시번호 739-0224

신한은행온라인 387-02-051433

신서원의 책들은 '대물림'할 수 있는 것들입니다.

잘못된 책은 연락주십시오.

History and Culture of Asia

도서출판 신서원

옮긴이의 글

현재까지 번역·출간된 중국중세사 개설서는 그 수도 많지 않지만, 어떤 책은 위진남북조사만을 범위로 하고 있고 또 어떤 책은 정치사의 흐름에 치중하고 있어 중국중세사 전체를 균형있게 조감해 보기에는 다소 부족한 감이 없지 않다. 더욱이 통사의 일부로 편찬된 개설의 경우는 지면사정상 내용의 소략함을 면치 못하는 것은 물론, 서술체재상의 제약으로 그 시대의 독자적 특성을 충분히 드러내지 못하는 난점을 갖고 있다. 다른 나라의 개설서를 놓고 이러쿵저러쿵 탓할 것이 아니라 이제는 우리 학계에서도 중세사개설서가 하나쯤 나올 시점이 되었다고 생각되는데, 어쨌든 현재로서는 중국중세사를 실감나게 또 심도있게 이해하기 위한 한글 도구서가 매우 부족한 형편에 있다. 그런 점에서 본서 『아시아의 역사와 문화-중국중세편』은 중국중세사에 관심을 갖고 있는 일반인들의 탐구욕을 다소나마 채워줄 수 있는 기회가 될 것으로 기대한다.

본서는 藤善眞澄 編, 『アジアの歷史と文化 2』 中國史-中世(京都:同朋舍, 1995)를 번역한 것이다. 본서가 다른 중국중세사 개설류와 다른 점은 먼저 그 외형에서 찾을 수 있다. 이 책은 페이지를 넘길 때마다 색다른 호기심을 자극한다. 세간에 이름을 날린 유명인의 초상화, 그 시대 사람들의 삶의 숨결을 보다 가까이에서 느끼게 해주는 여러가지 유물과 유적의 영상, 그리고 거대한 대륙에서 진행되는 정치·경제사의 스케일을 한눈에 파악할 수 있게 해주는 지도가 간간이 어우러진 독특한 체재가 바로 그 이유일 것이다. 뿐만 아니라 좌우에 별도로 배치해 둔 글상자도 특이하다. 본문에 포함

시키기에는 큰 줄거리가 잡박(雜駁)해질 우려가 없지 않은 이 글상자는, 그러나 그 시대 역사를 이해하는 데 빠뜨릴 수 없는 요긴한 내용을 담고 있다. 역사 전반에 걸쳐 상식적으로 꼭 알아둘 필요가 있는 사실을 설명하거나, 또는 당대의 주요인물이나 사건을 둘러싼 배경과 구체적인 삶의 면면들을 좀더 가까이 조명함으로써 그 시대를 보다 생동감있는 사회로 그려내고 있는 것이다. 만약 본서에서 이 글상자를 빼버린다면 대강의 줄거리 이해에는 별문제가 없다 하더라도 그 시대는 아마 지금보다 훨씬 무미건조한 역사로 우리 기억에 남게 될 것이다.

이 책의 필진은 거의가 사오십대에 속하는 소장학자들로서, 전후 한때 일본의 중국학계를 풍미했던 유물사관의 입장을 견지한 사가들과는 역사를 보는 시각이나 서술방법에 있어서 많은 차이를 보이고 있다. 그들은 본서의 총론에서 천명한 바와 같이 기본적으로 위진남북조·수당시대를 중세로 보는 이른바 '경도학파'의 입장을 충실히 따르고 있다. 또한 종래의 역사서술이 보통 '가치있고 중요한' 사실들을 엮어 일관된 줄거리를 가진 하나의 거대한 이야기를 펼쳐보이는 데 대하여, 본서는 그러한 경향이 완전히 배제되었다고는 할 수 없지만 비교적 개성있는 줄거리를 가진 다양한 이야기들의 집합으로 이루어진 듯한 느낌을 준다. 다시 말해 총체성이라는 면에서 보면 본서는 과거의 어느 학파나 개설서보다도 훨씬 자유를 누리고 있는 셈이다. 이러한 서술 경향은 본서가 십여 명에 달하는 집필진에 의해 주제별로 분담되었다는 점에서도 그 이유를 찾을 수 있지만, 또 한편으로는 메타 이론에 회의적인 '80년대 이후의 후기구조주의로 일컬어지는 현대사회의 학문적 추세나 분위기와도 결코 무관하지 않으리라 여겨진다. 후기구조주의에 대한 평가는 어차피 훗날의 몫이지만, 그 점에 있어 적어도 본서가 5·60년대의 개설서보다 다소의 신선감을 주는 것만은 부정할 수 없을 것이다.

본서의 필자들은 최근까지 축적된 일본학계의 연구성과를 충실히 전달하면서도 자신의 견해와 입장도 반영된 균형 있는 역사서술을 시도하고자 노력하였다. 물론 제한된 지면에 충분한 이야기를 할 수는 없었을 것이다. 단, 문화를 다룬 부분에서 지나치게 전문적이고 나열적인 서술로 따분함을 더한 점, 그리고 일본학자가 일본인 독자를 대상으로 쓴 책이기 때문에 자국사에 다소 많은 지면을 할애하고 또 일본학계 내에서도 부정되는 임나일본부설을 그대로 수용한 점 등이 결함이라면 결함이다. 그럼에도 불구하고, 그 시대의 역사와 문화를 가까운 거리에서 일목요연하게 조감할 수 있도록 짜임새 있는 구성과 서술능력을 갖추었다는 점에서 본서의 가치는 충분하다고 본다.

이 책이 번역되기까지는 많은 분들의 도움이 있었다. 우선 하이텔의 아시아 문화탐구회 회원 여러분의 성의 있는 많은 지적에 감사드린다. 그 후에도 역자의 게으름을 보다 못한 임대희 선생님께서 직접 원고를 읽어주시며 독려하셨고, 문정희·김종섭 후배는 꼼꼼하게 마무리 교정을 해주었다. 깊이 감사드린다. 아울러 어려운 사정에도 불구하고 번역의 완성을 기다려주신 도서출판 신서원의 임성렬 사장님과 편집부 여러분들의 노고에도 진심으로 감사를 드린다. 번역 가운데 잘못된 부분이나 부족한 점은 모두 옮긴이의 책임이며 독자들의 진정어린 질정(叱正)을 바랄 뿐이다.

中國史 — 中世

年 表

왕조	연도	사 항
	184	황건(黃巾)의 난 발생
	189	동탁(董卓), 낙양(洛陽)입성. 소제(少帝)를 폐하고 헌제(獻帝)를 옹립
	192	동탁 암살당함
後漢	196	조조(曹操), 헌제를 허(許)로 맞이하고 사공(司空)에 임명됨
		조조, 둔전(屯田)실시
	200	조조, 원소(袁紹)를 관도(官渡)에서 격파. 손권(孫權) 자립
	208	적벽(赤壁)전투, 유비(劉備)·손권(孫權) 연합군이 조조를 격파
	220	조조 사망(155~). 조비(曹丕), 후한을 대신하여 위(魏)를 세움〔文帝〕
		문제(文帝), 구품관인법(九品官人法) 제정
	221	유비, 촉(蜀)을 건국〔昭烈帝〕
	222	손권(孫權), 오(吳)를 건국〔大帝〕. 위·오·촉의 삼국 정립(~265)
	227	촉의 제갈공명(諸葛孔明), 출사표를 올리고 위를 치고자 함
蜀	234	촉의 제갈공명, 오장원(五丈原)의 진중(陣中)에서 사망(181~)
魏 吳	238	위의 사마의(司馬懿), 요동의 공손씨(公孫氏)를 멸함
	239	왜의 여왕 히미코(卑彌呼)의 사자(使者), 위(魏)에 도착
	249	사마의(司馬懿), 승상(丞相)이 되어 위의 실권을 장악. 하안(何晏)·왕필(王弼) 사망
	263	위, 촉을 멸함. 죽림칠현(竹林七賢) 가운데 완적(阮籍) 사망〔262년 嵆康 사망〕
	265	사마염(司馬炎), 위를 대신하여 진(晉)을 세움〔武帝〕

왕조	연도	사항
吳	266	왜의 여왕 이요(壹與)의 사자(使者), 진에 도착
	280	진(晉), 오(吳)를 멸하고 천하를 통일, 점전(占田)·과전(課田)법을 발포
西晉	297	진수(陳壽:『三國志』의 撰者) 사망(233~)
	300	팔왕(八王)의 난 시작(~306)
	304	흉노의 유연(劉淵), 자립하여 한왕(漢王)을 칭함
	311	한의 유요(劉曜), 낙양(洛陽)을 함락. 진제(晉帝)를 포로로 잡음〔永嘉의 난〕
	316	유요, 장안(長安)을 함락하고 진(晉)을 멸함
	317	사마예(司馬睿), 건업(建業)에서 즉위〔동진(東晉)성립〕
	318	유요 즉위, 이듬해 국호를 한(漢)에서 조(趙)로 바꿈〔前趙〕
	319	갈(羯)의 석륵(石勒), 조왕(趙王)을 칭함〔後趙〕
	328	후조의 석륵, 전조(前趙)의 유요를 죽이고 이듬해 전조의 땅을 병합
	337	선비(鮮卑)의 모용황(慕容皝), 연왕(燕王)을 칭함〔前燕〕
	348	불도징(佛圖澄) 사망
	351	저(氐)의 부견(苻堅) 진천왕(秦天王)을 칭함〔前秦〕
5호16국	353	왕희지(王羲之) 등이 난정(蘭亭)의 모임을 가짐. 「蘭亭序」를 지음
		이 무렵 돈황천불동(敦煌千佛洞) 개착(~14세기)
	364	동진, 토단법(土斷法)을 시행. 건강(建康)에 와관사(瓦官寺)를 건립하고 고개지(顧愷之)가 벽화를 그림
	370	전진(前秦) 부견, 전연(前燕)을 멸하고 거의 화북(華北)을 통일
東晉	383	비수(淝水)의 전투, 전진의 부견 남정(南征)을 감행했으나 동진군(東晉軍)에 패함
	384	선비의 모용수(慕容垂), 연왕(燕王)을 칭함〔後燕〕. 강(羌)의 요장(姚萇), 진왕(秦王)을 칭함〔後秦〕. 서연(西燕) 건국
	385	도안(道安)·사안(謝安) 사망
	386	선비 탁발규(拓跋珪), 국호를 위(魏)라 고침〔北魏〕. 후량(後涼) 건국
	398	북위 탁발규〔道武帝〕, 평성(平城)에 도읍
	402	환현(桓玄)의 반란, 이듬해 동진(東晉)의 제위를 찬탈〔~404〕
北魏	404	유유(劉裕), 환현(桓玄)을 토벌
	405	이 무렵 고개지(顧愷之) 사망
	412	법현(法顯), 인도에서 귀국〔399년 출발, 『佛國記』의 저자〕
	413	구마라집(鳩摩羅什:344~) 사망
		왜왕 찬(讚)의 사자가 동진에 이름

王朝			年代	주 요 사 항
5호16국	北魏	東晉	414	호태왕비〔好太王碑:廣開土大王碑〕 건립
			417	유유(劉裕), 후진(後秦)을 멸하여 일시 장안(長安)을 탈회함
		宋	420	**유유, 동진(東晉)을 대신하여 송(宋)을 세움**〔武帝〕
			425	왜왕 찬(讚)의 사자 송에 이름. 이후 찬(讚)·진(珍)·제(濟)·홍(興)·무(武) 이른바 왜의 오왕(倭五王)이 누차 송에 사자를 보냄. 이 무렵 고구려는 평양(平陽)으로 천도
			427	도연명(陶淵明) 사망(365~)
			433	사령운(謝靈運) 형사(刑死)함(385~)
北魏			439	**북위(北魏) 태무제(太武帝), 화북(華北)을 통일함**〔남북조시대:~589〕
			446	태무제, 폐불(廢佛)을 단행
			448	구겸지(寇謙之) 사망(363~), 도교(道教)의 확립
			460	담요(曇曜), 사문통(沙門統)이 되어 운강(雲崗)석굴의 조영을 시작(~494)
			471	북위 효문제(孝文帝), 5세에 즉위하여 풍태후(馮太后)가 섭정
		齊	479	소도성(蕭道成), 송(宋)을 대신하여 제(齊)를 세움〔高帝〕
			485	북위 균전법(均田法) 실시
			486	북위 삼장제(三長制) 제정
			493	북위 효문제(孝文帝), 수도를 평성(平城)에서 낙양(洛陽)으로 천도, 이후 선비어(鮮卑語) 금지를 비롯하여 호속(胡俗)을 버리는 등 한화(漢化)정책을 단행
			494	용문(龍門)석굴의 조영을 시작(~당 중기)
			495	북위 효문제(孝文帝), 성족상정(姓族詳定)의 조칙을 발포
		梁	502	소연(蕭衍), 제(齊)를 대신하여 양(梁)을 건국〔武帝〕
			518	송운(宋雲)·혜생(惠生), 서역(西域)에서 불경을 구함
			524	북위(北魏) 6진(鎭)의 난이 발생
			527	역도원(酈道元:『수경주(水經注)』 찬자) 사망
			531	소명태자(昭明太子) 사망(501~, 양무제〔梁武帝〕 장자로 『문선〔文選〕』의 찬자)
	東魏		534	고환(高歡), 효정제(孝靜帝) 옹립〔東魏〕
西魏			535	우문태(宇文泰), 문제(文帝) 옹립〔西魏〕
			548	동위(東魏)의 후경(侯景), 양(梁)에 귀순, 이듬해 반란을 일으켜 건강(建康)을 함락(~552)
	北齊		550	고양(高洋), 동위(東魏)를 대신하여 북제(北齊)를 세움〔文宣帝〕
				이 무렵 서위(西魏), 이십사군(二十四軍)을 조직하여 부병제(府兵制) 건제
北周			557	우문각(宇文覺), 서위(西魏)를 대신하여 북주(北周) 건국〔孝閔帝〕
		陳		진패선(陳覇先), 양(梁)을 대신하여 진(陳)을 세움〔武帝〕
			574	북주 무제(武帝), 폐불(廢佛)을 단행

왕조		년대	주요사항
北周		577	북주, 북제를 멸하고 화북(華北)을 통일
		581	양견(楊堅) 북주를 대신하여 수(隋)를 세움〔文帝〕
	陳	583	수, 수도를 대흥성(大興城)으로 옮김
		587	이 무렵 수, 과거 실시
		589	수, 진(陳)을 멸하여 남북을 통일
隋		595	이 무렵 안지추(顔之推) 사망(531~, 『안씨가훈(顔氏家訓)』의 저자)
		600	왜국(倭國)의 사자 수에 이름
		604	태자 양광(楊廣), 부(父) 문제(文帝)를 살해(?)하고 즉위〔煬帝〕
		605	양제(煬帝), 대운하(大運河) 공사를 시작(610~: 天津-杭州 개통), 임읍(林邑) 토벌
		607	오노노이모코(小野妹子), 수에 사절, 다음해 수의 사자 배세청(裵世淸)을 동반하여 귀국. 양제(煬帝), 장성(長城) 축조
		611	양제(煬帝), 고구려 친정(親征), 이후 두 차례(613·614)의 원정도 실패, 각지에서 반란이 일어남
		613	양현감(楊玄感) 거병
		617	이연(李淵), 태원(太原)에서 거병, 이밀(李密) 등의 군웅이 각지에서 할거
唐		618	양제(煬帝)가 살해되고, 이연(李淵) 제위에 오름〔高祖〕, 당의 건국
		621	두건덕(竇建德)·왕세충(王世充) 등이 이세민(李世民)에게 패하여 군웅이 거의 평정됨
		624	신율령(新律令)을 반포하고 균전(均田)·조용조(租庸調)의 법을 제정
		626	현무문(玄武門)의 변(變), 이세민(李世民)이 형 건성〔建成: 太子〕과 동생 원길(元吉)을 살해, 고조(高祖)가 퇴위하고, 이세민이 즉위〔太宗〕
		630	동돌궐(東突厥) 붕괴, 여러 부족의 수령들이 당에 내항(來降)하여 태종(太宗)에게 천가한(天可汗)의 칭호를 바침
		635	페르시아 승려 아라본(阿羅本), 경교(景敎)의 교전(敎典)을 장안(長安)에 가져옴
		638	『씨족지(氏族志)』 반포
		645	현장(玄奘), 인도에서 불경을 가지고 귀국(629년 출발)
			태종(太宗), 고구려를 친정(親征), 이후 원정을 기도하나 성공하지 못함
		646	설연타(薛延陀) 항복, 이듬해 연연도호부〔燕然都護府: 뒤에 安北都護府로 불림〕 설치
			일본 다이카개신(大化改新)
			현장(玄奘)의 『대당서역기(大唐西域記)』 완성
		650	선우도호부(單于都護府)를 두어 돌궐(突厥) 여러 부족을 통할케 함
		653	『오경정의(五經正義)』 완성〔孔穎達 등 撰〕

王朝	年代	주 요 사 항
唐	663	백촌강(白村江) 전투. 일본이 원군파견. 당이 신라군에 패함
	668	고구려 멸망. 안동도호부(安東都護府)를 평양에 설치
	690	측천무후(則天武后) 예종(睿宗)을 폐하고 국호를 주(周)로 고침〔武周革命〕. 여러 주(州)에 대운사(大雲寺)를 둠
	695	의정(義淨:『남해기귀내법전〔南海寄歸內法傳〕』의 저자). 인도에서 해로(海路)로 귀국(671년 출발)
	698	대조영(大祚榮) 자립〔渤海 건국〕
	705	중종(中宗)이 복위하여 국호를 당으로 회복. 측천무후 사망(623~). 여러 주에 중흥사(中興寺)를 둠
	710	위후(韋后), 중종(中宗)을 독살. 평왕(平王) 융기(隆基)·위후(韋后)를 죽이고 예종을 옹립
	711	하서절도사(河西節度使)를 둠〔최초의 節度使. 이후 十節度使로 증가〕
	712	예종(睿宗), 태자 융기〔隆基:玄宗〕에게 양위
	721	유지기(劉知幾) 사망(661~:『사통〔史通〕』의 저자). 우문융(宇文融)의 괄호정책(括戶政策) 시작
	722	처음으로 용병(傭兵)을 장안(長安)의 수비에 충당. 부병제(府兵制) 붕괴
	732	『개원례(開元禮)』 완성
	742	안록산(安祿山), 평로절도사(平盧節度使)가 됨. 그 후 범양(范陽:744)·하동(河東:751) 3개절도사를 겸임
	745	양태진(楊太眞)을 귀비(貴妃)로 삼음
	751	탈라스 강변의 전투. 안서절도사(安西節度使) 고선지(高仙芝)가 압바스왕조군에 대패. 포로가 된 당병(唐兵)에 의해 제지술이 서방으로 전해짐
	752	양국충(楊國忠), 재상(宰相)이 됨
	753	당 승려 감진(鑑眞), 일본에 율을 전함
	755	안록산 이반. 안사의 난 시작(~763)
	756	안록산 대연황제(大燕皇帝)를 칭함. 현종(玄宗)은 성도(成都)로 피난. 양국충(楊國忠)·양귀비(楊貴妃)는 살해됨. 태자(太子), 영무(靈武)에서 즉위〔肅宗〕
	757	안경서(安慶緖), 부(父) 안록산(安祿山)을 살해. 당군, 장안(長安)·낙양(洛陽)을 탈환
	758	제오기(第五琦), 염철사(鹽鐵使)가 됨. 소금전매제도 시행
	759	사사명(史思明), 안경서(安慶緖)를 죽이고 대연황제(大燕皇帝)를 칭함
	761	사조의(史朝義), 부(父) 사사명(史思明)을 죽임. 왕유(王維) 사망(701~)
	762	이백(李白) 사망(701~)
	763	사조의(史朝義) 패사. 안사의 난 종결(755~)
		토번(吐蕃) 침입. 장안(長安)을 일시 점령

王 朝	年代	주 요 사 항
唐	770	두보(杜甫) 사망(712~)
	775	위박절도사(魏博節度使) 전승사(田承嗣) 반항. 그 뒤에도 하북삼진〔河北三鎭:魏博·盧龍·成德〕 등 당조에 반항
	780	재상 양염(楊炎)의 건의로 양세법(兩稅法) 시행
	781	대진경교유행중국비(大秦景教流行中國碑)가 장안에 세워짐. 양염(楊炎) 살해됨
	783	회서(淮西) 이희열(李希烈)이 반란, 안진경(顔眞卿:709~785)의 설득으로 임지로 가다가 살해됨. 주차(朱泚) 독립
	794	운남의 이모심(異牟尋)을 남조왕(南詔王)으로 봉함
	801	두우(杜佑)『통전(通典)』완성
	810	유종원(柳宗元) 사망(773~)
	820	헌종(憲宗), 환관(宦官)에게 살해됨. 목종(穆宗) 즉위
	822	토번(吐蕃)과 화친. 이듬해 라싸에 당번회맹비(唐蕃會盟碑)를 건립
	824	목종 사망, 경종(敬宗) 즉위, 한유(韓愈) 사망(768~)
	830	이종민(李宗閔)·우승유(牛僧孺)가 재상이 되어 이덕유(李德裕)의 당(黨)을 배척〔우이(牛李)의 당쟁〕
	838	자각대사(慈覺大師) 엔닌(円仁), 최후의 견당사선(遣唐使船)을 타고 입당(入唐).『입당구법순례행기(入唐求法巡禮行記)』지음
	845	회창(會昌)의 폐불(廢佛) 단행, 여러 종교를 탄압
	846	무종(武宗) 죽고 선종(宣宗) 즉위, 백거이(白居易) 사망(772~)
	868	방훈(龐勛)의 난
	875	왕선지(王仙芝), 난을 일으킴. 황소(黃巢)가 이에 호응〔황소(黃巢)의 난(~884)〕
	880	황소, 장안(長安) 입성, 대제황제(大齊皇帝)를 칭함
	882	황소군(黃巢軍) 장수 주온(朱溫), 당에 항복하고 전충(全忠)이란 이름을 하사받음
	883	이극용(李克用), 황소(黃巢)를 격파하고 장안(長安)을 회복, 주전충(朱全忠)을 선무절도사(宣武節度使)로 삼음
	907	주전충(朱全忠), 당을 대신하여 양(梁)을 세움〔後梁〕

中世史 - 總論

藤善眞澄

황건(黃巾)의 난에서 황소(黃巢)의 난으로

후한(後漢) 영제(靈帝) 광화(光和)7년(184) 3월, 일찍이 중국사회가 경험한 적이 없었던 최대규모의 반란이 발발하였다. 황건군의 주력은 장각(張角)에 의해 조직된 원시도교인 태평도(太平道) 교단을 모체로 하고 있었는데, 주도면밀한 계획을 세웠음에도 불구하고 그것은 1년도 채 못되어 진압되었다. 그러나 되살아난 산동(山東) 지방의 교단은 십여 년에 걸친 항전을 계속하여 후한왕조를 사분오열의 정황으로 몰아넣었다. 또 이와는 별도로 사천(四川)방면에서는 장릉(張陵)에 의해 창시된 천사도(天師道), 통칭 오두미도(五斗米道)가 세력을 떨치며 신도집단을 중심으로 약 30여년에 걸친 제정(祭政)일치의 종교왕국을 구축하고 있었다. 장릉집단은 215년에 조조(曹操)의 군문에 항복하였다. 그러나 혹독한 탄압으로 괴멸되고만 태평도와는 달리 오두미도는 정치적인 비호 아래 동쪽 방면으로 교세를 확장하였으며 민간신앙과 태평도, 그리고 불교의 영향을 받으면서 신도교(新道教)로 탈바꿈하여 갔다.

동서의 서로 다른 지역에서 거의 동시에 출현한 두 개의 교단은 호족(豪族)의 토지겸병에 의한 향리사회의 붕괴 및 기근·재해로 말미암아 증가한 유민(流民)이나 궁핍한 농민의 지지를 받고 있었다. 그들은 한(漢)왕조가 이미 개혁의 의욕도, 자정(自淨)작용의 힘도 상실했다는 것은 물론이고 시대 그 자체가 커다란 전환점에 놓여 있다는 것을 민감하게 느끼면서, 새로운 질서를 종교에서 구하고 이상향을 실현하고자 군집하였던 것이다. 종교적이면서도 정치적인 이 농민운동은 실패로 끝났다. 그렇지만 그들이 피부로 느꼈던 변혁을 향한 태동(胎動)은 그들 자신의 손에서 확실한 물결침으로 변하여 곧 다가올 시대를 탄생시키는 원동력이 되었던 것이다.

황건의 난으로부터 약 700년 뒤, 규모에 있어서 황건의 난을 훨씬 능가하는 황소(黃巢)의 난이 발발하여 당(唐)을 멸망으로 이끌게 된다. 그에 앞서 당대 중반에는 또 한 차례의 대란이 있었는데, 전후 9년에 걸쳐 화북 일대를 휩쓴 안사(安史)의 난이 그것이다. 안사의 난은 당조만이 아니라 사회 전체를 근저부터 동요시켰다는 점에서 후술할 '당송변혁(唐宋變革)'의 격동기를 선도하는 역할을 한 반란이었다. 그러나 똑같이 당조 타도를 목표로 하면서도 즉 안사의 난과 황소의 난은 성격상 근본적인 차이가 있었다. 즉 안사의 난이 이민족 출신의 절도사(節度使)와 그 용병들에 의한 권력투쟁이었던 데 대하여, 황소의 난은 유민과 소농민층을 주력으로 한 생존권을 건 폭동이었다. 그 점에서 황소의 난은 오히려 황건의 난에 가까우며, 또한 한쪽은 한제국을, 다른 한쪽은 당제국을 파멸로 이끌었던 역사적 역할까지도 매우 닮았다. 그렇지만 황건·황소 양 대란에도 또한 본질적인 차이가 있다.

제VI장에서 언급했듯이 황소는 여러번 과거(科擧)시험을 치렀던 지식인이었다. 그는 당이 실시한 소금전매제에 저항하여 나타난 사염상(私鹽商) 이른바 소금 암거래 상인이었는데, 임협(任俠)성이 강해 가난한 자와 망명자들을 도우면서 점차 인망을 모으고 있었다. 이 소금 밀매조직과 혈연집단을 중핵으로 하고 여기에 유민과 농민들이 가세하여 봉기한 것이 바로 황소의 난이었다. 주목하고 싶은 것은 황소가 낙양(洛陽)·장안(長安)으로 진격하면서 자칭한 천보균평대장군(天補均平大將軍)이란 칭호이다. 이 생소한 칭호는 바로 '빈부의 차를 없애기 위해 천제(天帝)로부터 보임된 대장군(大將軍)'이라는 뜻을 가지고 있는데, 이 슬로건은 송대(宋代)부터 빈발하는 '균빈부(均貧富)'를 내세운 농민봉기에 빠짐없이 등장하고 있다. 황건의 난은 오두미도에 속하는 손은(孫恩)·노순(盧循)의 난과 불교신앙에 의거한 대승적(大乘賊)의 난 등의 선구를 이루며 종교전성시대의 도래를 예언한 반면 경제적인 색채가 농후한 황소의 난은 다가올 경제우위시대의 인상을 강하게 풍기고 있다.

미야자키 이치사다(宮崎市定)에 의하면 한과 당 사이에는 A.D. 500년 전후를 가장 밑바닥으로 하는 경기변동이 보이며, 오대(五代)에서 송(宋)에 걸쳐 비약적인 호경기를 맞이한다고 하였다. 황건의 난에서 황소의 난까지의 기간이란 바로 중국경제가 하강일로를 걷다가 다시 상승으로 돌아서는 골짜기 부분에 해당된다고 하겠는데, 그 사이 700년이 본서가 다루는 시대이다.

중세사의 영역

그런데 황건의 난에서 황소의 난에 이르는 시대를 시대구분상 중국중세사라고 하는 데 대하여 약간의 설명을 해야겠다. 다음 권에서도 언급되겠지만 일본학계에서는 '당송변혁'이라는 공통된 인식을 갖고 있다. 즉 당에서 송, 엄밀히 말하면 8세기 중엽에 일어난 안사의 난 이후부터 당말 오대에 걸쳐 커다란 변혁이 진행되었다고 보는 것이다. 이것은 나이토 도라지로(內藤虎次郎, 號는 湖南)에 의해 제창되었던 학설로서 현재까지 큰 줄기에는 변함이 없다. 그러나 이 변혁기를 사이에 둔 전후시대를 유럽사와 같이 중세와 근세, 혹은 고대와 중세로 비정함에 있어서는 학계가 완전히 둘로 나누어져 지금도 평행선을 달리며 해결의 기미를 보이지 않고 있는 상황이다. 학설의 차이는 대체로 당송변혁에 선행하는 또 하나의 변혁기를 인정하느냐 안 하느냐로 귀결된다. 당 이전을 중세라고 규정하는 것은 후한 중기부터 삼국시대까지를 또 하나의 변혁기로 보고자 하는 것인 반면, 이를 고대로 규정하는 경우는 그 변혁을 부정하거나 아니면 위진남북조를 한대의 연장 또는 재편으로 받아들이는 것이다. 당 고대설을 주장하는 사람들은 당 중기까지 인민 개개인을 직접 파악하는 고대 황제권력지배〔個別人身支配〕가 유지되었다고 보는데, 이에 대하여 중세설을 주장하는 사람들은 삼국에서 수·당에 걸쳐 황제권력조차도 제어하였던 귀족정치의 성행을 논거로 내세우고 있다. 육조·수당시대를 중세로 취급하는 본서가 '귀족사회의 성립'을 책머리에 둔 것도 그러한 의미에서이다. 한편 이 학설에 따르는 이상, 중세사의 영역을 안사의 난까지로 매듭짓는 것이 이상적이지만, 구분의 편의상 당 말까지를 중세적인 자취를 남긴 시대로서 포함시키기로 하였다.

분열과 통일

중세의 영역은 또한 지금까지도 사용하는 위진남북조(魏晉南北朝) 혹은 육조(六朝), 그리고 수당(隋唐) 두 왕조로 이루어져 있다. 이 육조라는 말은 현재의 남경(南京)을 도읍으로 삼았던 오(吳)·동진(東晉)·송(宋)·제(齊)·양(梁)·진(陳)의 여섯 왕조를 일괄하여 지칭하는 용어로 쓰이고 있는데, 주로 육조의 글씨라든가 육조미술과 같이 문화사·문예 분야에서 쓰는 전문용어이다. 육조가 정치사에 중점을 둔 '위진남북조'와 시간상으로 일치하는 것은 물론이지만, 육조라는 용어에는 이 말을 처음 만들어낸 당대(唐代) 사람들의 강남문화에 대한 강렬한 동경심이 깃들여 있다. 이제 그 점을 중심으로 하여 중세사회의 특색에 대하여 살펴보고자 한다.

한과 당, 항상 비교되는 두 개의 통일국가는 중국역사에서도 제1과 제2의 전성기에 상당하는 시기로서, 한족과 주변지역의 호족(胡族)을 통합한 세계제국이었다. 단 같은 세계제국이라 하더라도 한족이 주도한 전자에 대하여, 화북(華北) 호족국가의 흐름을 이어받은 후자는 거꾸로 호족 주도형의 호·한(胡漢) 통합국가였다. 이처럼 중국, 특히 정치적인 선진지역인 화북의 역사는 이민족을 도외시하고는 말할 수 없으며, 한·당 두 제국의 사이에 위치한 분열과 대립항쟁의 암흑시대를 연출하였던 것도 그들 호족들이었다. 삼국시대 위(魏)의 등애(鄧艾)는 촉(蜀)의 후주(後主)를 항복시켰던 명장이었는데, 그는 영토 안에 거주하는 흉노(匈奴)에 대한 대책마련의 중요성을 역설하고 또 한족과 잡거하는 강족(羌族)을 변경으로 이주시켜 화근을 없애는 것이 급선무라고 주장하였다. 비슷한 주장은 진(晉)의 혜제(惠帝)시기 맹관(孟觀)이 경고했던 '사융론(徙戎論)'에도 보이고 있다. 이 역시 이민족을 이주시키자는 주장인데, 당시 지각있는 사람들 사이에 이들 이민족의 각성을 우려하는 목소리가 높았음을 알 수 있다.

진(晉)의 통일로 약간의 휴식을 얻은 것도 잠시뿐, 곧 등애와 맹관이 경고했던 대로 삼국시대를 능가하는 분열항쟁의 시대를 맞이하게 된다. 산서성(山西省) 평양(平陽)에 자립한 남흉노(南匈奴)의 한(漢)을 시작으로 북위(北魏)에 의해 화북이 통일되기까지 약 120년간 호족국가의 흥망이 반복되었다. 그리고는 평성(平城, 산서성 大同 부근)과 낙양에 차례로 도읍한 북위와, 건강(建康:南京)에 차례로 수립된 송(宋) 이하 강남정권이 대립하는 이른바 남북조시대로 돌입한 것이다. 이와 같이 이민족의 횡행으로 화북은 황폐화되고, 난을 피해 수많은 민중이 강남으로 흘러 들어갔다. 마치 로마제국이 게르만족 용병대장 오도아케르(Odoacer)에 의해 멸망되면서 유럽중세의 암흑시대가 도래하였던 정황과 너무나 유사하다. 그런데 유민과 함께 강남으로 옮겨진 화북문화는 비옥한 강남의 토양에 뿌리를 내리고, 강남 토착문화와 교배를 거듭하면서 화려하고도 훌륭한 강남문화의 꽃을 피워갔다. 격동의 시대는 또한 고뇌를 자양분으로 하여 개성이 풍부한 문화를 육성시켰던 것이다. 그것은 정치적 대립과 민족의 차이를 뛰어넘어 널리 민중의 마음에 공감을 불러 일으켰다. 『북사(北史)』 서전(序傳)에 의하면 이들은 "남북으로 나뉘어져 남쪽 사서에서는 북쪽을 색로(索虜)라 하고, 북쪽 사서에서는 남쪽을 도이(島夷)라 일컬었다"고 한다. 그러나 이처럼 비난과 중상을 거듭하고 때로는 격렬하게 싸우는 가운데서도, 그들이 공통의 인식 위에서 동족의식을 유지할 수 있었던 것은 바로 문화 때문이었다. 당대(唐代) 사람들은 정치적 분열 속에서 오히려 분열을 뛰어넘는 독특함과 통합성을 강남문화에서 찾아내고, 그것이 정치적인 통일에도 그렇지만 수당(隋唐)문화에 한층 더 집약되어 있는 것을 예리하게 통찰하고 있었던 것이다.

분열과 통일은 여러 분야에 커다란 음영(陰影)을 드리우고 있는데, 생활공간인 촌락의 변화도 그 가운데 하나이다. 고대편에서 서술하였던 것처럼, 한대는 100호 정도의 농가를 단위로 하여 토벽(土壁)으로 둘러싸인 리(里)와 리가 몇 개가 모여 이루는 향(鄕)이라는 이른바 향리(鄕里)사회를 바탕으로 성립되어 있었다. 그러나 호족(豪族)의 대두에 이어 기근과 전란의 타격을 받으면서 향리조직은 붕괴되고 말았다. 미야카와 히사시(宮川尙志)는 향리를 버리고 유망(流亡)한 농민들이 마을로부터 떨어진 장소에 '촌〔邨〕'이라고 하는 새로운 취락촌을 형성한 사실에 주목하여 이것을 중세적 농촌이라고 불렀다. 마찬가지로 벽(壁)이라든가 누(壘) 외에, 한대 외적의 침입에 대비하여 세웠던 오(塢)에서 유래된 촌락도 있는데 이는 촌오(村塢)·오루(塢壘)라고 불렸다. 이러한 촌락들은 성곽도시의 생활에 대응하여 새로이 농민의 생활기반으로 정착되어 갔으며, 장원(莊園)이 형성되어 가는 과정을 명확히 보여주고 있다. 당대(唐代)의 호령(戶令)에 "읍거(邑居)에 있는 것을 방(坊)이라 하고, 전야(田野)에 있는 것을 촌(村)이라 한다"고 규정하고 그 책임자로서 방정(坊正)과 촌정(村正)을 두었던 것은, 도시와 농촌의 분화를 인정하여 이를 그대로 행정조직에 편입시킨 것에 불과하다. 또한 '촌'에 대응하는 '방'에 주목한 미야자키 이치사다는 그 발생을 리제(里制)가 문란해진 후한시기에서 구하는 한편, 당대 후반이 되면 '방'의 담장(坊牆)을 허물어 큰길로 문을 내는 경향이 나타나 '방' 그 자체를 내부로부터 붕괴시켜 갔던 사실을 증명하였다. 이와 같이 촌·방의 변천 하나만으로도 육조·수·당 시대의 특색이 부각될 수 있다. 중국중세사가 어떤 시대인지는 각 편의 논술을 통해 선명하게 드러날 것이다.

목차〔중국사 - 중세〕

Ⅳ. 귀족사회의 재편

氣賀澤保規

……

Ⅴ. 수당의 문화

1 藤善眞澄 2 宮下三郎 3 杉村邦彦

……

Ⅵ. 중세사회의 붕괴

1·2·3 愛宕元 4 西脇常記

……

Ⅶ. 수당제국과 동아시아세계

藤善眞澄

……

▦ 비어 있는 쪽 ▦

Ⅰ. 귀족사회의 성립

東 晉次

1. 삼국지의 세계

한적(漢的)인 것의 몰락

후한 최후의 황제인 헌제(獻帝) 초평(初平)원년(190) 2월, 이미 낙양정권을 수중에 넣은 동탁(董卓)은 휘하의 부대를 양성(陽城)에 파견하였다. 마침 그 때 양성의 이사(里社)에는 사람들이 제사를 올리기 위해 모여 있었다. 동탁의 부대는 그들 가운데로 돌진하여 남자들의 목을 모조리 벤 뒤 부녀자와 재물을 수레에 싣고 남자들의 목을 수레 끌채에 매달고는 "적을 쳐서 큰 전과를 올렸다"고 하면서 만세를 부르며 낙양으로 돌아갔다. 잘린 머리는 불태워졌고, 부녀자는 병사들에게 분배되었다. 『위서(魏書)』의 「동탁전(董卓傳)」에 전하는 장면이다.

이사(里社)의 제례는 한제국의 기초인 향리(鄉里)사회의 질서유지에 중핵이 되는 행사였다. 바로 이 제례가 한창 진행되고 있을 때 호족(胡族)을 포함한 서북변경의 난폭한 무사집단이 들이닥쳤다는 의미에서, 이 사건은 400년간이나 질서를 유지해 온 한대적(漢代的) 세계에 대하여 이를 깡그리 파괴하는 한적인 것과는 전혀 이질적인 힘이 엄습하였다는 것을 상징적으로 보여주고 있다. 마치 그 뒤의 서북, 북방 변경의 이민족이 중화세계로 침입하는 것을 암시라도 하

사천분지
(四川盆地)

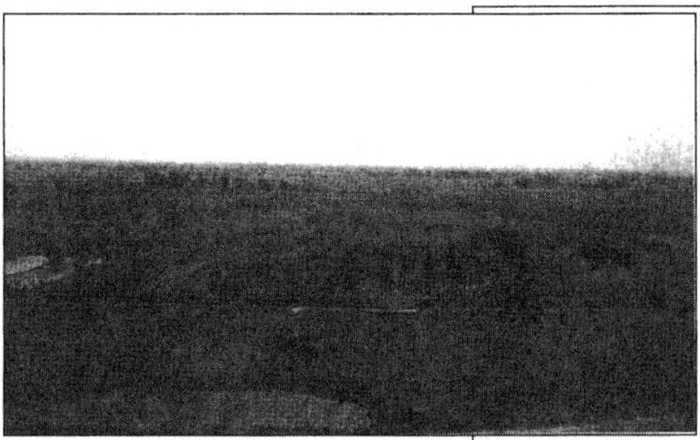

듯이 말이다.

동탁이 낙양에 입성한 이후 중국은 극도의 참혹한 동란시대로 돌입하였으니, 각지에 군웅이 할거하여 패권을 다투고 비참·격정·폭력·증오·권모술수가 판치는 인간세계가 전개된다. 그 반면, 자신의 능력을 최대한 발휘하여 꿋꿋이 살아가려고 하는 인간들은 진실과 우애와 신의를 마음속에 간직한 채, 올바른 인간관계를 모색하고 이를 바탕으로 한대와는 다른 새로운 사회체제를 만들어내려고 하였다. 수당시대에 이르러 완성을 보게 될 새로운 모습의 중국사회, 그것을 향한 첫걸음이 이른바 삼국시대이다.

시대구분을 둘러싸고

한대를 뒤이은 시대를 일반적으로 위진남북조(魏晉南北朝) 시대라고 한다. 이에 따르면 『삼국지』 시대는 대체로 위진시대에 포함된다. 또한 강남에서 일어났던 여섯 왕조[吳·東晋·宋·齊·梁·陳]를 육조라 하고, 위진남북조시대를 다른 말로 육조시대라고 하는 경우도 많다. 이 육조 가운데는 삼국의 하나인 오(吳)도 포함된다. 그렇다면 삼국시대란 언제 시작해서 언제 끝나는 것인가?

나관중(羅貫中)의 『삼국지연의(三國志演義)』에서는 도원(桃園)에서 유비(劉備)·관우(關羽)·장비(張飛)가 의형제를 맺는 것을 시작으로 하여 오의 멸망을 끝으로 대단원의 막을 내리고 있다. 말할 필요도 없이 삼국이란 위(魏)·오(吳)·촉(蜀)을 가리킨다. 그러므로 삼국시대라고 한다면, 이들 삼국에 의한 정립(鼎立)의 상황이 출현해 있지 않으면 안된다. 정확하게는 222년 오국의 성립이 삼국시대의 시작이며, 서진(西晉)이 오국을 정복(280)한 것이 그 마지막이라고 할 수 있다.

그런데 『삼국지연의』란 물론 출처가 분명한 정사(正史), 즉 진수(陳壽)의 『삼국지(三國志)』를 기초로 허구를 가해 만든 소설이다. 『삼국지』는 전부 65권이다. 『위서(魏書)』 30권, 『촉서(蜀書)』 15권, 『오서(吳書)』 20권으로 되어 있다. 『위서』를 권두에 두고 권수도 가장 많은 이유는, 위가 후한으로부터 황제자리를 물려받고 다시 진수가 몸담고 있는 서진이 위로부터 황제자리를 물려받았다고 하는 정통의식에 근거하고 있다. 또 『위서』가 정사(正史)의 체재(體裁)에 따라 「위무제본기(魏武帝本紀)」로부터 시작하고 있는 것은 위왕조의 사실상의 창시자가 아들 조비(曹丕)가 아니라

채문희(蔡文姬)
한 말 비극의 여성

『후한서』 동사처전(董祀妻傳)」은 채염(蔡琰;字는 文姬)의 전기이다. 그녀는 당대의 명사 채옹(蔡邕)의 딸로서, 어려서부터 아버지의 유죄(流罪) 등으로 인하여 어려움을 겪었다. 동탁이 장안으로 천도했을 무렵 하동(河東)의 위중도(衛仲道)에게 시집을 갔으나 곧 남편과 사별하였다. 같은 시기 아버지도 처형되어 진류(陳留)에 있는 본가로 돌아갔다. 흥평(興平)2년(195) 남흉노군에 의해 북방으로 납치된 후, 우현왕(右賢王)의 두 아이를 낳았다. 흉노에 있은 지 12년, 조조에 의해 속환(贖還)되어 오랑캐땅에 두 아이를 남겨둔 채 귀국한 후 진류의 동사(董祀)에게 재가하였다. 그녀가 지은 「호가십팔박(胡笳十八拍)」을 곽말약이 거론한 것이 계기가 되어 조조의 재평가 문제로 발전하였다.

조조(曹操)라는 것을 나타내고 있다. 영제(靈帝)의 외척 하진(何進)의 부름을 받은 동탁이 서방 변두리인 양주(涼州)의 군웅에서 일약 중앙으로 진출하여, 그 흉포한 군대를 배경으로 소제(少帝)를 폐하고 헌제(獻帝)를 옹립하여 후한왕조의 권력을 한 손에 넣은 것은 영제 중평(中平)6년(189) 9월의 일이었다. 그해 4월 이미 영제는 죽고 없었으므로 동탁의 권력탈취에 의해 사실상 후한왕조는 멸망했다고 할 수 있다. 그 후 조조가 군웅의 한 사람으로서 두각을 나타내어 화북의 패자(覇者)가 되어갔던 과정 역시 삼국시대에 포함시켜도 좋을 것이다. 요컨대 이 책에서는 일단 동탁의 낙양 입성으로부터 오국의 성립(222)까지를 삼국시대 전기, 삼국정립에서 오국의 멸망(280)까지를 후기로 시기구분하고자 한다.

삼국시대 전기는, 후한 멸망 전야의 정치적 혼란으로부터 황건(黃巾) 등의 민중반란 집단 혹은 이민족의 활동까지 뒤얽힌 군웅의 할거·쟁투, 그리고 삼국이 독립해 가는 과정을 말한다. 다음은 삼국의 정립을 결정지은 적벽전(赤壁戰) 직전까지의 주요사건을 연표식으로 정리한 것이다.

초평(初平)원년(190) : 관동(關東)에서 동탁토벌을 위한 연합군이 일어나고, 동탁은 장안(長安)으로 천도.

초평3년(192) : 동탁이 부하인 여포(呂布)에게 살해당함. 청주(靑州)의 황건이 조조에게 항복['靑州兵'으로서 조조군에 편입]. 이즈음 한중(漢中)에 장로(張魯) 정권이 수립됨.

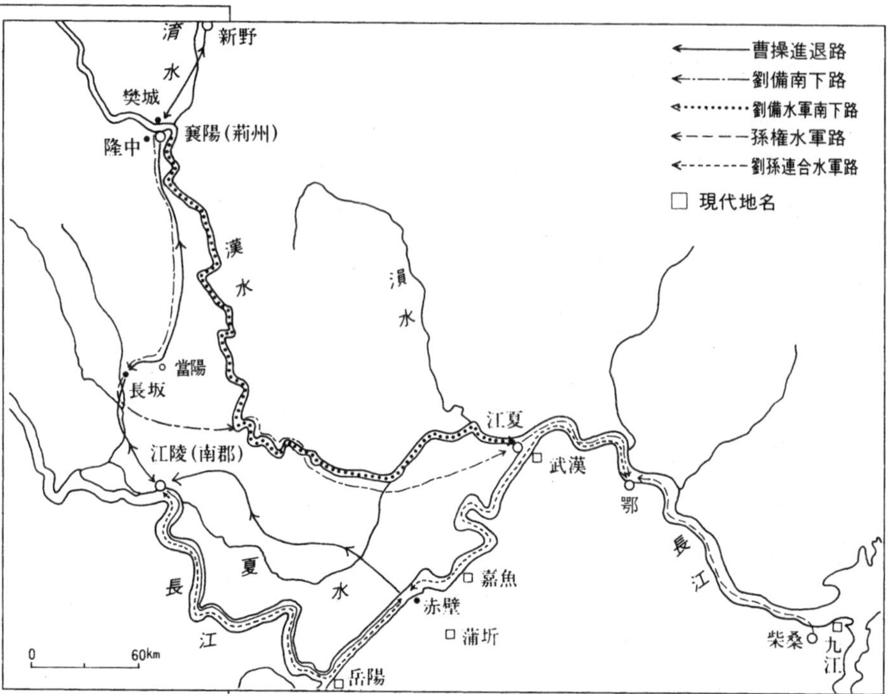

적벽전도 (赤壁戰圖)

흥평(興平)2년(195) : 손견(孫堅)의 아들 손책(孫策)이 강남으로 건너감.

건안(建安)원년(196) : 조조가 헌제를 허(許)땅으로 맞아들임.

건안5년(200) : 조조가 관도(官渡)의 전투에서 원소(袁紹)를 격파함. 손책이 죽고 동생인 손권(孫權)이 뒤를 이음.

건안6년(201) : 조조가 유비를 공격. 유비는 형주목(荊州牧) 유표(劉表)에게 의지함.

건안10년(205) : 조조, 원소를 멸함.

위 · 오 · 촉의 정립(鼎立)

건안11·12년의 2년간 원소의 잔당과 원소와 결탁하여 북변을 침략하였던 오환(烏桓)을 토벌함으로써 화북평정을 거의 끝낸 조조는 건안13년(208) 9월 만반의 준비를 갖추고 유표(劉表)의 근거지인 형주(荊州)로 진공하였다. 유표는 8월에 사망하고 아들 유종(劉琮)이 형주목(牧)의 자리를 뒤이었다. 이에 앞서 관도(官渡)의 전투에서 원소군에 가담했던 유비는 패전 후 유표에 의지하여 형주에 머물러 있었다. 유비의 재능을 아낀 유표가 번성(樊城)을 주어 북쪽 수비를 맡겼기 때문이었다. 유비는 자신의 군대를 정비하고, 융중(隆中)에 은거하고 있던 제갈량(諸葛亮)을 '삼고(三顧)의 예'로써 참모로 영입하여 웅비의 기회를 노리고 있었다.

조조가 남하한다는 소식을 접한 유종은 유비에게는 아무런 연락도 없이 당시 호족(豪族)출신 여러 장수들의 권유에 따라 간단히 조조에게 투항해 버렸다. 당황한 유비는 조조군의 추격을 피해 남하하지만 당양(當陽) · 장판(長阪)에서 대패하였고, 한수(漢水)를 내려와 하구(夏口)로 향하려고 했을 때 오의 사신 노숙(魯肅)을 만난다. 여기서 노숙에 의해 오와 유비의 연합이 논의되고, 제갈량 역시 이를 권하였으므로 유비는 제갈량을 파견하여 손권과 회견하도록 하였다. 이 때 손권과 제갈량이 주고받은 얘기는 『촉서(蜀書)』의 제갈량전에 생생하게 묘사되어 있다. 이렇게

적벽전
(赤壁戰)

지금의 호북성(湖北省) 가어현(嘉魚縣) 근처인 적벽 땅에서 유비·손권 연합군이 주유(周瑜)와 황개(黃蓋)의 계략에 따라 조조의 군선(軍船)을 불태우고 21만 대군을 격파하였다. 이 전투에서 조조가 승리했다면 중국은 통일되었겠지만, 결과는 삼국정립으로의 첫걸음을 내딛게 되었다. 조조군이 패퇴한 요인으로는 전염병의 유행〔발진티푸스 등의 여러 설이 있다〕을 말하기도 한다. 근래에는 조조가 스스로 불을 놓아 퇴각했다는 새로운 설이 중국인 학자에 의해 발표되었다.

해서 유비와 손권의 맹약이 성립되어 조조군을 저 유명한 적벽(赤壁)전투에서 격파했던 것이다. 적벽전의 결과, 삼국정립의 첫걸음을 내딛게 되었다.

적벽전이 종결된 후 강릉(江陵)에 거점을 정한 유비는 촉(蜀)에 있던 익주목(益州牧) 유언(劉焉)의 아들 유장(劉璋)의 청에 응하여 장로(張魯)를 치기 위해 건안16년(211) 촉으로 들어갔다. 당시 장로는 민간종교 '오두미도(五斗米道)'를 신봉하는 무리들과 한중(漢中)에 종교왕국을 수립하고 있었는데, 이 오두미도는 황건군의 수령인 장각(張角)의 '태평도'와 함께 훗날 도교로 발전하게 된다. 이어 유비는 파촉(巴蜀)의 호족출신 부장들과의 결합을 강화하고 건안19년에는 유장을 성도(成都)에서 공략하여 익주(益州)를 영유하였다. 이때 손권으로부터 형주를 할양하라는 요구가 있었는데, 조조의 한중진공을 견제하기 위해 결국 형주를 2분(分)함으로써 오·촉 동맹이 지속되었다. 건안24년(219), 형주를 지키던 관우가 오군의 공격을 받아 죽고, 촉은 형주를 상실한다. 또한 한중에서는 장로가 조조에게 항복하여 한중땅이 일단 위나라의 소유로 돌아갔으나(215), 유비는 한중을 지키고 있던 장수 하후연(夏侯淵)을 공격하여 한중을 영유하기에 이른다(219). 이로써 삼국의 국경이 거의 정해졌다. 연강(延康)원년(220) 정월에 조조가 죽고, 같은 해 10월 아들 조비가 후한 헌제로부터 제위를 선양받아 위 문제(魏文帝)로 즉위하였고 연호를 황초(黃初)라고 하였다. 유비는 그 다음해 소열제(昭烈帝)라고 칭제하였고, 손권은 다시

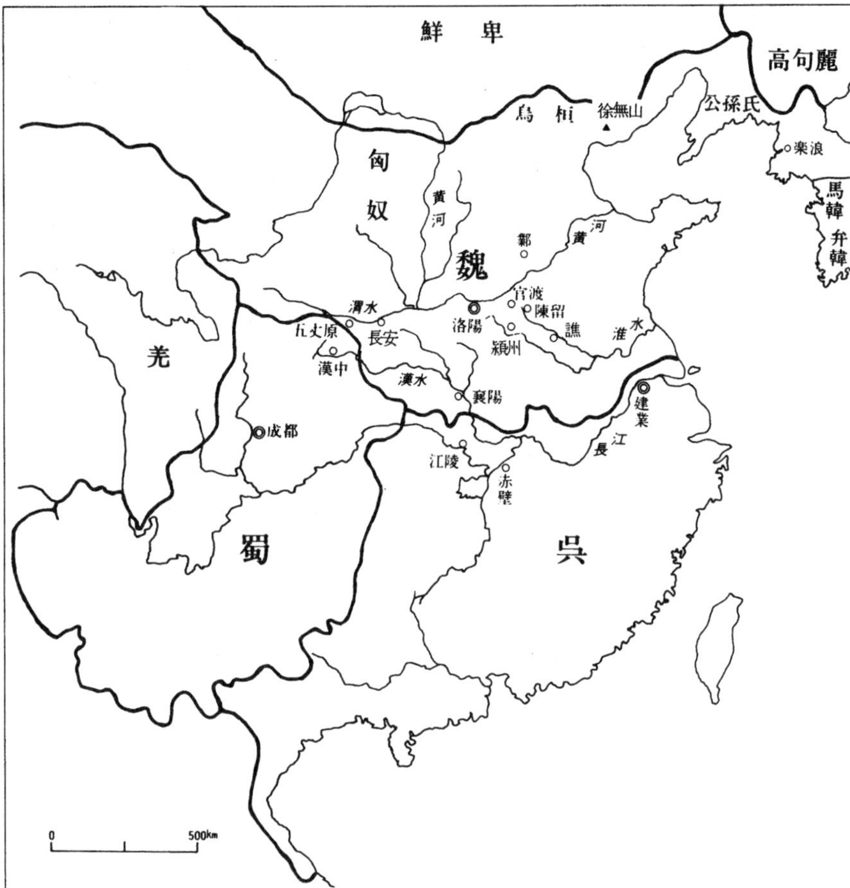

삼국 시대도(圖)

그 다음해 오국을 건립하였다〔황제즉위는 229년〕. 이로써 삼국정립이 완성된 것이다.

삼국 후기의 정국은 세 가지 상황이 유지되었다. 먼저, 유비가 죽은 후 후사를 부탁받은 제갈량이 여러 차례 한중에서 관중방면으로 진출하여 위를 위협

오두미도 (五斗米道) 교단

패국(沛國)출신으로 사천성 곡명산(鵠鳴山)에서 수업(修業)한 장릉(張陵)이 신자로부터 다섯 말의 쌀을 공출받았기 때문에 이렇게 불리워진다. 아들 장형(張衡), 손자 장로(張魯)로 이어졌으며 192~93년경 장로가 한중(漢中)에서 종교왕국을 건설했다. 교단조직은 사군(師君)-치두(治頭)-제주(祭酒)-귀리(鬼吏)·간령(姦令)-귀졸(鬼卒)의 위계를 가진다. 그 가르침은 '정실(靜室)'에서 참회고백하여 자기 죄를 회개하고 「삼관수서(三官手書)」라는 서약문을 작성하도록 한다. '노자오천문(老子五千文)'의 암송, 공공봉사의 의무가 있고, '의사(義舍)'라고 하는 무료 숙식시설도 갖춘 종교적 공동체이다.

하였고, 위도 방어전에 노력하였다. 또한 오나라는 위와 손을 잡지도 멀리 하지도 않는 정책을 취하였고, 요동(遼東)에 할거한 공손연(公孫淵)과 결탁하여 위를 배후에서 위협하는 등의 움직임을 보였다. 위도 오에 대한 토벌군을 여러번 일으켰으나 결정적인 사태로 발전하지는 않았다. 다만 제갈량이 위(魏) 청룡(青龍)2년(234)에 오장원(五丈原)에서 죽고 나서는 교착상태가 깊어졌고, 위 내부에서도 조상(曹爽)을 중심으로 하는 종실파와 사마씨(司馬氏) 집단이 서로 암투를 벌이다가 가평(嘉平)원년(249) 사마의(司馬懿)의 쿠데타를 계기로 정권은 사마씨에게로 기울어져 갔다. 252년에 손권이 죽은 지 10년 만에 촉도 멸망했는데, 그 뒤 오가 멸망했을 때에는 위도 이미 사마씨에 의해 정권을 탈취당한(265) 후였다. 삼국시대의 종언을 263년 촉의 멸망에서 찾기도 한다.

조조의 화북통일과 정립의 요인

이상 삼국시대에 있어서 세력관계의 추이를 개관해 보았는데, 그렇다면 다음과 같은 의문이 떠오를 것이다. 하나는 군웅이 패권을 다투었던 화북에서 왜 조조가 살아남아 화북을 통일할 수 있었던 것인가. 또 하나는 위[華北]·오[江南]·촉[巴蜀] 삼국이 어떻게 해서 각각의 지역에 정립할 수 있었던 것인가이다.

우선 첫번째 의문에 관하여 보기로 하자. 일본 최초의 본격적인 통사인 오카자키 후미오(岡崎文夫)의

『위진남북조통사(魏晉南北朝通史)』(弘文堂, 1932)는 두 가지 측면에서 답변하고 있다. 하나는 후한의 유가적 경술주의(經術主義)를 타파하고 덕행에 구애됨이 없이 재능있는 자를 적극적으로 등용하였던 점, 그리고 이들을 철저한 공상주의(功賞主義)에 의거하여 통제하고자 했던 점, 요컨대 무력적인 법술주의(法術主義) 방침으로써 인재를 활용했던 바에 조조의 화북 통일의 한 요인이 있다고 보았다. 실제 조조가 발포한 세 차례의 '용인령(用人令)'에는 도덕성 여부를 불문하고 치국용병(治國用兵)의 재능을 가진 진취적인 인사를 채용할 것을 강조하고 있다. 조조 자신도 이러한 방침을 실행했던 예가 있는데, 관도의 전투 때에 원소를 위해 조조와 그 부조(父祖)를 심하게 비방한 격문을 썼던 진림(陳琳)을 용서하여 자신의 부하로 삼았던 일을 들 수 있다.

또 하나의 측면으로 오카자키는 '둔전책(屯田策)이라고 하는 군사형식을 취한 개간법'의 채용을 들고 있다. 둔전책이란 이미 전한시대 북방변경에 민(民)을 이주시켜 둔전을 설치하였던 것처럼 국가방위와 군량확보를 목적으로 한 토지제도의 일종이었다. 그런데 조조의 둔전책에서 특이한 것은 한대에는 군둔(軍屯)에만 한정되어 있던 것이 위에서는 민을 모집하여 경작시키는 민둔(民屯)도 함께 설치했다는 점이다. 건안원년(196) 헌제를 허(許)로 맞이하였던 그해에 조조는 처음으로 허 근방에 민둔을 설치하여 곡(穀) 100만 곡(斛)의 수입을 얻었다고 한다. 그 뒤

전농부(典農部) 관할의 민둔전을 각지에 설치하여 수확의 5·6할, 뒤에는 7·8할을 징수하였으며, 탁지상서(度支尙書) 관할의 군둔과 함께 조씨정권의 재정적 기반이 되었다.

또한 조조는 건안9년(204), 1무(畝)마다 전조(田租) 4승(升), 1호에 견 5필, 면 2근을 일반 군현민으로부터 징수하는 조세제도를 실시하였다. 이것은 전조가 수확량에 대한 정률과세에서 단위면적당 정액과세로 바뀐 점, 인두세(人頭稅)적인 화폐징수에서 호(戶) 단위의 현물과세로 바뀌었다는 두 가지 점에서 한대의 세제와는 다르다. 이 둔전제와 세제는 다음 서진(西晉) 시기 '호조식(戶調式)'으로서 공포되었던 '점전과전법(占田課田法)'에 계승되었으며, 훗날의 균전제를 탄생시킨 계기가 되었다고 할 수 있다.

다음 두번째 의문은 삼국정립을 초래한 세 지역의 자립성이 어떻게 생성·발전했는지의 문제이다.

위나라의 영역인 화북이 고대중국사의 주요무대이자 경제적·문화적으로도 선진지역이었다는 것은 말할 필요도 없다.

촉나라의 근거지인 파촉은 어떠했을까? 이미 통일 전의 진(秦)국 시대부터 이 지역의 개발이 시작되었으며, '천부(天府)의 나라'라고 일컬어지듯 물산이 풍부하여 자급자족이 가능한 지역이었다. 지역적으로도 중원(中原)에서 매우 떨어져 있어 독립하기 쉬운 조건을 갖추고 있었다. 전한(前漢) 말 공손술(公孫述)이 광무(光武)정권에 대립하여 '성(成)'이라는 나라를 세웠던

조조의 가계(家系)

조조의 본적지는 패국(沛國) 초현(譙縣, 안휘성 亳縣)이다. 조부인 조등(曹騰)은 환제(桓帝) 때에 환관의 최고직위인 중상시대장추(中常侍大長秋)에 올랐고, 열후(列侯)에 봉해졌다. 환관은 자식이 없으므로 양자로 숭(嵩)을 받아들였는데, 숭은 그 지위가 태위(太尉)에까지 이르렀다. 조부는 청류 사대부가 혐오하던 환관이었고, 부친은 출신 미상의 양자[실은 夏侯씨 출신이라 전해지며, 이는 異姓끼리는 양자를 들이지 않는다는 원칙에 위배된다]였던 것이다. 후한의 명문출신 원소와의 가문의 차이, 이것이 조조의 약점이기는 했으나, 거꾸로 그의 강인함을 낳았던 요인이었는지도 모른다. 1974년 박현(亳縣)에서 조씨 일족의 묘가 발견되었다.

적도 있었다. 한대를 통하여 생산력도 점차 증대하여 그 결과 호족이 많이 생겨났으며, 후한이 되면 중앙관계로 진출하여 활약한 호족출신자도 많아진다. 그들이 바로 토착의 실력자로서 촉한정권을 지지하였던 것이다.

최후로 오나라가 근거하였던 강남은 어떠했을까? 이 지역은 소규모 관개(灌漑)와 천수(天水)를 이용하여 보리·조·피를 주요작물로 하는 화북과는 달리 활엽수림이 무성하고 고온다습하며 물의 공급이 충분한 벼농사중심 지대이다. 그러나 장강(長江;揚子江)의 중·하류 지역은 진한제국 성립 이후에도 여전히 개발이 지연되었던 지역이었다. 관개시설 정비, 농경기술의 진보와 보급에 의해 한대 400년간 점차 생산력이 향상되기는 했지만, 재지유력자인 호족과 자립소농민·가작민(假作民)과 같은 계층분화를 낳았던 화북지역의 단계에는 아직 도달할 수가 없었다. 사마천(司馬遷)이 『사기(史記)』 화식열전(貨殖列傳)에 묘사한 것처럼 상당히 미개한 공동체사회의 단계에 머물러 있었던 것 같다. 단, 한대를 통해서 회수(淮水)와 장강 사이 지역까지 개발이 진행되고, 그 여파가 장강 중·하류 지역에도 파급됨으로써 지방호족이 점차 출현하게 되었다. 특히 후한 중기부터 강(羌)족의 침입과 각종 재해로 인한 화북 농촌의 황폐로 다수의 유민(流民)이 발생하여, 식량을 구하기 위해 남으로 이동하는 심각한 사태를 초래하였다. 그 결과 그들이 광대한 장강 유역을 개간하는 노동력으로서의 역할을

강남 델타

하게 되어, 오히려 이 지역의 개발속도가 급속도로 빨라지게 되었다. 손오(孫吳)정권을 지지하였던 부장(部將)들은 부자형세간에 그 군대를 세습하고〔世兵制〕 군대유지를 위한 봉읍(奉邑)을 받았는데 손권의 황제 즉위와 동시에 전부 둔전제로 바뀌어 병사와 주변에 거주하는 산월민(山越民)을 노동력으로 한 광대한 둔전이 수도인 건업(建業)부근이나 위·촉의 국경지대에 설치되었다. 이것은 물론 손오정권의 군사적·재정적 기반이 되었다.

이상과 같이 진한 이래의 역사전개에 따라 생성된 세 지역의 자립성이 현저하게 발전한 점, 여러가지 우연적인 요인이 포함되어 있지만 바로 이 점이야말로 삼국의 정립을 가져온 가장 주된 요인이었다.

시대를 채색하는 인간의 모습

『오서(吳書)』 제갈근전(諸葛瑾傳)의 배송지주(裵

松之注)에 인용된 『강표전(江表傳)』에는 다음과 같은 이야기가 나온다.

> 제갈량의 형 제갈근은 손권을 주군으로 모시고 있었지만, 동생이 촉의 모신(謀臣)이었던 관계로 근을 의심하는 자가 있었다. 이에 대하여 손권은 다음과 같이 의혹을 부인하였다. "옛날 공명이 오나라에 왔을 때, 어떤 사람이 근에게 묻기를 '어째서 동생을 오에 머물게 하여 형제가 함께 사이좋게 주군을 모시지 않는 것이오?'라고 하였다. 근의 대답은 이러했다. '동생 량은 이미 몸을 타인〔유비〕에게 맡겨 주종(主從)의 약조를 맺은 이상 두 마음이 있을 리 없소. 동생이 오에 머물지 않는 것은 내가 저편으로 가지 않는 것과 같은 이치요.' 이 말은 그의 충성심을 보여주고도 남는다. 두 마음을 가졌다는 것은 있을 수가 없다."

손권의 이 말에서 당시의 영웅이 유능한 인재를 갈망하고 있었다는 것, 또한 유능한 인사가 자신을 인정해 주고 자신의 원망을 실현시켜 줄 그런 주군을 찾아 혈연적인 유대를 초월하여 확고한 군신의 계약을 맺고 있었다는 것을 엿볼 수 있다. 여기에 나오는 제갈량도, '삼고의 예〔三顧之禮〕'가 실제로 있었는지의 여부는 별도로 하더라도, 당시 무명이었던 자신의 재능을 알아준 유비의 은혜에 감동하여 목숨을 바쳐 일생동안 유비 부자에게 충성을 다했던 것이다. 여기에는 임협(任俠)적 주종관계라고 해도 좋을 인간관계가 보인다.

본시 난세에는 배반과 배신행위가 따라 다니게

마련이다. 사실 유비 자신도 도겸(陶謙)·조조·원소·유표 등 주군을 몇 번이나 바꾸면서 살아남았던 사람이었다. 친척과 처자가 인질로 붙잡히면서 절통한 마음으로 부득이 정절을 꺾었던 동정을 살 만한 사람들도 많았다. 그러나 바로 난세였기에, 사람들은 또한 신뢰할 수 있는 확고한 인간관계를 희구하며 살아남기를 꾀하기도 하였다.

이러한 임협적인 주종관계는 삼국의 영웅들과 그 신하 사이에서만 볼 수 있는 것은 아니고 보다 소규모의 집단에도 널리 존재하였다. 전주(田疇)라는 인물이 현재의 하북성 옥전현(玉田縣) 부근 서무산(徐無山) 속에 일족을 거느리고 자립하였을 때, 부로(父老)라고 불리는 토착 유력자층에 인솔된 각지의 집단이 전주의 사람됨을 흠모하여 모여든 것이 5천 가도 넘었다고 한다. 마쓰부치 다쓰오(增淵龍夫)는 이 집단의 질서유지를 위해 만들어진 '약(約)'을 분석하였는데 그 내용

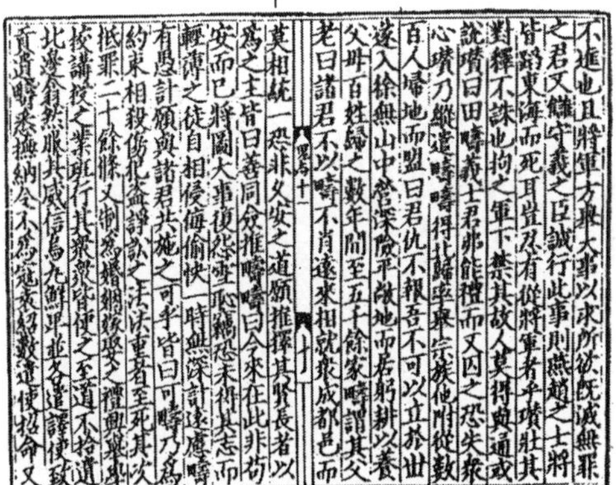
不進也且將軍方舉大事以求所欲既滅無罪
之君又讎守義之臣誠行此事則燕趙之士將
皆蹈東海而死耳豈忍有從將軍者乎疇壯其
對釋不誅也拘之軍下禁其故人莫得與通或
說瓚曰田疇義士君弗能禮而又囚之恐失衆
心瓚乃縱遣疇疇得北歸率舉宗族他附從數
百人埽地而盟曰君仇不報吾不可以立於世
遂入徐無山中營深險平敞地而居躬耕以養
父母百姓歸之數年間至五千餘家疇謂其父
老曰諸君不以疇不肖遠來相就衆成都邑而
魏書十一 十
莫相統一恐非久安之道願推擇其賢長者以
爲之主皆曰善同僉推疇疇曰今來在此非苟
安而已將圖大事復怨雪恥竊恐未得其志而
輕薄之徒自相侵侮偷快一時無深計遠慮疇
有愚計願與諸君共施之可乎皆曰可疇乃爲
約束相殺傷犯盜諍訟之法法重者至死其次
抵罪二十餘條又制爲婚姻嫁娶之禮興舉學
校講授之業班行其衆衆皆便之至道不拾遺
北邊翕然服其威信烏丸鮮卑並各遣譯使致
貢遺疇悉撫納令不爲寇袁紹數遣使招命又

전주전
(田疇傳)

『魏志』 田疇傳(百衲本)의 일부

은 대략 다음과 같다. 즉 전주가 제정한 '약'이 강제력을 갖고 5천 호에 이르는 전 구성원에 의해 잘 지켜졌던 것은 부로들의 지지와, 그 지지를 떠받치고 있는 부로들의 전주에 대한 심정적 결합, 다시 말해 전주와 부로 사이의 인간적인 신의관계 때문이라고 하였다.

당시 전주가 지도했던 것과 같은 산중 등지의 자위집단의 촌락은 각지에 존재하였다. 그것은 '오(塢)'라 불렸는데 간단한 방위시설과 물질의 자급체제를 갖추고 있었다. 오를 주재하는 자가 '오주(塢主)'였다. 오주와 오의 구성원 사이에는 보호↔피보호, 명령↔복종의 관계가 있지만, 그것을 떠받치고 있는 것은 오주에 대한 구성원의 심정적 결합이었던 점에서 전술한 유비와 제갈량, 손권과 제갈근의 임협적 주종관계와 동질의 것이라고 보아도 좋다.

이와 같은 임협적인 인간의 결합은 전국시대 중

오벽
(塢壁)

국사회의 민간습속으로서 출현하여 진한시대에는 이른바 '임협의 사(士)'를 배출하였고, 이 기풍은 삼국시대에도 존속하고 있었다. 단 후한시기에 들어서면 유학의 보급에 따라 예절을 중시하는 풍조가 유학자들 사이에 일반화되고, 관료 예비군이라 할 이들 지식계급 가운데서 임협적 기풍과 매우 유사한 결합관계가 생겨났다. 이것이 '문생고리(門生故吏) 관계'라고 불리는 것이다. 문생이란 선생에 대한 제자를 말하며 고리란 그전의 관리, 즉 옛날의 상관에 대한 부하를 의미하는데, 둘 다 헌신적 충성에 기초한 결합관계이다. 제자로서는 자신을 어엿한 한 사람의 인간으로 키워준 선생에 대한 은의의 마음이, 부하로서는 자신의 능력을 인정해 준 상관에 대한 감사의 마음이 그 헌신적 충성의 밑바닥에 흐르고 있는 것이다. 문생고리 관계는 이와 같은 임협적 심정이 학문적 세계와 이 학문적 세계에 기초한 관료세계 속으로 스며들어 형성된 독특한 인간관계였다. 그로부터는 스승과 상관을 위해서는 목숨까지 미련없이 버리는 격렬한 행동도 나올 수 있는 것이다.

이전에 문생고리 관계를 둘러싸고 논쟁이 벌어진 적이 있었다. 고이 나오히로(五井直弘)가 문생고리 관계에서 고대적이고 가부장적인 인신적 예속관계를 발견한 데 대하여, 가와카쓰 요시오(川勝義雄)는 이것을 일종의 봉건적 관계로 파악하였다. 육조 귀족제 사회를 중국 중세로 설정하는 가와카쓰의 구상은 여기서 실마리를 찾았다고 해도 좋을 것이다. 문생고리

관계를 포함한 가와카쓰의 육조사연구의 성과는 『육조 귀족제사회의 연구(六朝貴族制社會の研究)』(岩波書店, 1982)에 담겨 있다. 단 이 문생고리적인 봉건적 주종 관계가 귀족제사회의 형성과 전개에 어떤 역할을 했는지에 대해서는 아직 충분한 설명이 되어 있지 않아 유감이다.

여하튼 후한 말에서 삼국시기에 걸쳐 사회의 여러 집단, 민중반란집단, 오(塢)집단, 호협(豪俠)적 전투집단, 그리고 그들 위에 서 있는 군웅집단 내부에는 임협적 결합관계가 관류하고 있었고, 그것이 각 집단의 질서와 힘을 창출하고 있었다. 이들 각 집단의 생존을 위한 이합집산이 바로 복잡한 삼국시대의 정치역학 세계를 출현시켰던 것이다. 이러한 항쟁 가운데 조조·손권·유비가 삼국의 주역으로서 끝까지 살아남았다. 그들을 성공으로 이끈 요인을 세 영웅의 개인적 자질에서 구할 수도 있겠지만, 그와 마찬가지로 그들이 신뢰한 '지모(智謀)의 사(士)', 즉 조조에게는 순욱(荀彧)과 정욱(程昱), 손권에게는 주유(周瑜)와 노숙(魯肅), 유비에게는 제갈량 등과 같은 전략적이고도 정치적인 모신(謀臣)들의 활약도 간과해서는 안된다. 이 모신들은 유학은 물론 그밖의 여러 철학자들의 학문도 공부한 지식인이었으며, 당시에는 '사대부(士大夫)'로 불렸다. 정치에 관여하는 관료는 사대부여야 한다는, 이후의 중국사 전체를 일관하는 이 같은 관념은 후한시대에 형성되었으며 그 시기 각 지역에는 지식계급이 형성되고 있었다. 삼국시대에 모신

오(塢)와 촌(村)

한대 인민이 거주한 집락은 모두 리(里)라고 불렸다. 후한에서 삼국에 걸쳐서 촌(村:邨)이라는 중세적 촌락이 출현하여 중국 집락사상 커다란 변화가 일어났다. 촌의 출현과 동시에 오(塢)라 불리는 집락도 출현했다. 군사상의 방어요새로서의 오는 전한시대부터 있었는데, 내란을 피해 자위하려는 데 목적이 있었으므로 촌과는 달리 천연의 요해지를 이용하여 설치한 것이 많았다. 육조시대에는 오가 각지에 존재했으며, 도연명(陶淵明)이 지은 『도화원기(桃花源記)』의 도원향(桃源鄉)은 이러한 오를 모델로 했다고 전해진다.

과 부장으로 활약한 사람들의 다수가 지식계급에 속해 있었다. 삼국의 정치적 지배층을 구성했던 것은 이들 사대부라고 불린 사람들이며, 당시의 정권은 사대부 관료층—무인적 부장—병사·농민이라는 계층구조를 가지고 있었다. 이와 같은 계층구조 속에서 삼국 후기로 접어들면 이른바 '귀족제'라고 하는 육조수당사를 일관하는 정치·사회체제가 생성되어 갔던 것이다.

2. 구품중정제의 성립

구품중정제란

위진남북조시대는 학술용어로 '육조 귀족제사회'라고도 한다. 그것은 이 시대의 정치·사회·경제·문화 등 모든 면에서 '귀족제'라는 원리가 관철되고 있다고 보기 때문이다. 이 육조 귀족사회의 제도적 기반은 '구품관인법(九品官人法)' 혹은 '구품중정제(九品中正制)'라고 불리는 관료 임용구조이다.

황초(黃初)원년(220) 위(魏)가 성립하기 직전에 상서(尙書)인 진군(陳羣)에 의해서 '구품제(九品制)'와 '관인법(官人法)'이 창시되었다. 구품제란 봉록의 다소에 따라 관직의 등급이 나뉘어지는 한대의 질석제(秩

石制)와는 달리, 관위를 1품에서 9품까지의 등급으로 나누는 것으로서 이것을 '구품관제'라고 부른다. 구품관제는 그 후 청조(淸朝)까지 존속하여 관료제 기구의 골격이 되었을 뿐만 아니라, 당(唐)의 관제를 모방한 일본 고대관제에도 영향을 준 중요한 제도적 창시였다. 이 구품으로 등급을 나눈 관직에 사람을 임명하는 방법이 관인법인데, 우선 각 군국(郡國) 출신자 1명을 '중정(中正)'이라는 관에 임명하면 이 중정이 출신 군국의 향론(鄕論)을 기초로 인물을 평가하고 품등을 매겨 중앙에 보고한다. 이 품등을 '향품(鄕品)'이라고 하며 중앙에 올리는 상신서를 '장(狀)'이라고 한다. 이 향품과 장에 의거하여 사도부(司徒府), 후에는 상서(尙書)의 이부(吏部)에서 심사하여 구품 가운데 하나를 수여한다. 이것을 '관품(官品)'이라고 한다. 관인법은 이 향품과 관품을 일정한 원칙에 따라 대응시키는 것이다. 이 제도의 구조를 해명하고 과거제 성립까지 각 왕조에 있어서 본 제도가 어떻게 변천해 갔는지의 연구를 통해 육조사의 전개를 명확히 했던 자는 미야자키 이치사다(宮崎市定)였다. 그의 『구품관인법의 연구(九品官人法の硏究)』(同朋舍, 1956)에 의하면, 예컨대 향품 2품을 받은 자는 관품으로는 4등급 아래인 6품의 관에 임명되고〔이것을 기가관(起家官)이라고 한다〕, 이후 승진하여 2품의 관직까지 올라갈 수 있었다. 향품 3품을 받은 자는 7품의 관품을 받는 등, 이처럼 4등급의 차를 두고 임관하는 것이 원칙이었다. 즉 관품을 결정하는 기초가 향품이며, 향품을 부여하는 자가 중정인 까닭에 이 제도를 구품중정제라고도 부른다.

향론의 저편

그러면 한에서 위로 정권이 이행되는 한창 어수선한 때에 왜 이러한 새로운 제도가 만들어졌던 것일까?

이 시기에는 위왕(魏王)에 봉해진 조조의 관속(官屬)과 후한 이래의 관료집단이 병존하고 있었는데, 정권교체가 불가피하다고 예상된 단계에서 후한의 관료집단을 위(魏) 조정으로 흡수하는 방법이 강구되지 않으면 안되었다. 요컨대 후한관료 집단 가운데는 위조에 반감을 품은 자도 있었기 때문에 이들을 위조에 재임용하기 위한 자격심사 방법으로서 고안된 것이 구품중정제였다는 견해가 있다.

또 하나의 설명은 다음과 같다. 후한 관료등용의 주류는 향거이선(鄕擧里選)과 벽소(辟召)였다. 이것들은 소속장관의 추천에 의해 행해졌기 때문에 아무래도 추천자와 피추천자 사이에 은의관계〔문생고리 관계〕가 생길 수밖에 없고, 따라서 황제와 관료 사이의 군신관계가 문란해지기 쉽다. 그래서 사도부가 중앙에서 심사하여 관품을 결정함으로써 관료 임용권한을 황제 수중으로 회수하려고 했다는 것이다.

이상이 보통 얘기되는 구품중정법의 설치 이유인데, 여기에는 후한 관료의 자격을 심사하고 관료 임용

권한을 중앙에 집중시킬 목적으로 만들어진 구품중정제가 왜 중정관을 두고 향리의 세론(世論)을 근거로 향품을 결정하는 방법을 채용했는지에 대해서는 충분히 설명되어 있지가 않다. 이 의문을 해결하기 위해서는 후한 향리사회에서의 선거의 실태에 관해 살펴보지 않으면 안된다.

후한시대에는 유학이 보급됨에 따라 관료가 되기 위해서는 반드시 유학의 학문을 익혀야만 했다. 관료를 등용하는 선거는 유학적 교양을 기초로 그 위에 도덕적 능력을 갖춘 인물을 향거이선에 의해 선발하였는데, 그 때 중시되었던 것은 향론〔鄕評〕이라고 하는 향리사회에서의 평판이었다. 그런데 시대가 내려옴에 따라 각 지역에 지식계급이 형성되고 사대부라 불리는 이들 호족출신의 지식인층이 군(郡)규모의 동아리를 결성하면서, 그들 내부에서의 인물평가, 즉 청의(淸議)에 의해 향론의 내용도 규제되고 선거가 좌우되는 경향이 강해졌다.

후한 말이 되면 전국적인 규모를 가진 이들 지식인층의 정치단체인 청류(淸流)와 외척·환관 등의 탁류(濁流)와의 사이에 중앙·지방을 불문한 격렬한 정치항쟁이 전개된다. 청류가 독점한 선거권에 탁류가 개입한 것이 그 주요한 원인이라 생각된다. 결국 두 차례의 당고(黨錮)에 의해 청류계 지식인은 관계로부터 추방되지만, 후한 말에서 삼국의 동란기에 걸쳐 그들은 여전히 향리사회에서 권위를 가지고 있었고, 군웅들도 그들을 모사로서 초빙하여 자기의 진영을 강화하고자 했던 것이다. 애초에 구품중정제를 창시하였던 진군(陳羣)이란 사람도 청류인사를 다수 배출한 영천군(潁川郡)의 명문가에 속하는 버젓한 사대부였다. 이처럼 사대부의 주체적인 인물평가, 즉 청의에 의거하여 향품(鄕品)이 결정되고 향품에 따라 관품을 정한다고 하는 방법은, 위(魏)당국이 향리사회에 대한 사대부층의 지배력을 무시할 수 없었다는 사실을 반영하는 것이라고 보아야 한다.

상품에 한문없고, 하품에 세족없다

구품중정제는 수나라 문제(文帝) 때 창시된 과거제에 길을 넘겨주기까지 육조의 역대왕조에 의해 다소의 손질이 가해지면서 계승되었다. 이 제도는 만들어진 지 얼마 안되어 귀족주의적으로 운용되면서 귀족사회 성립에 커다란 역할을 하였다. 이러한 귀족주의적 운용의 계기는 위나라 말기의 '주대중정(州大中正)'의 설치였다. 주대중정은 사도(司徒)의 추천에 의해 임명되었기 때문에 중앙대관의 의사가 크게 작용하였다. 또한 주대중정의 의사가 군국(郡國)중정의 임면(任免)에 반영되자, 중정이 결정하는 향품도 상급자의 뜻에 영합하여 향리의 세론을 무시하는 결과를 낳게 되었다. 이리하여 구품중정제는 제정당초의 목표인 '향론의 여풍(餘風)이 살아 있는' 상태에서 '부조(父祖)의 관직과 신분[官資]을 헤아려 품격(品格)을 정하는' 방향으로 기울어져, 서진(西晉)시대에는 이미 "상품(上品)

에 한문(寒門) 없고, 하품(下品)에 세족(世族) 없다"고 하는 실태를 보였다. 구품중정제는 당초 향론에 의거하여 개인의 도덕·재능에 따라 관위를 정한다는 정신에서 출발하였으나, 결과적으로는 가문의 등급, 즉 관위의 세습화가 진행되어 자제의 향품이 3품 이하로는 내려가지 않는 '문지(門地) 2품'이라 불리는 귀족층을 고정화시키는 길을 걸어갔다. 다음장에 서술한 대로 귀족층은 출세코스인 청관(淸官)으로, 그 이외의 한문(寒門)은 탁관(濁官)으로 하는 것처럼, 동일관품이라도 청관·탁관의 구별이 생기게 되었다. 귀족층과 한문층의 차별, 이들 사(士)계층과 일반 서민 사이의 신분적 격차['士庶區別'이라고 한다]는 시대가 내려옴에 따라 명확하게 의식되어 갔다. 이러한 신분적 차이 등에 기초한 사회체제를 '귀족제'라고 일컫는데, 구품중정제는 그 체제의 탄생과 유지에 커다란 역할을 행하였던 것이다.

군·신의 사이

육조 수당의 시대를 귀족제사회로 파악하는 현재의 연구방향은 과거 나이토 고난(內藤湖南)의 「개괄적 당송시대관(唐宋時代觀)」에서 비롯된 것이다. 여기서 나이토는 당 중기까지의 중세를 귀족정치 시대로서 설명하였다. 그에 의하면 군주권은 귀족계급의 공유물로서, 말하자면 귀족합의에 의한 정치가 이 시대 정치체제의 특색이다. 또 귀족이라 불리는 자는 천자로부터 영토·인민을 수여받아 존재하는 것이 아니라, 그 가문이 자연적으로 지방의 명망가로서 영속해 왔던 바로 그 점 때문에 귀족일 수가 있었던 것이라고 하였다. 이 나이토의 견해는 그 후 오카자키 후미오·미야자키 이치사다·가와카쓰 요시오·다니가와 미치오(谷川道雄) 등에 의해 심화되어, 나이토가 말한 정치형태만이 아니라 널리 육조시대의 모든 역사현상을 관통하는 역사적 범주로서의 '귀족제'라는 개념으로까지 발전되어 갔다. 육조 귀족제 사회라 불리는 이 시대의 독특한 사회체제, 이를 만들어내는 데 중요한 역할을 한 것이 구품중정제인 것이다.

현재 구품중정제 연구에 있어서의 논쟁점은 나이토의 견해 후반에 보이는 이른바 귀족의 고귀성이 어디에 근거하고 있는지의 문제로부터 발생하고 있다. 이 문제에 대하여 다니가와는 "관품이 향품에 의해 결정된다는 사실은, 귀족의 신분·지위가 어느 정도 왕조권력에 의해 부여되고 있는 것처럼 보인다 하더라도, 본원적으로는 그 향당사회에서의 지위·권위에 의해 결정되는 것이며 왕조는 그 승인기관"에 지나지 않는다고 하였다. 여기서 귀족을 귀족답게 만드는 근거는 황제권력인가 아니면 향당사회인가라는 구품중정제의 이해, 나아가서는 육조사회의 기본적 성격과도 관련되는 근본적인 문제가 도출되었던 것이다. 이 문제는 귀족계급의 발생과정, 향당사회에서의 귀족의 존재형태, 황제(권력)와 귀족의 관계 등등의 문제를 해명하고, 그 논리적 연관성을 명확히 함으로써만 해

결될 수 있을 것이다. 구품중정제에 입각해서 위에 언급한 기본문제를 생각해 볼 때, 중요한 것은 향품과 관품 가운데 어느 쪽이 본질적인 것이며 또 향품이란 대체 무엇을 나타내고 있는가라는 문제이다. 향품에 관해서는 이를 관품을 전제로 한 임관자격, 향리사회에서의 인물평가의 등급, 또는 명망가로서의 지위·권위의 표현이라고 보는 해석방법이 있다. 근년의 연구에서는 호족이 주재하는 향리사회에서의 향론을 중시하면서도, 그 향론의 관료사회로의 침투라는 시각에서 구품중정제 성립을 이해하려는 방법이 취해지고 있다. 이것은 '기생관료제론(寄生官僚制論)'에서 주장하듯이 귀족층의 군신관계 편입은 황제권력을 전제로 한 것이다라고 보는 입장과 서로 대립하고 있는데, 점차 전자 쪽으로 기울어지고 있는 듯하다.

▦ 비어 있는 쪽 ▦

Ⅱ. 동요하는 한인사회

中村圭爾

1. 귀족의 세계

동란 속의 질서

삼국의 분열을 수습하여 280년 다시 천하통일을 이룩한 것은 하내(河內:河南省)의 명족 사마염(司馬炎)이 세운 서진(西晉)왕조였다. 그러나 이 통일왕조는 겨우 20년이 지난 뒤 내란[八王의 난]과 주변 여러 민족의 봉기에 의해 동요하기 시작하더니, 곧 수도 낙양을 흉노족인 유(劉)씨에게 탈취당하고 마지막 황제인 민제(愍帝)도 장안(長安)에서 죽임을 당함에 따라 덧없이 멸망하고 말았다(316). 그 일족인 사마예(司馬睿)가 강남의 건강(建康)을 수도로 삼아 동진(東晉)왕조를 일으켰는데 이 왕조는 100년 남짓 강남을 통치한 후 무장 유유(劉裕)가 세운 송으로 교체되었고, 이후 건강에는 소도성(蕭道成)의 남제(南齊), 소연(蕭衍)의 양(梁), 진패선(陳覇先)의 진(陳)이 흥망을 거듭하였다. 이것을 남조(南朝)라고 한다. 한편 화북은 주변의 여러 민족, 즉 흉노(匈奴)·선비(鮮卑)·갈(羯)·저(氐)·강(羌)[이상 五胡라 총칭한다] 및 한족이 각지에 나라를 세우고 이들 여러 나라가 서로 공방과 흥망을 거듭하는 오호십육국(五胡十六國)의 혼란기를 거치게 된다. 마침내 선비족 탁발부(拓跋部)가 세운 북위(北魏)가 화북전역을 통일하지만(439), 역시 100년도 못 되어 고환(高歡)

과 우문태(宇文泰)가 각각 사실상의 지배자로 군림한 동위(東魏)와 서위(西魏)로 분열되었다. 동위에는 고씨의 북제(北齊)가 들어섰고, 서위는 우문씨의 북주(北周)로 교체되었으며, 그 북주의 외척 양견(楊堅)이 세운 수(隋)〔이상을 北朝라고 한다〕가 강남의 진을 멸하고 천하를 통일하였다(589).

백여 년간 존속했던 북위·동진을 제외하면 이들 왕조는 길다 해도 송 60년, 짧게는 동위 16년과 같은 정도의 명맥밖에 유지할 수가 없었다. 이와 같은 어지러운 왕조의 교체와 그에 따르는 정치와 사회의 혼란은 이 시대가 자못 무질서와 혼돈의 세계였던 것처럼 생각하게 만든다. 그런데 사실은 이 표면의 내부에는 일정한 독자적인 질서가 있었다. 정치·사회·문화 등 모든 역사적 현상에 걸쳐 하나의 고유한 논리가 기능하였고 강고한 질서원리가 통일적으로 작용하고 있었던 것이다. 그것이 귀족제이다. 귀족제는 앞 장에서 서술한 것처럼 한 말과 삼국의 사회 내부에서 만들어져 구품중정제를 결정적인 계기로 하여 성립했던 것인데, 특히 서진에서 동진 남조에 걸쳐 그 전형적인 모습이 전개되었고, 오호십육국에서 북조에 걸쳐서는 이민족 정권 아래에서 이를 새롭게 재생하려는 시도가 이루어졌다.

귀족이란

이 체제의 주도자는 말할 것도 없이 귀족〔중국학

▼

건강(建康)

오·동진·남조의 수도로 귀족문화의 꽃을 피웠던 곳이 건강이다. 이 도시는 지금의 남경 중앙부에 위치하고 있으며 최전성기〔6세기 전반〕에는 인구가 백수십 만이나 되는 전국 굴지의 대도시였다. 이 도시의 특색은 성벽과 수로(水路)에 있다. 궁전터의 주위는 전체길이 8리〔약 3.5km〕의 성벽으로 둘러싸여 있고, 그 바깥쪽 즉 중국의 고대도시에서 보통 당당한 성벽이 설치되는 곳에는 전체길이 20리〔약 8.5km〕의 대나무로 된 담이 세워졌는데 이것을 '도성(都城)'이라고 불렀다〔5세기 말에 벽돌로 지었다〕. 또한 도시의 안팎을 수로가 둘러싸고 있는데, 이것은 중요한 방어시설인 동시에 교통수단이기도 했으며, 그 주변에 민가와 상업시설이 집중하여 독특한 도시의 모습을 이루고 있었다.

계에서는 世族·士族·士大夫 등으로 부른다)이다. 그러나 이 귀족이란 것을 정의하기는 상당히 곤란하다. 대체로 왕조국가에 있어서 지배자층의 본질은 무엇보다도 이들을 토지소유자로서 파악하는 것이 지금까지의 일반적 이해였다. 그리고 귀족은 또한 종종 대지주이면서 또 고급관료이기도 했다. 그런데 거꾸로 대지주와 고급관료가 모두 귀족인가 하면 반드시 그렇지는 않다. 오히려 그러한 경제적·정치적 요소는 귀족을 귀족답게 하는 조건이 될 수 없다. 그보다는 귀족 개인의 인격·윤리성·문화와 교양·출신 즉 가족의 역사, 그것들을 총합한 일종의 성성(聖性)이야말로 귀족을 귀족답게 만드는 중요한 요소이며, 더욱이 그것이 귀족의 모태가 되는 향리사회와 귀족집단의 고유한 세계에서 공인을 받지 않으면 안된다. 상기한 요건들은 객관적으로 가치판단할 수 있는 것이 아니기 때문에 어떤 역사상의 인물을 들어 그가 귀족인지 아닌지를 판정하기가 쉽지 않은 경우도 적지 않다. 그렇지만 역사적으로 귀족이라 간주할 수 있는 가문과 인물이 존재했던 것은 의심할 수 없는 사실이다. 예를 들면 청하(淸河)와 박릉(博陵)의 최씨(崔氏), 태원(太原)과 낭야(琅邪)의 왕씨(王氏), 진군(陳郡)의 사씨(謝氏), 조군(趙郡)의 이씨(李氏) 등은 그 대표적인 예이다.

그런데 이들 각 성씨를 대표하는 귀족은 그 어지러운 왕조교체의 반복 속에서도 높은 가문과 지위를 변함없이 유지하였다. 낭야 왕씨, 진군 사씨는 동진 남조 이백 수십 년간을 통해 어느 왕조에서도 최고급의 관위를 계속 차지하였으며, 청하·박릉 최씨와 태원 왕씨 가문은 수당시대에 와서도 몰락하지 않았다. 이것은 왕조가 교체되면 정치권력층도 교체된다는 일반적인 현상과는 다른 것이며, 이 때문에 귀족이란 왕조를 초월한 존재라고 이해하는 자도 나왔던 것이다.

도대체 왕조와 귀족이란 서로에 대하여 어떤 존재였던 것일까? 귀족은 왕조 내에서는 대체로 고급 관인으로서의 모습을 지닌다. 구품관인법의 관리 등용 구조에 따라 귀족은 20세 전후에 처음으로 관인이 되는데〔이것을 起家 또는 解褐이라고 한다〕, 그 후에도 이들에게는 독자의 승진코스가 있어서 자동적으로 지위가 올라가게 된다. 이러한 코스의 관직을 청관(淸官)이라고 하였는데, 이것은 황제의 좌우에서 그 자문을 담당하는 중서랑(中書郎)·황문랑(黃門郎)·시중(侍中)·태자와 왕자의 측근인 태자사인(太子舍人)·왕우(王友) 등 거의 사무적인 업무를 수반하지 않는 관직이었다. 또한 당시의 귀족은 유교적 정치의식에 몹시 회의적인 태도를 보였던 반면 노장사상에 대하여는 깊

여사잠도 (女史箴圖)

고개지(顧愷之) 작품이라 전한다〔大英博物館 所藏〕. 육조 귀족의 모습을 묘사한 것이라 한다. 고개지는 강남출신의 귀족으로 그림 솜씨가 뛰어났다.

왕희지
(王羲之)의 묘

서성(書聖) 왕희지는 남조에서 제일가는 귀족인 낭야(琅邪) 왕씨 출신이다. 그의 것으로 전해지는 묘가 절강성 승현(嵊縣)의 산중에 있다

이 공명하고 있었기 때문에, 현실 정무에 종사하는 것을 싫어하고 정치에 초연한 태도를 높이 평가하는 풍조에 젖어 있었다. 그 때문에 관직은 직무내용이 유명무실화되고 단순히 관인의 신분고하를 나타내기 위해서만 의미를 가질 뿐이었다.

당시의 인사담당관인 이부상서(吏部尙書)와 이부랑(吏部郞)은 매우 중요한 자리였는데, 그들이 알아두어야 할 사항은 관인 개인의 능력과 성적이 아니라, 그 사람이 어떤 가문의 출신인가 하는 점이었다. 적재적소가 아니라 가문에 어울리는 관위와 관직을 주는 것이 필요했기 때문이다. 이렇게 하여 마침내 양(梁) 말이 되면, 최고의 초임관〔起家官〕인 비서랑(秘書郞)과 저작좌랑(著作佐郞)은 귀족의 자제라면 누구든지 수레에 올라탈 때 떨어지지 않고 편지에 '안녕하신지요?' 정도의 인사말만 쓸 줄 알면 취임할 수 있는 그런 상태에까지 이르렀다.

그래서 귀족은 왕조의 구체적인 행정현장으로부터 완전히 유리된 존재가 되고 말았다. 이들을 대신하여 실무를 담당했던 자는 한문(寒門)·한인(寒人)이라 불리는 낮은 신분출신의 사람들이었다. 한문·한인은 황제 측근의 관직인 중서사인(中書舍人)을 발판으로 실권을 장악하고, 황제 또한 그들을 구사하여 독재정치를 행하는 일이 적지 않았다. 남제(南齊)에서 제일가는 귀족으로 태위(太尉)관직에 있었던 왕검(王儉)이 한인출신의 중서사인 여법량(茹法亮)을 보고서 "〔나의〕 권력은 실로 여공에게 미치지 못하는도다"라고 하였고, 남제의 명제(明帝)가 한인 유계종(劉係宗)을 놓고 "학사배(學士輩)는 단지 학문을 할 뿐, 아무 쓸모도 없다. 나라를 다스리는 데는 유계종 한 사람이면 충분하다. 수백 명이 있은들 무슨 소용이 있겠는가"라고 했던 것은 이 당시 정치현장에서의 귀족의 실상을 잘 드러내고 있다. 그러나 한인 실력자들은 그들이 섬겼던 황제가 교체되거나, 더욱이 왕조가 바뀌게 되면 졸지에 실각하여 비참한 최후를 마치는 것이 보통이었다. 그것은 현실정치로부터 유리되어 왕조의 교체와 상관없이 살아남는 귀족과는 대조적이었다.

정(鼎)의 경중(輕重)

그렇다고 하더라도 실은 귀족이 빈번한 왕조교체와 전혀 무관했던 것은 아니고, 오히려 혁명의 바로 그 순간에 임하여 귀족은 중요한 역할을 담당하였다. 왕조가 교체될 때에는 신왕조의 정당성을 그럴 듯하게 장식하고 권위를 세우기 위해 각종 의식이 필요하게 된다. 그 중에서도 중요한 것은 제위(帝位)의 상징인 옥새(玉璽)를 주고받는 일이었다. 그것은 남조에서는 모두 낭야 왕씨·진군 사씨의 역할이었다. 동진은 왕도(王導)가 온갖 노력을 기울여 창건한 나라였고, 부견(苻堅)의 침공이라는 전례없는 위기가 닥쳤을 때 이것을 극복한 것은 사안(謝安)이었다. 그러나 동진이 쇠퇴기를 맞자 재빨리 유유(劉裕)에게 붙어 송조를 일으켰던 것은 왕도의 자손들이며, 옥새를 유유에게 수여했던 것은 사안의 손자였다. 왕조에 있어서 귀족이란 이처럼 정권의 정당화를 위해서 반드시 필요한 존재였던 것이다.

그렇다면 귀족에게 왕조란 무엇이었던 것일까? 송·제의 교체 당시 송의 중신이었던 저연(褚淵)이 남제를 창업한 소도성(蕭道成)에게 옥새를 수여했다고 들은 저연의 사촌동생 저소(褚炤)는, 그 사실을 알려준 저연의 아들 저분(褚賁)에게 "일가의 물건(一家物)을 다른 일가에게 준다는 것은…"이라 말하며 얼굴을 붉혔다고 한다. 저소가 분개하는 것은 어쨌든지 간에, 귀족에게 제위란 어느 일가의 소유물이며 왕조의 교체는 단순히 그것이 어떤 가문에서 다른 가문으로 옮겨가는 정도의 일에 지나지 않았던 것이다. 저연이 송을 팔았던 송·제 혁명 당시, 멸망한 송에 절의를 바쳤던 원찬(袁粲)이라는 귀족이 살해되었다. 제·양 혁명 때에는 안견원(顔見遠)이라는 자가 왕조의 교체극에 분노한 나머지 식음을 전폐하다 죽었다. 그러나 이와 같이 왕조를 위해서 순절한 귀족의 예는 극히 드물었다. 실제 안견원의 죽음을 보고받은 양의 창업주 소연(蕭衍)은 "나는 하늘에 순응하고 민심을 좇았을 뿐인데, 이것이 천하의 사대부와 무슨 관계가 있단 말인가"라며 의아스러워했다고 한다. 이로부터 당시에는, 귀족의 세계란 제위의 교체와는 전혀 무관한 차원에서 독자적으로 존재하는 것이며 거기서는 왕조나 제위 등이 본질적인 관심사가 될 수 없다고 하는 인식이 존재하였음을 알 수 있고 또한 사실이 그러했다.

사(士)·서(庶) 구별

귀족의 세계란 어떤 것인가. 그것은 바로 왕조의 관인으로서 그 신분을 구체적으로〔九品〕 표시하고 있는 귀족이, 관인의 본분인 정치와의 현실적 관계를 거부하면서 독자의 질서에 의해 구축한 세계였다. 이 세계를 유지하는 독자적인 질서, 그 상징이 사서의 구별이다.

남제시대에 다음과 같은 사건이 있었다. 무제(武帝)의 총신으로 서인출신의 중서사인이었던 기승진(紀僧眞)이라는 자가 사대부가 되고 싶어 무제에게 호소하였다. 무제는 "사대부가 되기 위해서는 일류 귀족인 강효(江斅)와 사륜(謝淪)의 승인이 필요한데, 황제인 나도 어쩔 수가 없으니 황제의 명령이라 칭하고 가보도록 하라"고 하였다. 그래서 기승진은 강효를 방문하였다. 기승진이 걸상에 좌정하자 강효는 옆 사람에게 명하여 자기 걸상을 멀리 떨어지게 하였다. 이쯤 되자 기승진도 낙심하여 돌아가서 무제에게 보고하기를 "사대부라는 것은 천자의 명으로 되는 것이 아닙니다"라고 했다고 한다. 실제 이와 같은 사건은 이것말고도 몇 번인가 있었다. 어느 예에서나 모두 황제의 측근인 서인출신 권력자가 자신이 누리는 고위고관의 지위에도 불구하고 귀족으로부터 동석(同席)과 교제를 거절당한다는 것으로, 이를 통해 사인·사대부와 서인 사이의 신분적 차별이 얼마나 엄격했는지를 알 수 있다. 그리고 이러한 예들은 사인과 서인이라는 두 신분은 불변의 것이며, 설사 서인이 고관에 올랐다 하더라도 그 서인신분을 벗어날 수는 없었다는 것, 더욱이 이러한 신분의 차이는 황제의 힘으로도 해소될 수 없는 것이었음을 보여주고 있다.

죽림칠현(竹林七賢)

진대(晉代) 세속을 피하여 죽림에서 노닐면서 청담(淸談)을 일삼고 자유를 즐겼다고 하는 완적(阮籍)·혜강(嵇康)·산도(山濤)·완함(阮咸)·상수(向秀)·유령(劉伶)·왕융(王戎)의 7인을 말한다. 그들은 모두 반예교주의(反禮敎主義) 입장을 취하였고 그 때문에 기이한 행동을 많이 하였다. 완적의 청안(靑眼) 백안(白眼)의 고사는 유명하며, 이러한 고사들은 『세설신어(世說新語)』 등에 많이 실려 있다. 그러나 이 7인이 실재했던 것은 확실하지만, 그들이 함께 죽림에서 청담을 즐기며 노닐었다는 것은 후대에 꾸며낸 이야기 같다. 청담의 유행, 예교에 대한 회의, 정치에 대한 허무감 등 이 시대의 풍조가 지어낸 전설일 것이다. 남조에는 이 7인의 화상(畵像)을 묘실(墓室)에 그려넣어 장식한 묘도 있다.[제3장 131쪽 [그림 8] 참조]

사와 서

그렇다면 동석마저도 허락되지 않을 정도의 엄격한 신분차는 어디에서 유래하며, 어떻게 유지되어 갔던 것인가? 사와 서는 과거 씨족제시대의 지배씨족과 피지배씨족의 관계이기도 했고, 정신노동으로 군주에 봉사하는가 육체노동으로 봉사하는가의 분업관계이기도 했다. 그러나, 여기서 말하는 사서란 귀족사회의 성립과정에서 향리사회의 세론을 매개로 향품을 획득하여 사회의 상층으로 부상한 자와 그렇지 못한 자를 말하는 것이다. 이러한 사로서의 자격은 전술한 귀족의 정의와도 깊은 관련이 있는데, 결코 구체적인 판단기준이 있는 것은 아니었다. 예를 들면 경제나 정치상의 요소는 반드시 세론의 공감을 얻을 수 있는 것은 아니었다. 그보다는 인격·도덕 등 보다 보편적인 가치가 커다란 의미를 지니고 있었다. 즉 윤리적 기준이야말로 사인(士人)이 갖추어야 할 자격요건이었던 것이다.

이것은 당시 널리 행해졌던 청의(淸議)라 불리는 독특한 조치를 보면 한층 분명해진다. 청의는 한 말 이래 향리사회 내에서 발생한 인물평가를 주로 하는 세론(世論), 즉 향론(鄕論)에 근본을 두고 있는데, 이 시대에는 향론에 의해 향품을 획득한 사인층에 대한 일종의 사회적 제재로서의 색채를 강하게 띠고 있었다. 구체적으로 말하면 사인은 청의에 걸리면 향품이 깎이든가 박탈되기도 한다. 『삼국지』의 저자 진수(陳壽)는 부친의 상중에 하녀에게 약을 짓게 한 일과 모친의 사후 그 유언에 따라 낙양에 매장하고 고향으로 귀장하지 않았던 일로 두번이나 청의에 회부되었고, 그 때문에 폐욕(廢辱)의 생활을 보내야만 했다. 여기서 폐욕이라는 것은 사인에서 서인으로 신분이 격화된 것을 말하는데, 사와 서의 차별이 엄격한 이 시대에 그것은 아마도 굴욕적인 생활을 의미했을 것이다. 이외에도 예전의 상사(上司)가 죽었을 때의 복상(服喪) 위반, 혹은 상중에 처와 누이의 혼인을 강행한 일 등을 이유로 향품을 깎아내린 예가 있다.

이와 같이 사인은 예제(禮制)에 위반된 행동을 했을 경우 그 신분의 표지인 품(品)을 깎이거나 박탈당하여 서인이 되었던 것이다. 이것은 사인이라는 신분의 존립근거가 바로 예(禮)라고 하는 보편성을 띤 가치관에 있었음을 말해 준다. 바로 그런 이유 때문에, 예컨대 아무리 경제적으로 부유하더라도, 아무리 높은 관위와 관직을 얻었더라도, 서인이 사인이 되는 일은 없었다. 황제라 할지라도 이를 어떻게 하기는 어려웠다.

그렇다면 반대로, 예에 맞는 행동을 한다면 서인은 사인이 될 수 있는가? 이것도 아니다. 물론 한대

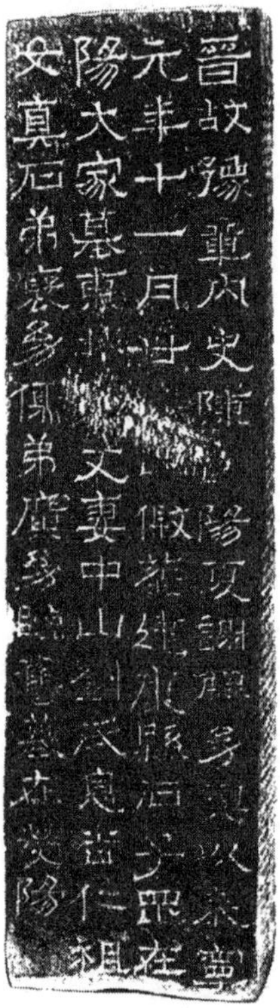

동진(東晉) 사곤(謝鯤)의 묘지(墓誌)

사곤은 유명한 귀족으로 청담의 명수였다. 화북의 전란시 강남으로 피난하여 남경에서 죽었으며 그 남쪽 근교에 매장되었다.〔姚遷·古兵 편저, 『六朝藝術』, 文物出版社, 1981〕

말에서 구품관인법의 제정시기까지 순수하게 윤리적 기준에 의해 인물을 평가한다고 하는 본래의 취지대로 향론이 행해졌을 때에는 그 같은 일이 없는 것도 아니었다. 그러나 점차 사·서의 질서가 확립되어 가면 더 이상 서인출신으로서 사인이 되는 길은 열려 있지 않았다. 그래서 "예(禮)는 서인에게 내려가지 않는다"라는 말처럼 서인은 이 예의 세계와는 전혀 관련이 없었다.

그렇다면 이처럼 하늘과 땅만큼이나 차이가 있는 사인과 서인간의 신분적 구별은 현실의 사회생활 속에서 구체적으로 어떻게 나타나고 있었을까? 그것은 혼인에서 확실하게 모습을 드러낸다. 『문선(文選)』 권40에는 양(梁)의 문인정치가 심약(沈約)이 왕원(王源)이란 인물을 탄핵한 글이 실려 있다. 왕원은 동해군(東海郡)을 본적으로 하는 사인으로서, 딸을 오군(吳郡) 부양현(富陽縣)의 만장지(滿璋之)라는 사람의 아들에게 시집보냈다. 이 혼담은 재력가인 만장지가 중매인 유사지(劉嗣之)에게 부탁하여 왕원에게 말을 꺼낸 것이었다. 왕원측에서는 고평군(高平郡)의 명족의 자손이라고 칭하는 만씨의 가계(家系)와 경력을 꼼꼼히 조사한 다음, 많은 돈을 받고 혼인을 약속했던 것이다. 그러나 심약이 본 바로는, 만씨의 가계는 위조된 것으로 사인인지 서인인지 분명치 않은 가문이었다. 이런 집안으로부터 다액의 금전을 받고 딸을 시집보내는 것은 사인으로서 있을 수 없는 행위이므로 마땅히 왕원을 종신금고에 처해야 한다고 한 것이다. 종신금고에 처해지면 거의 서인과 동등한 처지로 전락하게 된다.

유감이지만 이 탄핵이 어떻게 처리되었는지는 알 수 없다. 그러나 이 사건은 사인과 서인간에는 본래 결혼이 금지되고 있었음을 보여준다. 그것은 사인측에서 본다면, 하늘과 땅만큼의 차이가 있는 사와 서의 신분질서를 유지하고 배타적인 사족(士族)의 세계를 구축하기 위한 불가결의 조건이었던 것이다. 그리고 이러한 것이 단순한 사회적 관행에 그치지 않고 정치의 장에까지 이어진 데에 이 사·서 차별의 중요한 의의가 있었다.

무엇보다도 심약은 탄핵문의 서두에 사인이 사서의 구별없이 혼인관계를 맺거나, 가문을 팔고, 서인이 족보를 속이는 등의 당시 풍조를 언급하고 있다. 그것은 가난한 사인의 돈벌이를 위한 방편에 지나지 않았으며, 심약의 탄핵도 이 풍조에 대한 경고로 볼 수 있다. 거기에는 이미 가문의 전통밖에 의지할 곳이 없는 사인들의 자괴(自壞)의 모습과, 추상적인 예제(禮制)를 기초로 성립된 이 세계질서를 경제라는 현실적인 힘으로 무너뜨리고자 하는 서인층의 왕성한 활력을 엿볼 수 있다. 강남에서 꽃핀 귀족의 세계는 이렇게 하여 붕괴의 길을 걸어갔던 것이다.

2. 십육국 춘추(十六國春秋)

호족(胡族) 일어서다

기원후 1세기, 한족세계의 주변에 존재했던 여러 민족들 사이에 하나의 뚜렷한 움직임이·나타나게 된다. 그들은 마치 거대한 소용돌이에 빨려들어 가듯이 한족세계 속으로 활동무대를 옮겨갔다.

먼저 북변에서는 기원전부터 몽골고원을 거점으로 하여 한족의 강적으로 존재해 왔던 유목민 흉노가 남북으로 분열하였다. 후한왕조에 복속한 남흉노는 장성을 넘어 한족이 사는 내지로 남하하기 시작하여 곧 산서성의 분수(汾水)유역에 정착하게 된다. 흉노가 떠난 몽골고원에는 시라무렌강 유역에서 목축과 수렵생활을 해왔던 선비(鮮卑)가 진출하였다. 그들은 동으로는 요하(遼河)로부터 서로는 하서(河西)·청해고원(淸海高原)에 이르는 광대한 지역을 무대로 활동하면서 한족세계와 접촉하기 시작하였고, 서서히 남하의 움직임을 보이게 된다.

한편 서쪽에서는 청해고원의 유목민 강족(羌族)이 한족에 의한 강제이주 등으로 관중(關中)지역에 광범위하게 분포하였고, 사천(四川)·섬서(陝西) 사이에 있던 저족(氐族)도 위수(渭水) 상류일대로 이주하여 3

세기 말에는 관중(關中)의 백여 만 인구 가운데 반수가 그들이라는 말까지 나오게 되었다. 위 말·서진 초에 내지로 이주한 주변 이민족의 수는 모두 870여 만명에 이른다고 『진서(晉書)』 문제기(文帝紀)는 기술하고 있다.

한족세계로 들어오게 된 이민족은 어떤 형태로 존재했던 것일까? 흉노의 경우를 보자. 분수유역의 흉노는 3세기 초에 이 땅을 지배했던 조조에 의해 5부(部)로 분할된 뒤, 태원군(太原郡) 관할하의 5현에 분속되었다. 5부 전체는 사흉노중랑장(使匈奴中郎將)의 감독 아래 두어졌고, 각 부는 부수(部帥)의 통솔을 받았다. 이 부수는 과거 묵특선우(冒頓單于)의 자손의 일족으로서, 한조와의 형제관계를 구실로 유(劉)씨 성을 자칭하고 있었다. 이 부수는 한인 사마(司馬)의 감시를 받았다. 이렇게 흉노는 고유의 모습과 자주성을 상실해 가고 있었다.

마침 그 때 5부의 하나인 좌부(左部)의 부수 유표(劉豹)의 아들 유연(劉淵, 자는 元海)이 출현하였다. 그는 어려서부터 학문을 좋아하고, 『역경』 『시경』 『서경』 『춘추』 『사기(史記)』 『한서(漢書)』 『병법』 등 한족의 고전을 두루 익혀 깊은 교양을 갖추고 있었으며, 무예에도 뛰어난 걸출한 인물이었다. 유씨일족의 거주지 태원 진양(晉陽)의 명족인 왕혼(王渾)·왕제(王濟) 부자는 유연의 재능을 높이 평가하여 수도 낙양에 인질로 가 있던 그를 당시의 실력자인 사마소(司馬昭)에게 적극 추천하였다. 유연뿐 아니라 그의 아들인 유화(劉和)·유총(劉聰), 조카인 유요(劉曜)도 모두 학문을 좋아하고 고전에 통달하여 교양이 풍부한 인물이었다. 흉노 귀족이 한족세계 속에서 어떤 모습으로 존재하였는지를 보여주는 전형적인 예이다.

그러나 흉노 부민(部民)의 생활이 반드시 이와 같은 것은 아니었다. 위 말 태원에 거주한 흉노족의 대다수는 전객(佃客:小作人) 신분으로 전락해 있었다. 그들을 사역한 자는 유연과 친교를 맺었던 왕혼·왕제 부자를 포함한 태원의 한족 지주들이었다. 이러한 몰락한 흉노부민의 모습을 전형적으로 보여주는 일례로 흉노의 별부(別部)인 갈족(羯族)의 석륵(石勒)이 겪은 인생유전을 들 수 있다.

석륵은 상당(上黨:산서성 동부)에 있는 소율(小率)이란 부락에서 태어났는데, 낙양으로 행상을 나가기도 하고 한족 지주의 토지를 소작하면서 생활하고 있었다. 그러던중 기근을 만나 고향에서 달아나지만, 결국 서진 병주자사(幷州刺史)의 손에 잡혀 두 사람씩 목에 칼이 씌워진 채 팔려가 고난 끝에 한인의 노예가 되었다. 이러한 사실은 흉노의 고유한 생활형태와 부족조직이 변화하기 시작하면서 부족 민중의 생존을 보장하는 힘을 잃어갔음을 보여준다. 그리고 이것은 관롱(關隴)일대[섬서·감숙성]로 이주한 저족·강족에게도 마찬가지였다고 본다.

그러나 그들이 농경민인 한족과 혼재하면서 완전히 한족과 같은 모습으로 변했다고 생각하는 것은 옳지 않다. 그들은 여전히 말타고 활쏘는 데 뛰어난

〔騎馬控弦〕 긍지높은 민족의 자손이며, 일단 유사시에는 강력한 전투집단으로 결속하는 힘을 비장하고 있었다. 노예로 전락한 석륵이 곧 몸을 일으켜 기마(騎馬)의 군도(群盜)로서 두각을 나타내었던 것은 그 전형적인 실례이다.

서진의 멸망

기원후 300년 서진의 종실인 조왕(趙王) 윤(倫)이 혜제(惠帝)의 황후 가씨(賈氏)를 살해한 사건을 계기로 서진왕조는 일대 혼란에 빠지게 되었는데, 이것이 세간에서 말하는 팔왕(八王)의 난이다. 당시 끝없는 전란의 와중에서 팔왕의 하나인 성도왕(成都王) 영(穎)의 휘하에 있던 유연은 고향에 돌아가 흉노 귀족의 추대를 받아 대선우(大單于)를 칭하며 자립의 군사를 일으켰다. 그는 곧 한왕(漢王:304), 이어서 황제를 칭하고(308), 수도를 평양(平陽:산서성)에 두고 국호를 한(漢)으로 정하였다. 같은 무렵, 사천에서는 파인(巴人:賨人) 이특(李特)이 유민세력을 배경으로 군사를 일으키고 성도(成都)를 함락하였다. 이윽고 패사한 이특의 뒤를 이은 아들 이웅(李雄)은 성도왕(304)에 이어 황제를 칭하고(306) 국호를 성(成)이라 하였다. 이리하여 4세기 초 한족세계의 한복판에 흉노와 파인의 나라가 돌연 출현했던 것이다. 이 사건은 다른 이민족들에게도 자립의 시기를 재촉하는 계기가 되었다. 한족세계에서 한 발 떨어져 있던 선비족은 이 무렵 요동(遼東)에서 몽고고원에 걸친 지역에서는 모용(慕容)·단(段)·우문(宇文)·탁발(拓跋) 등 유력한 4개의 부가, 보다 서쪽에는 독발(禿髮)과 걸복(乞伏)이, 청해고원에는 토욕혼(吐谷渾)이 각각 활동하며 북방의 대세력을 이루고 있었다. 그 가운데 모용부에는 중원의 전란을 피해온 한족 사대부와 농민이 대량으로 유입되어 점차 한족적인 체제와 문화가 형성되기 시작하였다. 이 모용부를 거느린 모용외(慕容廆)는 대선우(大單于)를 자칭하며 주변의 선비 여러 부족 및 동쪽의 고구려를 향한 정복사업에 착수하였다. 같은 시기 탁발부에서는 탁발의로(猗盧)가 등장하여 부족을 통일하고 대선우를 자칭하며 산서 북방에 웅비하였다. 그들은 전략상 진(晉)과 결합하고, 화북에 점재한 진의 거점, 즉 병주자사 유곤(劉琨) 및 유주(幽州)자사 왕준(王浚)과 연락을 취하면서 이 쟁란에 관여하기 시작한다.

이처럼 어수선한 상황 속에서 유연의 뒤를 이은 아들 유총(劉聰)은 휘하에 있던 석륵을 파견하여 하북·산동 일대를 경략하는 한편, 자신은 남하하여 진의 수도 낙양을 함락시키고 진의 3대 군주인 회제(懷帝)를 사로잡았다(311). 진에서는 4대 민제(愍帝)가 장안에서 옹립되었으나 유요(劉曜)의 공격을 받아 살해되었고 이로써 서진왕조는 멸망하였다(316). 강남의 건강(建康)에서 이 소식을 전해들은 진의 낭야왕(琅邪王) 예(睿)는 다시 진을 일으켜 즉위하였는데, 이것을 동진(東晉)이라고 한다(317). 화북의 한에서는 얼

> **팔왕(八王)의 난**
>
> 서진 2대 황제 혜제(惠帝)는 우둔한 군주로서, 그 황후 가씨(賈氏)가 정치에 개입하여 마침내 태자를 살해하기에 이르렀다(300). 본시 서진은 일족을 홀대한 이유로 일찍 붕괴하고 만 위(魏)를 교훈으로 삼아 사마(司馬)씨 일족을 왕으로 봉건하고 각지에 순견(巡遣)하여 왕조의 번병(藩屛)으로 삼고 있었다. 왕의 한 사람이었던 조왕(趙王) 윤(倫)이 이 틈을 타 거병하여 가후와 그 일당을 살해하고 곧 스스로 제위에 올랐기 때문에 각지의 여러 왕이 기병하여 내전이 시작되었다. 여기에 참전했던 주된 인물이 8인이었으므로 이를 팔왕의 난이라고 한다. 이 내전은 동해왕(東海王) 월(越)이 혜제를 다시 낙양으로 맞아들임으로써 끝이 났는데(306) 그간의 전란이 도화선이 되어 이후 화북에 대혼란이 전개된다.

오호십육국 (五胡十六國) 일람

민족		왕조	창시자	본거지(本處)
五胡	匈奴	① 漢	劉淵	平陽
		前趙	劉曜	長安
		② 夏	赫連勃勃	統萬
		③ 北涼	沮渠蒙遜	張掖 · 武威
	羯	④ 後趙	石勒	襄國 · 鄴
	鮮卑	⑤ 前燕	慕容皝	龍城 · 鄴
		⑥ 後燕	慕容垂	中山 · 襄國
		⑦ 西燕※	慕容冲	長子
		⑧ 南燕	慕容德	廣固
		⑨ 代※	拓跋猗盧	盛樂
		北魏※	拓跋珪	平城 · 洛陽
		⑩ 西秦	乞伏國仁	苑川 · 武威
		⑪ 南涼	禿髮烏孤	樂都 · 武威
	氐	⑫ 前秦	苻健	長安
		⑬ 後涼	呂光	武威
	羌	⑭ 後秦	姚萇	長安

민족	왕조	창시자	본거지
賓(?)	⑮ 成(漢)	李特	成都
漢	⑯ 前涼	張軌	武威
	⑰ 魏※	冉閔	鄴
	⑱ 西涼	李暠	敦煌
	⑲ 北燕	馮跋	龍城
	③ (北涼)	段業	張掖

※ 표시가 붙은 나라[7·9·17번]는 16국에 포함되지 않음

마 후 유총이 죽고, 그 외척인 근준(靳準)의 난을 계기로 국내는 장안에 할거한 유요[前趙]와 양국(襄國)을 근거지로 하북을 영유한 석륵[後趙]의 양 세력으로 분열되었다.

이 무렵 요서(遼西)에는 모용외가 진출하여 전연(前燕)을 세우고, 산서 북부에는 탁발부의 대국(代國), 사천에는 성(成), 보다 서쪽의 하서(河西)지역에는 한족 장궤(張軌)가 세운 전량(前涼)이 출현하였다. 강남에 할거한 동진을 포함하여 중국전체가 사분오열의 상태에 빠진 것이다. 그 가운데 일시 우세를 확보했던 것은 석륵이었다. 그는 유요를 격파하여 전조(前趙)를 멸하고 거의 중원을 통일하는 데 성공하였다(329). 그가 죽은 후에는 조카인 석호(石虎)가 뒤를 이어 석륵의 과업을 계승하였는데, 석호는 잔학하기

로 이름난 독재자인데다 그의 만년에는 일족내의 내분도 일어나 국내가 동요하게 되었다. 석호의 사후 그 양자로 있었던 한인 염민(冉閔)이 후계자 분쟁에 편승하여 석씨를 토멸하고 위(冉魏)를 건국함으로써 후조는 멸망하게 된다. 이 기회를 놓치지 않고 중원으로 진출한 이가 모용외의 손자 모용준(慕容儁)이 이끄는 전연(前燕)이었다. 그들은 순식간에 염위를 멸하고 하북·하남·산서·산동 일대를 수중에 넣으면서 영토를 확대해 갔고, 곧 관중을 근거지로 성장해 온 저족(氐族) 부씨(苻氏)의 전진(前秦)과 국경을 접하게 된다.

비수(淝水)전투

전진은 석호의 재위시절 하남으로 이주당했던 저족의 지도자 부홍(苻洪)을 시작으로 그의 손자 부견(苻堅)대에 전성기를 맞았다. 부견은 국내를 안정시키자 곧 동방으로 진출하여 전연(前燕)을 무너뜨려 화북통일을 완수하고(370), 다시 전량(前涼)과 대(代)를 멸하였다(376). 이리하여 전진은 수십 년에 걸친 전란에 종지부를 찍고, 겨우 강남 한구석을 차지하고 있을 뿐인 동진을 제외한 전국을 통일하여 각 민족 대동(大同)의 세계를 출현시켰던 것이다.

이십 수년간 지속되던 이 평화는 그러나 383년 비수전에 의해 전기를 맞게 된다. 강남에 할거한 동진 왕조를 정복하기 위해 친히 87만의 대군을 이끌고 남하한 부견은 비수 연변의 수춘(壽春;강소성)에서 동진군에게 대패하고 간신히 장안으로 도망쳐 돌아왔다. 이것을 계기로 전진 영역 내에서는 각 종족이 봉기하여 자립하였고 다시 난세가 찾아왔다. 당시 부견을 따르고 있었던 전연 모용준의 동생인 모용수(慕容垂)는 전연의 옛땅인 하북·산동을 회복하여 후연(後燕)을 세웠으며, 준의 아들 모용홍(慕容泓)은 장안에서 자립하였다〔西燕〕.

탁발부에서는 탁발규(拓跋珪)가 외척인 모용수의 원조를 받아 독립하였다〔北魏〕. 또 저족과 함께 관중에 할거했던 세력인 강족이 요장(姚萇)의 지휘하에 거병하여〔後秦〕, 부견을 죽이고 부견의 아들 부등(苻登)과 사투를 반복한 끝에 마침내 부등을 패사시키고 전진을 멸하였다(394). 관중에서 하서에 걸친 지역에는, 앞서 부견의 명을 받아 서역경영에 종사하고 있던 저족의 여광(呂光)이 고장(姑臧)에서 자립하였고〔後涼〕, 하서의 선비족 걸복국인(乞伏國仁)이 범천(范川)에서 자립하였으며〔西秦〕, 같은 선비족인 독발욕단(禿髮傉檀)이 청해(靑海)의 낙도(樂都)에 정권을 세웠다〔南涼〕. 흉노의 일파인 노수호(盧水胡)의 저거몽손(沮渠蒙遜)은 장액(張掖) 일대를 점거하였고〔北涼〕, 한족 이고(李暠)는 돈황을 근거지로 자립하였으며〔西涼〕, 영북(嶺北)에는 흉노 혁련발발(赫連勃勃)이 후진(後秦)에 대적하여 세력을 넓히는〔大夏〕 등, 소왕국이 차례차례 일어나 공방을 거듭하였다.

한편 관중 동쪽에서는 2대 세력인 후진과 후연이

비수 전투

383년 7월 동진원정에 나선 부견(苻堅)의 전진 군사 87만은 영수(潁水)를 따라 남하하여 10월에는 회수(淮水)와의 합류점인 회남군(淮南郡:壽春)으로 진출하였다. 이를 맞아 싸우는 동진군은 정토도독(征討都督) 사석(謝石) 이하 8만명에 불과했는데, 그 주력은 사현(謝玄)이 이끄는 정예로 이름난 북부병(北府兵)이었다. 전투의 동향을 결정했던 것은 동진군의 선봉 유뇌지(劉牢之)가 지휘하는 북부병의 낙간(洛澗) 도하작전이었다. 이 작전에 성공한 동진군은 여세를 몰아 부견의 본대 바로 앞에서 비수도하를 강행하여 부견군을 맹공하였다. 부견군은 완전히 무너졌는데 바람소리·학울음 소리를 듣고는 동진병사인 줄로 알고 혼비백산하여 패주했다고 한다.

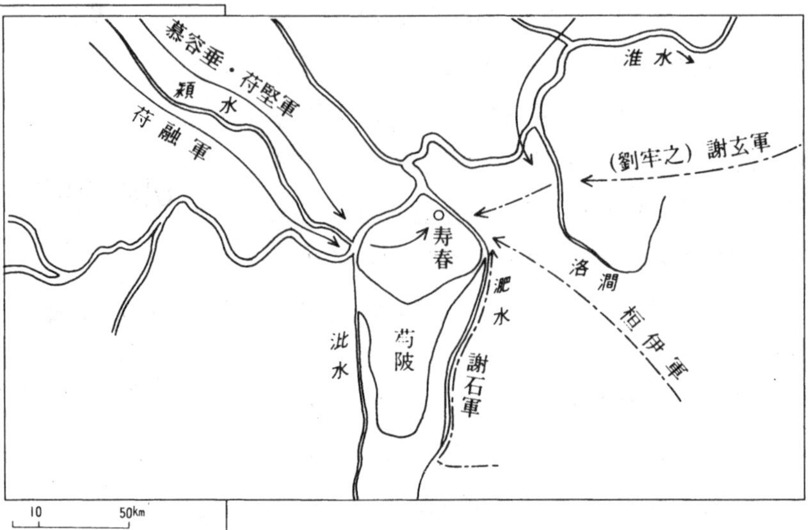

→ 전진군 ⇢ 동진군
『中國史稿地圖集』(地圖出版社, 1979)에 의거.

비수(淝水)전투

서로 대립하고 있었으나, 점차 남하하는 탁발부의 북위에게 압박받아 곧 후연은 영토의 대부분을 빼앗기게 된다. 다만 일족인 모용덕(慕容德)이 간신히 산동반도 부근을 영유하고〔南燕〕, 한인 무장 풍발(馮跋)이 요서를 보유〔北燕〕했을 뿐이었다. 같은 시기 강남에서는 말기에 접어든 동진에 유유가 출현하여 실권을 장악함과 동시에 북벌을 거행하여 먼저 남연(南燕)을 멸

서량(西凉) 건초(建初) 12년 적장(籍帳)

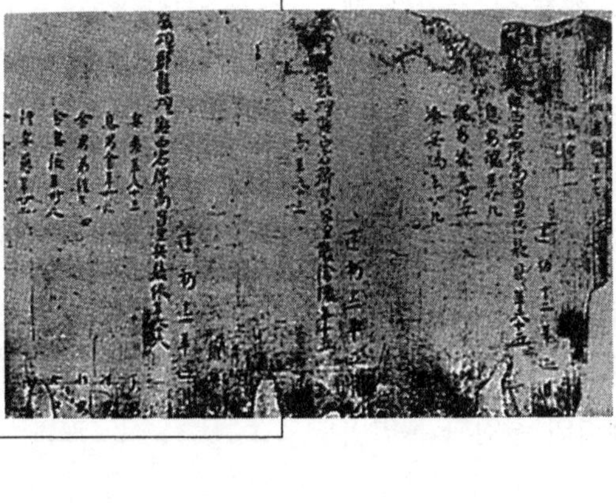

돈황에서 발견된 중국 최고(最古)의 호적(416). 16국의 하나인 서량의 본거지 돈황의 것임.〔唐耕耦·陸宏基編, 『敦煌社會經濟文獻眞蹟釋錄(一)』(書目文獻出版社·古佚小說會, 1986)〕

대하(大夏)의
석마(石馬)

혁련발발(赫連勃勃)이 세운 대하는 '십육국' 가운데 가장 유목기마민족적 성향이 강했다고 한다. 대하의 석마라고 전해지는 것이 현재 섬서성 박물관[碑林]에 있다.

하고(410), 다시 후진을 무너뜨렸다(417). 후진의 옛 땅에는 대하(大夏)가 진출해 북위의 강적으로 등장했으나 곧 북위에게 패하였다. 잠시 후 북연(北燕), 그리고 하서지방에 유일하게 생존해 있던 북량(北涼)도 북위에 병합되었다(439). 백여 년에 걸친 혼란은 이렇게 하여 북위 태무제(太武帝) 탁발도(拓跋燾)의 손에 의해 수습되었다. 이보다 조금 앞서 강남에서는 유유가 동진을 대신해 송을 건국하였다(420). 마침내 남북조의 시대가 출현한 것이다.

호족(胡族)국가의 성질

그런데 한족세계 안에서 흥망을 거듭한 이상의 각 나라는 대체로 어떤 모습을 하고 있었던 것일까? 말할 것도 없이 이들 여러 민족의 힘의 근원은 전투집단으로 조직된 부족민이었으며, 그 부족민들이 중핵이 되어 여러 나라를 건설하고 유지하였던 것이다.

그러나 그것만으로는 한족세계의 완전한 통치자가 되는 데 커다란 한계가 있었다. 이 세계의 통치자로서 중망을 얻기 위해서는 종족적 성격을 뛰어넘어 보다 보편적인 권력으로 자신을 승화시킬 필요가 있었다.

십육국의 군주들 가운데는 대단히 뛰어난 한족적 교양을 갖춘 자가 많았다. 앞서 언급했던 흉노의 유씨 일족은 그 전형적인 모습을 보여준다. 그밖에 선비족 모용씨, 저족 부씨, 강족 요씨도 역시 마찬가지였다. 부족 흥륭시기의 지도자인 모용외·부홍·요익중(姚弋仲) 등은 탁월한 무인적 재능으로 이름을 날렸을 뿐이지만, 그 자손은 명교(名教)윤리에 뛰어나고 경사(經史)를 배우는 것은 물론 병서(兵書)를 즐겨 읽고 문장이 우수한 자가 많아 한족문화의 담당자인 사대부와 흡사한 모습을 보여주고 있다. 유연은 자립에 임하여 "대우(大禹)는 서융(西戎)에서 나왔고, 문왕(文王)은 동이(東夷)에서 태어났다. 요컨대 덕(德)이 있으면 되는 것이다"라고 하였다. 이로부터 그들이 한족세계의 통치자가 되기 위한 자격요건으로 여전히 종족성의 문제를 부담으로 느끼고 있었다는 점, 하지만 그것은 덕이라는 보편성에 의해 극복될 수 있다고 의식하였던 점을 알 수 있다. 십육국 군주들의 태도에서 그러한 면을 엿볼 수 있다.

이들이 세운 각 나라의 통치기구는 -물론 본족의 귀족에 의해 운영되는 경우도 있지만- 특히 중원의 여러 나라에서는 한족 사대부가 주된 담당자였다. 석륵정권하의 장빈(張賓), 부견정권하의 왕맹(王猛)은 그 전형적인 예이다. 조(趙)·연(燕)·진(秦)과 같은 중원의 여러 나라에서는 관료제도·선거제도·교육제도 등 모든 방면에서 진(晉)의 제도를 답습하고 발전시키고자 하였다. 그것은 정권의 정통성과 보편성을 보장하고 국가존립의 정치적 기반을 다지는 일이었는데, 이 역시 한족 사대부의 주도하에 이루어졌음은 말할 필요도 없다.

한편 호족의 부족(部族)조직은 국가의 군사적 기초인 전사(戰士)집단의 모태로서 보존되지 않으면 안 되었다. 그러나 부족조직은 그 최고통솔자여야 할 군주로부터 점차 분리되었고, 군주의 자제가 대선우(大單于)와 같은 칭호 아래 이를 통솔하게 되었다. 군사력을 통솔하는 권한이 군주의 손을 떠났다는 것은 국가의 권력균형에 미묘한 영향을 미치게 되고 16국의 정치사를 한층 복잡하게 만드는 결과를 낳았지만, 또 한편으로 군주들은 부족장의 성격을 넘어 한족과 호족 양자의 보편적 지배자로서 자처할 수 있게 되었다.

화북의 변용(變容)

그렇다면 이러한 여러 나라가 통치하는 화북사회는 당시 어떤 상태에 있었던 것일까? 그것은 한 마디로 말하면 끊임없는 인구이동이 계속되는 유동적인 사회였다. 한 말·삼국의 동란 후 위·진을 거치면서 점차 안정을 찾아가고 있던 화북은 팔왕의 난과 호족의 활동에 의해 다시 혼란기를 맞았다. 연이은 전란과 기

천왕(天王)과 황제(皇帝)

5호16국 군주의 칭호에는 황제가 아닌 천왕이 사용되었던 예가 많다. 후조 석륵의 조천왕(趙天王), 전진 부견의 대진천왕(大秦天王), 그밖에 요흥(姚興)·여광(呂光)·혁련발발(赫連勃勃) 등은 모두 천왕을 칭하였다. 단 평생 천왕의 칭호를 사용한 부견과 같은 예도 있고, 천왕을 칭하다가 황제를 칭하거나 반대로 황제호를 버리고 천왕이 된 경우 등 가지각색이다. 그들이 본래 중국의 최고지배자의 칭호인 황제를 칭하지 않고 천왕을 칭했던 것은, 유목민인 5호가 여러 나라로 나뉘어 군주권력이 분산되어 있고, 아직 통일을 이루지 못한 사실과 관련이 있는 것으로 여겨진다.

오호 군주와 서역승(西域僧)

오호시대에 불교는 눈부실 정도로 발전하였는데, 당시 서역승의 역할은 대단히 중요하다. 그 대표적인 사람이 4세기 전반 후조의 석륵·석호가 존숭했던 구자(龜玆)의 승려 불도징(佛圖澄)과, 4세기 후반 후진의 군주 요흥의 국사(國師)가 되었던 같은 구자의 승려 구마라집(鳩摩羅什)이다. 그러나 그 양자는 매우 대조적이었다. 불도징은 후조의 정치·군사 고문으로서 활약하였는데, 석륵 등은 그가 보여준 영험으로 인해 불교에 귀의하였다고 한다. 한편 구마라집은 불전번역에 다대한 업적을 남겼는데, 그 배경에는 요흥에 의한 국가적 차원의 협력이 있었다고 한다. 오호 군주의 불교수용의 자세와 그에 대응한 불교측의 포교태도의 차이를 보여주는 좋은 예이다.

근으로 인해 생산은 정체되었고 농민은 유민이 되어 하서·사천·요동·강남 등 주변지역으로 이동하거나 그렇지 않으면 중원에 머물러 벽루(壁壘)로 주위를 둘러싼 오(塢) 속에 거처를 정하고 스스로를 보호하였다. 중원에 점재(點在)한 오(塢)는 강남의 한족정권인 동진을 공략하는 교두보가 되기도 했다. 중원에 진출한 여러 나라에게는 무엇보다도 사회를 안정시키고 황폐한 농촌과 생산을 부흥하는 것이 급선무였다. 그래서 실시한 것이, 주변지역 혹은 정복지로부터 대량의 인구를 지배지역 중심부로 이동시키는 사민(徙民) 정책이었다. 십육국간의 공방은 이러한 농업노동력의 약탈이라는 일면을 가지고 있었다.

일례를 들면, 후조시기 하남·하북으로 이주된 인구는 수백 만에 이르렀다고 한다. 그러나 그들이 이 땅에 영구히 살 수 있었던 것은 아니고 후조멸망과 동시에 다시 본국으로 쫓겨가는 운명에 처해졌다. 나중에 전진·후진을 세운 저족의 부홍·강족의 요익중은 이 유민군으로부터 대두했던 자였다. 이러한 인구이동은 왕조가 교체될 때마다 반복되어 이 시대의 혼란스러운 인상을 더해 주고 있다.

그러나 국가의 흥망이 어지럽게 이어졌던 이 시대가 언제나 전화(戰火)와 기근으로 차 있었던 것은 결코 아니며, 종종 유능한 군주의 등장으로 평안의 치세가 출현하기도 했다. 후조의 석륵, 전연의 모용준, 후연의 모용수, 후진의 요흥 등 그 예는 적지 않지만 특히 전진의 부견 치세하의 이십 수년간이 그 전형을

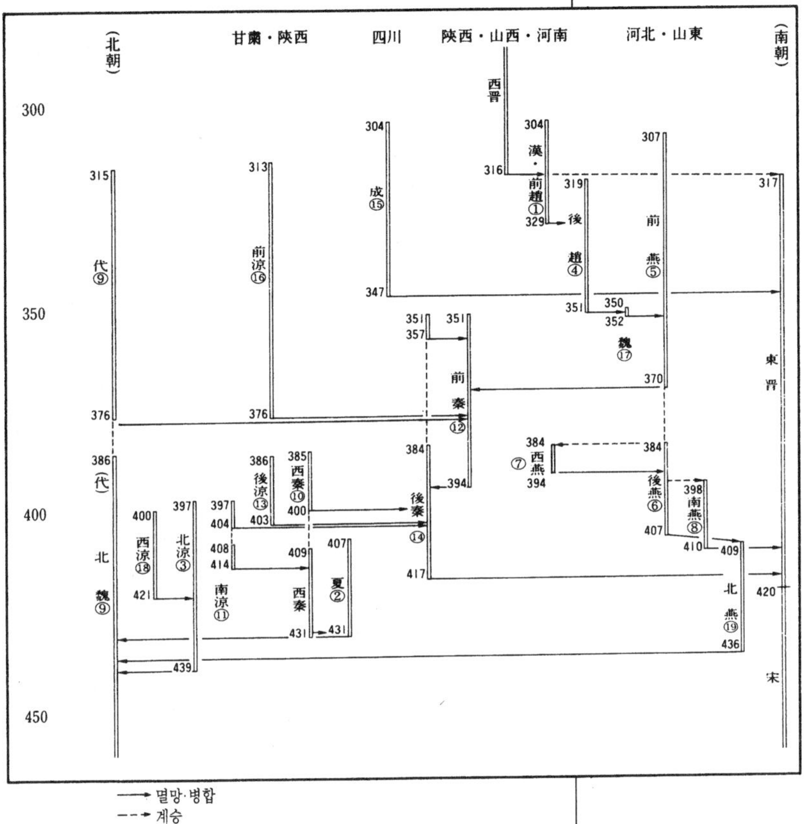

오호십육국 흥망표

이룬다. 그의 정치이념은 중국의 전통적인 덕치주의에 기초한 것이었다. 그의 이념은 부견 자신의 것임과 동시에, 전진의 재상으로서 십수 년에 걸쳐 부견을 보좌한 한인 사대부 왕맹(王猛)의 이념이기도 했다. 사서에 전하는 바로는 부견은 유학진흥·농상(農桑)장려·사치금지·인재등용에 열의를 보인 결과, 민중은 힘을 다하고 도적은 근절되었으며, 농지가 개간되고 재정이 풍부해졌으며, 제도 전반이 정비되었다고 한다. 그 본거지 관중에서는 수도인 장안에서 여러 주(州)에 이르는 도로의 양측에 홰나무와 버드나무를 심고, 20리마다 정(亭)을 40리마다 역(驛)을 두어 여행하는 데 식량걱정을 하지 않도록 하였으며, 공상(工商)인들은 도로에서 각자 맡은 일에 힘썼다고 한다. 정말로 평안한 세계가 여기에 있었다.

그러나 또 한편으로는, 석호를 비롯한 폭군의 거듭된 출현, 황제의 폐위·찬탈의 빈발, 그리고 국가간의 공방이 금새 이러한 평안을 일변시켰다. 그 결과는 단순한 지배자층 내부의 혼란만이 아니고, 새로운 사회불안이나 기아, 때로는 민족간의 살인으로 이어질 때도 있었다.

이와 같은 혼란은 그 시대를 살았던 사람들에게 고난 그 자체였다. 그러나 역사를 움직이는 새로운 힘은 실은 이러한 혼돈 속에 뿌리를 두고 있는 것이다. 중국역사상 하나의 시대를 획기하였던 수당제국의 역사는 실로 이 오호십육국의 시대를 바탕으로 탄생된 것이다.

Ⅲ. 위진남북조

1·2/渡邊信一郎 3/中西久味 4/宮崎法子

1. 장원(莊園)과 화폐경제

조군(趙郡)의 이씨(李氏)

화북의 지도를 펴보자. 산서성과 하북성을 갈라 놓듯이 태행(太行)산맥이 남북으로 달리고 있는 모습이 눈에 들어온다. 이 산맥의 동쪽 기슭일대는 산맥에서 흘러나온 수많은 작은 하천이 하북평원으로 이어진 대지를 적셔주어 중국 굴지의 농업지대를 형성하고 있고, 지금의 북경에서 정주(鄭州)에 이르는 경한(京漢)철로의 연변에는 춘추전국 시대부터 수많은 도시〔邑〕가 번영해 왔다. 그 가운데 하나가 평극현(平棘縣)이라는 곳이다. 춘추시대에는 진(晉)의 속읍으로서 극포읍(棘蒲邑)이라 칭해졌던 이 도시를 중심으로, 육조·수당시대에는 조군(趙郡: 趙州·殷州)이라는 행정구역이 설치되었다. 이 평극현을 본거지로 하여 조군 일대에 탁월한 세력을 과시하고 있었던 것이 조군 이씨〔당시는 趙李라 약칭〕였다.

전국시대 조나라의 무장(武將)이었던 무안군(武安君) 이목(李牧)을 시조로 모시는 조군 이씨가 사서에 이름을 나타낸 것은 북위가 화북을 통일한 이후의 일이었다. 그 후 당조 말에 이르기까지 명사(名士)를 계속 배출함으로써 조군 이씨는 청하(淸河)의 최(崔)씨, 범양(范陽)의 노(盧)씨, 형양(滎陽)의 정(鄭)씨, 태원(太原)의 왕(王)씨〔이상 '四姓'〕에 버금가는 산동의 명족으로서 그 지위를 확립하였다. 아래에 전형적인 호족(豪族)이자 동시에 귀족이기도 했던 이 조군 이씨의 활동을 통해 남북조시대 화북의 사회·경제사적인 여러 모습을 그려보고자 한다.

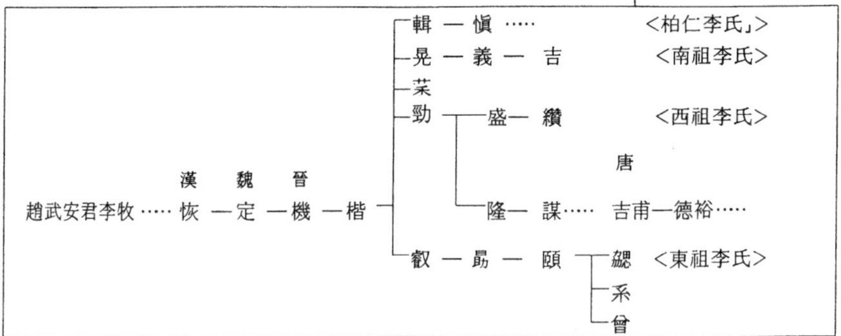

조군이씨(趙郡李氏)의 가계도

조군 이씨는 본시 조나라 백인(柏人:柏仁)현의 영녕향(永寧鄕) 음관리(陰灌里)를 본관으로 하며 서진시대 이해(李楷)의 대에 조군의 수읍(首邑)인 평극현으로 진출하였다. 이해에게는 집(輯)·황(晃)·화(茱)·경(勁)·예(叡)라는 5명의 아들이 있고, 그 자손이 네 계열로 갈라져 조군 이씨의 기초를 쌓게 된다. 집의 자손은 백인의 옛땅으로 돌아가 백인 이씨라 불렸다. 황·경·예의 자손은 현성의 서남 약10㎞에 있는 농촌을 본거지로 삼았는데, 마을길을 끼고 동·서·남으로 나뉘어 살아 동조계(東祖系)·서조계·남조계 세 계통으로 갈라지게 되었다. 이것을 '삼항이가(三巷李家)'라 한다. 남조계의 일부는 후에 고읍현(高邑縣)으로 진출하였고, 서조계의 일부는 원씨현(元氏縣)과 별업(別業: 莊園)이 있는 찬황현(贊皇縣)으로 진출하였으며 널리 조군의 남부일대에 세력을 확대하여 갔다.

중국은 옛날부터 형제간의 균분상속을 전통으로 해왔다. 아버지가 죽은 후 그 재산은 형제의 수에 따라 남비·솥에 이르기까지 균등하게 나누어졌다. 물론 부유한 계층에서는 3세대 동거라든가 5세대 동거도 드물지 않았다. 그러나 세대가 내려가면서 상호관계가 소원(疎遠)해짐에 따라 집안은 형제들 각각의 방(房: 世帶)으로 분열되고, 다시 분열을 거듭하면서 각지로 진출하여 갔다. 그리고 또한 유력한 집을 중심으로 하여 분열되었던 각 방의 친족망이 강고하게 조직될 때 여기에 호족이 성립한다. 예를 들면 조군 이씨와 수많은 인척관계를 맺었던 박릉군(博陵郡) 안평(安平)의 최(崔)씨는 대방(大房) 최씨를 중심으로 6방으로 나뉘어졌다. 범양의 노씨는 먼저 남조(南祖)·북조(北祖)의 두 계열로 분열되었고, 북조(北祖)는 다시 '사방(四房) 노씨'로 나뉘어져 활약하였다. 조군 이씨가 백인·동조·서조·남조 4계열로 분열하고 조군 일대로 진출한 것은 이 시기 명족의 성립과 궤를 함께 한다.

조군 이씨 4계 가운데, 백인 이씨는 관계진출이 적어 곧 역사에서 모습을 감추게 된다. 나머지 '삼항이가'는 수많은 관료·명사를 배출하였는데, 그 가운데서도 북조시대에 가장 활약이 두드러졌던 것은 동조 이씨였다. 동조 이씨의 실태는 이 시기의 호족·귀족의 존재방식을 전형적으로 보여주고 있으므로 이

동조 이씨를 중심으로 서술을 진행하고자 한다.

사대부의 조건

도무제(道武帝) 탁발규(拓跋珪:371~409)가 북위왕조의 기초를 다지고 있을 때, 동조 이씨에게도 비약의 전기(轉機)가 찾아왔다. 이예(李叡)의 손자인 이(頤)에게는 협(勰)·계(系)·증(曾)이라는 세 명의 아들이 있었는데, 이 삼형제의 자손이 각각 나름의 가풍을 지니고 관계에 적극적으로 진출해 갔다. 그 차이는 나중에 보기로 하고 먼저 동조 이씨에 공통적으로 발견되는 특색에 대하여 서술하고자 한다. 일반적으로 귀족이 귀족일 수 있는 근거를 들 때 오늘날에는 그 경제력보다 오히려 학문·가학(家學)·예교(禮敎)의 실천을 첫째로 문제삼는 자가 많다. 다른 명족과 마찬가지로 동조 이씨의 경우도 예외는 아니다. 예를 들면 이협은 "평온하고 조용하여 학문을 좋아하였고", 이계의 아들 이순(李順)은 "널리 경학과 역사를 두루 섭렵"하였으며, 순의 아들인 부(敷) 형제는 "깊이 효의(孝義)를 존숭하고, 가문에 예가 있다"고 칭양받았고, 이증의 경우는 "어려서부터 『정씨례(鄭氏禮)』『좌씨춘추(左氏春秋)』를 공부하여 가르치는 일을 업으로 삼았다"고 하였다. 이 가풍은 널리 3형제의 자손에게 계승되어 "경사에 박통하고", "폭넓게 여러 사람의 말을 종합하는" 것이 가풍이 되었다. 그것은 하나의 경전을 전문으로 하는 박사(博士)의 학문이 아니

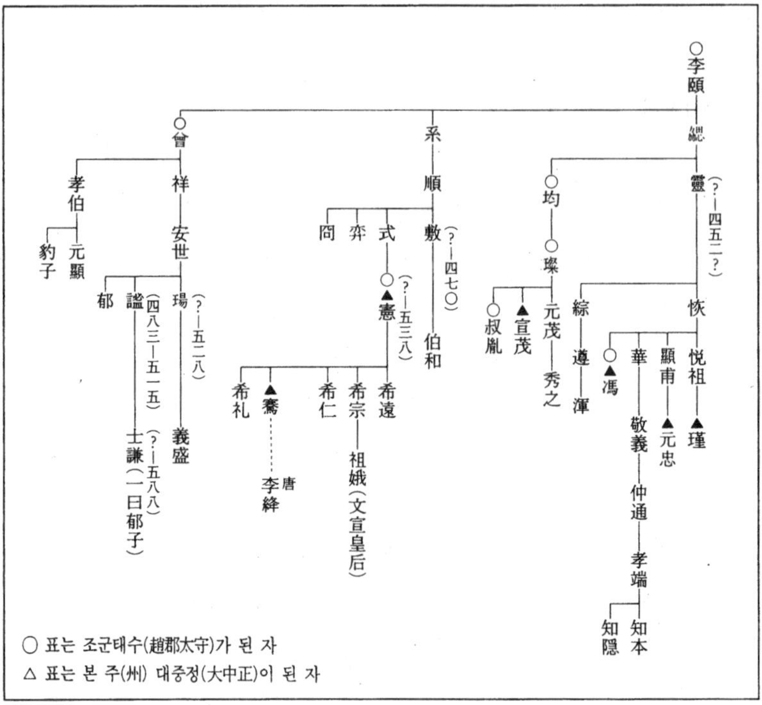

조군(趙郡) 동조이씨(東祖李氏) 가계도

라, 널리 고금을 총괄하는 사대부의 교양주의적 학문이었다. 이러한 교양주의 학문을 익히고 예와 효를 실천함으로써 그들은 향리사회의 존경을 모으는 명족이 될 수 있었다. 이증의 아들인 이상(李祥)이 "학문은 가업(家業)을 이어받았고, 향당이 이를 존숭하였다"고 칭송받았던 것도 단순히 그 개인의 평가에 머문 것은 아니었다.

가학과 예·효의 실천이 첫번째 공통점이라고 한다면 두번째 공통점은 경제력이었다. 조군 이씨는 '종당호세(宗黨豪勢)'했던 것과 동시에 일족의 중심이 되는 각각의 집도 부유하였다. 이협의 증손에 해당하는 이현보(李顯甫)는 그 전형적인 예이다. 그는 호협성(豪俠性)이 강한 인물이었는데, 이씨 일족 수천가를 은주(殷州)의 서산에 집결시켜 이어천(李魚川) 주변을 개척하여 정착하도록 함으로써 이씨 일족의 종주(宗主)가 되었다. 종주란 태화(太和)10년(486) 삼장제(三長制)에 기초한 향리제도가 시행되기 이전 국가권력이 아직 정비되지 않았을 때의 지방조직이며, 유력자가 주(主)가 되어 친족관계를 통해 지방을 통합하는 것이었다. 따라서 국가의 정식 지방조직은 아니었다. 오히려 종주가 30~50가를 일괄하여 하나의 호(戶)로 호적에 등록함으로써 국가의 부담을 피함과 동시에 그들을 종주 아래 종속시키는 경우가 많았다. 이러한 '종주독호(宗主督護)'제를 대신하고자 국가권력측에서 시행한 지방행정조직이 삼장제이다. 그것은 5가(家)=1린(隣), 5린=1리(里), 5리=1당(黨)의 3급으로 이루어져 있으며, 각각 인장(隣長)·리장(里長)·당장(黨長)을 두어 호구조사와 조세징수 등을 담당하도록 하였다. 삼장제는 균전제의 전제조건이 되는 국가적 지방조직의 확립과 그에 기초한 소농민의 직접지배를 겨냥한 것이었다. 그 전부가 이씨라고는 단언할 수 없으나, 여하튼 이현보가 수천 가를 통솔·지휘하여 개척의 수령·종주가 될 수 있었던 것은 호협이라는 성격만이 아니고 원래 그만큼의 재력을 보유하고 있었기 때문임에 틀림없다. 이현보의 아들 이원충(李元忠)에 대해서는, 그 집은 원래 부유하여 향리에 상당한 고리대를 놓고 있었지만 그가 문서를 파기하여 채무를 면제해 주었기 때문에 향리 사람들로부터 크게 존경받았다고 사서는 전하고 있다.

이상(李祥)의 증손 이사겸(李士謙)도 비슷한 예를 보여준다. 그의 집안은 부유하였으나 검약한 생활을 하였고 항상 어려운 사람을 먹여 살리는 데(賑恤)에 힘썼다. 한번은 일만 석의 곡물을 향리사람에게 빌려주었는데 흉작이 계속되어 갚을 수가 없게 되었다. 그러자 이사겸은 채무자에게 "우리집의 남는 곡식은 본래 어려운 사람을 구휼하기 위한 것이니, 어찌 이것으로 이익을 구하겠는가"라고 하면서 술과 음식으로 대접한 뒤 증거문서를 불태웠다. 그 외에도 흉년에 1만여 석의 곡물을 나누어주고 약을 조제하여 병자를 치료하는 등 이러한 활동을 30년 동안 계속하였다. 개황(開皇)8년(588)에 그가 죽었을 때 조주(趙州)사람으로 눈물을 흘리지 않는 자가 없었으며 장례인파는 1만여 명이나 되었다고 한다. 1만석이나 되는 곡물을 여러번 빌려주고도 파산하지 않고 다시 진휼할 수 있었다는 것은 대단한 부호가 아니면 불가능한 일이다. 그래서 조군 이씨 일족 가운데 유력한 가족은 가학과 예교의 실천을 통해서뿐만 아니라 그 재력과 진휼에 의한 향리사회의 재생산을 통해서도 친족과 향리사람들의 존경을 받고 명족으로서의 지위를 확고하게 해갔던 것이다. 그러면 이 재력은 어떻게 획득한 것인가?

장원의 경영

조군 이씨는 물론이고 명족 가운데 유력한 가족의 경제기반은 주로 농업경영에 있었다. 관료가 된 경우에는 봉록을 수입으로 하지만, 북위에서는 태화8년(484)까지 봉록제가 없었다. 봉록제의 시행 이후에도 명족출신 관료의 대다수는 봉록을 그 친족에게 나누어줌으로써 일족의 결속을 꾀하였으므로, 경제기반은 대개 농업경영에 있었다고 보아도 좋다. 이들이 경영하는 농장은 당시 별업(別業)·별야(別墅)·원전(園田) 등으로 불렀다. 장(莊)이라는 말이 나타난 것은 남북조 말기부터이며, 이 시기의 농장을 장원(莊園)이라고 일컫는 것은 학술상의 용어이다. 이들 농장은 통상 수 경(頃)에서 수십 경〔1경은 약 4.5ha〕의 규모를 가지고 있었다. 한 곳에 광대한 영역을 가진 별업도 있지만 그것은 산림지택(山林池澤)을 포함하는 것으로 농장 그 자체는 그리 크지 않았고, 대개의 경우 농장들은 각지에 분산되어 존재하였다. 개개의 별업에는 택지〔가옥〕가 있고 원객(園客)이라고 하는 관리자가 파견되었는데, 중심이 되는 가옥에서 농장 전체를 통일적으로 경영하였다.

농장의 근간을 구성하는 직영지의 노동자는 가족과 노예를 주력으로 하고, 이를 보조하는 형태로 고용노동자〔傭作〕가 이용되었다. 이들은 2필1조의 소의 견인동력을 이용하는 정지(整地)용구인 여(犁)·파(耙)·노(耮)를 사용하였고, 약 1.5경〔7ha〕 넓이의 단

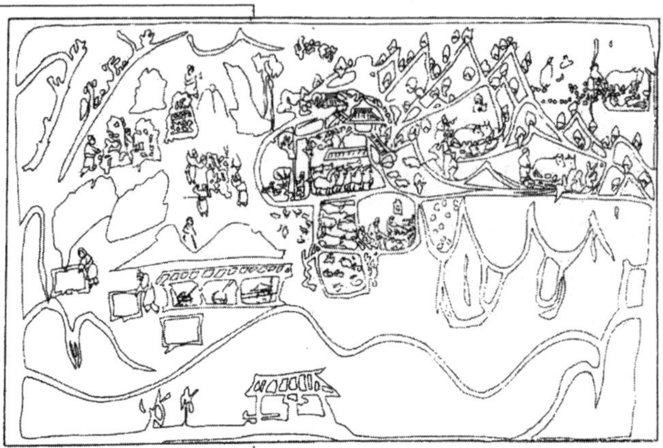

동한묘(東漢墓)출토 **장원도**(莊園圖)

호링거(和林格爾) 동한묘 출토 장원도(모사본)

1971년 가을 호링거(和林格爾) 현(山西 大同 서쪽, 내몽골 자치구) 동남 40km의 혼하(渾河) 북안에서 발견된 동한묘에서 일련의 채색 벽화가 발견되었다. 그 하나가 이 장원도이다. 그림 중앙 산기슭에 있는 가옥과 부속건물을 중심으로 우측에는 농경, 좌측에는 견포(絹布·採桑)의 생산을 묘사하고 있다. 중앙의 가옥에 부속된 원(園)에서는 두 사람이 나란히 가래로 밭을 갈고, 우측의 세 곳에는 쟁기갈이가 묘사되어 있다. 20명 가까운 노동자는 노비였을까? 당시 장원의 풍경을 실감나게 묘사한 유일한 작품이다.(『和林格爾漢墓壁畫』(문물출판사, 1978).

위경지를 5~6명으로 이루어진 협업조직을 만들어 경작하였다. 이 경작단위를 몇 개 정도 산술적으로 집합한 것이 농장경영의 기본이다. 이러한 직영지의 경영은 거의 10경 전후가 한계였으므로 이를 넘는 경우는 소작을 주었다. 소작농민은 가난한 집이 많았는데, 그들은 통상 쟁기(耒耜)와 가래(鋤) 등의 수(手)노동 농구를 사용하여 경작하였다. 따라서 생산력 면에서 직영지의 경영과는 압도적인 차이가 있고 불안정하였기 때문에 농장의 주력은 되지 못했다. 이들 소작농민 가운데는 토지소유자에 예속된 자도 있지만 대다수는 국가의 호적에 등록된 편호농민이며, 농노라 규정할 수 있을 만한 농민은 계층으로서 존재하지 않았다. 이현보·이원충 부자가 이어천의 개척지에서 행한 경영과 찬황현(贊皇縣) 교외의 백릉강(百陵崗)에 있는 이씨의 별업(別業)도 이러한 형태로 운영되었던 것으로 생각된다. 앞서 언급한 이사겸의 경우도 그의 사후 부인에 의해 노비 60명이 해방되었던 사실에서 경영의 주력이 노예였음을 알 수 있다.

명족결합의 중심이 되는 가(家)는 통상 '백구(百口)'의 가(家)라고 불리며 수십 명에서 백수십 명 규모의 대세대(大世帶)를 구성하고 있었다. 그 근간은 가족이며 여러 세대(世代)가 동거하는 복합가족의 형태를 취하는 경우가 많았다. 가족의 주변에는 노비가 축적되고, 이들은 현재 중심적인 가의 구성원을 이루고 있다. 안지추(顔之推)가 남긴 『안씨가훈(顔氏家訓)』에는 20명의 가족과 20구의 노비, 그리고 10경의 농업경영을 만족할 만한 가경영(家經營)으로 간주하고 있어, 명족계층의 이상적인 가경영·농장경영이 어떠한 것이었는지를 보여준다. 이협의 7세손인 당(唐)의 이지본(李知本)은 "자못 경사를 두루 섭렵하고, 어버이를 섬김에 효성이 지극하였으며, 동생 지은(知隱)과 화목하기로 이름이 났다. 자손 백여 명, 재물과 동복(僮僕)이 조금도 흩어지는 법이 없었다. 수(隋) 말에 도적이 그 마을을 그냥 지나쳐 들어오지 않자, 이를 두고 서로 훈계하여 말하기를 '의문(義門)을 범하는 일은 없다'고 하였다. 당시 피난자 5백여 가가 모두 그 집에 의지하여 화를 면할 수 있었다"라고 하는 기록은 그 구체적 실태를 보여준다〔『舊唐書』 권188, 孝友傳〕. 주인까지도 생산자로서의 성격을 농후하게 띠고 있는데, 이러한 농장경영과 가경영 방식은 유럽 중세의 장원제(Villikation)나 일본 중세의 장원인 공령체제(公領體制)와도 다른 것이다.

강남지방의 생산력

지금까지의 연구에 의하면, 한대 이래 강남 일대에서는 화경수누(火耕水耨)라고 하는 원시적인 농법이 일반적으로 행해졌고 따라서 육조시기까지의 생산력 수준은 상당히 낮은 단계에 있었던 것으로 생각되어 왔다. 그러나 광동성·광서성에서 발굴된 서진·육조시기의 묘에서 소가 끄는 쟁기갈이와 써레를 본뜬 도제(陶製) 명기(明器: 殉葬용 기물)가 발견됨으로써 강남의 농업이 화경수누 일색이 아니라 화북에 필적하는 농법단계에 도달해 있었음이 판명되었다.

자급자족인가, 화폐경제인가

지금까지 소개한 호족·부호층의 가경영은 기본적으로 자급자족 방식을 취하고 있었다. 특히 조군 이씨 등 관료를 배출한 명족의 경우 "녹을 먹는 집은 하민(下民)과 이익을 다투지 않는다"는 이념하에 생산활동을 자기의 소비에만 한정하고, 축적이 있는 경우에도 그것은 이사겸처럼 진휼에 대비해야 하는 것으로 이해하고 있었다. 따라서 농촌지역에서 상품과 화폐의 유통은 거의 보이지 않았다고 해도 좋다. 화북에서는 효문제(孝文帝:471~99) 태화19년(495)에 태화오수전(太和五銖錢)이 주조되기까지 화폐유통이 보이지 않았다고 사서는 기술하고 있다. 이를 그대로 받아들일 수는 없다고 해도 상품과 화폐의 유통이 침체되었던 것은 사실일 것이다. 태화오수전에 이어 선무제(宣武帝) 영평(永平)3년(510)에 새로 주조한 오수전이 발행되었고, 북위 후기에는 고전(古錢)을 포함하여 세 종류의 화폐가 유통되었다. 희평(熙平)초년(516) 무렵의 임성왕(任城王) 원징(元澄)의 논의에 의하면 태화오수전이 유통된 것은 수도 낙양에만 한정되고, 서주(徐州)·양주(揚州:淮水 하류의 남북연안), 형주(荊州)·영주(郢州:호북성 북부), 그리고 곤주(袞州)·예주(豫州:하남성의 黃河 북안일대)의 세 지역에는 각각의 지방적 특징을 지닌 통화 이른바 토전(土錢)이 유통되었으며, 수도의 서방과 북방지역에는 전화(錢貨)의 유통이 보이지 않는다고 지적하고 있다. 또 국가재정의 근간을 이루는 지역인 하북의 각 주에서는 화폐의 주조량이 적어 견포(絹布) 등의 현물화폐를 사용하여 교역했다고 한다. 지역적으로 통화가 달랐던 것은 북제·북주가 동서로 분립하였던 시기에도, 또한 남조지배하의 지역에서도 마찬가지였다.

남조의 지배영역에서 화폐가 유통된 것은 수도인 건강(建康), 삼오(三吳)지역〔강소성의 장강 이남, 절강성 북부〕, 그리고 형(荊)·영(郢)·강(江)·상(湘)·양(梁)·익(益) 등의 여러 주〔양자강 상류와 중류의 연안 여러 지역〕뿐이었다. 더구나 건강에서는 90전을 100전으로 매기는〔이것을 90맥(陌)이라 한다〕 '장전(長錢)'이, 삼오지역에서는 80맥의 '동전(東錢)'이, 강·영 등 여러 주 이서에서는 70맥의 '서전(西錢)'이 유통되었고, 이상의 지역 이외에서는 곡물과 견을 화폐로 교환하였으며, 광주(廣州:광동)·교주(交州:베트남 하노이 근교)에서는 금·은이 화폐의 역할을 하였다. 남북조 모두 지역적으로 통화를 달리하고 있었던 것이다. 아울러 주목해 두어야 할 것은 이러한 화폐유통이 주·군·진(鎭)의 성 안에 한정되고 농촌지역까지는 침투하지 않았다는 점이다. 지역마다 통화가 다른 것은 곧 시장권이 지방마다 단절되어 있었음을 보여준다. 이러한 시장의 분단상황을 전제로 하여 주요교통로가 지나는 각 주·군마다 저택을 짓고 전국적인 원격지 교역을 전개한 상인도 있었다. 낙양성 서쪽의 대시(大市) 동쪽편에 인접한 통상리(通商里)·달화리(達貨里)의 상인들이 그들로서, 그 가운데 유보(劉寶)라

제민요술
(齊民要術)

북위의 가사협(賈思勰)이 편찬한 『제민요술』10권(532~549)은 제민=일반 평민 즉 농민의 생활에 필요한 농업생산 기술을 설명한 책이다. 92편으로 되어 있는데, 낙농(酪農)·양어(養魚)·양조(釀造)·가공(加工)·조리(調理)와 같은 것으로부터 외국의 진기한 물산 소개까지 그 내용은 매우 다양하며, 160종에 이르는 인용서적과 함께 귀중한 문헌적 가치를 지니고 있다. 또한 가사협이 고양(高陽: 산동성 益都縣)의 태수를 지내면서 양(羊) 200두를 사육하는 등 직접 장원을 경영했던 인물인 점을 생각하면, 본서는 당시의 장원생활의 실태를 투영하고 있다고 할 수 있다.

는 인물은 이러한 상업활동에 의해 왕자(王者)에 필적하는 부를 축적했다고 한다〔『洛陽伽藍記』 권4〕.

유통의 측면에서 본다면 남북조시대는 확실히 침체의 시대였다. 그러나 유통이 경기의 지표가 되는 것은 생산과 유통이 결합된 자본주의 사회에서이며, 유통의 침체만으로 남북조사회의 경제적 달성을 가늠하는 것은 근대주의적 시각에 의한 것이다. 이 시기 화북의 농촌에서는 특유의 건지농법(乾地農法)이 고전적인 단계로까지 발전한 결과, 농업생산력은 전례없이 상승하였다. 6세기 초두에 쓰여진 가사협의 『제민요술』 10권은 당시의 선진적인 농법과 가(家)경제의 기본양식을 기술함과 동시에 전국시대 이래 축적되어 온 경험을 총괄한 농업에 관한 백과전서로서, 이 시기의 경제적 달성정도를 구체적으로 보여주고 있다. 그 주된 담당자는 바로 호족·부호층이었다.

2. 균전제와 성족분정(姓族分定)

화북의 호족·귀족

남북조시대의 농촌은 압도적 다수를 차지하는 빈농층과 소수의 유력 농민층의 두 계층으로 구성되어 있다. 유력농민은 당시의 말로 부호(富豪)·부실(富

室)·강가(强家) 등으로 불렸으며 위에 언급한 것처럼 가(家)경영을 행하고 있었다. 이들 부호층을 중심으로 동족의 결합이 이루어지면 호족이 성립되는 것이다. 그러나 호족은 호족인 것만으로는 명족·귀족이 될 수 없었다. 그렇게 되는 데에는 한 차례의 비약이 필요했다. 호족·부호층은 상업과 수공업 등에도 관여하면서 영리행위에 손수 나서는 경우도 있지만, 기본적으로는 자급자족에 기초한 농장경영을 행하는 존재이며 생산현장에 머무르는 자였다. 이에 대하여 명족·귀족은 생산현장을 발판으로 하면서 보다 이데올로기적인 존재로까지 전화하고 있다. 즉 명족·귀족은 교양본위의 학문과 효와 예의 실천을 공통의 토대로 하는 동시에 사회관까지도 공유하고 있었다. 그 사회관이란 사회를 사인·농민·수공업자·상인의 사민(四民)으로 구성된 것으로 보고, 농업생산을 기축으로 하는 사민의 엄격한 분업관계가 유지될 때 사회적 재생산이 달성될 수 있다고 보는 것이다. 이들은 맹자의 이론에 따라 정신적 노동〔勞心〕에 종사하는 자를 사인으로 규정하고 농공상을 육체적 노동〔勞力〕에 종사하는 생산자의 위치에 두면서, 사인에 의한 농공상의 통합과 지배를 정당화하고자 하였다. 교양을 위한 학문 또는 예교 및 사회관의 공유와 실천을 그 가풍으로까지 높여갈 때, 호족·부호층은 생산의 장에 있지만 이미 단순한 생산자는 아니었다. 그 생산도 또한 자기 소비를 목적으로 하는 농업경영에 한정되었고, 사치성 소비와 시장상품을 위한 생산에 종사하는 것은 부정되었다. 상업·수공업의 겸업 등은 당치도 않았다. 사인에게 가장 잘 어울리는 모습은 바로 관료가 되는 것이었다. 관료란 생산자로서의 성격이 전면적으로 부정되는 존재이지만, 그럼에도 불구하고 이들은 현실의 정치적 지배자로서 군림하였다.

명족은 생산자로부터 출발했으나 생산자적 성격을 극력 부정하고, 가학과 예교의 실천을 통해 향리사회의 성망을 모으고 대대로 관료를 배출함으로써 비로소 명족이 될 수 있었다. 그렇게 하여 명족이 사회적으로 성립하면, 명족으로서의 조건에 생산자적 성격이 반드시 필요하지는 않게 된다. 가학과 예교의 실천, 혹은 일정한 사회관을 공유함으로써 비로소 명족은 명족으로 존재할 수 있는 것이었다. 명족은 관념화된 호족이며, 생산으로부터 출발했으나 이에 대한 부정을 통해 이데올로기적 존재로 화(化)한 사회계급이었다. 실제 북조 명족의 존재방식은 호족·부호층으로서의 성격을 농후하게 지닌 자에서 순수하게 관료적인 형태를 띤 자에 이르기까지 다양하지만, 어떻든 남조귀족과는 달리 호족적 성격을 잃지는 않았다. 동조(東祖) 이씨 형제의 자손 가운데 호족·부호층으로서의 성격을 가장 강하게 띤 자는 이현보(李顯甫)·이원충(李元忠) 부자를 전형으로 하는 이협(李勰)의 자손이고, 사인적 성격을 가장 농후하게 보여주는 것은 여러 세대에 걸쳐 교양본위의 인물을 배출한 이증(李曾)의 자손이며, 관료적 성격을 보이는 것은 황족과 수많은 인척관계를 맺고 급기야 황후까지

나와 외척관료를 배출하게 된 이계(李系)의 자손이었다. 이러한 동조 이씨 전체를 놓고 볼 때 그들은 귀족으로서의 면모를 갖추었다고 할 수 있다.

균전제의 이념

동조이씨 가운데 사인적 성격을 가장 농후하게 지니고 있는 이증의 가계에 주목해 보자. 이증에게는 가학을 계승하여 향당의 존경을 모았던 이상(李祥)과, "어려서 부친의 업을 이어받고, 널리 여러 사람들의 말을 종합"하였던 이효백(李孝伯)이란 두 아들이 있었다. 효백은 태무제(太武帝) 탁발도(拓跋燾:423~52)가 "짐에게 효백 한 사람만 있으면 천하를 다스리기에 충분하다"고 할 만큼 중용되었고, 최호(崔浩)가 주살된 뒤 국정은 전적으로 그가 주도했다고 일컬어질 정도의 그런 인물이었다. 그에게는 4명의 아들이 있었는데 표자(豹子)의 계통만이 당대(唐代)에 이어졌다. 이상의 아들인 이안세(李安世)는 탕(瑒)·밀(謐)·욱(郁) 세 명의 아들이 있었으며 모두가 널리 경서와 역사에 통달했다고 한다. 이밀(李謐)의 아들이 위에 언급한 이사겸이며, 부자 모두 향리에 있으면서 북조 말의 혼란기를 처사(處士)로서 지냈다. 이러한 가계를 조망함에 있어 한층 광채를 발하는 이가 이안세이다. 그는 바로 균전제 시행을 제안한 자였다.

그의 의견은 이러했다. 당시 주군(州郡)의 인민이 흉년이 들어 유망(流亡)하거나 밭과 집을 팔고 타향에

地目 \ 대상		男夫	婦人	奴婢	丁牛
露田	正田	40무	20무	양인과 같음	30무
	倍田	40무	20무		
桑田		20무			30무
麻田		10무	5무		
園宅地		3명에 1무		5명에 1무	

(표1)

북위 균전제 급전(給田) 규정

머무른 것이 여러 해가 되었다. 삼장제가 시행되면서 고향으로 돌아와 보니 경지와 뽕밭(桑田)이 황폐해져 전혀 옛 모습이 아니었다. 이 틈을 타고 유력한 호족이 토지를 점거하여 위진(魏晉) 이래의 옛 증거문서와 주변친구의 증언을 끌어들여 증거로 내세웠다. 이렇게 하여 유민과 호족의 토지분쟁에 대한 재판이 시작되었다. 세월이 많이 흐른 탓에 양측에서 제시한 각종 증거에도 불구하고 결론이 나지 않아 판결은 쉽게 내려지지 않았다. 이 때문에 생산은 두절되고, 풍작과 축적은 물론 바랄 수도 없었다. 그래서 이안세는

> ① 정전제(丁田制)의 부활은 어렵다 해도 그 이념에 따라 경지를 균등화하고 노동력과 경지면적을 조화시켜 세민(細民)과 호족이 각자의 분수에 따른 경영을 할 수 있도록 할 것.
> ② 분규가 일어난 토지에 대하여는 금년 안에 판결을 내리고, 사안이 오래되어 밝히기 어려운 경우는 현재의 점유자에게 귀속토록 할 것.

이상을 골자로 하는 법의 제정을 제안하였던 것이다. 이 현상인식과 대책은 효문제의 깊은 공감을

얻어 균전제 시행의 기초를 다지게 되었다.

그 후 상주자사(相州刺史)로 부임했을 때 이안세는 농업생산을 진흥시키고 음사(淫祀)를 파괴하는 동시에, 광평현(廣平縣)의 호족으로서 잔학행위를 멋대로 일삼던 이파(李波) 일족을 붙잡아 주도(州都)인 업(鄴)의 저자거리에서 처형하였다. 이 사건 역시 균전제의 제창과 일맥상통하는 점이 있다. 그는 호족 자체를 부정하지는 않았다. 다만 호족이 자기소비를 목적으로 하는 생산자의 입장을 넘어서서 토지소유를 확대하고 사회적 재생산의 저해요인이 될 때에는 이를 부정했던 것이다. 호족은 어디까지나 자기소비를 목적으로 하는 생산자이지 않으면 안된다. 더욱이 관료로서의 귀족은, 생산자로서의 호족적 입장을 뛰어넘어 사회적 재생산을 담당하지 않으면 안되었다. 균전제의 제창은 빈농과 호족·부호의 두 계층으로 이루어진 화북 농촌의 현실을 인정하면서 두 계층의 조화로운 재생산 구조를 만들어내고자 한 것이었다. 이 이념은 태화9년(485) 10월에 시행된 균전제에도 깃들여 있다.

균전제는 전한시대의 한전(限田)정책과 삼국 위(魏)의 둔전정책을 원류로 하고, 북위 초기에 실시된 사민(徙民)정책과 계구수전(計口授田)정책을 계승하여 입안되었다고 보는 것이 통설이다. 북위 균전제의 내용은 〔표1〕에 보이는 대로이지만 약간의 설명을 덧붙이고자 한다. '노전(露田)'이란 곡물을 심는 토지로서 환수(還授)의 대상이었다. 노전에는 또 정전(正田)과 배전(倍田)의 구별이 있는데, 배전은 휴경지로 충당되거나 토지의 환수 및 운용시 초과(부족) 우수리의 조정에도 사용되었다. '뽕밭(桑田)'은 누에의 사료인 뽕잎을 경작하여 견을 생산하는 토지로서 자손에게 물려주는 것이 허락되었다. 노전은 후대의 '구분전(口分田)'에, 뽕밭은 '영업전(永業田)'에 상당한다. '마전(麻田)'은 견을 생산하지 않는 지방에서 상전 대신 지급한 것이지만 환수의 대상이 되었다.

토지는 15세 이상 70세까지의 남녀에게 지급된 외에, 노비와 경우(耕牛)에게도 할당되었다. 노비와 경우의 소유자는 주로 부호층이었기 때문에, 노비·경우에 대한 토지의 배분은 균전제가 호족·부호층의 원래의 대토지 소유를 일단 인정하는 것을 전제로 성립하였음을 보여준다. 그렇지만 그 배분은 그들 집안의 장정(壯丁)·노비·경우의 수, 다시 말해 생산능력에 상응하는 범위 내로 제한되어 있었다. 빈농·부호층을 불문하고 각 집의 노동력에 상응하는 토지를 보증해 주고 농업진흥과 사회적 재생산의 원활화를 꾀하려는 것이 균전제의 의도였다. 그것은 이안세가 제언한 내용과 일치했다.

균전제의 실효성을 의심하는 사람들이 있다. 송효왕(宋孝王)이 지은 『관동풍속전(關東風俗傳)』(『通典』 권2에 인용)은 북제시대에 노전과 공전(公田)의 매매가 횡행하고, 산택의 미간지와 비옥한 경지가 관료와 호족·부호층에 점거되어 균전제의 운영에 여러가지 문제가 야기되고 있는 사실을 전하고 있다. 실효성이 의문시되는 것도 무리는 아니다. 그러나 『관동풍속전』에서도 그 같은 현실을 시정할 것을 제언하고 있고 또 균전제가 300년간이나 역대 왕조에 계승되어 왔던 점으로 미루어, 법령 그대로의 운영은 이루어지지 않았다고 하더라도 어느 정도의 실효성은 인정해도 좋지 않을까? 특히 호족·부호층의 한도를 넘어선 토지점거에 대한 제어장치로서, 그리고 사회적 재생산의 원활화를 위해서 균전제가 수행한 역할은 컸다고 생각된다.

균전제는 과세수취 규정과의 상호관계 속에서 살펴보지 않으면 충분한 이해를 할 수 없다. 당초 북위왕조는 빈부에 관계없이 1호마다 중앙경비로서 백(帛) 2필, 서(絮) 2근, 사(絲) 1근, 속(粟) 20석을 거두어들이고, 지방경비로서 별도로 백 1필 2장(丈)을 거두어들였다. 태화 8년(484) 봉록제가 시행됨에 따라 여기에 백 3필, 속 2석 9두를 추가 징수하여 봉록의 경비에 충당하였으며, 또한 뒤에 지방경비의 상당부분을 1필 2장에서 2필로 인상하였다. 빈부에 관계없이 호마다 거두어들였기 때문에 '백구(百口)'를 거느린 부호층의 호가 국가와의 수취관계에서 단연 유리했던 것은 부정할 수 없는 사실이다. 30~50가를 일괄하여 1호로 하는 '종주독호(宗主督護)'제가 문제가 되었던 것도 이 점에 하나의 원인이 있었다. 균전제와 삼장제의 시행은 이러한 과세규정을 근본적으로 바꾸어놓았다. 과세의 기본단위는 일부일부(一夫一婦)이며 조속(租粟) 2석, 조백(調帛) 1필〔또는 布 1필〕을 납부하였다. 이것을 기본단위로 하여 15세 이상의 미혼자는 그 4분의 1을, 노비는 8분의 1을, 경우(耕牛)는 20분의 1을 각각 부담하였다. 그 결과 부담은 경감되었으면서도 부부를 단위로 보다 세밀한 과세가 실시되었고, 빈부에 의한 부담의 불공평이 상당히 시정되었으며 국가수입도 증가되었다. 단 미혼자·노비·경우의 부담이 토지의 할당에 비해 상당히 낮았는데 이 점은 역시 부호층에 유리했던 것으로 보인다. 주의할 것은 호족·부호층이라 하더라도 국가에 조조(租調)를 납부했다는 점이다. 농민 각 계층으로부터 조조를 수취했다는 것은 국가에 의한 지대(地代)=토지소유의 실현을 의미한다. 호족·부호층의 토지소유는 북위왕조의 상급 토지소유권의 실현을 배제하는 것은 아니었다. 균전제는 사회적 재생산의 원활화를 통해 사회를 안정시키고 그렇게 함으로써 농민 각 계층으로부터 조조를 수취하는 기초적인 제도로서, 국가와 농민 사이의 기본적인 생산관계를 매개하는 것이었다고 말할 수 있다.

> **명족(名族)과 중정관(中正官)**
>
> 화북의 명족은 거주지인 본주(本州)·본군(本郡) 관부의 속료에 취임하는 것을 명예로 여겼다. 그들은 주의 주부(主簿)와 군의 공조(功曹) 등 속료 중의 주요직책에 일족을 배치하여 지방정치에 커다란 영향력을 행사하였다. 이 속료의 인사권을 장악하고 있었던 자가 중정관이다. 중정관은 중앙관료가 겸임하는 자리였으므로, 명족출신의 중앙관료는 본주·본군의 중정관 겸임을 강력히 요구하였다. 중앙과 지방의 정치를 결합하는 긴요한 위치에 있었던 것이 중정관이었다. 조군 이씨 중에도 주부나 공조가 된 자가 간혹 보이며, 본주중정(定州中正·殷州中正)이 된 사람이 많았다. 동조이씨만 해도 5명이 확인된다.(86쪽 가계도 참조)

성족분정(姓族分定)

태화10년 전후로 봉록제·균전제·삼장제를 시행하여 체제의 기반을 정비한 효문제는 만년에 이르러 정력적으로 한화(漢化)정책을 실행한다. 우선 태화17년(493)에 낙양천도를 강행하고, 태화18년 12월에는 관료의 의복제도를 고쳐 호복(胡服)을 금지하였으며, 19년 6월에는 호어(胡語)를 금지하고 정음(正音:漢語)만을 사용하게 했다. 같은 해에는 성족상정(姓族詳定)의 조칙을 내리고 이듬해인 태화20년 정월에는 자신의 성을 원(元)이라는 한족풍의 성으로 바꿈으로써 정책을 마무리하였다. 그런데 이러한 한화정책을 한족에 대한 북방민족의 일방적인 문화적 귀속으로 생각한다면 그것은 일면적인 이해방식이다. 이를 단적으로 나타낸 것이 성족분정(姓族分定)이다.

성족분정이란, 명족의 가격(家格:가문의 지위)을 계층화하여 서열을 매긴 것이다. 이 성족분정의 논의가 일어났던 것은 북위 초 태무제 시기였다. 한인귀족의 영수였던 최호(崔浩)가 한인의 가격을 서열화하려고 하여 노현(盧玄)에게 경고를 받았던 적이 있다. 이것이 재앙의 한 원인이 되어 최호는 결국 주살되고 말았지만, 본시 성족분정을 희망하고 있었던 것은 한인들이었다. 효문제는 한인귀족의 이러한 의향도 고려하여 한족·호족에 걸친 성족의 서열화를 단행함으로써 황제권력 아래 양자를 융합하려고 했던 것이다. 『자치통감(資治通鑑)』 태화20년(496)조에는 성족분정에 관한

表 2 — a (左)
北魏漢人四姓表
表 2 — b (右)
北魏北族姓族表

한인사성 (漢人四姓) 북족성족 (北族姓族)

조건 姓族	시조	皇始(건국) 이래 三世有官品
(1) 성	部落大人	(1) 給事·州刺史·鎭大將 이상 (2) 王·公
	非部落大人	(3) 尙書 이상 (4) 왕·공 (중간에 관직이 강등되지 않은 경우)
(2) 족	부락대인	(1) 中散監·太守·子都 이상 (2) 子·男
	비부락대인	(3) 令·副將·子都·太守 이상 (4) 候
(3) 족	(1)(2)의 성족 지친(오대 이내)	
(4) 족	總麻服 이내에 1·2세의 微官이 있는 자	

姓第	삼세에 걸쳐 관품이 있는자	後令品
膏粱	三公	정1품
華腴	尙書令 僕射	정2품 종2품
갑姓	尙書 領軍·護軍	정3품 정3품
을姓	九卿 方伯(上州刺史)	정3품 정3품
병姓	散騎常侍 大中大夫	종3품 종3품
정姓	吏部郎中 正員郎	정4품 上 정5품 上

〔표2〕

전체적인 내용이 서술되어 있어 사가로서의 식견을 보여주고 있다. 이에 의하면, 한족에 대해서는 우선 명족의 최고가격이 결정되었는데 청하 최씨·범양 노씨·형양 정씨·태원 왕씨를 4성으로 하고, 여기에 농서(隴西) 이씨와 조군 이씨를 더하여 5성이 서열의 정점에 서게 되었다. "조군 이씨는 인물이 특히 많아 각기 가풍을 융성하게 했던" 점이 5성에 들게 된 이유라고 하였다. 이러한 5성의 최고가격 외에, 증조·조부·부 3대의 관위에 의해 갑〔그 별격(別格)으로 고량(膏粱), 화유(華腴)의 가격이 있다〕·을·병·정 4등급으로 가격의 서열을 정하여 화북 한인명족의 서열화를 꾀하였다. 이에 대하여 호족의 경우는 약 110성의 여러 부족 가운데 목(穆:丘穆陵)·육(陸: 步六孤)·하(賀:賀來)·유(劉:獨孤)·누(樓:賀樓)·우(于:勿忸于)·혜(嵇:紇奚)·위(尉:尉遲)의 8성을 최고가격으로 정하여 한인 4성과 동격에 두었다. 그밖의 여러 성씨에 대해서도 〔표2〕의 기준에 따라 4등급의 가격으로 서열화하였다. 이렇게 하여 황제권 아래 호한(胡漢) 양 족에 걸친 가격의 서열화가 추진되었던 것이며, 이를 근거로 통일적인 관리등용과 승진의 기준이 정해지게 되었다.

호한융합 정책의 공(功)과 죄(罪)

화북의 귀족은 조군 이씨의 전형적인 예에서 보았듯이 대개 호족적 성격이 강하고 또 북방민족에 의한 정복왕조라는 점도 있어, 이들의 가격(家格)서열의 결정은 관료제의 관품체계를 기준으로 하는 왕조 주도형으로 이루어졌다. 성족분정은 태화20년에 일단 매듭지어진 것으로 생각되지만, 본래 명족의 가격서열이라는 것은 사회적으로 결정되는 것이어서 이러한 권력주도의 서열화에는 익숙하지가 않았다.

여러 차례 지적했듯이 명족은 가학과 예교의 실천을 통해 사회적인 성망을 얻는 것이 그 기본조건이며, 또 그렇게 형성된 가격에 상응하는 계층적 혼인집단을 형성하고 이 혼인 네트워크에 의해 그들의 동류적 결합을 보다 강고히 했던 것이다. 조군 이씨도 박릉 최씨·범양 노씨를 중심으로 거록 위씨(鉅鹿 魏氏)·하간 형씨(河間 邢氏) 등 하북의 여러 명족과 혼인망(網)을 형성하며 그 사회적 지위를 과시해 왔다. 효문제의 성족분정과 같이 관품체계를 기준으로 하는 가격(家格)의 서열화는 사회적으로 형성된 가격 서열과 부합되지 않는 면이 많았다. 다음 선무제(宣武帝: 499~515) 시대가 되어서도 호족(胡族) 가운데 가격서열에 불만을 가진 자가 많았으므로 그 개정방안이 모색되었다. 왕조주도형의 귀족주의에 기초한 효문제의 호한 융합정책도 결코 성공한 것이라고는 말할 수 없다. 이러한 왕조권력에 의한 호한 여러 종족의 가격서열의 개정(改訂)은 당의 『정관씨족지(貞觀氏族志)』의 편찬이 말해 주듯이 그 후에도 수차례 행해졌지만, 당 후반기에 이르러서도 결말은 나지 않았다. 요컨대 사회적으로 형성된 것은 사회적으로 소멸하는 법이다. 송대로 가면서 황제권력과 관료제는 한층 더 발전하

조군이씨(趙郡李氏) 혼인관계

조군 이씨와 관계있는 묘지와 비문이 많이 남아 있다. 그 가운데 「상서령문정공이헌묘지(尙書令文靜公李憲墓誌)」(東魏 元象원년〔538〕 12월 24일)와 「공조이종묘지(功曹李琮墓誌)」(北齊 平5년〔574〕 정월 12일)에는 묘주(墓主)와 그 자식들의 혼인관계가 기록되어 있어 조군 이씨의 실제적인 혼인 네트워크를 알 수가 있다. 이헌의 경우 12개 예 가운데 박릉 최씨 4인, 범양 노씨 2인, 하남(河南) 원(元)씨 2인, 광평(廣平) 송(宋)씨·하간 형씨·발해 고(高)씨·형양 정씨가 각 1인이며, 이종의 경우는 9개 예 가운데 박릉 최씨 2인, 거록 위씨 3인, 태원 왕씨·광평(廣平) 단(段)씨·형양 정씨·발해 고씨 각 1인으로 되어 있다. 이것은 문헌에서 확인되는 바와 거의 일치한다.

돈황에서 스타인이 발견한 것으로, 전국을 십도(十道)로 구분하고 각주마다 그 주의 명족을 기록해 놓았다. 내용적으로는 당대 전반기(貞觀원년~開元21년:627~733)에 해당하지만, 책이 쓰여진 것은 8세기 말 이후로 추정된다〔仁井田陞, 『敦煌發見の天下姓望氏族譜』, 『中國法制史硏究』 家族村落法, 東京大學出版會, 1960〕 여기 나와 있는 부분은 하북도 17주로, 조주(趙州)조의 맨 앞에 이씨가 보인다.

〔Stein Collection No.2052: 대영박물관〕

신편(新編)
천하성망(天下姓望)
씨족보(氏族譜)

지만, 그와는 대조적으로 귀족은 당 말·오대의 농촌 사회의 변용과 정치적 혼란 속에서 소멸해 갔다.

당대(唐代)에 들어와 조군 이씨는 더욱 더 발전을 계속하였다. 예컨대 당대를 통틀어 10인의 재상을 배출한 것이 하나의 증거일 것이다. 그 요인을 보면, 북조 말에는 문벌타파의 풍조가 강하여 문지(門地) 혹은 가격(家格)보다 개인의 재능을 중시하게 되었다는 점을 들 수 있다. 수(隋)가 과거제도를 채용한 것은 대표적인 예일 것이다. 과거는 무측천(武則天)시대 이래 점차 중요성을 더해갔는데, 조군 이씨는 이 과거를 통하여 관계에 진출하는 자가 많았던 것이다. 북위에서는 효문제 초기부터 정치적 논책(論策)을 시험하여 관리에 등용하는 수재(秀才)제도가 실시되어, 문벌주의에 대한 현재주의(賢才主義)적인 등용법이 행해지고 있었다. 조군 이씨 가운데에는 수재로 이름을 떨친 자가 많았기 때문에 그 거주지는 수재촌이라 불려질 정도였다. 이씨에게 있어서 문벌주의로부터 과거제도로의 이행은 그렇게 곤란한 일은 아니었을 것이다. 정점에 선 문벌이면서 호족적 성격을 잃지 않고, 또한 학문·재능에 뛰어난 인물을 배출하였던 그 유연성이야말로 조군 이씨의 발전의 기초였다.

3. 학술 그리고 사상·종교

사대부의 풍조

중국이 남북으로 크게 분열해 있던 이 시대는 학술을 비롯한 여러 문화도 남북으로 양상을 달리 하고 있었다. 대체로 북조에서는 질박하고 고풍스런 모습을 남기고 있는 데 대하여 남조에서는 화려한 귀족문화가 전개되었다. 여기서는 유송(劉宋)의 원가(元嘉)연간(424~53), 남제(南齊)의 영명(永明)연간(483~93) 및 약 50년간에 걸친 양(梁) 무제(武帝)의 치세(502~48)기에 가장 화려하게 전개되었던 남조의 문화를 중심으로 살펴보고자 한다.

이 시대의 문벌귀족화된 지식인 사대부는 정치실권으로부터 소외되어 가는 한편으로, 관직이 대부분 자동적으로 주어지는 이상 위험이 따르는 정권의 중추로부터 가능한 한 멀어지려고 하는 경향도 지니고 있었다. 그와 동시에 정치적·사회적 현실에 대한 관심을 상실하고 개인의 내면생활에 침잠하게 되었다. 따라서 이 시대의 학술은 현실생활에 실용적이고 실익을 줄 수 있는 학문은 천시되었고, 오로지 세련되고 귀족다운 교양을 과시하기 위한 학술만이 존재하게 되었다. 귀족적인 교양 또는 소양으로서의 학술, 그리고 결국 귀족적인 체재를 장식하기 위한 학술이었다고 한다면, 구심적인 깊은 지식보다는 폭넓은 지식이 요구되었을 것이다. 이 시대의 학술은 현(玄)·유(儒)·문(文)·사(史)라 칭해지는 4개의 학문분야로 확대되고 있는데, 이들 학문 전반에 통달한 폭넓은 교양을 갖추는 것이야말로 사대부의 이상으로 여겨졌다.

그리고 또 현실에 대한 관심의 쇠퇴는 영원한 것이나 절대적인 것을 갈망하는 쪽으로 기울어져 갔다. 동진 이래 불교신앙은 한층 열기를 더하여, 불교는 곧 '성령(性靈)의 진오(眞奧)를 구하는' 길로 의식되었고 사대부의 내면 생활의 중추를 차지하기에 이르렀다. 이 시대의 사상·종교상의 문제는 대부분 불교를 둘러싸고 일어났다고 할 수 있다. 이러한 불교의 동향에 자극받아 중국 토착의 종교인 도교가 대성하게 된다. 여기에 종래의 유교(儒學)를 더하여 유·도·불 삼교가 서로 영향을 주면서 병존했던 것이다.

현(玄)·유(儒)의 형해화(形骸化)

한편, 위진시대에 그랬던 것처럼 문벌사회에서

는 대체로 학문이 가학(家學)으로서 전수되고 있었던 점에 주의해야 한다. 또한 가훈·가계(家誡) 형식의 글도 눈에 띄는데 남북조 말기 안지추(顔之推)의 『안씨가훈(顔氏家訓)』은 그 대표적인 작품이다. 아래에 현·유·문·사로 일컬어지는 학술의 내용을 간단히 개관해 보고자 한다. 우선 현학이란 노장사상을 주체로 하는 형이상학이지만, 이 시대의 현학에는 위진시기에 보이는 것 같은 생명력은 이미 존재하지 않았다. 일찍이 노장의 무위자연(無爲自然)은 유학에 기초한 예속(禮俗)에 대하여 몹시 비판적인 입장을 취하고 있었다. 그러나 그것은 이제 유학과 타협하고 예속 그대로를 자연으로 간주하는 방향으로 흘러버려 현상(現狀)을 용인하고 자신이 처한 현실 속에 안주하게 되었다. 그들에게 현학이란 거의 사상적인 탐구나 발전 없이 오직 귀족들이 모이는 사교의 공간에서 재변(才弁)을 과시하기 위한 소재를 제공하는 데 지나지 않았다. 양대(梁代)에는 무제를 중심으로 현학의 풍조가 다시 성행하여 『노자(老子)』 『장자(莊子)』와 유학의 『역(易)』을 합하여 삼현(三玄)이라 칭하고 삼현의 담론 강설이 빈번히 개최되었지만, 그것도 아마 "마음을 기쁘게 하고, 귀를 기쁘게 하기"〔『顔氏家訓』 勉學편〕 위한 것이었다고 생각된다.

다음 유학을 보면, 유가경전의 이해를 위해 의거하는 주석이 남북에서 서로 달랐다. 북조에서는 정현(鄭玄)의 주를 중심으로 하는 후한 말의 경학 전통이 계승되었고, 남조에서는 『주역』의 왕필(王弼)주, 『좌

안지추와 『안씨가훈』

안지추(531~990)는 남조 양(梁)의 중류귀족 가문에서 태어났는데, 양이 멸망되면서 장안으로 납치되어 북제·북주·수에 벼슬하면서 생애를 보냈다. 『안씨가훈』 20편은 자신의 뼈저린 체험을 바탕으로 자손에게 주는 훈계를 기록한 글이다. 그러나 『안씨가훈』은 단순한 가훈을 넘어 남북조 말기의 학술·사상을 대표하는 저술이기도 하다. 안씨는 본시 『주례』와 『좌전』을 가학으로 하는 학자집안인데, 안지추 자신은 또 문자학·음운학에도 조예가 깊었다. 이러한 소양을 바탕으로 당시의 풍속·학술을 예리하게 논하고 있다.

전(左傳)』의 두예(杜預)주 등 비교적 경전을 자유롭게 해석한 위진시대의 새로운 경학이 호응을 받았다. 또한 이 시대에는 경전에 가한 주석의 의미를 한층 더 부연 해석하는 의소(義疏)라는 형식이 출현했는데, 양대가 되면 대부분의 경전에 의소가 쓰여지게 된다. 지금은 그 가운데 황간(皇侃:488~545)의 『논어의소(論語義疏)』만이 완본으로 남아 있다. 본시 의소라는 형식 자체가 불교의 영향을 받은 것이고 황간도 『논어』의 경문해석에 불교지식을 응용하는 등 『논어의소』에는 당시의 불교 전성의 풍조가 반영되어 있다.

유학은 이 시대에도 여전히 교양의 기초로서 권위를 가지고 있었지만, 시대를 주도하는 정신은 이미 잃어버리고 단지 학술적인 지식으로서 추구되는 데 지나지 않았기 때문에 전반적으로 극히 부진한 상태에 있었다. 그런데 한 가지 예학만은 높이 고양되어 상장의례(喪葬儀禮)를 비롯한 예학의 연구가 이 시대 유학의 주류를 이루었다. 이른바 '사대부의 몸가짐(風操)'으로서의 일상생활 전반에 걸친 예의범절이 상세하게 규정되었고, 또한 문벌마다 나름의 가풍이 형성되어 있었다[『안씨가훈』 風操편]. 이것은 가문을 유지하는 동시에 귀족의 품위를 연출하는 장치로서의 역할을 이 예(禮)에서 기대했기 때문이었다.

『논어의소』

양(梁) 황간의 『논어의소』는 위(魏) 하안(何晏)의 『논어집해(論語集解)』를 기초로 하고 그 이후의 주석을 수집하여 자신의 해석을 가한 것이다. 이 책은 중국에서는 남송 이후 산일되고 말았으나 일본에 몇 종류의 사본이 전해지고 있다. 그 가운데 아시카가(足利)학교에 소장되어 있던 것이 간엔(寬延)3년(1750)에 네모토(根本遜志)에 의해 교각(校刻)되었는데, 이 텍스트가 중국에 역수입되어 널리 퍼지면서 청조의 학술계를 놀라게 했던 것이다.

문학의 중시

현학과 유학은 "노장으로 유희를 하고, 주공(周

孔)으로 외관을 갖춘다"〔『金樓子』〕는 풍자가 말해 주듯 형해화되고 말았다. 그에 대하여 점차 커다란 비중을 차지하게 된 것이 문학과 사학(史學)이었다. 사학은 본래 유학의 일환으로 의식되어 왔으나, 위진시대 차츰 하나의 독립된 학문분야로서 확립되기에 이르렀다. 그런데 역사서술로 말하면 문학과 긴밀한 관계에 있으므로 문학이 융성하면 자연히 그 영향을 받게 마련이다. 현·유·문·사의 겸수(兼修)가 기본이기는 하지만, 제·양시기에는 학술의 중심이 문학으로 이행하여 "당시 지체 높은 왕공·귀족의 자제는 모두 문학을 숭상하고, 경술(經術)을 업으로 하는 자는 드물었다"〔『梁書』 王承傳〕고 일컬어질 정도였다.

당시 문학에는 시와 함께 부(賦)·산문(散文)이 병행되었는데 이미 오언시(五言詩)가 주류를 이루어가고 있었다. 그리고 동진시기의 노장사상을 내용으로 한 관념적인 현언시(玄言詩)를 대신하여, 남조 송의 원가(元嘉)연간에는 풍경의 아름다움을 읊은 산수시(山水詩)가 등장하여 시풍이 일변하게 된다. 대표적인 사람이 사령운(謝靈運:385~433)인데, 세련된 감각으로 산수의 아름다움을 포착하여 청아한

사령운

鄭振鐸『揷圖本中國文學史』文學古籍刊行社, 1959.

작품세계를 구축하고 있다. 그는 불교이해에 노력을 기울였으므로 그의 시 속에는 종교적인 감흥도 투영되어 있다고 할 수 있다. 그러나 일반적으로 수사(修辭)에 관심을 쏟았고 기교적인 경향을 더해갔으며 내용은 섬세하고 정서적인 쪽으로 흘렀다.

그런 가운데 제의 영명(永明)연간에는 심약(沈約: 441~513) 등의 문인들 사이에서 한어(漢語)에 본래 내재하는 사성(四聲: 4개의 聲調)이 처음으로 명확하게 자각되어, 시를 짓는 데도 성률(聲律)의 조화가 고려되고 음성미가 추구되기에 이르렀다. 이것이 영명체(永明體)라고 불리는 것이었다. 또한 양대 후반에는 황태자 소강(蕭綱)의 주변에 모인 시인들이 궁체(宮體)라고 불리는 시풍을 형성하였는데, 곱고 아름다운 표현을 다투어 추구한 나머지 퇴폐스러운 그늘을 띠게 되었다. 남조의 시는 궁체의 풍조에 빠져 막을 내렸다. 이런 경향의 시를 수집해 놓은 것이 서릉(徐陵: 507~83)의 『옥대신영(玉臺新詠)』이다.

사륙변려문(四六騈儷文)

시 이외의 문장으로는 후세에 사륙문(四六文)·변려문(騈儷文)·변문(騈文) 등으로 불렸던 문체가 성행, 완성된다. 이것은 한 구(句)가 4언·6언을 기조로 하여 서로 짝을 이루도록 구성되어 있고, 또한 옛 고사(故事)를 많이 이용하며, 성률의 조화에 유의하여 올을 짜듯 엮어내는 아름다운 문장이다. 이러한 수사

(修辭)는 남조를 통해 갈수록 정치(精緻)해졌으며, 아울러 영명연간의 성률에 대한 자각은 변려문을 완성단계에 이르도록 하였다. 이후 변려문은 양·진시기에 최고로 성행하였다. 그러나 오로지 수사에만 골몰한 변려문은 스스로 만들어낸 형식에 속박되어 내용적으로는 공허한 것이 되고 말았는데, 이 또한 피할 수 없는 그의 운명이었다.

대략 이상과 같은 정황 속에서 양대에는 소명(昭明)태자 소통(蕭統:501~31)에 의해 주대(周代) 이래의 작품을 모은 사화집(詞華集)『문선(文選)』이 편찬되고, 또한 체계적인 문학이론서인 유협(劉勰)의『문심조룡(文心雕龍)』과 오언시(五言詩)를 비평한 종영(鍾嶸)의『시품(詩品)』이 저술되었다. 이상은 어느 것이나 일면에서는 당시의 수사 편중풍조에 비판적 태도를 취하면서 문학 본연의 모습을 제시하고자 한 것이었다.

여하튼 이 시대의 문학은 오로지 수사에만 관심을 쏟고 탐미의 세계에 몰두하였다. 그것은 단지 문학이라기보다도, 현실세계에서 유리된 귀족문화 전반이 결국 다다를 수밖에 없는 귀착지였다고 할 수 있다.

불교 여러 학파의 흐름

유·도·불의 3교에 관해서는 불교를 중심으로, 아울러 불교를 둘러싸고 일어났던 3교간의 논쟁을 살펴보고자 한다.

불교는 중화의식이 크게 흔들렸던 동진시대부터

돈황사본(敦煌寫本)『문선(文選)』

『神田喜一郎全集(第一卷)』, 同朋社, 1987.

구마라집(鳩摩羅什)의 사리탑

일반인들에게도 수용되었으며, 때마침 유행하고 있던 노장사상을 통하여 이해되었다. 요컨대 중국의 전적(典籍) 특히 노장사상을 매개로 하여 불전을 해석하는 이른바 격의불교(格義佛敎)의 풍조가 일기 시작한 것이다. 동진 말에 간신히 격의불교를 벗어나게 되는데, 도안(道安:312~85)과 그 제자인 혜원(慧遠:334~416)에 의해 중국불교의 초석이 다져지게 된다. 특히 여산(廬山)에 근거를 두었던 혜원은 중국인들의 불교이해에 지도적인 역할을 행하였다.

또한 북방에서는, 후진(後秦) 요흥(姚興)의 초청을 받아 장안(長安)에 온 구마라집(鳩摩羅什:Kumārajīva; 350~409?)이 정력적인 불경번역작업을 추진하였다. 그 결과 대승·소승의 구별이 명확하게 인식되었고, 인도의 용수(龍樹:Nāgārjuna:150~250경) 계통의 중관파(中觀派) 불교가 전해졌다. 중관파 불교는 '공(空)'의 진리를 논리적으로 해명한 것으로, 이로써 당시 불교의 중심과제였던 『반야경(般若經)』의 공사상을 이해하기 위한 지침이 마련되었다.

남북조시대의 불교는 동진 말의 상황을 계승하여 불교 독자의 길을 걷기 시작한다. 속속 번역되어나온 불경을 연구하는 가운데 여러 학파가 잇달아 형성되었다.

우선 남조 송에 들어오면, 『열반경(涅槃經)』이 번역됨에 따라 불교는 또 한번 크게 발전하게 된다. 이 경전에서는 진리로서의 불(佛)이 절대보편이라는 점〔佛法身의 常住遍滿〕이 강조되고, 그로부터 모든 중생에게도 이 진리가 깃들여 있다는 즉 불성이 있다는 것〔이것을 一切衆生悉有佛性이라 한다〕이 주장되었다. 이 때문에 『열반경(泥洹經)』은 묘유(妙有:아무 것도 없는데 그런 속에서도 뚜렷한 인과의 작용이 있음)를 설법한 경전으로 간주되기도 한다. 그 때까지 불교의 근본이라 생각되어 왔던 『반야경』의 '공'과는 양상을 달리하고 있는 것이다. 이 『열반경』의 내용을 섭취하면서 잇달아 탁월한 신설(新說)을 발표했던 자가 축도생(竺道生:?~434)이었다. 그는 공과 묘유의 양측면에 입각해 불교진리를 절대적인 '이(理)'로 나타냈다. 그가 제창한 돈오(頓悟)도 이러한 이(理)와 관련이 있었다.

돈오란 단 한번에 깨닫는다는 것으로, 단계를 거치며 점진적으로 깨달아 가는 점오(漸悟)와 대립되는 개념이다. 즉 이(理)는 절대보편이며 분할할 수 있는 것이 아니기 때문에 부분적으로 조금씩 깨달아 가는

승조(僧肇)

구마라집의 가르침을 받아 해공제일(解空第一:공사상 이해의 제일인자)이라고 칭해졌던 자가 승조(374~414?)이다. 그는 「부진공론(不眞空論)」·「반야무지론(般若無知論)」 등의 논문에서 당시의 '공'에 대한 이설(異說)을 비판하고 자신의 '공'사상을 전개하였는데, 이 논문들은 그 후 육조 말에 『조론(肇論)』이라는 하나의 책으로 묶어지게 된다. 시대적인 제약상 노장적인 색채를 완전히 떨쳐냈다고는 할 수 없으나, 노장의 무(無)와는 다른 불교의 '공'이 승조에 의해 최초로 명확하게 논해졌던 것으로, 이후 중국에서의 '공'사상 이해의 지주가 되고 있다.

것은 불가능하다. 이(理)를 깨닫기 위해서는 단번에 한꺼번에 깨닫는 수밖에는 없다고 보는 것이다. 이 설은 사령운(謝靈運)의 지지를 받았는데, 그의 「변종론(辨宗論)」은 노장사상도 도입하여 돈오를 논한 글이다.

이후 제·양 시기를 통해 당시 석가 최후의 교설이라 믿어지고 있었던 『열반경』이 가장 중시를 받았고, 이 경전의 주제인 불성에 관한 다양한 학설이 제출되었으며 불성의 개념이 널리 유포되어 갔다. 이와 함께 구마라집에 의해 번역된 불교 강요(綱要)서인 『성실론(成實論)』이 주목을 받았다. 그 이유는 『열반경』을 비롯하여 잇달아 번역된 서로 경향이 다른 불전을 연구하기 위해 이론적인 지침서가 필요했기 때문일 것이다. 양대에는 이 『성실론』에 대한 연구와 강설(講說)이 극도로 융성하게 된다. 후에 양의 3대 법사라 칭해진 지장(智藏)·승민(僧旻)·법운(法雲)이 모두 성실의 법사였던 점은 그것을 상징하고 있다.

그런데 『성실론』은 교의상의 술어(述語)를 정리 해설한 것으로서, 이러한 책의 연구가 유행했다는 것은 결국 불교학이 논의와 강설을 일삼는 당시의 풍조와 맞물려 번잡한 분석과 분류에 헛된 정력을 낭비하고 있었다는 것을 말해 준다. 그러한 경향에 대하여는 불가가 아닌 사람들 쪽에서 회의적인 태도를 보였다. 이미 제의 영명연간에 불교융성의 중심인물이었던 소자량(蕭子良;460~94)은 『성실론』의 강요서를 만들었는데, 그의 의향을 받아들여 「초성실론서(抄成實論

序)」를 지은 문인 주옹(周顒)은 불경이해의 첫걸음으로 『성실론』 연구에 몰두하고 번쇄한 논의에 정력을 소비하기보다는, 근본이 되는 대승경전 특히 『열반경』으로 회귀해야 한다고 주의를 촉구하고 있다. 주옹은 또한 「삼종론(三宗論)」을 저술하여 공(空)의 진정한 의미를 논하였다.

또 성실론 비판과 직결되는 것은 아니지만 불교에 깊은 조예를 가진 양 무제(武帝) 소연(蕭衍) 역시 『열반경』과 함께 『반야경』을 중시하고 있어, 다시 『반야경』에 대한 관심이 고조되고 있음을 짐작케 한다. 그 이유는, 양대에는 불교와 함께 현학도 유행하였으므로 '무(無)'와 '공(空)'의 이동(異同)이 재차 주목을 받게 되었던 것으로 풀이된다. 한편 학파로서의 성실학파를 극복하고자 노력한 것은 구마라집이 전했던 중관파 불교에 기초한 삼론(三論)학파였다. 이 학파는 뒤에 수나라의 길장(吉藏)에 이르러 대성하게 된다. 진(陳)대에는 삼론학파가 우세를 보이는 가운데 성실학파와 공존하고 있었다.

남북조 말기가 되면 인도불교의 일대 조류를 이루는 유가행 유식학파(瑜伽行 唯識學派)의 교학이 전해져 중국에서도 학파를 형성한다. 먼저 북위의 보리유지(菩提流〔留〕支:Bodhiruci:?~527)가 『십지경론(十地經論)』을 번역한 것을 계기로 지론학파(地論學派)가 배출되었는데, 이는 그 후 북도파(北道派)·남도파(南道派)로 분열되었다. 또한 양·진 시기의 진제(眞諦:Paramārtha:499~569)는 『섭대승론(攝大乘論)』을 번역하였

> **양 무제**
>
> 황제보살이라 일컬어진 양 무제의 치세는 남조의 불교 전성기였다. 무제는 사원을 건립하고 법회를 열었으며 몸소 불경강의를 하기도 했다. 또한 승니에게 음주식육(飮酒食肉)을 금함과 동시에 스스로 이를 실천하였고, 예로부터 교사종묘(郊祀宗廟)에 써왔던 희생(犧牲)을 폐지하여 채소와 과일로 대신하게 하였다. 만년에 이르러서는 자신이 건립한 동태사(同泰寺)에 서너 차례 사신(捨身)을 행하였다. 이것은 사원에서 노비가 되어 노역봉사하는 것으로, 그 때마다 신하들이 몸값을 지불하고 속환(贖還)시켰다고 한다. 양 무제의 숭불태도는 정치에까지 영향을 미쳐 후세의 유자(儒者)들로부터 비난을 받고 있다.

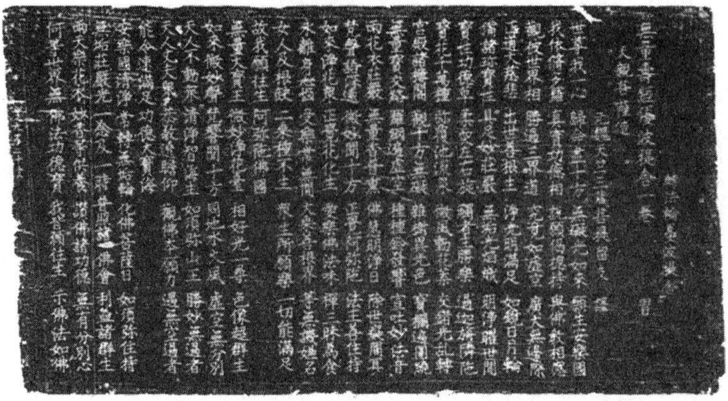

菩提流[留]支 譯 『정토론(淨土論)』

房山雲居寺 石經遼刻 「無量壽經論」, 趙樸初·塚本善隆 감수, 중국불교협회·日中우호불교협회 편 『中國佛教の旅5』(美乃美, 1981).

는데, 이를 근본경전으로 하는 섭론파(攝論派)가 뒤에 북방에 파급되어 지론파를 흡수하기에 이른다.

이상은 주로 남조에서 전개된 학파들인데 북조에서는 이와는 다른 동향이 발견된다. 일반적으로 실제생활의 지침이 될 만한 것을 불교의 가르침 속에서 구했던 북조에서는 학문·지식보다도 참선(參禪)·지계(持戒) 등의 실천 수도가 중시되었다. 이 시대에는 아직 세력을 얻기 전이지만 후세 선종(禪宗)의 원류를 북위 낙양에 와 있던 인도승 달마(達摩)에게서 구하고 있는 점, 그리고 정토교(淨土教)의 시조 담란(曇鸞:476~542?)이 북위에서 나왔다는 점은 중요한 의미를 갖는다.

또한 남조의 불교가 황제권 밖에서 어느 정도의 자립성을 보유했던 것과는 대조적으로 북조의 불교는 국가권력에 의해 강력한 통제를 받고 있었다. 불교가 국가의 보호 아래 영위되었던 것은 현재 남아 있는 운강(雲崗)과 용문(龍門)의 석굴에서도 그 일단을 볼 수 있다. 동시에 불교가 정치와 사회교화에 장애가 된다고 간주될 경우에는 폐불이 일어났다. 삼무일종(三武一宗)의 법난(法難)이라 불리는 네 차례의 대규모 폐불사건 가운데 처음과 두번째는 이 시대인 북위 태무제(446)와 북주 무제(574)에 의한 것으로, 특히 후자는 불교계에 철저한 타격을 주었다. 그러나 곧 이 폐불을 계기로 하여 남북조의 여러 학파를 섭취 소화하면서도 이를 한층 극복한, 교학과 실천을 겸비한 중국불교가 탄생하게 되었다.

신멸불멸(神滅不滅)의 논쟁

그런데 불교 여러 학파의 흐름과는 별도로 일반 사대부에게 불교란 삼세응보(三世應報)의 가르침, 즉 과거·현재·미래 삼세에 걸쳐서 생사를 반복하면서〔輪廻轉生〕 자신의 행위의 선악에 따라 응보를 받는다〔因果應報〕는 교설로서 받아들여졌다. 더구나 이 가르침은 "두려워서 정신을 잃을"〔『後漢紀』 권10〕 정도의 충격을 동반하고 있었다. 그 사정을 보면 다음과 같다.

중국의 전통적인 유교에서는 "아직 생을 알지 못하는데 어찌 죽음을 알겠느냐"라는 공자의 말에서 상징되는 것처럼 흥미의 중심은 어디까지나 현실에 있으며, 죽음 그 자체를 직시하고 이를 극복하는 사고방식은 보이지 않는다. 또한 노장사상에서는 생사에 구애

운강석굴과 용문석굴

현재 산서성 대동(大同) 서쪽 교외에 있는 운강석굴은 북위 화평(和平)초년(460)경 사문통(沙門統) 담요(曇曜)의 주청에 의해 5개 굴이 조영된 것을 시작으로 이후 왕성하게 석굴이 개착되었다. 북위의 낙양천도(494)를 전후로 다시 낙양 남교의 용문석굴이 조영되었다. 현재의 고양동(古陽洞)이 가장 오래된 것이라 하며, 또한 빈양동(賓陽洞)은 조정의 사업으로서 효문제(孝文帝)와 그 황후 및 선무제(宣武帝)를 위해 조영된 것이라 한다. 북위 멸망 후에도 용문석굴의 개착은 당대 중엽까지 계속되었다.

받지 말라고 얘기하지만, 거기에는 죽음을 그대로 받아들이는 강한 정신력이 필요할 것이다. 불로불사를 추구하는 신선술도 극히 특수한 사람에게만 채용되었을 뿐이었다. 이렇게 보면 전통적인 사고방식에 의하는 한 죽음으로부터의 구제는 여전히 미해결인 채로 남아 있게 된다. 여기에 처음으로 죽음을 넘어선 세계가 불교에 의해 시사되었던 것이다.

더욱이 인간의 행불행이 문제될 경우, 선행이 반드시 길(吉)과 복(福)으로, 악행이 반드시 흉(凶)과 화(禍)로 연결되지는 않는다는 현실에 직면하지 않을 수 없다. 어떻게도 할 수 없는 이 모순에 대하여는 사마천(司馬遷)도 "천도(天道)란 있는가 없는가"라고 절규하며 비탄에 잠겼을 정도였다. 지금까지 중국사람들은 사람의 행불행은 선악에 관계없이 결정된다고 하는 숙명론(宿命論)에 빠져 주어진 운명을 감수하는 수밖에 별 도리가 없었다. 그런데 만일 인생이 현세로만 끝나는 것이 아니라면 이 모순도 해소된다. 이미 동진 말의 혜원(慧遠)은, 행위의 선악에는 그 응보를 곧바로 현세에서 받는 것, 내세에서 받는 것, 여러 생을 거친 후 받는 것 등 삼보(三報)의 구별이 있다고 논하였다〔「三報論」〕. 요컨대 불교에서는 무한한 시간 속에서 인과응보가 계속 일어난다고 보았기 때문에 선악과 길흉화복 사이의 모순을 이론적으로 해결할 수가 있었던 것이다.

이와 같이 삼세응보설은 종래의 인생관의 공백을 채워주었기 때문에 동진 말부터 남북조에 걸쳐 일반

사대부 사이에 불교의 근본 교의로서 널리 침투하였고 그들의 정신을 깊이 지배하게 되었다.

이 삼세응보설의 전제라고 볼 수 있는 것이 신불멸(神不滅)이다. 윤회전생을 반복하는 데는 그 윤회의 주체가 당연히 존재할 것이라는 예상 아래, 사람이 죽어서 육체가 없어져도 신(神:靈魂)은 멸하지 않고 차례로 새로운 육체에 깃들어 영구히 존속한다고 보는 것이다. 이러한 불멸의 '신'을 상정하는 것은 실체적인 주체를 인정하지 않는 불교의 교리〔無我論〕에 저촉된다는 점에서 문제가 있었다. 그러나 현세를 넘어선 윤회의 세계가 승인되지 않는 한 불교 그 자체의 존립이 위태로워질 수도 있으므로 신불멸론은 반드시 필요한 것이었다. 그래서 이를테면 혜원은 신을 영묘한 것으로 여기는 중국의 전통적인 사고방식을 근거로 하여, 신은 육체와는 차원이 다른 것이어서 멸하지 않는다고 말했던 것이다〔「沙門不敬王者論」〕. 곧 불성설(佛性說)이 널리 유포되는 것과 때를 같이 하여 '신'은 불성(佛性)과 동일시되기에 이르렀다.

이상과 같은 불교를 신앙하는 측의 삼세응보와 신불멸에 대하여, 불교를 배척하는 측에 선 사람들은 응보를 부정하고 신불멸에 대하여는 신멸로 응수하였다. 특히 신멸·불멸의 논의는 불교의 존립과 관계된 문제로 의식되었기 때문에 반복을 거듭하였다. 그 가운데서도 제·양 시기 신멸을 주창하였던 범진(范縝)은 형(形)과 신(神)은 서로 떨어질 수 없는 관계에 있으며, 형이 멸하면 신도 멸한다고 단언하였다. 그의 이론은 숭불일색이었던 당시의 사상계를 놀라게 하였고 여러가지 반론을 불러일으켰다. 이러한 논의는 성격상 어떤 결말을 볼 수 있는 것은 아니지만, 동진 말부터 이 시대 내내 일어난 삼세응보와 신멸·불멸을 둘러싼 논쟁으로 말미암아 중국사람들은 운명과 심성(心性)에 관해 더욱 깊은 인식을 갖게 되었다.

유·도·불(儒道佛) 삼교의 관계

동진 초기에는 노장사상을 매개로 불교가 수용되면서 격의불교(格義佛敎)의 풍조가 일어났으나, 동진 말이 되면 불교의 사회적 확대에 수반하여 유교와의 조화가 강력히 요청된다. 그 경우 불교와 전통사상의 조화를 위한 이론적 근거가 되었던 것은 『역(易)』의 '수도동귀(殊途同歸)'와, 『장자(壯子)』의 '적(跡)'과 '소이적(所以跡)'의 개념이었다. 즉 세상을 교화하는 방법 내지 양상은 각각 다르다 해도 그 근본이 되는 진리는 일치한다고 이해하는 것이다. 이로부터 유·도[노장사상도 포함]·불의 삼교일치론이 도출되었다.

그런데 삼교일치의 입장에 서 있으면서도 특히 유·불 일치를 문제삼았던 예로서는 이미 동진의 손작(孫綽)이 지은 「유도론(喩道論)」이 있다. 이어서 혜원의 논의가 결정적인 영향을 미침에 따라 남북조 시기에는 유불일치가 널리 정착하게 되었다. 불교의 인과응보는 선행의 권장을 목적으로 하는 까닭에 유교의 도덕과 모순되지 않았는다고 하면서 불교의 오계(五

戒:不殺生·不偸盜·不邪婬·不妄語·不飮酒)와 유교의 오상〔五常:仁·義·禮·智·信〕을 동일시하는 사람도 있었다. 그 틈을 타고 불교측에서는 이러한 세속의 도덕을 한층 뛰어넘은 세계를 열어보이며 불교야말로 세속을 벗어난 구극의 진리로 인간을 이끌 수 있는 유일한 가르침이라고 말하였다. 결국, 현세의 세속적인 도덕에 한정된 유교를 불교 안에 포섭하는 형태로 교묘하게 불교의 우위를 지키면서 양자의 일치를 꾀했던 것이다.

도홍경(陶弘景)이 지은 『진고(眞誥)』

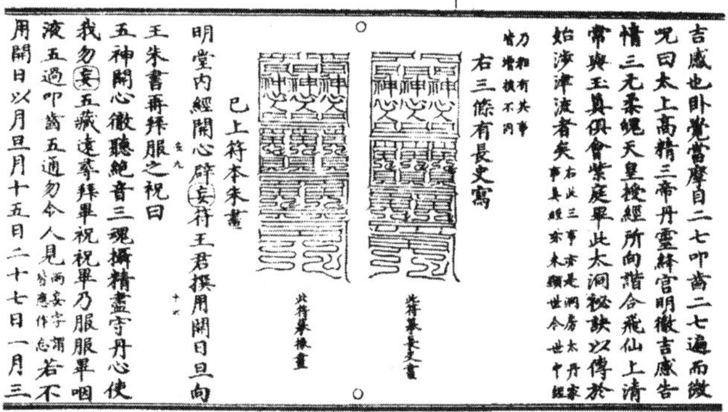
吉感也卧覺當摩目二七叩齒二七過而微
呪曰太上高精三帝丹靈絳宮明徹吉感告
情三元柔魄天皇授經所向諧合飛仙上清
常與玉真俱會紫庭畢此太洞秘訣以傳於
始涉津流者矣
右三條有長史寫
已上符本朱書
明堂內經開心辟妄符王君撰用開日旦向
王朱書再拜服之祝曰
五神開心徹聽絕音三魂攝精盡守丹心使
我勿妄五藏違奪拜畢祝祝畢乃服服畢咽
液五過叩齒五通勿令人見若不
用開日以月旦月十五日二十七日一月三

『正統道藏』제34책(藝文印書館 印行)

또한 남북조시대에는 외래불교에 자극을 받아 중국 토착종교인 도교가 자각의 기운을 높여갔는데, 지금까지 각각 독자적으로 전해져 왔던 교법도 하나의 종교로 통합되는 추세를 보였다. 북위의 구겸지(寇謙之)와 남조 송의 육수정(陸修靜)을 거쳐 양의 도홍경(陶弘景:456~536)에 이르면 모산파(茅山派) 도교가 대성하게 된다. 이렇게 하여 점차 융성을 보게 된 기운이 도교측으로부터 「이하론(夷夏論)」이 제출되었다

도교의 상(像)
〔북조〕

『中國古代史參考圖錄』三國兩晉南北朝時期, 中國歷史博物館編 (上海教育出版社 1990)

(467). 지은이는 송·제의 도사(道士) 고환(顧歡)이란 사람이었다. 그 설은 대략 "도교와 불교는 궁극의 진리에 있어서는 일치하지만, 각각의 교화대상인 세속의 풍속에 상응하여 서로 다른 형태를 취하는 것이다. 도교가 중국사람에게 맞는 가르침인 데 대하여, 불교는 이적(夷狄)의 풍속을 교화하기 위해 만들어진 것에 불과하기 때문에 이적의 가르침인 불교를 좇아서는 안된다"는 것이었다.

이것은 당시 일반적으로 승인되고 있던 삼교일치론을 역이용하여 반격한 배불(排佛) 논의였으므로 사상계에 커다란 파문을 던졌다. 이후 다시 도교와 불교의 관계를 둘러싼 논의가 일어나고 그 과정에서 여러 가지 문제가 파생되었다. 불교측에서 나온 한 가지 대응은, 고환으로부터 100년 후쯤 북주의 폐불 전야에 부득이 도교와 대결을 벌이게 된 요도안(姚道安)의 「이교론(二教論)」(570)을 통해 알 수 있다. 도안은 이미 원칙론으로 돌아섰고, 더구나 어느새 불교배격론으로 슬쩍 바뀌어버린 삼교일치론을 방기하였다. 그는 각각의 가르침은 각자 다른 진리를 나타낸 것으로 보고, 그 가운데서 영혼의 구제〔濟神〕를 목표로 하는 내교(內教)와 단지 육체의 구제〔救形〕에 머무를 따름인 외교(外教)의 내외 2교만을 인정하고, 불교를 전자에 해당되는 것으로 수신치국(修身治國)을 논한 유교를 후자에 해당되는 것으로 보았다. 다음으로 도교에 대하여는 그 가운데 도가〔老莊〕 이외의 요소를 미신에 속한다고 하여 배척하는 동시에, 도가는 허심(虛心)과

겸양의 처세론을 말한 것이기 때문에 유교에 포함시킬 수 있으며 그 일익을 담당하는 데 불과하다고 보았다. 유불 2교의 관계를 도교에까지 확대하여 도교〔도가〕 또한 유교와 마찬가지로 세속적인 도덕의 범주에 집어 넣으려 한 것이다. 도안의 「이교론」은 이 시대의 불교를 둘러싼 논쟁을 일단 정리했다는 성격을 띠고 있지만, 도불 2교의 논쟁은 갈수록 추한 양상을 드러내며 당 초까지 계속되었다.

4. 미술의 새로운 전개

불교미술

남북조시대 이후의 미술을 그 이전과 뚜렷이 차이나게 만드는 것은 불교일 것이다. 석굴사원으로 대표되는 불교조각이 이 시대 미술작품의 중심을 이루고 있다. 그뿐만 아니라 이 새로운 종교는 하나의 전환기를 맞은 중국미술 전체에 직접·간접으로 영향을 주었다. 중국미술, 특히 회화가 독특한 길을 걷기 시작한 것도 이 시대였다.

오늘날 오랜 세월이 흘렀음에도 불구하고 불교미술이 전래된 길을 알 수 있게 해주는 것은 중앙아시아로부터 돈황(敦煌), 그리고 하서(河西)지방을 지나 중

교각 미륵보살
(交脚 彌勒菩薩)

그림1. 甘肅省 敦煌莫高窟 275굴 西壁
높이 335cm

원지역에 이르기까지 당시의 교역로를 따라 점점이 남아 있는 석굴사원일 것이다. 그 가운데서도 질과 양의 측면에서 모두 중요한 석굴사원은 돈황의 막고굴(莫高窟)이다. 동서교통의 요충으로서 번영을 구가했던 돈황에는 일찍부터 불교가 전해지고 불교학도 매우 성행하였다. 돈황 교외의 명사산(鳴沙山)에 석굴이 개착되기 시작한 것은 늦어도 4세기 이전이라고 한다. 그렇지만 현존하는 420여 석굴 가운데 가장 시기가 이른 275굴[그림1]은 5세기 중반 이후의 것이다. 이들 석굴의 기본구성은, 내부에 채색된 소상(塑像)의 불상을 몇 개 안치하고, 중앙아시아와 간다라에서 유행한 불전도(佛傳圖)와 본생도(本生圖)를 벽면에 띠를 두르듯 빈틈없이 그려 놓았으며, 천정에도 여러가지 그림과 장식을 해놓았다. 사막을 지나가던 사람들이 그 현란한 색채에 넋을 잃고 장엄한 종교적 분위기에 압도되는 모습을 상상해 보는 것은 그리 어렵지 않다. 초기의 벽화는 중앙아시아의 키질 석굴식의 강한 청홍색 선을 넣은 화풍이 두드러졌으나, 얼마 안가서 서서히 묵선으로 윤곽선을 그리는 중국풍의 작품이 나타나고, 당대에는 돈황이 당의 직접 지배하에 놓이게 되면서 화풍·화제(畵題)도 장안과 낙양 등 중원지역의 유행을 직접 반영하는 것으로 변화하였다.

운강에서 용문으로

그런데 이들 중앙아시아와 하서지방에 성행했던 석굴사원의 조영은 중국북부를 통일한 북위에 의해서 중국 영내에도 대규모로 행해지게 된다. 소수민족인 선비족은 압도적 다수인 한족은 물론 기타 소수민족을 지배하는 통일이념으로서 적극적으로 불교를 이용하게 된다. 돈황에서 북위의 수도 대동(大同)으로 간 승려 담요(曇曜)의 권유에 따라 대동 교외의 운강에 이른바 담요 5굴이 칙명으로 개착되기 시작한 것은 460년이었다. 이 석굴사원의 조영에는 북위의 지배하에 들어온 돈황으로부터 많은 공인(工人)이 이주하여 작업에 참여하였다. 이 때문에 운강의 불상은 조상(彫像)이면서도 돈황의 공인이 지닌 소상(塑像:뼈대 위에 진흙을 발라 빚은 불상)의 기술이 반영되어 소상적인 모습을 띠고 있으며 조상적 입체관은 부족하다고 한다. 또한 불상에는 인도의 굽타 양식이 발견된다.

제20굴의 대불을 보자[그림2]. 용모는 둥글고 눈을 바로 크게 뜨고 정면을 바라보는 표정은 부드럽고 포근하게 느껴지는 사암(沙岩)의 살갗과 어울려 밝은 인상을 주고 있다. 이들 담요 5굴에 보이는 불상의 당당한 모습에서 신흥의 이민족 국가 북위의 젊음에 넘친 자신감을 느낄 수 있다. 북위에서는 그 후 일시적으로 폐불이 행해지기도 하였으나 불교를 국가종교로 삼아 사원의 조영이 문화사업의 중핵을

대불(大佛)

그림2. 山西省 雲崗石窟 20굴
높이 1,400cm.

빈양(賓陽) 중동(中洞) 본존(本尊)

그림3. 河南省 龍門石窟
높이 842cm

이루어 갔다.

그러던중 493년 북위는 철저한 한화정책을 표방하며 수도를 대동으로부터 고도 낙양으로 옮겼다. 낙양은 서진이 멸망한 이래 버려진 채로 있었다. 이와 함께 낙양 교외의 용문(龍門)에 새로이 석굴사원이 조영되기 시작하였고, 이후 당대에 이르기까지 용문에는 수많은 석굴이 개착되었다. 용문은 운강과는 달리 단단한 석회암의 암질을 갖고 있었다. 따라서 개착공사 자체도 어려웠고 한번에 끝내지 못한 석굴도 많았다. 대표적인 북위 석굴인 빈양동(賓陽洞[그림3])을 보자. 불상의 용모는 갸름하여 운강의 불상처럼 밖으로 발산하는 명랑함이 사라지고 그 표정에는 우수(憂愁)와 준엄한 분위기가 느껴진다. 외래적인 요소가 제거되어 걸치고 있는 옷도 중국풍이다. 체형은 가늘어서 입체감이나 사실적인 육체의 표현과는 거리가 멀고 평면적이다. 그러나 그것은 얼굴의 표정과 함께 독특한 고졸(古拙)스러움을 머금고 있어 청정한 종교적 분위기를 느끼게 해준다. 북위의 낙양천도 이후는 용문 이외에도 낙양에서 황하를 따라 내려간 공현(鞏縣)과, 산서의 태원 근교에 있는 천룡산(天龍山), 하북성 한단(邯鄲)의 향당산(響堂山), 또 산동성 각지에도 석굴사원이 차례로 개착되었다.

이와 같이 북조의 미술은 국가종교로서의 불교를 중심으로 전개되었다. 초기에는 인도의 영향을 강하게 받았지만 점차 이를 벗어나 중국적인 양식을 확립해 갔다. 그 과정에는 중국미술의 오랜 전통을 주

사마금룡묘
(司馬金龍墓)

대동 교외의 북위묘. 묘주 사마금룡은 484년에 죽었다. 발견된 400여점의 매장품 가운데 칠화병풍이 있는데 제왕·열녀·효자 등 고사에 나오는 인물을 그림으로 묘사하였다. 공예품 작품이지만, 그 인물표현은 고개지(顧愷之)의 작품과 공통된 점이 많다. 고개지 이후 이러한 인물표현이 남북에 공통으로 확대되었던 것으로 여겨진다. 사마금룡의 부친은 동진에서 북위로 망명하여 북위에 벼슬했던 동진의 황족이며, 금룡도 북위의 고관이었다. 그의 묘에서 발견된 이 칠회(漆繪)는 북위에 있어서 남조문화의 유입을 상징하는 하나의 예일 것이다.

로 이어받은 남조의 영향을 당연 생각하지 않을 수 없다. 현재 남조의 불교미술과 문물은 대부분 남아 있지 않기 때문에 그 흔적을 찾는 것은 어렵지만, 남조미술은 북조의 한인들을 통하여 북조미술에 중국적 요소를 계속 주입하였던 것으로 생각된다. 그 일례로 대동 교외의 사마금룡묘(司馬金龍墓)에서 출토된 제왕·열녀·효자 등을 묘사한 칠화(漆畵)병풍을 들 수 있다〔그림4〕.

고개지(顧愷之)의 화풍

중원에서 강남으로 옮겨간 한인사회는 정치적인 혼란에 아랑곳없이, 후세 육조문화(六朝文化)로서 동경되고 회고되었던 풍요로운 문화를 만들어냈다. 그 최고전성기는 양무제 시대라고 한다. 당시 남조 사백팔십사(四百八十寺)라 구가되던 많은 사원도 지금은 다 무너져 자취조차 남아 있지 않고, 지나간 과거를 추억할 만한 아무런 흔적도 남아 있지 않다. 다만 고

고사인물도
(故事人物圖:부분)

그림4. 司馬金龍墓 출토.
土漆繪屛風 각 쪽(扇) 80×20㎝
『中國美術全集 繪畫編 1』 原始社會至南北朝繪畫
(人民美術出版社, 1986)

벽사
(辟邪)

그림 5. 남경 梁蕭秀墓 높이 3m.

금동불좌상
(金銅佛坐像)

그림 6. 東京 永青文庫 소장
높이 29.2cm(437년)

도 남경(南京) 교외에 흩어져 있는 양대를 중심으로 한 남조 능묘(陵墓)에는, 그 능묘를 진호하는 석수(石獸)가 비바람을 맞으며 남아 있는데 율동적인 곡선을 살린 훌륭한 조형감각을 보여 주고 있다[그림5]. 또한 남조 초기의 몇 개 되지 않는 불상유품 가운데 하나인 금동불좌상(金銅佛座像[그림6])은 437년이란 명문(銘文)이 새겨져 있는데, 예로부터 전해져 온 금속공예 기술의 높은 수준과 우아하고 섬세한 인물표현의 전통이 불상이라는 형식 속에 살아 있는 것을 확인할 수 있다. 유품은 대부분 남아 있지 않지만 중국 미술사상 남조가 차지하는 중요성을 무시할 수는 없다. 미술, 특히 회화가 단지 교화(敎化)·장식 등 실용적 가치만을 지닌 것이 아니고, 인간 최고의 정신활동의 하나라는 것을 명확하게 인식했던 것은 이 시대 남조에 와서였다. 이처럼 중국미술은 고대적인 미술의 존재방식과 결별하여 독자적으로 전개되어 갔는데, 그러한 흐름의 방향을 기본적으로 결정지었던 예술관이 나타났던 것도 이 시대였다.

여사잠도권

(女史箴圖卷)

그림 7. 고개지 작품이라 전함.
絹本 24.8×348.2㎝
James Cahill, "Chinese Painting", Geneve, Skira, 1960.

이와 같은 인식의 변화를 작품 속에 구현했던 화가로서, 중국을 대표하는 화가의 한 사람인 동진의 고개지(顧愷之:345~406)를 들 수 있다. 고개지는 박학다재한 사람으로 알려져 있으며 많은 일화를 남긴 외에 회화제작에 관한 저작도 전해지고 있다. 고개지 그림의 모사본으로 전하는 몇 점의 작품 가운데 가장 원작의 유풍(遺風)을 잘 전하고 있는 것은 '여사잠도권(女史箴圖卷)'〔그림7〕일 것이다. 가늘게 이어진 선으로 묘사된 흐르는 듯한 옷을 걸치고 있는 이 유연한 여성상은 한대 분묘의 벽화와 화상석(畫像石)에 보이

그림 8. 남경 교외 육조시대 묘의 묘벽을 쌓은 벽돌에 묘사된 것.
귀족들의 이상적인 생활을 표현했다. 姚遷·古兵編著 『六朝藝術』(文物出版社 1981).

죽림칠현

벽화〔탁본〕

서선교(西善橋)의 죽림칠현상(竹林七賢像)

고개지의 선 묘사는 가늘게 연면히 이어진 것이 특징이다. 남경 교외의 남조 분묘(5·6세기, 서선교에서 출토된 것이 대표적이다)를 장식한 회전(繪磚: 그림벽돌) 중에는 죽림칠현상이 부조(浮彫)된 것이 있는데, 고개지의 묘사 특징이 나타나고 있어 그의 영향력이 매우 컸음을 알 수 있다(그림8). 재미있는 것은 이들이 죽림이 아니라 여러 종류의 활엽수 아래 앉아 있다는 점이다. 그 수목의 표현방법은 의문의 여지없이 고개지 그림의 모사작품과 동일하며, 모사작품의 실제 제작연대보다 이 죽림칠현상쪽이 고개지의 활약연대에 가깝기 때문인지 공예적인 화전(畵磚)이면서도 선의 묘사가 보다 매끄럽다. 또 이 수목의 표현은 용문 석굴의 부조에도 보이고 있어 남북 공통의 표현형식이라 할 수 있다.

는 경쾌하면서도 어딘가 희화적(戱畵的)인 인물상과는 분명히 다른 세련된 우아함을 드러내고 있다. 고개지의 작품이 그 때까지의 회화와 전혀 다른 것으로 당시 사람들의 칭송을 받았던 것은, 단순히 형태가 비슷해서만이 아니라 인물의 감정과 장면의 정감(情感)이 긴밀한 공간 속에서 아주 사소한 표정과 몸짓에 의해 묘사되어 있는 점 때문이라고 생각된다. 진정한 예술이란 화가의 표현력과 더불어 안목 높은 감상자의 존재를 필요로 한다. 남조의 귀족사회는 예술에 있어서 바로 그러한 사회였다.

회화사 자료에 의하면 고개지는 산수화에서도 새로운 성과를 거두고 있는 듯한데, 이 시대의 통례에 따라 그 역시 인물화를 중심으로 작품활동을 하였다. 산수는 본래 인물과 설화의 배경으로 그려져 왔다. 그러나 육조시대에는 불교가 중국 고래의 신선사상을 촉발하여 자연관의 새로운 전개를 보게 된다. 문학에서 사령운의 산수시(山水詩)가 선을 보인 것처럼, 미술분야에서도 종병(宗炳)에 의해 「화산수서(畵山水序)」가 지어졌으며 여기에는 고상한 정신활동의 일환으로서의 산수화의 이념이 나타나고 있다. 다만 그것이 완전한 형태를 갖추게 되는 것은 당대를 거쳐 송대까지 기다려야 했다.

그러나 이 시대에 명확해진 자연관·예술관은 그 후의 중국미술의 방향을 결정하는 데 지대한 역할을 행하였다. 산수화와 마찬가지로, 자연의 한 부분을 묘사한 화조화(花鳥畵) 역시 불교미술에 사용되고 있던 식물문양 장식 등의 영향을 받으면서 이 시대에 하나의 장르로 확립된 후, 다음 시대의 발전을 기다리게 되었다.

화려한 수당(隋唐) 미술

오랜 분열시대가 끝나고 중국은 다시 통일되었다. 수는 북주에서 나온 왕조이고 당은 또한 수를 계승하였다. 따라서 수당시기 중앙의 미술은 기본적으로 북조의 전통을 이어받고 있었다. 수의 전자건(展子虔), 당의 염립본(閻立本) 등 궁정화가는 모두 북주계의 화가였다. 또한 북제의 누예묘(婁叡墓) 등 대규모 벽화묘가 근년 발견되었는데, 당대에 성행한 벽화묘는 그 전통을 이어받은 듯하다. 다음, 동서에 걸친 대제국 당은 북조계열을 중심으로 중국 남북의 미술을 이어받고 다시 페르시아 등 서방의 요소를 도입하여 초당(初唐)·성당(盛唐) 시대에는 미술사상 가장 국제적이면서 화려한 한 시대를 구축하였다. 또한 당 문화가 주변, 특히 일본에 미친 지대한 영향은 이루 말할 수 없을 정도이다.

불교조각은 초당에서 성당에 걸쳐 북위에 필적하는 황금시대를 맞이하였다. 전술했듯이 용문에서는 계속하여 석굴이 조영되었는데, 그 가운데서도 무측천(武則天) 시기의 봉선사동(奉先寺洞[675])은 우선 규모 면에서 당대를 대표하는 조상(造像)이었다. 그 대불의 얼굴은 동그스름하며 볼과 입술에 미묘한 살집이

그림의 육법(六法)

남조에서는 많은 예술론이 등장했다. 그것은 종래 없던 현상이다. 그 가운데서도 남제의 화가 사혁(謝赫)이 저술한 『화(畵)의 육법[회화의 6가지 요소]』은 가장 중요하다. 그 하나는 기운생동(氣韻生動)이요, 둘은 골법용필(骨法用筆)이다. 첫번째 것은 반드시 실태가 명확한 것은 아니지만, 결국 형사(形似)수준을 넘어선 표현효과를 구하려는 태도를 표명한 것이며, 고개지의 경우 이를 실제 작품 속에서 체현하였다고 생각된다. 두번째 이하는 그와 같은 회화를 지탱하는 기술적 요소를 서술하고 있다. 특히 두번째는 선(線) 묘사를 중시하는 중국의 전통적 회화관을 보여준다. 수묵화가 발전함에 따라 당에서 송에 걸쳐 선 묘사 우세는 퇴조하였으나, 그 후 결국 중국회화의 기본개념으로서 계속 군림하게 된다.

그림 9. 675년 하남성 용문석굴.
높이 1,714cm.

청록산수(靑綠山水)

당대(唐代) 산수화의 묘사기법. 구륵선(拘勒線)으로 묵직하게 윤곽을 만들고, 청색과 녹색의 색채를 나누어 칠하여 산의 중첩을 표현한다. 하이라이트는 금니(金泥)를 사용하는 경우도 있으며 이를 청록금벽(靑綠金碧) 산수화라고도 부른다. 당의 이사훈(李思訓)·이소도(李昭道) 부자가 이 양식의 완성자라고 한다. 일본의 대화회(大和繪) 산수화의 모범이 되었다.

표현되어 있고, 눈의 표정은 똑바로 정면을 바라보고 있다. 신체는 겨우 형체만 갖춘 편평한 모습이지만, 전체적으로 균형이 잡혀 있으며 젊고도 청신(淸新)한 인상을 주고 있다(그림9). 양식과 기술면에서 더 한층 진보를 보이는 작품으로 장안의 보경사(寶慶寺)파에 속하는 8세기 전반의 석불군 등을 들 수 있는데, 몸을 둥글게 한다거나 얼굴 표정을 매끄럽게 처리하는 등 촉감적인 표현이 자유자재로운 단계에 이르고 있다. 그 후 중국의 불교조각은 다시 외형을 사실적으로 표현하는 방향으로 나갔다. 그러나 이것이 신앙의 대상인 불상을 통해 내면의 종교성을 표현하는 것과 반드시 일치하는 것은 아니었고 또 예술관에도 변화가 일어나 불교조각은 차츰 미술사에서 주역의 자리를 잃어가고

궁녀도 (宮女圖)

그림10. 永泰公主 李蕙墓 前室壁畫.
높이 176cm×196.5cm. 706년. 섬서역사박물관 소장

있었다.

한편 육조 이후 회화의 발전은 예술에서 선두를 달리고 있었다. 그러나 당대에도 조각에 비하여 그 유품은 극히 적었다. 그리고 불교 및 도교 사원의 조영이 성행함에 따라 그에 호응하여 여전히 인물화와 종교화가 회화의 중심을 이루었던 것으로 보인다. 특히 오랜 전통을 지닌 선 묘사에 의한 인물 표현의 경우 이 시대에는 볼륨감과 인물의 다양한 모습을 균형있게 자유자재로 묘사해 내는 것이 용이해진 듯하다.

명황행촉도 (明皇幸蜀圖)

그림11. 이소도(李昭道) 작품으로 전해짐.
絹本着色 55.9×81.0cm.
臺北 국립고궁박물관 소장

오도자(吳道子)의 활약

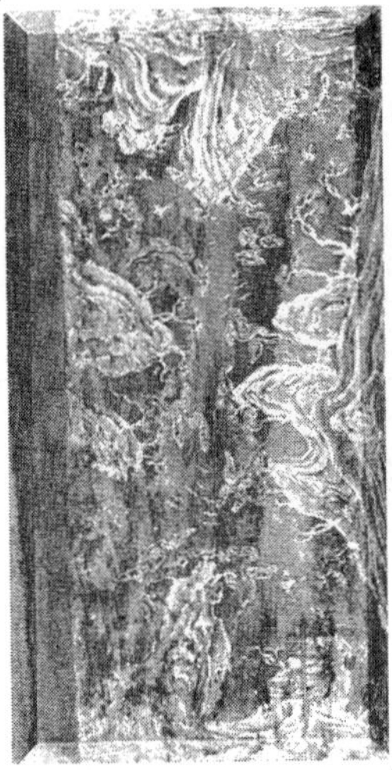

흑시소방(黑柹蘇芳) 금은(金銀) 산수회상(山水繪箱)

그림12. 정창원 소장

인물화의 제1인자는 당대(唐代) 최고의 대화가로 칭해졌던 오도자였다. 오도자는 색채를 거의 사용하지 않고, 선 묘사만으로 인물의 입체감과 움직임까지도 그려냈다. 오도자의 진품은 남아 있지 않지만, 그의 젊은 시절에 해당하는 706년 영태공주(永泰公主)묘의 벽화로 그려진 사녀군상(仕女群像[그림10])은 당시 선에 의한 묘사력의 수준이 어느 정도였는가를 보여주는 훌륭한 작품으로, 그것을 능가했을 오도자의 표현력의 높은 수준을 알 수 있게 해준다.

또한 산수에 있어서도 오도자는 현종(玄宗)의 명에 따라 촉으로 여행하여 그 경치를 3일 만에 벽화로 담아냈다고 한다. 그 당시 산수화의 주류를 이루었던 것은 청색과 녹색으로 산의 장중함을 묘사하고 금색

막고굴 벽화 (莫高窟 壁畵)

그림13. 甘肅省 敦煌莫高窟 103굴

(金泥)으로 하이라이트를 장식하는 이른바 청록산수화(靑綠山水畵)인데, 그 명수였던 장군 이사훈(李思訓:그의 아들 李昭道도 청록산수화가로 이름높다[그림11])이 3개월 걸려 완성한 것을 오도자는 단 3일만에 그려내 칭찬을 받았다고 한다. 그 때 오도자는 선 묘사만으로 산의 입체감과 원근을 표현했던 것이 아닌가 추측된다. 선묘사에 의한 산수표현은 예를 들어 정창원(正倉院)의 회상(繪箱[그림12]) 등에서 그 일단을 엿볼 수 있다. 또 성당시기 작품으로 추정되는 돈황 제103굴 벽화[그림13]나 정창원의 비파의 채 부분에 묘사된 기상주악도(騎象奏樂圖[그림14])는 깎아지른 듯이 솟은 절벽과 멀리 이어진 물의 흐름을 배경으로 깔고 지그재그로 변화를 주어 공간의 원근감을 살리는 등 지금까지 없었던 완성도를 보여주고 있다. 이것들은 채색을 하면서도 빠른 필치의 묵선이 산의 모습에 입체감을 주고 있는 점에서 커다란 효과를 거두고 있다. 오도자의 탁월한 선 묘사는 산수표현의 새로운 지평을 열었고, 이들 유품에서 그 일단을 엿볼 수가 있다.

성당시기에 활약했던 오도자는 선으로 사물의 형태를 적확하게 묘사해내는 정통하고도 전통적인 방법을 깊이 파고 들어가 그 모든 가능성을 자신의 작품 속에 구현하였다고 생각된다. 이와 같은 대천재의 출현은 그 때까지 전해 내려온 오랜 전통의 하나가 오도자에 이르러 집대성되었음을 의미하는 것이리라. 오도자 이후 성당에서 중당에 걸친 시기는 회

기상주악도

(騎象奏樂圖)

그림14. 琵琶의 채
정창원 소장

> **문인화(文人畵)의 비조 왕유(王維)**
>
> 명대의 동기창(董基昌)에 의해 제창된 회화의 남북이종론(南北二宗論)에서는 중국회화의 흐름을 선종(禪宗)의 남북이종론에 비유하면서 직업화가를 북종(北宗), 문인화를 남종(南宗)으로 분류하였다. 남종 문인화의 계보는 오대의 동원거연(董源巨然)으로부터 더 거슬러 올라가 당(唐)의 시인 왕유를 그 비조로 보았는데, "그림 가운데 시가 있고, 시 가운데 그림이 있다"는 문인화의 이상을 왕유에게 두고 있다. 그런데 왕유의 그림은 그가 만년에 은거했던 망천산장을 묘사한 망천도(輞川圖)와 설경산수도권(雪景山水圖卷) 등 후세의 모본(模本)을 보면 어느 것이나 세밀한 선 묘사를 중심으로 하고 있어서 당대에 일반적이었던 청록산수화의 양식과 크게 다르지는 않았다고 보며, 후세인이 생각하는 문인의 수묵산수화[남종화]의 이미지와는 직접 연결되지 않는다.

화에 있어서도 커다란 전환기를 맞고 있었다.

수묵산수화의 태동

위대한 업적을 남겼던 오도자 이후, 다음 시대를 향한 태동은 정통화법이 아닌 파괴적인 움직임 속에서 시작되었다. 종래의 전통적인 회화작법에서는 표현하고자 하는 대상을 사실대로 묘사하는 것이 통례였는데, 그것은 이와 같은 전제조차도 뒤집어엎는 움직임이었다. 먹을 쫙 뿌려서 우연히 나타난 먹의 흔적에 한 두 필치를 더하여 순식간에 그림을 완성하는 것이다. 또 사람들이 보는 앞에서 우연성을 높이기 위해 술을 마시고 머리카락과 손발에 먹을 묻혀 종이 위를 달리듯이 돌아오는 식의 대도예적(大道藝的) 방식으로 그림을 묘사하였다. 그래서 처음에는 기존의 전통으로부터 일탈하고 있다는 의미에서 이것을 '일품화(逸品畵)'라고 불렀다. 일품화는 결과적으로 전통적인 회화 가운데 가장 큰 비중을 차지하고 있던 선묘사(drawing)와는 전혀 다른 표현형태를 드러내었다. 즉 묵면의 넓이와 농담이 만들어내는 표현효과, 다시 말해 회화(painting)적 요소, 이것이 다음대의 수묵화를 탄생시킨 중요한 계기가 되었다. 이러한 중당의 일품화는 그 제작상황을 보아도 알 수 있듯이 현재까지 전해지는 작품은 없다. 과연 어느 정도 작품으로서 감상할 만한 것이었는지도 분명하지 않다. 그러나 일품화는 이처럼 단발적이고 일회적인 단순한

화조도 병풍

그림15. 투르판 아스타나 唐墓 壁畫

파괴적 작풍으로 끝난 것은 아니었다. 성당시기에 완성을 본 전통적인 회화의 기초 위에 이 일품화가 제시한 새로운 가치가 도입되고 당 말부터 오대에 걸쳐 화가들의 다양한 시도와 노력이 축적된 결과, 마침내 송대의 찬란한 수묵산수화가 꽃을 피우게 된다.

죽작쌍토도 (竹雀雙兎圖)

그림16. 遼寧省 葉茂臺 遼墓出土
絹本 155.5 60.2 遼寧省博物館藏

삼품(三品:神品·妙品·能品 그리고 逸品)

중국 서화(書畵)의 평가 기준. 육조의 인물평론의 유행에 영향을 받아 상중하의 등급으로 서화의 품평이 행해지게 되었다. 당대(唐代)에 신·묘·능의 3품으로 나누던 것을 당(唐) 주경현(朱景玄)의 「당조명화록(唐朝名畵錄)」에서는 이것을 다시 상중하로 나누어 9등급으로 하였다. 또한 주경현은 그 3품의 아래에 종래의 품평에서는 취하지 않던 별격으로서 일품(逸品)을 두고 있다. 이것은 중당 이후의 반(反)전통적인 움직임을 배경으로 하고 있는데, 북송 초기 촉(蜀)의 황휴복(黃休復)이 지은『익주명화록(益州名畵錄)』에서는 일품을 신품보다 상위에 두고 최상급으로 평가하고 있다.

또한 화조화(花鳥畵)도 7세기 중엽에 멸망한 사산조 페르시아로부터 들어온 많은 문물의 자극을 받아 당대에 확립되었다고 한다. 당대 화조화의 유품은 거의 남아 있지 않지만, 아스타나에 있는 당대 묘의 벽화에 묘사된 화조도 병풍〔그림15〕은 귀중한 자료를 제공한다. 중앙에 꽃이 핀 초목을 그 뿌리 부분에 새와 돌을 배치하고, 하늘에는 태양을 그려넣었다. 이 구도는 정창원의 공예품에 보이는 화조의 표현과 상통한다. 또한 당시 성행한 수하인물도(樹下人物圖)의 인물이 새〔鳥〕로 대체되었다고도 하는데, 태양과 바위로 암시된 세계에 마치 생명을 상징하듯 꽃과 새가 묘사되어 있다. 이것은 공예적인 색채가 농후한 작품인데 오대시기의 화조화로 추정되는 작품이나 요녕성의 묘에서 출토된 요대(遼代)의 화조화〔그림16〕의 구도법도 좌우대칭으로 되어 있어 아스타나의 구도에 가깝다. 따라서 여기에 보이는 화조화가 당대 화조화의 주류를 이룬 것이 아닌가 한다.

육조와 당대의 시에서 그렇게 했던 것처럼, 산수화나 화조화 등 자연을 표현하는 조형예술이 자연의 한 순간의 정경, 계절의 변화를 예민하게 포착할 수 있게 되기까지는 다시 다음의 송대를 기다리지 않으면 안되었다.

Ⅳ. 귀족사회의 재편

氣賀澤保規

1. 문벌주의(門閥主義)와 현재주의(賢才主義)

통일을 향한 물결

북방 유목세계에서 출발하여 화북 한인사회를 정복한 탁발(拓跋)족의 북위(北魏)는 6세기 전반 동위(東魏)와 서위(西魏)라는 동서 두 개의 정권으로 분열되었다. 곧 동위는 북주(北周)로 교체되고 서위는 북제(北齊)로 교체되었으며, 이를 전후하여 남조에는 진(陳)이 성립하여 삼국의 정립을 맞게 된다. 이러한 형국을 타파한 것이 북제를 무너뜨린 북주이며, 이어서 수(隋)가 등장하여 2세기 말 이래의 분열에 종지부를 찍게 되었다(589). 그러나 수는 통일사업을 급속하게 추진하여 결국 단명으로 끝났고 대신 당(唐)이 재통합을 이룩하였다(618). 중국역사상 한층 더 돋보이는 대당제국은 여기서 시작하지만, 그렇다고 그 300년이 결코 평탄했던 것만은 아니었다. 그 최초의 전환기를 맞은 것은 창업으로부터 반세기가 지난 뒤 제3대 고종(高宗)의 황후 무측천(武則天)이 실권을 잡고 제위에 올랐던 사건이 일어나면서였다. 이 단계를 거친 후 현종(玄宗)의 '성당(盛唐)의 시대'가 도래한다.

이 장에서는 이상과 같이 6세기 전반 북위의 멸망으로부터 무측천의 치세가 끝나는 8세기 초두까지

200년의 역사를 다루고 있다. 이 시대의 특징으로 말하면, 위진(魏晉) 이래의 한인 귀족사회와 여기에 뛰어들어 힘을 발휘하게 된 북족(北族:胡人)세력이라 하는 성격도 논리도 달리 하는 두 개의 요소가, 대립과 배제 그리고 결합이라는 곡절을 겪으며 새로운 통일국가 수당제국의 수립을 향해 움직여갔다는 점이다. 특히 이 통일사업에는 서위·북주 정권하에 결집한 호·한인으로 구성된 일단의 그룹이 주축을 이루고 있었다. 중국의 저명한 역사가 진인각(陳寅恪)은 이를 '관롱집단(關隴集團)'이라고 명명하였다. 요컨대 이 200년은 관롱집단의 생성과 발전이란 측면에서도 설명할 수 있을 것이다.

그러나 이러한 흐름도 측천무후가 권력을 장악하면서 중단되었고, 지배층의 대폭적인 교체 즉 관롱계 귀족의 후퇴와 신흥계층의 대두가 재촉되었다. 진인각은 이러한 변화를 포착하여 이 시기를 하나의 커다란 사회변혁기로 간주하였다. 과연 그렇게까지 단언할 수 있는지는 몰라도, 북위 말부터 줄곧 한 방향으로 전개되어 왔던 사회가 이 시기에 크게 변화하며 다음의 새로운 움직임을 향한 과도적 단계로 접어들었던 것만은 확실하다. 그러한 이유에서 이 무후시기를 하나의 획기로 보고 남북조 후기에서부터의 추이를 좇아가 보기로 한다.

진인각(陳寅恪)

강서성 수수(修水) 사람(1890~1969). 젊어서 구미각국에 유학하여 근대사학의 방법을 배워와 청조(淸朝) 고증학(考證學)의 전통에 새로운 국면을 열었다. 민속학적 방법으로 고대사를 분석했던 우공(禹貢)학파의 고힐강(顧頡剛:1893~1980)과 함께 중국 근대역사학의 창시자이다. 1926년 청화(淸華)대학 국학연구원에 초빙된 이후 북경(燕京)대학·서남(西南)연합대학·홍콩대학·중산(中山)대학 등에서 연구와 교육을 맡았다. 주요 저서로 『수당제도연원약론고(隋唐制度淵源略論稿)』(1940), 『당대정치사술논고(唐代政治史述論稿)』(1942) 등이 있다.

북위 말의 동란

오호십육국 이래의 북중국을 무대로 한 역사는, 지배자로 등장한 유목계 여러 민족이 수적으로나 생산력·문화면에서도 월등한 한인사회를 통치하면서 어떻게 종족성을 탈피하여 한인세계에 깊이 뿌리를 내리고 호한(胡漢)협동의 보편적 국가를 실현할 것인지 그 방법을 모색하는 과정이었다. 더구나 한인사회는 문벌적 신분제로 일관한 귀족사회였다. 북족들이 중국 땅에서 살고자 한다면, 여기에 어떻게 대처할 것인가는 피할 수 없는 문제였다.

이 과제에 정면으로 뛰어든 것은 선비(鮮卑)족 탁발부의 북위였다. 북족과 한인, 유목사회와 농경사회라고 하는 서로 대립적인 관계 속에서 그들이 힘겹게 도달한 결론은, 스스로 고유한 북족적 측면을 버리고 한족과 동화(同化)하는 철저한 '한화(漢化)'의 길이었다. 그 한화정책은 북족사회를 귀족제적 신분관계로 재편성하는 것으로 완결을 보게 되었다. 5세기 후반 효문제(孝文帝:471~99) 치하에서 실행된 일련의 한화책 중 최종적으로서 단행된 '성족상정(姓族詳定)'이 바로 그것이었다(496).

본시 북족사회는 가문보다는 개인을, 상하관계보다는 횡적인 관계를 중시한다. 북위는 그와 같은 사회에 문벌적 신분관계를 적용하여 한인세계와 공통의 기반에 선 귀족제국가를 수립하려고 했던 것이다. 그러나 이는 과거 동등한 입장에 있던 북족 동료를 고관·현귀(顯貴)가 되어 우아한 도시생활을 즐기는 자와, 체제로부터 소외되어 계속 지위가 하락된 자로 크게 갈라놓는 결과를 가져왔다. 특히 그 악영향을 받은 것은 북족계 군사들이었다. 이들은 중앙에서 우림(羽林)·호분(虎賁) 등의 근위군을 구성하고 지방에서는 화북의 요충에 두어진 진성(鎭城)이나 북변의 진군(鎭軍:北鎭)에 편입되었다. 이처럼 화북 각지에 배치된 병사들을 '성민(城民:鎭城소속의 민)'이라고 한다. 이들 병사는 소속은 다르지만 모두 북위권력을 지지하였고, 그들의 직책은 장래를 약속받은 영예로운 자리였다. 그러나 귀족제의 채용으로 그들의 지위는 크게 흔들렸고, 마침내 사회의 하층신분으로 전락하고 말았다. 이러한 상황을 직접 목도한 자에 따르면 "그들은 '부호(府戶:鎭將의 幕府에 예속된 軍戶)'라 불렸고 천민과 같은 취급을 받았으며, 영달하고 출세한 옛 시절의 동족에게 격한 분노의 감정을 품고 있었다."〔『魏書』魏蘭根傳〕

육진(六鎭)의 난

따라서 북족계 군사가 본래 일체감으로 맺어졌을 탁발정권에 절망하여 이반해 간 것은 당연한 일이었다. 동요는 먼저 도시에서 시작되었다. 519년 한인 장중우(張仲瑀)가 북족이 중심을 이루는 근위병을 문관임용에서 제외시키자고 건의하자, 이에 격분한 우림·호분 1천여 명이 상서성(尙書省)에 돌을 던지고

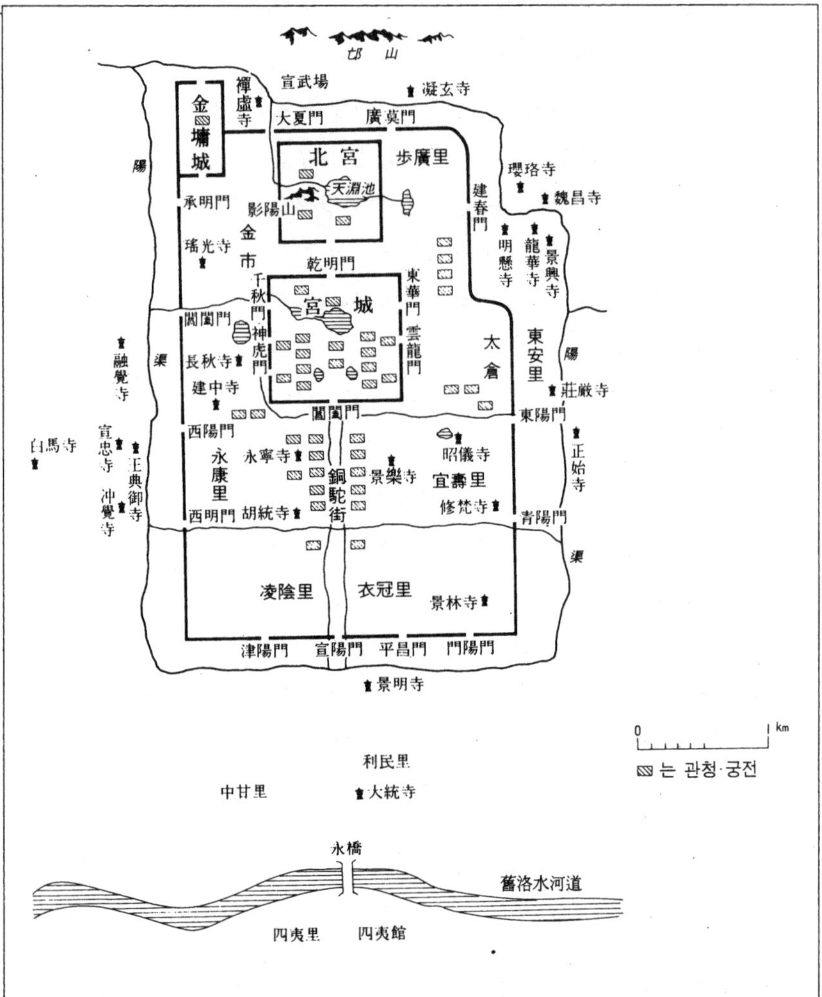

북위(北魏) 낙양(洛陽) 복원도

장중우의 집을 불태워버린 사건이 일어났다(우림의 변). 당시 실권을 장악하고 있던 효명제(孝明帝)의 모친 호태후(胡太后)는 폭동의 일부 주모자를 처벌하는 것만으로 타협을 할 수밖에 없었다.

우림의 변은 북족계 군사가 이반했다는 사실과 함께 조정의 무력함을 백일하에 드러낸 사건이었다. 이미 수년 전에는 '신불출세(新佛出世)'를 외치며 철저한 살육과 파괴에 의한 기성세력의 타파를 목표로 하는 '대승교(大乘教)의 난〔法慶의 난〕'이 일어나 인심의 동요를 보여주고 있다(515). 당시 수도 낙양은 인구가 약 11만호였고 그 안에는 500개가 넘는 사원이 즐비해 있었으며〔북위 말에는 사원수가 1,367개소에 이르렀다고 한다〕, 동서의 시장에서는 대량의 물자가 거래되고 서역으로부터 불승과 상인이 왕래하는 거대하고 화려한 소비도시였다. 그러나 그 번영의 이면에서는 귀족과 평민간의 계층차, 중앙과 지방, 도시와 변경 사이의 격차가 돌이킬 수 없을 정도로 벌어져 있었다.

정광(正光)4년(523) 봄, 북진(北鎭)의 하나인 옥야진(沃野鎭)의 파육〔락〕한발릉(破六〔落〕汗拔陵; 파육한은 성이다. 흉노계)의 무리가 진장을 죽이고 결연히 일어났다. 동요는 순식간에 다른 5진으로 파급되어 20만 세력으로 결집되었고 이들은 남하를 시작하였다. 바로 북위 말 동란의 시작인 육진(六鎭)의 난이다. 조정측은 황급히 진(鎭)을 주(州)로 바꾸고 부호(府戶)를 일반민으로 해방하는 조치를 취했으나, 때는 이미 늦어 각지의 성민(城民)들도 호응하여 일어났고〔성민의 난〕 반(反)북위의 행동은 갈수록 확산되었다. 그럼에도 불구하고 중앙에서는 효명제파와 호태후파의 항쟁이 계속되었다.

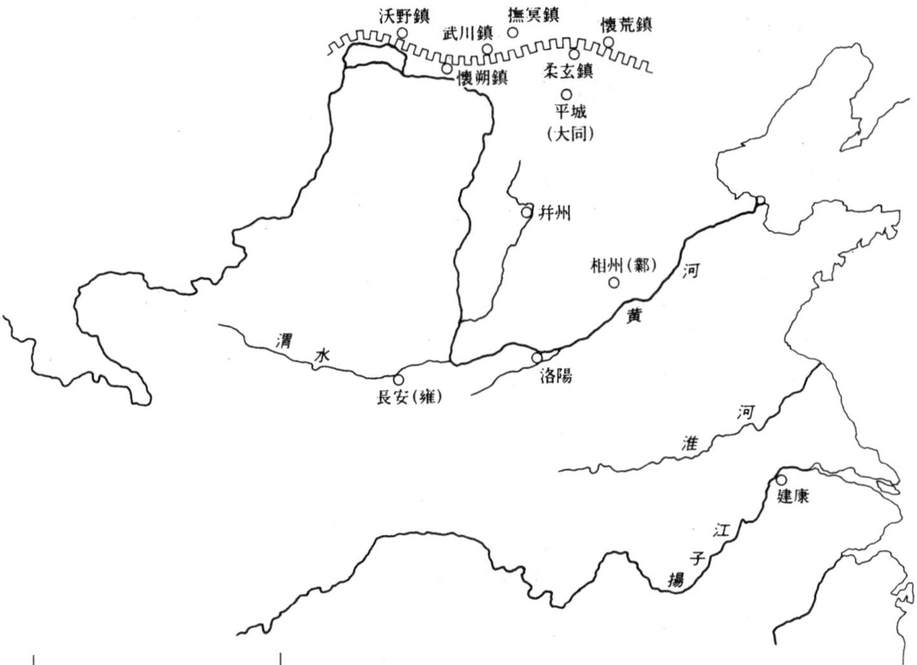

북위(北魏) 북진도(北鎭圖)

이러한 정국 속에 등장한 자가 계호족(稽胡族: 흉노계)인 이주영(爾朱榮)이었다. 산서 북방에서 부락민들의 추장으로서 성망을 모았던 그는, 528년 효명제가 호태후에 의해 독살되자 부패한 정계를 쇄신한다는 명분을 내걸고 낙양에 육박하여 태후 이하 종실·백관 2천명을 황하 강변에서 학살하였다. 이것이 세간에서 말하는 '하음(河陰)의 변'이다. 북위왕조의 명맥은 사실상 여기서 끝이 났다. 그것은 또한 북위가 지향했던 문벌주의에 기초한 귀족제 국가 그 자체의 좌절이기도 했다.

우림의 변으로부터 6진의 난, 성민의 난으로 이어진 일련의 움직임은, 북위의 문벌체제로 말미암아 예속상태로 전락한 북족계 군사가 자신들의 지위회복을 요구하며 일어났던 반문벌운동이었다. 이 운동은 과거의 부족생활로 복귀하려는 것이 아니라, 현재 그들이 살고 있는 중국세계라는 공간에서 진행되었다. 여기에 대해 한인사회의 측으로부터도 지나친 문벌화에 대한 반성의 기운이 고조되었다. 북위 말 동란기에 각지에서 출현한 지방호족이 이끄는 '향병집단(鄕兵集團)'은 바로 그러한 흐름에 부합되는 것이었다. 그리하여 이후 같은 지평에 선 양 세력을 중심으로, 문벌의 지위보다는 개인의 자질을 중시하고 종족을 초월하여 인재의 결집을 도모하는 길이 추구되었다. 문벌주의에 대한 현재주의(賢才主義)의 입장이 그것이다.

그런데 하음의 변에 의해 실권을 장악한 이주영은 거점을 진양(晉陽:太原)에 두고, 남하해 온 6진의 난군에 성민까지 가세한 20만명을 격파하여 휘하에 편입하였다. 그러나 하음에서의 대학살로 말미암아 북위황실의 원한을 사게 되어 각지에 반이주영의 분위기가 고조되었다. 그는 결국 530년에 낙양에서 암살되고 조카인 이주조(爾朱兆)가 뒤를 이었는데, 이를 계기로 발해(渤海)의 고건(高乾) 형제와 봉융지(封隆之), 범양(范陽)의 노문위(盧文偉) 등 하북의 한인호족과 귀족이 자신들의 영향 아래 있던 지역주민을 결집하여 일어섰다. 이것이 향병집단의 시초이다.

다른 한편, 이주영 아래 결집해 있던 북족계 집단은 이주영의 죽음을 계기로 분해를 시작하였다. 그 가운데 한 사람인 회삭진(懷朔鎭:6진의 하나) 출신의 선비계 사람 고환(高歡)은 재빨리 20만의 6진민을 거느리고 동으로 향하여, 고건 형제가 이끄는 향병집단과 합류하여 독립하였다(531). 대체로 향병집단은 지도자인 향수(鄕帥)와 휘하의 향병이 일방적인 상하관계가 아니라 아래로부터의 자발적인 참가, 계층을 초월한 인격적인 결합관계로 맺어지는 것을 특징으로 한다. 그 속에서 발견되는 반문벌적 성격이나 지위향상에 대한 의욕은 바로 북족계 군사의 행동과도 공통되는 점이었다. 고환과 고건 양 세력의 결탁을 가능하게 했던 이유의 하나는 여기에 있었다.

이주영의 휘하에 있던 또 하나의 주목할 만한 인물이 움직이기 시작했다. 북진 무천진(武川鎭) 출신으로 역시 선비계인 우문태(宇文泰)였다. 그는 이주영의 명령에 따라 서쪽인 관중일대를 진정(鎭定)하는 책임을 맡고 있다가 534년 낙양에서 탈출해 온 효무제를 장안으로 맞아들였다. 고환은 이에 따라 남은 궁정관계자들을 동쪽의 업(鄴:하북성 磁縣)으로 이동시켰다. 이에 북위는 동서로 분열하였고, 번영을 구가해 왔던 낙양은 버려져 폐허가 되었다.

동위(東魏)·북제(北齊)의 빛과 그늘

동서의 두 정권은 그 이후 격렬하게 전쟁을 벌였으나 애초에는 고환의 동위가 훨씬 우세하였다. 그가 기반으로 하고 있는 하북지방은 생산력이 높고 인구도 많은 당시의 선진지대였을 뿐만 아니라, 20만에 달하는 선비계 병사가 온존하고 거기에 북위의 근위군 약

15만을 더한 막강한 군사력을 갖추고 있었기 때문이었다. 그럼에도 불구하고 서위를 압도할 수 없었던 이유중 하나는 동위정권이 선비계를 주로 하는 북족적 색채가 강했기 때문이었다. 고환을 비롯하여 정권을 담당한 '훈귀(勛貴)'라 불리는 무장들은 대개가 북진민 출신 중에서 대두한 자들이었다. 병사의 주력도 북족계였고 군대지휘에 선비어가 쓰일 정도였다. 따라서 고건 등의 한인호족의 영향력은 크지 않았고 향병이 활동할 수 있는 범위도 좁았다. 게다가 하북은 이른바 산동귀족의 본거지였으므로 북족계 훈귀와의 사이에 긴장상태가 빚어지기 시작하였다. 북족과 한인, 문벌과 반문벌, 훈귀와 산동귀족, 이 같은 관계가 극복될 수 없었던 데에 동위와 그 뒤를 이은 북제의 취약성이 있었다.

고환이 죽자 아들인 고양(高洋)은 양음(楊愔) 등 귀족세력과 결탁하여 훈귀의 반대를 누르고 황제의 자리에 올랐다〔文宣帝〕. 북제가 시작된 것이다(550). 그

북제(北齊) 누예묘(婁叡墓) 벽화

婁叡墓, 武平元年(570) 山西省 大原市

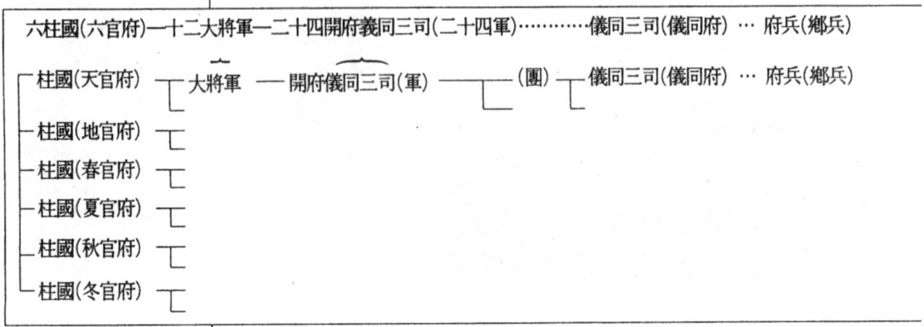

서위(西魏) 육관(六官)·부병제(府兵制) 도(圖)

러나 이것을 계기로 귀족 대 훈귀의 대립은 더욱 격화되었다. 문선제가 죽은 뒤에 귀족은 일시 억압을 받았으나 곧 세력을 만회했다. 더욱이 여기에 화사개(和士開) 등 상인이나 배우출신자들이 끼여들어 항쟁을 한층 복잡하게 만들었다. 그들은 오로지 황제에게 아첨하여 출세한 자라는 뜻에서 은행(恩倖)이라고 불렸다.

결국 북제의 세력구도는 군사력을 배경으로 하는 훈귀, 그리고 황제권에 의지하는 귀족과 은행의 두 진영으로 나뉘게 되었다. 귀족과 은행은 가문의 지위〔門地〕와 교양, 사회적 기반 등을 전혀 달리 하지만, 그럼에도 불구하고 훈귀에 대항한다는 점에서는 서로 일치하였다. 그들은 황제권 강화를 도모하면서 점차 훈귀를 막다른 곳으로 몰아넣어 마침내 572년 마지막 핵심인물인 중신 곡률광(斛律光)을 죽였다. 그러나 그것은 훈귀에 의해 유지되고 있던 군사력, 즉 북주에 대한 방위체제의 해체를 의미하는 것이었다. 동시에 이를 계기로 귀족과 은행의 제휴는 끝이 나고 최후의 주도권 쟁탈을 거듭하다가 결국 은행편이 승리를 거두게 되었다. 그리하여 576년 북주가 공격해 왔을 때 그 곳에는 이미 대항할 수 있는 병력도 인재도 존재하지 않았다.

이와 같이 동위와 북제는 강력한 정권을 수립할 수 없었으나, 그 점이 오히려 정치세계와 사회에 모종의 자유로움과 활기를 불어넣었고, 수도인 업(鄴)은 낙양을 대신하여 경제·문화의 중심이 되었다. 당시의 하북은 비단생산이 활발하여 이를 구하러 서역계 상인이 왕래하였다. 은행인 화사개는 그런 사람의 하나였다. 불교는 귀족들의 희사를 받아 수도에는 대흥성사(大興聖寺)나 대보사(大寶寺) 등 사원이 즐비하였다. 그렇지만 불교융성의 이면에는 하나의 불안이 떠나지 않았다. 과거 북위시대에 당했던 것과 같은 가혹한 탄압〔太武帝 시기의 제1차 廢佛, 446〕을 또 다시 만나게 되지나 않을까 하는 걱정이었다. 말법사상(末法思想)이 인도로부터 전해진 것도 바로 이 6세기 중반이었다. 그러한 상황 속에서 천태(天台)의 남악혜사(南岳慧思), 삼계교(三階教)의 신행(信行), 그리고 정토교(淨土教)의 도작(道綽) 등이 출현하여 현실에 뿌리내린 중국적 불교의 기초를 다지게 되었다.

서위(西魏)·북주(北周)정권

한편, 우문태의 서위는 발족 당시 중핵을 이루는 선비계 병사가 수만 명도 채 되지 않았다. 그래서 한

인호족과 그 휘하의 향병을 군단으로 편입하기 위하여 이들을 군부(軍府:儀同府)단위로 조직하였다. 그 후 대통(大統)16년(550)에 24군(軍)의 편성이 완료되었는데, 그것은 육〔팔〕주국(六〔八〕柱國)-십이대장군(十二大將軍)-이십사개부의동삼사(二十四開府儀同三司)의 지휘명령 계통을 갖고 있었다. 이렇게 하여 서위 부병제가 성립한 것이다. 부병제의 특징은 군부를 통해 병사를 결집한다는 점에 있었는데, 이것은 당시의 한인과 북족의 무력집단이 주체적인 참가를 원하고 있었기 때문이었다. 그리고 정규병이 된 부병은 가족을 떠나 군적(軍籍)에 등재되어 군방(軍坊) 또는 향단(鄉團)단위로 집단거주하였으며, 일반민보다 대우나 부담면에서 혜택을 받았다. 무엇보다도 군공(軍功)에 의한 지위향상의 기회가 많았다는 점에 주목해야 할 것이다. 북위 말 이래 반(反)문벌운동의 양익(兩翼)을 떠맡아온 북족세력과 한인 향병집단은 이 부병제를 매개로 결합하여 호한 협력체제를 수립하였다. 서위가 동위의 공세를 막아낼 수 있었던 요인도 여기서 찾을 수 있다.

우문태는 뒤이어 551년 『주례(周禮)』의 관제를 본떠 천·지·춘·하·추·동의 6부로 구성된 '육관(六官)제도'를 시행하였다. 이 육관의 수장은 군권의 책임자인 육주국이 겸임하였는데, 우문태 및 그를 도왔던 훈귀들이 차지하였다. 군사와 행정이 횡적인 관계에 있는 6명에 의해 분할 장악된 것은 이들 훈귀간의 세력관계에 따른 권력배분의 결과이겠지만, 과거 부족

육조조서(六條詔書)

민중통치의 요체는 우선 통치에 임하는 자 자신의 마음을 청정(淸淨)·공평(公平)하게 한 다음〔先治心〕, 인민의 질박함과 도의심을 진작시키고〔敦敎化〕, 농업을 진흥하고〔盡地利〕, 인재를 발탁하며〔擢賢良〕, 재판과 처벌은 긍휼한 마음으로 하고〔恤獄訟〕, 세역에는 공평을 기하는〔均賦役〕 것이 육조의 취지이다. 우문태는 이를 좌우명으로 삼아 신하에게도 외우도록 했다고 한다.

생활에서 볼 수 있었던 개인의 능력에 대한 중시 태도와 함께 반(反)문벌주의의 관념도 여기에 투영되어 있다고 할 수 있다. 육관제도를 최초로 구상했던 것은 우문태의 참모인 소작(蘇綽)이었다. 그는 또 정치에 참여하는 자로서 마땅히 지켜야 할 자세를 「육조조서(六條詔書)」로 집약하였고, 그 후 현재주의(賢才主義)에 기초한 정치의 바른 자세를 이론화하였다. 이러한 제도적·이념적인 시도를 통해 새로운 통치집단인 '관롱집단'이 성립하였다.

서위 이래 지속되었던 조정과 실권자 두 진영에 의한 이원체제는 우문태의 손자인 북주의 무제(武帝) 때 비로소 극복되었다. 그는 북제 타도를 위해 국내체제를 정비하였는데, 그 일환으로서 574년 이미 국가재정을 침식할 정도까지 비대해진 불교계에 대한 탄압을 단행하였다〔제2차 폐불〕. 마침내 576년 북제를 향한 총공격을 개시하였으며 이에 북제측은 어쩔 도리없이 후퇴를 거듭하다가 이듬해 초에 병합되고 말았다.

북위 말 동란으로부터 대략 반세기를 지나 화북은 재통합되었다. 그 여세를 몰아 북주는 강남평정에 눈을 돌리는 듯했으나, 그 직전 무제가 급사하였으므로 대외적인 사업은 일시 중단되었다. 그 후 외척인 양견(楊堅)이 점차 두각을 나타내면서, 서위에서 북주에 걸쳐 추구되어 왔던 전국통일의 과제는 수나라를 세운 양견에게로 넘어가게 되었다.

북주(北周) 도소채회(陶塑彩繪) 기마용(騎馬俑)

李賢墓 北周 天和4년(569) 寧夏回族自治區固原縣 出土.

「全國出土文物珍品選 1976~1984」(文物出版社, 1987)

2. 수(隋)의 영광과 좌절

남조 귀족제국가의 몰락

6세기 초엽 남조에도 커다란 변화가 있었다. 502년 옹주(雍州:호북성 襄陽)에 있던 소연(蕭衍)이 양자강을 내려와 수도인 건강(建康:강소성 南京)을 공격하여 제(齊)를 무너뜨리고 양(梁)을 세운 것이다. 이 사람이 바로 그 후 반세기 가까이 재위하면서 남조 귀족제사회의 융성과 쇠퇴를 모두 경험했던 양 무제(武帝)였다.

그는 제위에 오르자 먼저 위진(魏晉)시대 이래의 구품관제(九品官制)를 개혁하여 문란해진 귀족제를 정비하는 한편, 학교제도를 충실화하여 이것을 시험에 연계시켜 관리를 임용하였다. 가문만이 아니고 개인의 교양이나 능력도 중시하는 자세는 현재(賢才)주의 및 후대의 과거제와 맥락을 같이하는 것이다. 무제시대는 또한 동전이 대량으로 주조되어 화북을 훨씬 능가하는 화폐경제가 발달하였다. 이것을 배경으로 현란한 문화가 화려하게 피어난 것이다.

이러한 번영의 이면에서는 빈부격차가 진행되어 농민의 유망(流亡)이 확산되었다. 그러나 귀족층은 이에 아랑곳하지 않고 사치스러운 생활에 탐닉하였다. 이들 귀족의 자제들은 말 울음소리를 구별하지 못했고 물론 탈 줄도 모르는 유약(柔弱)한 존재로 영락해 있었다고 당시의 세태를 훗날 안지추는 술회하고 있다〔『顔氏家訓』〕.

그러한 가운데 547년 북방에서 한 사람의 무장이 항복해 왔다. 그는 북족출신으로서 동위의 훈귀였으나, 고환의 사후 훈귀억압을 두려워하여 배반해 온 후경(侯景)이란 사람이었다. 그러나 이듬해 그는 돌연히 휘하의 북족 군사 천명을 이끌고 건강을 포위하였고, 유망농민을 모집하여 549년 3월에는 마침내 건강을 함락시켰다. 이 과정에서 참혹한 살육과 약탈·파괴가 자행되어 일대는 마치 지옥을 방불케 했다. 영화(榮華)를 자랑하던 양나라는 이로써 멸망하고 동시에 남조 귀족제도 막을 내렸다.

후경은 남조사회의 반발 속에서 552년 죽음을 당하였다. 그 선두에 섰던 자는 양자강 상류의 강릉(江陵:호북성)에 근거지를 둔 소역(蕭繹)과, 남쪽 광동(廣東) 방면에서 북상해 온 진패선(陳覇先)이었다. 두 세력은 후경타도에는 행동을 같이 했지만 그 뒤 지도권을 둘러싸고 대립하기 시작하였다. 소역은 무제의 아들이며 양을 부흥한다는 기대를 모으고 있었으므로 처음에는 우세하였다〔元帝〕. 상대편인 진패선은 오흥(吳興:절강성) 사람으로 가문의 지위가 낮았고 군인으로 입신하였는데, 이 군단의 중핵은 토호나 생계가 막연한 농민들, 말하자면 남조 귀족제 사회로부터 소외된 자들로 구성되어 있었다. 결국 진패선측이 승리하여 진(陳)을 세운다(557). 시대를 이끌어 나갈 자가

북주의 폐불〔제2차폐불〕

이 폐불의 불을 지른 사람은 사천(四川)에서 수도 장안에 올라와 불교계의 부패를 지적했던 환속승 위원숭(衛元嵩). 무제는 이를 받아들여 폐불을 단행하려고 했으나 불교측의 저항이 강했기 때문에 교의면으로부터 논파해 보려는 의도에서 불교와 도교간에 논쟁을 벌이게 하였다. 그러나 그것도 실패하여 부득이 도교와 불교를 함께 폐훼(廢毁)하게 되었다. 승려·도사의 일부를 통도관(通道觀)에 남겨놓은 외에는 모두 환속시키고 사원을 헐어버렸다(574). 더욱이 577년에는 평정된 북제지역에도 이를 실시하였다.

양(梁)·소씨(蕭氏) 세계도(世系圖)

(1) 武帝(衍) (502~49)	昭明太子(統)	①後梁 宣帝(詧) (555~62)	② 明帝(巋) (562~85)	③ 종(琮) (585~87)
	(2) 簡文帝(綱) (549~51)			
	(3) 元帝(繹) (552~54)	(4) 敬帝(方智) (555~57)		

귀족으로부터 신흥 한인(寒人)신분 측으로 옮겨간 것은 이미 누가 보아도 명백했다. 그 때 강릉측은 서위의 공격을 받아 속국〔後梁〕이 되면서 사실상 그 역할을 마감하였다〔멸망은 隋初인 587년〕.

진이 성립함에 따라 북제·북주와 함께 3국분립의 형국이 출현하였다. 기묘하게도 오랜 분열의 시대는 위·오·촉의 3국정립에서 시작하여 똑같이 3국의 형태로 최종단계를 맞이하게 된 것이다. 그러나 진에

석각(石刻) 석수(石獸)

강소성 江寧縣 陳武帝 陳霸先의 萬安陵

姚遷等 編著『六朝藝術』(文物出版社, 1981)

는 이미 그 상황을 타파할 수 있는 힘도 남아 있지 않았고 후경의 난으로 인한 파괴상태로부터 다시 일어서지 못한 채 수나라에 멸망되고 말았다(589).

수 문제(文帝)의 통일사업

북주의 어린 황제 정제(靜帝)를 조부로서 보좌했던 양견(楊堅)은 개황(開皇)원년(581) 쿠데타를 결행하여 새로운 왕조를 일으켰다. 바로 수나라 문제였다. 그에게 주어진 과제는 무엇보다도 통일국가의 실현이었는데, 영토적 측면에서는 이 시기 이미 적대세력은 없었다. 그는 587년에 후량을 멸망시킨 후 589년 강남에 남아 있던 진을 일거에 평정하여 장기간에 걸친 분열상황을 종식하였다. 이제부터의 문제는 어떤 일원적인 지배체제를 확립하느냐에 있었다.

문제는 즉위 후 우선 중앙관제의 정비부터 시작하여 삼성육부제(三省六部制)의 확립, 금군조직의 일원화〔十二衛府〕와 지방군부의 충실, 율령 법체계의 정비〔開皇律令〕 등을 잇달아 실행했다. 새로운 정치의 근거지로서 한대 이래의 장안성을 버리고 그 동남쪽에 새로 대흥성(大興城)을 조영하여 옮겨갔다. 당(唐)의 장안은 이것을 이어받은 것이다. 위진남북조 시기 귀족제를 떠받치는 지주로서 기능했던 구품관인법이 과거〔시험〕에 의한 관리등용법으로 바뀐 것도 이 시기였다.

이어서 개혁의 범위를 지방행정으로 확대하였다. 남북조시대의 지방행정기구는 주(州)·군(郡)·현(縣)

▼

수 문제의 독고황후(獨孤皇后)와 그 가계(家系)

독고황후는 자존심이 세고 질투심이 강했으므로 문제는 평생 골치를 앓았다. 차남인 광(廣)이 형을 제거하고 황위를 계승했던 것도〔煬帝〕 황후의 후원이 있었기 때문이었다. 그녀의 부친은 우문태와 함께 무천(武川)군벌로 출세한 서위 창건의 원훈(元勳) 독고신(獨孤信)이었는데〔일곱째딸〕, 그녀의 기가 드센 이유는 이처럼 관롱집단 중의 명문출신이라는 긍지가 배경에 있었기 때문이었다. 재상 고경(高熲)도 이전에 독고신의 직속 부하였었다. 더욱이 그녀의 언니〔맏딸〕는 북주 명제(明帝)의 황후, 또 한 언니〔넷째딸〕는 당 고조(高祖)의 어머니로, 세 왕조는 독고씨를 매개로 인척관계에 있었다.

제도를 취하고 지방관리들은 벽소(辟召:장관의 권한으로 현지에서 임용)를 통해 채용되었기 때문에 지방행정기구의 비대화를 초래하였고 귀족들 즉 재지유력층의 정치독점을 허락하지 않을 수 없었다. 그리하여 수 문

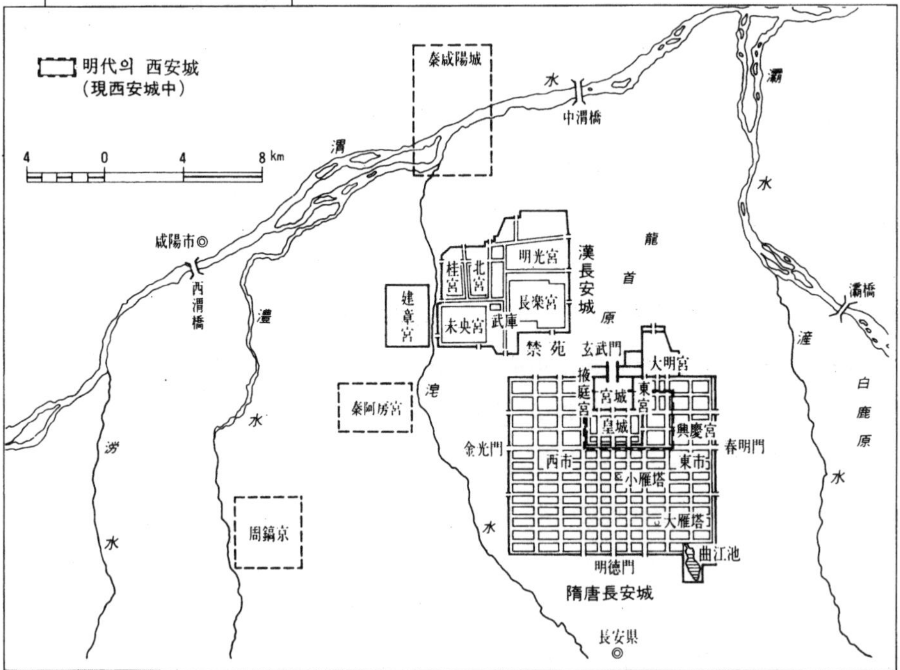

지금의 서안시(西安市)주변 역대 성시(城市) 위치도

제는 군(郡)을 폐지하고 주현제(州縣制)로 기구를 간소화함과 동시에 지방관을 중앙에서 임명하여 재임기간(문관은 3년)과 복무규정을 엄격히 하는 등 쇄신을 도모하였다. 그 아래의 인민들에 대하여는 모열(貌閱: 직접 인적 사항을 확인함) 등을 통한 호적조사, 향리제(500호를 鄉, 100호를 里로 하는 조직)에 의한 향촌 재

편성을 단행하였다. 이렇게 하여 자신들의 존립근거를 박탈당한 재지세력은 커다란 전기를 맞게 되었다. 이와 같이 체제의 보편화를 꾀하는 한편으로 수 문제는 군사력을 수도가 있는 관중일대로 집결시켜 전국을 권위로써 위압하였다. 이것을 관중본위(關中本位)정책이라고 한다. 이러한 일련의 정책을 입안하고 실행했던 것은 서위-북주의 흐름을 이어받은 관료집단이었다. 그 중심인물은 수 문제의 주수(周隋)혁명에 참여한 이래 수대 전반기 약 20년간을 줄곧 재상으로 지냈던 고경(高熲)이었다. 그는 지위가 그다지 높지 않은 북주계 가문의 출신이지만, 성실함과 공명정대한 정신으로 직무를 수행하였다. 집단 내의 다른 관료들도 고경과 거의 비슷한 자질을 갖추고 있었다. 이것은 서위-북주의 호한 협력체제에서 문벌주의를 대신하는 이념이었던 현재(賢才)주의가 거둔 성과였다.

수 양제의 고구려원정

수 문제의 뒤를 이은 사람은 차남인 양광(楊廣),

채도(彩陶) 기악용(伎樂俑)

張盛墓, 隋開皇15년(595). 하남성 安陽

『新中國の出土文物』(外文出版社, 북경, 1972)

즉 수 양제(煬帝)였다. 그는 젊은 시절부터 남쪽 강남 문화와 그 문화를 낳은 풍토를 동경하였다. 한편으로는 부친인 수 문제의 통일정책을 더욱 추진하여 강력하고 폭넓은 기반을 갖춘 권력을 수립하고자 하였다. 그래서 제위에 오르자 먼저 남북을 통치하기에 가장 좋은 낙양을 거점으로 하여 남쪽은 항주(杭州:강소성)로부터 북쪽은 유주(幽州:북경)까지 전체길이 2천㎞를 연결하는 대동맥, 즉 대운하의 개착을 착수하였다. 주지하듯 중국사는 황하와 양자강의 2대 하천을 중심으로 하는, 남북이 다른 두 개의 세계를 무대로 전개되었다. 위진남북조의 분열기는 특히 남북의 역사가 따로 전개된 시대였다. 따라서 두 세계를 일체화하는 일은 수에게 무엇보다도 중요한 과제였다. 더구나 장안과 낙양은 거대한 소비도시가 되어가고 있었으므로 강남지역에서 물자를 대량으로 이송할 필요성이 절실해졌다. 대운하의 실현은 현실의 요청에 따른 것이었다.

대운하의 개착에는 또 하나의 목적이 있었다. 대외문제가 그것이다. 6세기 중엽 몽골고원에서 일어나 급속도로 세력이 강성해진 기마민족인 돌궐(突厥:튀르크)은 이후 동서로 분열하였는데, 동돌궐은 계민가한(啓民可汗) 때부터 수에 신하의 예를 갖추게 되었다(602). 이 때문에 수와 북아시아의 관계는 일단락되었으나, 한편으로 수를 섬기기를 계속 거부하는 나라가 있었다. 한반도의 북반부에서부터 중국 동북부인 요동을 영유한 고구려였다. 국내통합에 힘입어 동아시아

전체에 영향력을 강화하려는 수나라에게 그것은 좌시할 수 없는 사태였으며, 만약 방치한다면 인접한 동돌궐의 이반을 초래할지도 모르는 일이었다. 그래서 양제는 고구려를 철저하게 궤멸시킬 것을 결심하여 유주(幽州)를 고구려 토벌의 기지로 삼았다. 황하에서 북쪽으로 영제거(永濟渠)를 굴착한 이유도 그 때문이었다.

수 양제시기 체제강화의 일환으로서 주목되는 것은 부병제의 정비와 확충이다. 서위 이래 발전을 계속해 온 부병제는 지방군부를 통해 병사를 조직하고 동원하는 형식을 취하면서 군부의 책임자인 무장[수에서는 驃騎將軍·車騎將軍]의 힘을 상대적으로 강화하였다. 또한 군사적 요충지(州)에는 관내의 병력[부병]을 독자적으로 움직일 수 있는 권한을 가진 총관부(總管府)가 설치되었다. 군사권을 한 손에 장악하려고 했던 양제는 우선 총관부의 폐지를 단행한 데 이어서 군부를 응양부(鷹揚府)로 통일하고 응양낭장(郎將)이라 불린 장교 한 사람이 통괄하는 형태로 바꾸었다. 아울러 군부의 설치범위를 확대하였다. 부병제는 이로써 징병제적 성격이 강화되고 중앙의 일방적인 명령에 복종하는 조직으로 전환되었던 것이다.

이렇게 하여 조직된 병력과 태세를 배경으로 대업(大業) 8년(612) 봄 고구려정벌이 개시되었다. 동원된 병력은 공식적으로 200만이지만, 실제는 113만이라고 한다. 양제는 이 물량전에 의해 적을 쉽게 제압할 수 있을 것으로 생각했지만 고구려측의 저항이 완강하여 막대한 손해만 입고 퇴각하지 않을 수 없었다. 적지에 들어간 병력 30여만 가운데 귀환한 자는 불과 2,700명이었다고 한다. 고구려원정은 이듬해와 그 다음해까지 세 차례나 강행되었으나 모두 실패로 끝나고 말았다.

수 양제의 업적과 실책

고구려원정의 실패는 수나라가 안고 있는 모순을 속속들이 드러내었다. 수 양제는 낙양성의 조영, 대운하의 개착 등 대토목공사를 위해 수많은 인민들을 징발하였고, 그 위에 궁궐 밖 행차와 유흥이 잦았다. 그리고 최후로 고구려정벌이 강행되면서 쌓이고 쌓인 불만이 폭발하였다. 특히 613년 제2차 원정이 한창일 때 일어난 양현감(楊玄感)의 반란을 시작으로 반수(反隋)의 기운은 단숨에 고조되었고, 혼란의 와중에서 수나라는 멸망을 맞이하였다.

수 말의 동란기에는 수백 개에 달하는 크고 작은 반란집단이 횡행하였는데, 이것은 과거 유례가 없는 일이었다. "천하 사람의 10분의 9가 군도(群盜)가 되었다"(『隋書』 食貨志)라는 표현은 결코 과장이 아니었다. 그 가운데는 '미륵하생'을 부르짖는 미륵교의 난, 노적(奴賊)이라 불린 하층민의 난, 의아(義兒) 혹은 가자(假子)와 같은 의사혈연관계를 맺은 집단, 군부(軍府)의 관리와 재지 지도자, 지방호족, 유협(遊俠)의 무리를 중심으로 한 궐기 등 다양한 모습이 나타나고 있어 당시의 풍부한 민중세계의 일면을 엿볼 수 있게 해준다. 이러한 다양성이야말로 수가 추진한 통일사업, 일원화 정책에 대한 민중측의 강렬한 반발의 표현이 아니겠는가.

수 문제가 관롱집단의 정점에 서서 관중을 기반으로 중국 전체를 통치해 갔던 데 대하여, 양제시기의 정치는 그 구조 밖으로 일보 전진하여 일체화된 남북 전체를 기반으로 삼아 동아시아 맹주에 걸맞는 권력을 수립하고자 추구하였다. 하지만 이러한 꿈을 지나치게 단기간에 달성하려고 했기 때문에 민중의 피폐와 반발을 초래하였다. 또한 고경을 죽이고 우세기(虞世基:남조 陳출신) 등 비관롱계 관료를 중용하여 관롱계가 이반하게 되었다.

그러나 수 양제가 추진했던 대운하의 개착과 체제개혁 등은 다음 시대의 기초를 마련했다는 점에서 중요성을 지니며, 따라서 단순히 폭군의 측면만 가지고 그를 판정하는 것은 단견에 불과하다.

3. 정관정요론(貞觀政要論)의 세계

당의 건국과 현무문(玄武門)의 변

수 말 동란의 중심무대가 된 곳은 낙양의 동쪽, 황하와 통제거(通濟渠)·영제거의 두 운하가 교차하는

미륵교
(彌勒教)의 난

대업6년(610) 정월 초 향을 피우고 손에 꽃을 든 수십명의 흰옷 입은 무리가 낙양의 관청가인 황성(皇城)의 남문 건국문(建國門)에 나타나 미륵불을 칭하면서 놀란 수비병사들을 따돌리고 문아(門衛)의 무기를 탈취한 사건이 있었다. 즉시 붙잡아 문초한 결과 천여 가가 연좌되어 있는 뿌리깊은 조직이었다. 이것은 수 말 동란의 시작을 알리는 사건인 동시에, 중국역사상 종종 보이는 미륵하생(彌勒下生)을 표방한 반란 중 최초의 난이기도 하다.

일대, 즉 지금의 하북 남부, 산동 서부, 하남 동북부에 걸친 지역이었다. 이 지역에서 하북의 두건덕(竇建德), 하남의 이밀(李密), 낙양의 왕세충(王世充) 등이 두각을 나타내며 서로 격전을 벌였다. 이 때 한 걸음 떨어진 태원(太原:산서성)에서는 태원 유수(留守) 이연(李淵)이 정세를 관망하고 있었다. 그는 낙양을 버리고 강도(江都:揚州)로 도망간 수 양제에게는 이미 사태를 수습할 힘이 없다고 보고 대업13년(617) 5월 장남 건성(建成), 차남 세민(世民) 등과 군사를 일으켜 같은 해 11월 장안에 입성하였다. 이연은 양제의 손자인 대왕(代王) 유(侑)를 세워〔恭帝〕 전국에 호령(號令)을 내리고, 이어서 다음해 5월 양제가 강도에서 살해됨에 따라 새로운 왕조를 열었다. 이것이 당이며 이연은 그 초대황제인 고조(高祖)가 된다. 그 후 왕세충·두건덕 집단과의 격전을 거쳐 무덕(武德)6년(623)에 두건덕을 뒤이은 유흑달(劉黑闥)을 무너뜨림으로써 전국제패를 실현하였다.

당 정권이 이와 같이 비교적 순조롭게 성립할 수 있었던 것은 고조가 수의 고위관료이면서 더욱이 관롱계의 정통을 이어받은 자로 인식되었기 때문이었다. 그는 한인 명족인 농서(隴西:감숙성) 이씨출신이라고 칭하지만, 실제로는 선비계의 피가 섞여 있으며, 서위 때부터 북주시기에 걸쳐 권세를 누렸던 집안이었다. 그 때문에 양제 치하에서 소외되었던 관롱계 관료들로부터 기대를 모으게 되었다. 한편 고조측에서도 신정(新政)의 방침으로 '개황(開皇)의 구사(舊事)〔수 문제의

수 말의 군웅(群雄) 두건덕(竇建德)

수 말 여러 군웅 가운데 가장 민중의 기대를 모았던 사람이 두건덕이다. 본시 하북 남부 패주(貝州)의 농민으로 이장(里長)〔1리는 100호〕직도 맡았던 토착유력자였으며, 의협심이 두터워 그 주위에는 양제의 폭정에 시달린 곤궁자와 도망자가 모여들었다. 반란에 투신한 후 그 인품과 포용력, 향리사회에서의 영향력을 바탕으로 두각을 드러내었으며, 618년 하북 일대를 기반으로 하(夏)정권을 수립하였다. 혼란한 당시에도 그의 영내만은 도적이 출몰하지 않았고 예절이 지켜졌다고 한다.

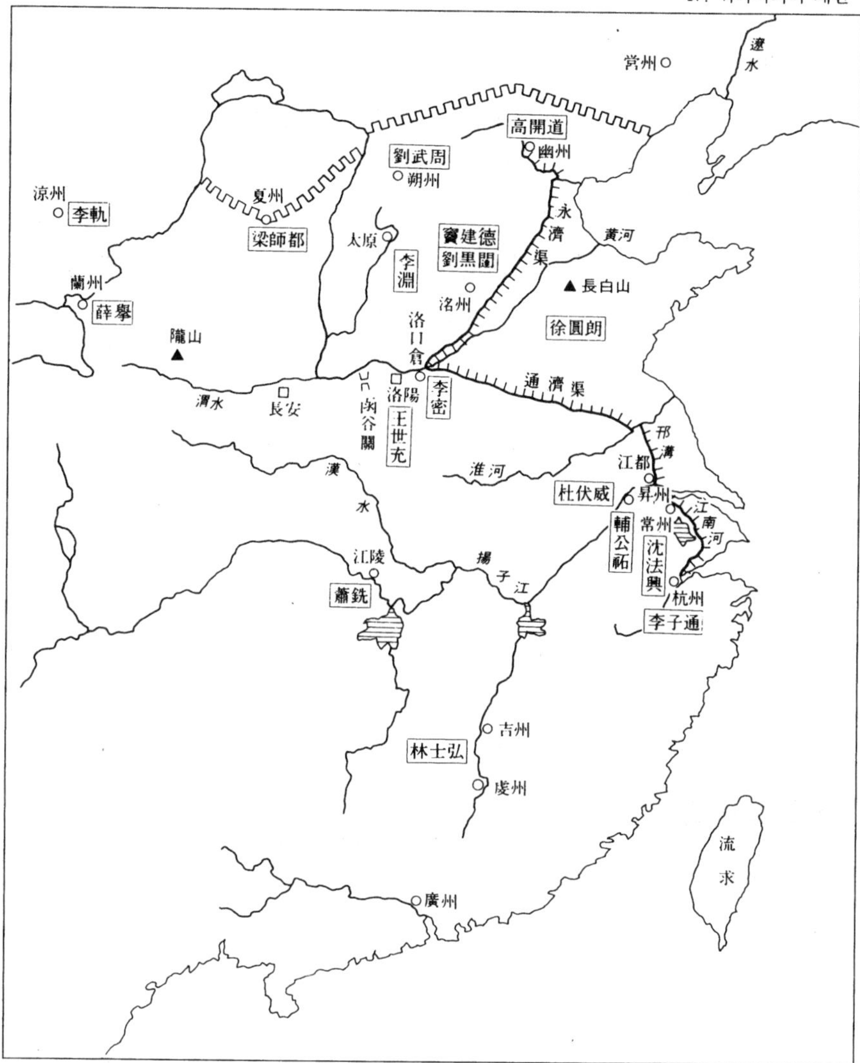

수말당초
군웅할거도

정치]'로의 복귀를 내걸고 장안을 정치거점으로 삼아 이들의 재결집에 힘썼다. 당초의 신정은 관롱집단에 의한 관중본위정책의 부활이었다는 점에 그 의미가 있었다.

이연이 제위에 오르자 장남 이건성은 태자, 차남 이세민은 진왕(秦王)이 되었는데 그 가운데서도 진왕의 활약이 두드러져 621년에는 최대의 적인 두건덕과 왕세충을 잇달아 무너뜨렸다. 태자측은 그의 공적에 점점 위기감을 느낀 나머지 진왕을 제거하려 하였으므로 심각한 반목을 불러일으켰다. 고조의 치세는 전반의 대외전, 후반의 내부대립이라는 양상이 다른 긴장에 싸여 있었다. 이 사태는 626년 6월 4일 진왕이 궁성 북문인 현무문(玄武門)에서 태자와 동생 이원길(李元吉)을 살해함으로써 끝이 났다. 진왕은 즉각 고조를 압박하여 은퇴시키고 전권을 장악하였다. 그가 제2대 태종이며 당시 그는 28세의 젊은이였다. 여기에 이르는 일련의 정변과정을 가리켜 '현무문의 변(變)'이라고 한다.

현무문 변의 배경

현무문의 변으로 결말이 난 일련의 과정을 고조·태자파인 구세족(舊世族) 집단(구귀족세력)과 진왕파(秦王派)인 신흥지주집단간의 노선대립이라고 보고, 이 변을 신흥세력이 구귀족을 대체하는 중요한 전환점으로 파악하려는 평가가 있다.

정관(貞觀)의 치(治)의 실상

태종의 치세는 23년간 지속되었다. 그 동안에 "물가는 내리고 치안이 잘 되어 문단속할 필요가 없으며 여행자는 식량을 가지고 다니지 않아도 안심하고 여행할 수가 있었다…"(『新唐書』 食貨志)고 한다. 이를 두고 후세사람들은 태평세가 도래한 것으로 보고 그의 치세를 '정관의 치'라고 불렀다. 그러나 동란이 수습된 지 얼마 안되는 당시에 과연 그러한 경제적·사회적 안정이 가능했는지는 실로 의문이다. 실제 정관

13년(639)의 통계로는 국가가 파악한 호수가 약 304만호, 이를 수 대업5년(609)의 약 900만호와 비교하면 겨우 3분의 1에 불과한 상태였다.

태종기를 특징짓는 것은 문무에 걸출한 능력과 개성을 가진 인물이 널리 등용되어 활약했던 점이다. 그 중심은 진왕시절의 참모인 진왕부(秦王府) 18학사(學士)에 속했던 자들로 북주계를 핵심으로 북제계·남조계, 더욱이 반란측으로부터 전향한 자도 포함하여 많은 인재들이 있었다. 이들의 선두에 섰던 자가 '방두(房杜)'라 병칭되는 명신 방현령(房玄齡)과 두여회(杜如晦)였다. 두 사람은 방현령이 북제계, 두여회가 북주계였지만 그것은 어쨌든 각자가 지닌 능력으로 보임되었다고 한다. 즉 연장인 방현령은 지모가 뛰어나고, 두여회는 결단력이 남달랐다고 한다. 그렇지만 두여회가 일찍 죽었기 때문에 사실 방현령이 정관의 치를 도맡았다. 정관의 치란, 태종과 이러한 신하들이 청신하고 긴장된 자세로 정치에 임했던 것을 가리키는 말이다.

당 태종의 능력주의는, 태자 건성을 섬기면서 진왕을 없앨 것을 획책했던 위징(魏徵)을 중용한 사실에서 단적으로 드러난다. 그는 태종시기 간관(諫官)의 직책을 맡았는데, 그때그때 군주된 자의 마음가짐을 진언하거나 정책의 잘못을 지적하였고 태종도 그것을 받아들였다. 직간(直諫)의 풍조는 그렇게 하여 정착되었다. 군주와 신하가 신뢰감으로 맺어지고 정치의 올바른 자세를 진지하게 의논하는 모습, 이것이야말로 군주정치의 이상이었다. 이러한 군신간의 대화를 한데 묶어 펴낸 오긍(吳兢)의 『정관정요(貞觀政要)』가 후세 정치의 모범이 될 수 있었던 까닭은 여기에 있다.

"신하의 의견에 귀를 잘 기울이는 것이 정치의 요체이다." 위징은 늘 태종에게 이렇게 말하면서 대조적인 예로 수 양제의 경우를 들었다. 양제가 비범한 재능을 가지고 있으면서도 불행한 종말을 맞게 된 것은 자기 재주에 탐닉하여 다른 사람의 의견을 듣지 않고 독단적으로 모든 일을 결정했기 때문이라고 하였다. 태종은 수 양제를 깊이 의식하면서 어떻게 하면 그 같은 실패를 반복하지 않도록 할 것인지를 항상 염두에 두면서 행동하였다. 그러나 정책의 측면에서는 오히려 그 반대였다.

위징(魏徵)

거록(鉅鹿: 하북성) 사람(580~643). 아버지는 북제의 현령을 지냈으나 일찍 죽었다. 대망을 품고 있으면서도 이를 실현할 길이 없어 도사(道士: 도교의 승려)가 되어 시세를 관망하였다. 그러다가 이밀(李密)집단에 들어가 수 말의 반란에 참가하게 되었다. 이밀이 당에 항복했을 때 따라가 당의 관료가 되었는데, 하북방면의 사정에 밝다는 이유로 태자 이건성의 눈에 들어 이후 계속해서 활약의 기회가 주어졌다. 수 말의 동란은 그러한 새로운 인물의 등장을 촉구했던 점에서도 주목된다.

균전제가 가진 의미

전술했듯이 당은 '개황의 구사(舊事)'로의 복귀를 내걸고 정권을 장악했다. 수 양제를 부정하고 관중본위정치를 부활한 것이었다. 그러나 국내의 평정이 끝나고 체제정비에 착수하면서 결국은 양제가 폈던 황제를 중심으로 하는 일원적 지배형태로 귀착하지 않을 수 없었다. 정관시기에 정비된 율령과 3성6부제·부병제 등도 결국 수의, 그것도 양제시기에 나왔던 제도를 답습한 것이었다. 세제(稅制)의 근간을 이루는 조용조(租庸調) 및 잡요(雜徭)는 본시 북위 무렵부터 별개로 출현했던 것이었다. 그것을 수에 와서 통합하여 세역의 경감을 꾀하였고, 양제가 다시 과세대상을 성년 남자〔丁男〕에 한정시킨 결과 보편적인 세제로서 그대로 당에 계승되기에 이르렀던 것이다.

세제인 조용조와 결부시켜 고찰해야 할 토지제도인 균전제 역시 당 초에 새로 정비되었는데, 정남〔보통 20~60세〕을 대상으로 1인당 100무〔畝=1頃=5.8ha〕의 토지를 환수(還授)하는 법령이 포고되었다. 그러나 그 실시상황으로 말하면, 돈황(敦煌:감숙성)과 토로번(吐魯番:신강)에서 출토된 호적(戶籍)문서에서 토지환수 사실이 확인되는 것 이외에는, 내지에서의 환수여부를 명확히 밝혀주는 증거는 없는 실정이다. 또한 토지에 집착하는 농민에게 환수규정을 적용하는 것은 쉬운 일이 아니었다. 그렇다면 균전 법규가 무엇 때문에 존재했는지 의문이 생기게 되는데, 적어도 그것은 토지의 공유〔국유〕제를 그 전제로 하고 있었다. 국유의 토지가 농민〔균전농민〕에게 균등하게 할당된다고 할 때 농민 측이 부담하는 조세·역역(力役)의 의무는 그 토지에 대한 반대급부로서의 성격을 지닌다. 결국 균전제가 담당한 주요역할은 농민을 토지에 긴박시켜 국가에 의한 세역수탈을 정당화하는 데 있었던 것은 아닌가.

한편, 수 양제가 관중을 떠남으로써 결국은 구심력을 잃게 된 사실을 목격했던 태종은 오히려 관중본위정책을 강화하였다. 구체적으로는 군부(軍府)-당에서는 절충부(折衝府)-를 장안일대에 집중시켜 그 압도적인 군사력을 가지고 동방·동남방의 '재부(財賦)'의 땅을 다스림으로써 조세확보를 기한다는 것

투르판(吐魯番) 문서

돈황문서가 막고굴(莫高窟)의 제151굴(藏經洞) 안에서 발견되었던 데 대해, 토로번문서는 고창(高昌) 고성(故城)의 서북부인 아스타나·카라호죠 일대의 고분군 속에서 미이라 상태의 사체에 부착된 채로 출토되었다. 그곳에는 예로부터 죽은자의 의류와 모자, 신발, 심지어는 관(棺)까지 종이로 만들어 매장하는 습관이 있었는데, 종이가 귀했기 때문에 관공서나 개인의 폐지문서류가 사용되었고 그 결과 묘 안에 문서가 남겨지게 된 것이다. 최초로 그 고분군에 손을 댄 것은 20세기 초 일본의 대곡(大谷)탐험대였으며〔大谷文書〕, 해방 후 본격적인 조사·발굴이 이루어져 70년대 전반까지 대량의 문서 단편(斷片)이 발견되었다. 그 대부분은 고창국(高昌國) 시기부터 당 지배기의 것으로 모두가 당시 사회의 모습을 밝혀주는 일급사료들이다.

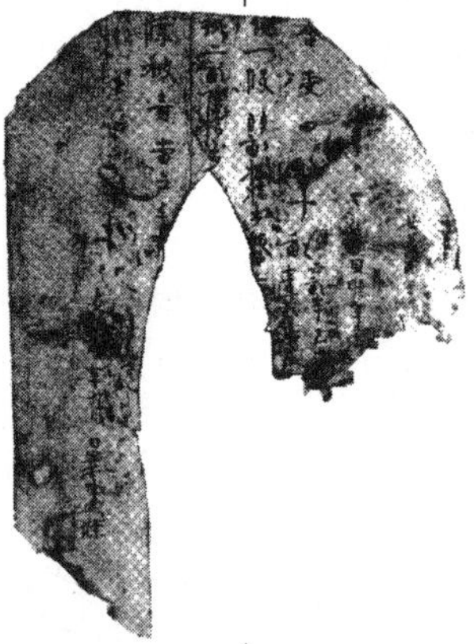

안고지연(安苦䟜延) 수실(手實)

唐 貞觀14년(640). '수실' 문서로서는 가장 오래된 것이다. 투르판·아스타나 출토

『新疆出土文物』(文物出版社, 1975)

당 투르판묘 지관(紙棺)

투르판 · 아스타나 출토.

『新疆出土文物』(文物出版社, 1975)

이다. 거기에는 전국을 일률적으로 지배하고자 한 수 양제의 경우와는 달리 지역분할적인 지배, 지역적 역할분담과 같은 발상이 내재하고 있었다. 정관원년(627) 전국을 10도(道)로 나눈 것도 그 일환이었다. 당이 장기적으로 정권을 누릴 수 있었던 이유 가운데 하나는 이처럼 제도는 일원적인 체제를 갖추고 있으

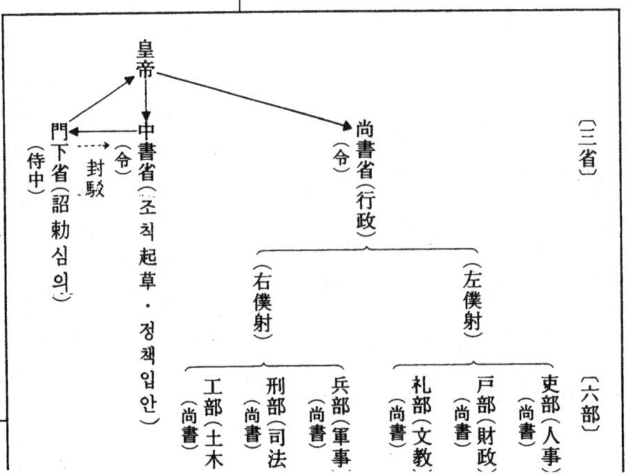

당 중앙관제(三省六部制)

나, 실제통치에 있어서는 다양성을 용인하는 양면제를 취하였던 데 있었다.

당 초의 대외관계

정관시기는 대외관계의 측면에서도 주목된다. 당 성립 당초 북방에는 강세를 자랑하는 돌궐[동돌궐]이 존재하여 중국 내지의 군웅들을 이간시키고 또 침략을 반복하였다. 한편, 동북쪽에는 수의 침략을 물리친 고구려가, 서북 청해(靑海) 방면에는 토욕혼(吐谷渾)이 각각 돌궐의 양익(兩翼)을 이루고 있었다. 그렇지만 돌궐은 전성기인 시필가한(始畢可汗)으로부터 힐리가한(頡利可汗) 시대로 넘어오면 소구드인의 중용으로 인한 내부대립, 배후에서는 설연타부(薛延陀部) 등 철륵(鐵勒)계 여러 부족의 대두, 게다가 자연재해까지 겹쳐 마침내 붕괴의 길을 걷기 시작하였다. 당은 그 틈을 이용하여 힐리가한을 고립시킨 다음 630년 철륵계와 손을 잡고 공격하여 그를 항복시켰다. 돌궐 제1제국이 멸망한 것이다.

이렇게 되자 토욕혼이 미묘한 입장에 놓이게 되었다. 이 나라는 민족적으로 분명치 않은 점이 많으나 왕족은 선비계(慕容氏)였고 6세기 말에 세력을 형성하였다. 609년 수 양제의 원정군에 의해 서쪽으로 쫓겨났으나 수 말 동란기에 옛땅으로 되돌아가 다시 세력을 회복하였다. 그러나 그것도 오래 지속되지 못하고 티벳을 통일한 토번(吐蕃)의 압박을 받아 635년 당에

호적(戶籍)의 작성

수·당시기 호적은 3년마다 작성되었다. 그 해[丑·辰·未·戌年] 정월부터 3월까지 먼저 각호에서 가족구성과 소유 전토(田土)를 적은 '수실(手實)'을 제출하면, 주현의 관청에서 그것을 향[500호]별로 묶어 세 통의 '향권(鄕卷)'을 작성한다. 그 가운데 한 통은 중앙의 상서성(尙書省:戶部)에 보내고 다른 한 통은 주와 현에 비치해 둔다. 이것이 호적이다. 그밖에 주현에서는 매년 수실에 의거하여 호구와 공과(公課)를 집계하여 호부에 보고하는 '계장(計帳)'이 작성되었다. 이것을 근거로 다음 해의 과세액이 결정되었다.

항복하였다. 그 결과 토번이 당과 직접 국경을 접하게 되었고 이후 2세기에 걸친 양자간의 항쟁의 역사가 시작된다. 태종은 당초 이 신흥 유목계 세력을 문명의 힘으로 회유할 수 있다고 생각하여 그 왕인 기종농찬(棄宗弄讚)의 요구에 응해 황녀인 문성(文成)공주를 그에게 시집보냈다(641). 이를 계기로 중국문화가 전해져 토번의 생활양식에도 커다란 영향을 미쳤다고 한다.

돌궐의 항복 직후 그 휘하에 있던 서북의 여러 민족이 당과 외교관계를 맺고 태종에게 천가한(天可汗)이란 칭호를 바쳤다. 천가한은 중국세계와 유목세계를 모두 포괄하는 최고의 권력자를 뜻하는데, 이러한 칭호는 역사상 유례가 없는 일이었다. 이러한 입장을 수용한 당은 각 부족이 가진 독자성을 인정하면서도 이들을 내지와 동일한 행정기구인 도독부(都督府)와 주(州)로 편제하고 도호부(都護府)로 하여금 그 전체를 통괄하게 하는 체제를 시행하였다. 전통적인 유목민 통치책이 완성되었던 것으로 이것을 기미체제(羈縻體制)라고 한다. 당은 다른 왕조와 달리 만리장성을 북변 방위선으로 보는 의식이 희박했는데, 이 또한 기미정책에 연유된 바가 크다고 본다.

태종은 서역경영에 강한 의욕을 보였다. 서북방면의 안정에 노력했던 것도 그러한 이유 때문이었다. 돈황(沙州)이 서방으로 향하는 문호로서 번영의 기초를 다졌던 것은 이 정관시기에 이르러서였다. 그러나 한인(漢人) 식민국가였던 국씨(麴氏) 고창국(高昌國: 투르판)만이 천산(天山)산맥의 서북에 근거한 서돌궐

> **화번(和蕃)공주**
>
> 중국측에서 이민족의 회유와 견제 또는 분열을 목적으로 시집보낸[降嫁] 황녀를 화번공주라고 한다. 그것이 현실적인 의미를 가졌던 것은 당 전기까지 유목계 민족에 한해서였다. 그러나 당 후반 위구르가 당과의 통혼을 집요하게 시도한 적이 있는데, 이미 정치적 의미는 희박했고 다만 양국간의 견마(絹馬)무역 유지와 공주의 다대한 지참금을 기대한 행위에 지나지 않았다. 10세기 이후 유목민의 민족적 자각이 심화되면서 그러한 통혼형태는 도외시하게 되었다.

측에 복속하고 있었으므로, 정관14년(640)에 대군을 파견하여 멸망시킨 후 이곳을 서역경영의 전진기지로 삼았다. 그로부터 대거 서진(西進)을 감행하여 서돌궐을 제압하고 천산 일대로부터 파미르고원에 이르는 오아시스 여러 도시를 복종시켰다. 이에 비단길이 당의 영역권 안으로 들어와 서역과의 본격적인 교류가 시작되었다. 난적(難敵)으로 간주되던 돌궐이 붕괴하고부터 대략 10년 만에 고구려를 제외한 거의 모든 주변세력이 휘하에 들어옴으로써 당은 세계제국으로서의 기초를 다지게 되었다.

보련도 (步輦圖)

唐, 閻立本(북경, 고궁박물원소장) 문성공주를 맞으러 온 토번의 사자(使者). 오른쪽 보련 위의 인물이 당 태종, 왼쪽의 사자가 토번대신 녹동찬(祿東贊).

『中國美術全集 繪畫編 2』隋唐五代繪畫(人民美術出版社, 1984).

4. 무주(武周)혁명

범용(凡庸)한 3대황제

순조롭게 보이던 태종의 치세도 후반이 되면 틈

이 벌어지기 시작한다. 그 하나가 고구려정벌의 단행과 실패였다. 정관15년(641) 무렵까지 북방과 서역방면을 거의 제압하기에 이른 당에게 이제 남은 것은 한반도의 고구려 문제뿐이었다. 바로 그 때 642년 고구려에서는 연개소문(泉蓋蘇文)이 쿠데타로 실권을 장악했다. 그 결과 당에는 정벌의 분위기가 고조되었고, 이에 편승한 태종은 645년 요동친정(親征)에 나서지만 결국 손해만 입고 퇴각하였다. 수 양제와 똑같은 실패를 거듭하였던 것이다. 총력을 기울여 저항을 계속하는 고구려 측을 압도할 수 있을 만한 국력이 당에게는 아직 없었던 것이다.

고구려원정을 준비하고 있던 시기, 태종은 특별히 후계문제로 골치를 앓게 되었다. 그에게는 현부(賢婦)로 이름이 높은 장손(長孫)황후와의 사이에 세 명의 아들이 있었는데, 처음에는 장자 이승건(李承乾)을 황태자로 삼았었다. 친형을 제거하고 제위에 오른 태종은 자식의 대에서만은 이렇게 되지 않기를 바랐으나 결과는 달랐다. 차남인 위왕(魏王) 이태(李泰)가 현명하다는 평판이 높았고, 반면 승건은 궁정 안에서 돌궐풍의 생활을 시작하는 등 기행(奇行)이 두드러지고 심지어는 반란까지 기도하였다. 태종은 부득이 승건을 폐하고 태를 후계자로 삼고자 생각했으나 승건과 격렬히 대립했던 일 때문에 이를 단념하고 범용하지만 온순한 막내아들 진왕(晉王) 이치(李治)를 황태자로 삼았다. 부자 2대에 걸쳐 이처럼 후계문제로 진통을 겪었던 것은 당실에 흐르는 선비·북방 유목민족적인 혈통 및 그 관념과 무관하지 않다.

태종은 정관23년(649)에 죽고 이치가 제위에 올랐다. 제3대 고종(高宗)이다. 당초 이 유약한 황제를 보좌했던 것은 관롱집단의 명문으로서는 장손황후의 오빠인 장손무기(長孫無忌)와 우지녕(于志寧), 그밖에 글씨로 유명한 남조계의 저수량(褚遂良), 수 말 이밀(李密)의 휘하에 있다가 당에 귀속한 명장 이적(李勣:李世勣), 그리고 관롱계 관료들이 그 가까이에 위치해 있었다. 이들 구신(舊臣)들은 만사가 태종이 깔아놓은 레일 위를 그대로 달려갈 것이라 생각하였다. 그러나 그 예상은 무(武)씨라는 한 여성의 등장에 의해 일찍이 어긋나고 말았다.

무조(武照)의 등장

무조는 병주(并州) 문수현(文水縣:산서성) 사람이다. 부친인 무사확(武士彠)은 고조 이연의 거병에 참가했던 인연으로 권력층에 몸담게 되었던 것이며, 본래는 태원 부근에서 목재 등을 취급하여 재산을 모은 평민출신이었다. 고관의 자녀이자 미인이기도 했던 무조는 열네 살의 나이에 태종의 후궁으로 간택됐으나, 약 10년 만에 태종이 죽자 장안의 비구니 사원인 감업사(感業寺)에 들어가 살게 되었다. 그 곳에서 태종의 공양을 위해 찾아온 고종과 재회하여 다시 궁중으로 이끌려 들어간 것이다. 이런 행위는 중국의 전통적 유교 윤리에 비추어볼 때 도저히 허용될 수 없는 일이었다.

당실의 북족적인 측면을 여기서도 엿볼 수가 있다.

무씨가 절에서 고종의 후궁으로 들어온 것은 20대 후반인 영휘(永徽)3년(652)경이었다. 고종의 황후 왕씨에게는 자식이 없었다. 무씨는 그것을 이유로 황후의 교체를 획책하였고, 그래서 궁정은 왕씨와 무씨 양파가 싸우는 격전장이 되었다. 말할 것도 없이 왕씨를 지지한 것은 태종의 유탁(遺託)을 받은 장손무기 등의 관롱계였고, 상대인 무씨측은 허경종(許敬宗)과 이의부(李義府) 등 당시까지 중추에서 벗어나 있던 자들의 지지를 받았다. 양자의 대립이 관롱계 대 비관롱계, 문벌 대 비문벌의 양상을 띠게 된 것은 필연적인 귀결이었다. 대립의 결과는 무후측의 승리로 끝이 났다. 왕씨편으로 보였던 이적(李勣)이 "황후폐립은 폐하의 집안문제"라 말하며 고종 자신에게 판단을 맡겨버렸던 것이었다. 그리하여 마침내 영휘6년 10월 무씨는 염원하던 황후자리에 정식으로 올랐고, 이를 계기로 유약하고 병이 잦은 고종을 대신하여 정치를 혼자 도맡아 하기에 이르렀다. 사람들은 두 사람을 가리켜 '이성(二聖)'이라고 불렀다.

고종은 683년 말 병석에서 죽었다. 재위 34년 대부분이 무씨라는 한 사람의 강렬한 개성에 묻혀버린 듯한 감이 있으나, 그런 가운데서도 수 양제 이래 반세기 가까이 현안으로 남아 있던 고구려평정을 성공시킨 일이 특필된다. 한반도에서는 4세기 무렵부터 북반부를 차지한 고구려, 남쪽에 위치한 백제와 신라의 삼국분립 구도가 정착하고 있었다. 그 가운데 고구려와 백제의 관계가 비교적 긴밀하고 백제는 또 일본과도 교섭을 가졌지만, 신라만은 고립된 상태에 있었다. 신라는 이 상황을 타개하기 위해 당의 정삭(正朔)을 받드는 정책으로 나갔다. 장기간에 걸친 고구려 공격에도 불구하고 성과를 보지 못한 당은 이에 신라와 제휴하여 먼저 660년 백제를 멸망시킨 후 북상하여 평양을 포위하였다. 일본이 백제에 원군을 보냈으나 백촌강(白村江: 백마강)에서 대패하고 말았다(663). 이후 형세는 일변하여 668년 고구려는 마침내 신라·당의 연합군 앞에 굴복하였다.

그러나 구고구려 영토에 대한 당의 지배가 성공했다고는 결코 말할 수 없다. 당은 평양에 안동도호부(安東都護府)를 두고 직접통치에 적극 나섰지만, 결과는 한반도 전체의 영유를 꿈꾸는 신라와 대립하고 또 고구려 민중의 광범위한 저항에도 부딪혀 후퇴하지 않을 수 없었다. 더구나 고구려계의 망명귀족들이 동부 만주 일대에서 말갈인(靺鞨人)과 새로운 세력을 구축하여 당의 동북변을 압박하였다. 이것이 대조영(大祚榮)이 이끄는 발해국(渤海國)이다. 숙적 고구려를 무너뜨리고 요동에서 한반도까지 영토를 확대했던 것도 잠깐, 당은 7세기 말에는 본래의 국경이었던 요서(遼西)까지 밀려났다.

혁명의 완성

고종의 죽음은 무측천으로 하여금 최고권력, 즉

> **무측천의 생졸년**
>
> 무측천은 신룡(神龍)원년(705) 음력 11월에 죽었으나 그의 출생연도에 관하여는 여러 설이 있다. 종래는 『구당서』의 83세, 『자치통감』의 82세, 『신당서』의 81세 등을 근거로 무덕(武德)7년(624) 경으로 추정되었다. 한편 신중국성립 후 부친인 무사확이 정관원년부터 5년간(627~31) 도독을 맡았던 이주(利州: 사천성 廣元)의 황택사(皇澤寺)에서 「무씨신묘기(武氏新廟記)」비〔959년 건립〕가 출토되었는데, 정관 초에 이 곳에서 그녀가 태어났음을 보여주는 대목이 주목을 끈다. 이에 따라 정관2년(628)에 출생한 것으로 하면 수명은 78세가 된다.

황제권에 성큼 다가서게 만들었다. 그러나 그러기 위해서는 아직 넘어야 할 커다란 장벽이 있었으니, 지금까지 여성이 황제가 된 전례가 없다는 것과 당실의 이씨 일족 사람이 아니라고 하는 이중의 불리한 조건이 그것이었다. 고종이 죽고 나서부터 무주(武周)혁명(690)까지의 7년간은 바로 그러한 조건을 극복하는 데 소요되었다.

고종의 후사는 먼저 황태자인 이현(李顯)이 계승하였다〔中宗〕. 그러나 그는 어머니 무씨에게 반항적인 태도를 취했기 때문에 불과 54일 만에 퇴위당하고 동생인 이단(李旦)이 즉위하였다. 그가 예종(睿宗)이다. 그러나 그는 황제로서의 권한을 모두 어머니에게 넘겨주고 정치의 표면에는 일체 나서지 않았다. 이 무씨가 휘두른 전권(專權)은 많은 사람들의 격분을 사게 되었으며, 그 가운데 한 사람인 서경업(徐敬業)은 양주(揚州:강소성)를 습격하여 최초로 무씨에 반대하는 군사를 일으켰다(684). 그러나 반란은 두 달 만에 진압되어 무씨에 대한 저항이 어렵다는 인상을 심어준 결과가 되었다. 서경업은 무측천 옹립을 간접적으로 지원했던 이적(李勣)의 손자였다. 난에 참여한 사람 중에는 당초(唐初)의 4걸(四傑)로 유명한 시인 낙빈왕(駱賓王)도 있었다. 다음은 그가 지은 격문의 한 구절이다.

> 무덤의 흙이 아직 마르지도 않았는데, 어린 고아들은 누구에게 의탁하나?(一抔之土未乾 六尺之孤何託)

즉 고종을 장사지낸 지 얼마 되지도 않았는데 그 아이들은 생사의 기로에 서 있다는 뜻이다.

무측천은 장안을 싫어하여 낙양을 새로운 정치거점으로 삼았다. 서경업의 난 뒤에 동(銅)으로 만든 '사궤(四匭)'라는 투서함을 설치하고 밀고(密告)제를 이용하여 반대파의 숙청에 적극 나섰다. 이 밀고를 통해 두각을 나타낸 자가 불량배와 노름꾼 출신인 내준신(來俊臣)·색원례(索元禮) 등이었다. 이들은 혹리(酷吏)라 불리며 무측천 정치의 선도역을 맡았다.

한편 종교로서의 불교가 주목을 받았다. 그것은 도교를 존숭하여 '도선불후(道先佛後)'의 입장을 취했던 당실과의 차이를 부각시키고, 아울러 사람들의 고정관념을 타파하여 여제(女帝)의 출현을 정당화시키려는 의도에서였다. 이 정책에서 중요한 위치를 차지했던 자가 일개 약장사에서 무측천의 남첩(男妾)이 되었던 풍소보(馮小寶)였다. 그를 궁중에 자유로이 출입시키기 위해 설회의(薛懷義)라는 이름을 내려 황족의 일원이라 하고 또 승려의 행색을 갖추도록 했다. 승려 회의는 무측천의 등장을 미륵(彌勒)의 하생(下生)과 합치시키고 이를 뒷받침하는 『대운경(大雲經)』을 전국의 사원에 비치하게 하였다. 또한 미륵불을 형상화한 대불을 낙양에 세우는 등 불교적인 연출에 노력하였다. 회의는 그밖에 '명당(明堂)'의 부활을 추진했던 것으로 전해지고 있다. 명당이란 고대 주왕(周王)이 정무를 보던 궁전을 말하는데, 그 크기는 높이 294척〔약 88m〕의 3층 건물로 맨 아래층의 한 변이

혹리(酷吏)와 고문(拷問)

혹리들은 가지각색의 고문법을 고안해냈다. 내준신 같은 자는 혐의가 없는 사람을 놓고 반역의 죄상(罪狀)을 구성하는 구체적인 방법을 『고밀라직경(告密羅織經)』1권으로 정리하였고, 색원례는 고문에 의해 고통스러워하는 모습을 10단계로 나누어 표현하였다. 고문 방법은 거꾸로 세워 코에 식초를 붓는 것에서, 머리에 쇠고리를 끼워 뇌수가 튀어나올 정도로 죄는 것에 이르기까지 잔혹하고도 다양하였다. 보통 고문도구를 보여주는 것만으로 부들부들 떨면서 혹리가 말하는 대로 죄를 인정했다고 한다. 일단 잡혀 들어오면 다시는 나갈 수 없다는 것을 각오해야만 했다.

무주(武周) 성력(聖曆)2년 (699). 강남 소주(蘇州)에서 '조(租)로 걷은 조미[糙米, 현미쌀]'가 대운하로 낙양 함가창까지 운반되었던 사실이 기록되어 있다. 하남성 낙양출토『文化大革命期間出土文物』(文物出版社, 1973).

낙양 함가창(含嘉倉) 명전(銘磚)

측천문자(則天文字) 표

300척[약 90m]이나 되는 거대한 궁전이었다. 명당의 건설은 곧 무후가 신왕조를 주에 비견하려고 했다는 것을 보여준다.

그러나 명당계획을 실제로 수립했던 것은 북문학사(北門學士)라 불린 무측천의 참모들이었다. 이들은 가문이 아닌 문학적 재능에 의해 측근집단에 속하게 된 자들로서, 안으로부터 그녀의 정치를 지지하였다. 무측천이 권력을 장악했던 시기에는 관롱계 관료를 대신할 인재를 확보하기 위해 과거에 주력하였는데, 북문학사는 그러한 과거관료의 선구를 이루는 자들이었다. 과거제는 대체로 명재상 적인걸(狄仁傑)이 활약한 시기인 무측천 후기에 가서 효과를 나타내었고, 현종시기에는 주요관료의 많은 수가 과거출신자로 점유되는 등 정착단계에 이르렀다.

남성사회에 대한 도전

무측천은 독특한 문자, 이른바 측천문자(則天文字)를 제정하여 보급하려고 노력했다. 오늘날 알려진 바로는 19자, 그 가운데 圀자는 일본에서도 사용되었다. 왜 이러한 새로운 문자를 만든 것일까.

자신의 존재를 미화하고 신성화시킬 목적 이외에, 천지인(天地人), 혹은 일월성(日月星)을 대신하는 새로운 문자를 통해 남성을 기축으로 한 문자의 구조와 용법, 그것을 전제로 한 남성우위의 발상을 뒤집어 엎으려는 의도도 있었다고 생각된다.

그리하여 천수(天授)원년(690) 무측천은 새 왕조 주(周)를 세우고 사상 최초의 여자황제가 되었다. 연령은 이미 60세를 넘었다. 이것을 무주(武周)혁명이라고 한다. 혹리는 사명을 마치자 제거되었고, 이후 신룡(神龍)원년(705)까지 계속된 정치는 무승사(武承嗣)와 무삼사(武三思) 등 무씨일족과 장역지(張易之)·장창종(張昌宗) 형제와 같은 총신, 거기에 적인걸(狄仁傑) 등 과거출신 관료가 가세하여 비교적 평온히 지나갔다. 사회 분위기도 전체적으로는 안정되어 있었으나, 그 밑바탕에서는 농민의 분화(分化)와 이동에 따른 균전제의 동요, 인민의 병역기피에 의한 부병제의 경직화, 부병에 대신하는 단결병(團結兵: 武騎團)이라 불리는 지방병의 등장 등 율령체제의 근간을 뒤흔드는 사태가 진행되고 있었다.

무측천 시대는 신룡원년 초의 쿠데타와 중종(中

혹리(酷吏)와 고문(拷問)

혹리들은 가지각색의 고문법을 고안해냈다. 내준신 같은 자는 혐의가 없는 사람을 놓고 반역의 죄상(罪狀)을 구성하는 구체적인 방법을 『고밀라직경(告密羅織經)』1권으로 정리하였고, 색원례는 고문에 의해 고통스러워하는 모습을 10단계로 나누어 표현하였다. 고문 방법은 거꾸로 세워 코에 식초를 붓는 것에서, 머리에 쇠고리를 끼워 뇌수가 튀어나올 정도로 죄는 것에 이르기까지 잔혹하고도 다양하였다. 보통 고문도구를 보여주는 것만으로 부들부들 떨면서 혹리가 말하는 대로 죄를 인정했다고 한다. 일단 잡혀 들어오면 다시는 나갈 수 없다는 것을 각오해야만 했다.

宗)의 복위, 당실의 부활에 의해 종말을 고하였다. 당 이씨의 지배, 남성우위의 사회는 무측천이 그토록 강렬한 개성과 굳은 결의를 가지고 도전을 계속했음에도 결국은 무너지지 않았다. 그러나 그러는 사이, 관롱계

건릉(乾陵) 전경

雷行·余鼎章 主編, 『西安』, 中國歷史文化名城叢書 (中國建築土業出版社, 1986)

관료가 정치무대에서 자취를 감추고 비관롱계의 신흥계층이 진출에 성공함으로써 세력분포가 크게 바뀌게 되었다. 정치면에서의 이러한 변화는 사회전반에 걸친 존재양식에도 영향을 미쳤을 것으로 본다. 이런 점에서 무측천이 행한 역할은 결코 무시되어서는 안된다.

또 하나, 무측천 후에도 여성들의 정치활동이 당분간 지속된 것은 역시 그녀가 지닌 존재의 무게를 말해 주고 있다. 중종과 그의 처 위후(韋后)는 무측천에 의해 오랫동안 고난을 당했는데, 중종이 일단 권력의 자리로 되돌아가자 위후는 무측천과 마찬가지로 황제가 되려는 야망을 품고 마침내 딸인 안락(安樂)공주와 공모하여 중종을 독살하였다(710). 이를 배후에서 획책했던 자가 상관완아(上官婉兒)라는 여관(女官)이었다. 위후 등은 황제등극을 행동으로 옮기려던 바로 그

때, 상왕(相王:睿宗) 이단(李旦)의 3남 이융기(李隆基)에 의해 죽음을 당하였다. 그러나 사태는 그것으로 끝난 것이 아니고 이단의 누이인 태평(太平)공주가 대신 정치에 관여하기 시작하였다. 결국 그녀도 이융기에게 죽음을 당하였다(713). 이 이융기가 바로 다음 시대를 주도할 현종(玄宗)황제이다.

이렇게 해서 무측천 이래 반세기에 걸친, 중국역사상 유례가 없는 여성의 시대가 끝이 났다. 이것을 일컬어 '무위(武韋)의 화(禍)'라고 한다. 그러나 이 시기는 사실 그러한 '화'라는 시각으로는 집약될 수 없는 의의와 폭을 가진 시기였던 것이 분명하다.

▦ 비어 있는 쪽 ▦

Ⅴ. 수당의 문화

1/藤善眞澄 2/宮下三郎 3/杉村邦彦

1. 불교와 도교

해서(海西)의 보살천자(菩薩天子)

『수서(隋書)』 동이전(東夷傳) 왜국(倭國)조에 의하면 대업(大業)3년(607) 일본의 쇼토쿠(聖德)태자가 파견한 사신 소인코(蘇因高:小野妹子)는 다음과 같이 말했다고 한다.

> 듣건대 해서의 보살천자께서 불법을 중흥한다고 하니, 사자를 보내어 조하(朝賀)드립니다. 아울러 승려 수십 명이 와서 불법을 배우고자 합니다.

7년 전 제1차 견수사(遣隋使)가 바다를 건너와 수 문제에 의한 불교흥륭과 국가번영의 실상을 자세히 견문하고 돌아갔던 일을 생각하면, 보살천자라는 찬사는 수 양제보다도 부친인 수 문제에게 헌상된 것 같다.

불교는 본시 개인구제를 목적으로 하는 종교이지만, 정치가 우선하는 중국사회에서 국가권력과 무관하게 넘어갈 수는 없었다. 이미 북위(北魏) 태무제(太武帝)와 북주(北周) 무제(武帝)시기에 폐불사건을 두 번이나 경험한 적이 있었다. 전자가 비교적 좁은 지역에 한정되었던 데 비하여, 중국 전토의 4분의 3 이상을 휩쓴 후자의 경우 그 때까지 순조로운 발전을 거듭해 왔던 불교교단에 커다란 손상을 입혔다. 그러나 불행 중 다행인 것은 심각한 위기의식을 느낀 교단이 종래의 자세를 반성하며 새로운 종교활동을 전개해 나간 점이다. 즉 교학(教學)보다 실천을 중시하고, 귀족이나 지식인보다도 민중본위의 불교를 지향하였다. 또한 정치권력과의 융화·협조에 적극적인 자세로 임했고, 당연한 결과이지만 호국불교의 색채를 농후하게 띠게 되었다. 이러한 경향을 더 한층 조장했던 것은 바로 수 문제의 종교정책이었다.

북주에 이어 불·도 양교를 부흥한 수 문제는 도교와 연관이 있는 개황(開皇)이란 연호를 채용하고, 새로이 조영한 대흥성(大興城: 당의 長安城)에는 주작대가(朱雀大街)를 중심으로 동서에 위치한 정선방(靖善坊)·숭업방(崇業坊)에 두 종교의 국립종합연구소라 할 수 있는 대흥선사(大興善寺)와 현도관(玄都觀)을 두었다. 수 문제는, 현도관주(主)에 임명되어 도교교단을 통괄하는 초대 도문위의(道門威儀)가 된 왕연(王延)으로부터 도계(道戒: 도교의 계율)를 받기까지 하였다. 여기에서 알 수 있듯이 수 문제는 처음에는 대국적인 견지에서 불·도 양교를 평등하게 대하려는 의도를 갖고 있었던 듯하나, 점차 불교쪽으로 기울어져 불교에 의한 국가운영을 지향하게 되었다. 예로부터 성스러운 산으로 숭상되어 왔던 오악(五岳: 中岳崇山·東岳泰山·西岳華山·南岳衡山·北岳恒山)을 비롯하여 수 왕조의 성립과 관계깊은 네 곳〔호북성의 襄陽·隨郡·

맥적산
(麥積山)

中國美術全集編集委員會 編 『中國美術全集(雕塑編 8-麥籍山石窟雕塑)』(人民美術出版社, 1988)

江陵, 산서성의 太原]에 관사(官寺)를 건립하는 외에, 45개 주에 흥국사(興國寺)를 두는 등 불교치국책은 착착 진행되었다. 그것은 쇼토쿠태자의 유학승 파견사실이 말해 주듯 주변 여러 나라의 불교흥륭에 자극을 주었고, 또한 당의 종교정책에도 미묘한 그림자를 드리우게 된다.

인수사리탑(仁壽舍利塔)

남조(南朝) 480사(寺)라고 일컬어지듯 번영을 구가했던 불교에 대하여 수 문제는 탄압으로부터 보호로 돌아섰고, 불교도의 협력을 얻어 새로운 정권의 기반을 다지고 있었다. 계획적인 종교정책임에는 틀림없었으나, 거기에는 수 문제 개인의 신앙도 하나의 요인으로 작용하고 있었다는 점을 간과해서는 안된다. 개황3년(583)부터 매년 삼장재월(三長齋月:정월·5월·9월의 8~15일)에는 전국의 관사(官寺)에 재회(齋會)를 개최하고 살생을 일체 금했으며, 더욱이 죄수의 방면과 수천 명의 사형수에 대한 감형을 행하였다. 또 수 문제는 계율을 받고 '보살계제자(菩薩戒弟子)'라고 자칭하기도 하였다. 담연(曇延)·담천(曇遷)·법순(法純)·두순(杜順)과 같은 당대 일류의 명승을 궁중에 불러모아 가르침을 받았으며, 윤번제로 매월 정기적인 법회를 열어 『일체경(一切經)』을 독송하게 하는 열의를 보이기도 하였다.

그 절정을 이루는 사건은 인수(仁壽)원년(601)부

터 3회에 걸쳐 전국 113개 주에 이른바 인수사리탑을 건립한 일이었다. 이는 옛날 인도의 마우리야 왕조 제3대 아쇼카(阿育)왕이 석가의 사리를 팔방으로 나누어 8만 4천개의 사리탑을 건립했다는 고사를 모방한 것으로 그 일부가 현존하고 있다. 그 일을 추진했던 측근인 왕소(王劭)의 『사리감응기(舍利感應記)』를 보면 사리가 안치된 사원과 파견 고승, 공양의 모습 등을 알 수 있으며, 또한 한 사람에 10전(錢)까지 기부금을 받아 재원을 조달하는 등 널리 인민을 국가사업에 참여·협력시키고자 하였다. 그것은 불교신앙을 매개로 국가의식을 고양하려는 목적도 있었다. 그러한 시도는 당의 관사(官寺)나 일본의 국분사(國分寺)에도 다소 계승되고 있다.

악명높은 2대 수 양제는 수 문제만큼의 열의나 신앙도 없이 오히려 사치생활을 위해 사관(寺觀)을 통폐합하기까지 하였다. 그러나 진왕(晉王) 시절의 그는 양주총관(揚州總管)으로 있을 때 양주에 혜일사(慧日寺〔僧〕)·법운사(法雲寺〔尼〕)·옥청관(玉淸觀〔道士〕)·금동관(金洞觀〔女冠〕)의 네 도량을 두고 삼론학파(三論學派)인 지장(智藏), 모산파(茅山派) 도사인 왕원지(王遠知)와 같은 옛 남조계의 저명한 승·니·도사·여관을 맞아들였다. 이것은 즉위 후 동도 낙양에 네 도량을 설치하는 것으로 발전하여 불·도 양교의 남북융합에 공헌하였다.

또 하나 진왕시절의 공적으로서 천태대사(天台大師) 지의(智顗:538~97)에게 귀의했던 점을 지적할 수

법문사(法門寺) 불사리함

금광보전진주장순금보함(金筐寶鈿珍珠裝純金寶函)

높이 13.1cm 무게 973g

『人民中國』 1989.12(人民中國雜誌社)

있다. 지의는 말법(末法)사상의 창시자로 추정되는 혜사(慧思)의 제자이며, 『법화경(法華經)』에 의거한 독자적인 교학체계를 수립하여 남조사회에서 인기를 끌었던 자였다. 수 문제도 진(陳)을 병합하고 나서 지의에게 정중한 편지를 보낸 바 있는데, 진왕은 지의를 양주에 초빙하여 보살계와 총지(總持)라는 법명을 받았고 그에 대한 보답으로 지자대사(智者大師)라는 칭호를 선사하였다. 두 사람이 주고받은 편지가 지의의 제자 관정(灌頂)의 『국청백록(國淸百錄)』에 수록되어 있어 그들의 친교 모습을 엿볼 수 있다. 국청(國淸)이란 지의가 죽은 개황 17년(597) 진왕이 지의와 연고가 있는 천태산(절강성 台州)에 건립한 절이며, 천태교단의 근본도량이 되었을 뿐만 아니라 중국불교의 메카

국청사탑
(國淸寺塔)

趙樸初·塚本善隆감수, 中國佛教協會·日中友好佛教協會 편집 『中國佛教の旅 4』(美乃美 1980)

노자상
(老子像)

福永光司 『老子』 中國古典撰 10·11 (朝日新聞社, 1978)

로서 외국승의 방문이 끊이지 않았다. 일본에서도 사이쵸(最澄)·기신(義眞) 또는 엔사이(圓載)·엔슈(圓修)·엔친(圓珍)·요사이(榮西) 등 많은 승려가 유학하였다.

황제가 된 노자(老子)

수의 불교치국책에 불만을 가진 도교도는 새로운 정권인 당에 기대를 걸고 당실의 가계(家系)가 애매한 점을 이용, 같은 이씨인 노자[李耳]를 선조로 적당히 꾸민 다음 노자를 개조(開祖)로 하는 도교를 당실의 종교로 치켜세웠다. 가계를 허위로 꾸며 노자와 도교에 대한 신앙을 정치권력으로 환원할 수 있다면 그것은 당왕조로서도 나루터의 배처럼 때맞춰 찾아온 기회였다. 당 태종은 각지의 노군묘(老君廟)를 수축하거나 새로이 건립하였으며, 고종은 건봉(乾封)원년(666) 2월, 동악 태산(泰山)에 호천상제(昊天上帝)를 제사한 후 박주(亳州:안휘성 亳縣)의 노군묘에 참배하고 노자에게 태상현원(太上玄元)황제라는 존호를 봉헌하였다.

당실의 종교가 된 도교의 유파 가운데 북위의 구겸지(寇謙之:353~448)에 의해 확립된 신천사도(新天師道)도교와 남조 양(梁)시기 모산(茅山:강소성 句容縣)의 도홍경(陶弘景:456~536)이 집대성한 상청파(上淸派)도교가 유력했다. 특히 도홍경의 제자인 상청파 10대 종사 왕원지(王遠知:528~635)는 당실과 도교를

도홍경[陶弘景: 도교의 대성자]

도교는 이갈(二葛:葛玄·葛洪)과 육수정(陸修靜)을 거쳐 도홍경에 와서 교학이 체계화되었다. 그는 선인(仙人)·진인(眞人)·성인(聖人)의 차이를 설명하고, 그 수행법으로서 동신(洞神)·동현(洞玄)·동진(洞眞)의 3동의 법문(法門)을 세우고 동진에 의한 성인을 궁극적 목적으로 하는 교리를 완성하였다. 상청파의 근본경전인 『진고(眞誥)』와 『등진은결(登眞隱訣)』, 그리고 도교신의 계보를 밝힌 『진령위업도(眞靈位業圖)』를 지었다. 그는 도·유·불 3교의 융합을 시도했으며, 또한 '산중재상(山中宰相)'으로 불렸던 사실에서 알 수 있듯이 양조(梁朝)의 정치고문이기도 했다. 양의 국호를 헌상했던 것도 그였다. 남제(南齊) 영명(永明)10년(492) 모산(茅山:강소성 句容縣)에 은거했던 연유로 '화양도은거(華陽陶隱居)'라고 불렸다.

결합시킨 공로자이기도 했다. 그는 관료들 사이에도 많은 제자가 있었으며, 태종이 그를 위해 세운 모산(茅山) 태평관(太平觀)을 거점으로 신천사도와의 조화를 꾀하고 도교발전에 힘을 쏟았다. 이러한 도교도의 반격과 당의 도교 우대조치는 종교계에 여러가지 파문을 던지게 되었다.

무덕(武德)4년(621) 도사출신인 태사령(太史令) 부혁(傅奕:554~639)은 11개조에 걸쳐 불교의 유해무익을 논한 상소문을 올렸다. 그는 사원을 헐고 승니를 환속시켜 부국강병에 도움이 되도록 해야 한다고 주장하였다. 충격을 받은 불교측은 법림(法琳:440~572)이 『파사론(破邪論)』과 『변정론(辨正論)』을 지어 반론하였고, 또 명개(明槩)가 『대결론(對決論)』을 짓고 법림 문하의 이사정(李師政)이 『내덕론(內德論)』을 지어 부혁을 도운 이중경(李仲卿)의 『십이구미론(十異九迷論)』 및 유진희(劉進喜)의 『현정론(顯正論)』에 대항하는 등 격렬한 논란과 응수가 계속되었다. 얄궂게도 이 과정에서 도교의 교리체계상의 미숙함이 드러나고 말았다. 도교측은 이를 계기로 불교경전을 모방하여 교학을 충실히 하고자 하였고, 그 결과 도교경전의 루소라 볼 수 있는 『삼동경강(三洞瓊綱)』의· 편찬에 착수함과 동시에 교리의 본질을 다룬 『도교의추(道教義樞)』 등을 세상에 내놓게 되었다. 다만 일곱 차례에 이르는 부혁의 끈질긴 진언이 효과를 거두어 당 고조는 장안과 낙양에 3사3관, 나머지 주에는 1사1관을 남겨 덕행이 뛰어난

일본으로 건너간 현장(玄奘)

664년 2월 5일 옥화이궁(玉華離宮)에서 죽은 현장은 5년 후 장안 남교의 흥교사(興教寺)에 이장되었다. 지금도 5층의 묘탑(墓塔)이 세워져 있는데, 1027년에 정골(頂骨)은 남경 천희사(天禧寺)의 동강(東岡)에 옮겨졌다. 1942년 12월 남경을 점령한 일본군이 우연히 이를 발굴하여 다시 교외 현무산(玄武山)에 5층탑을 건립하여 납골하였다. 이 때 중국측의 호의로 일본불교회에 분골(分骨)되어 1944년 12월 우에노(上野) 관영사(寬永寺)에서 법요(法要)가 열렸고 埼玉현 岩槻시의 자은사(慈恩寺)에 안치되었다. 최근 그 일부는 나라(奈良) 약사사(藥師寺)에 분골되었다.

승·니·도사·여관을 머물게 하고 국가에서 이들의 생활을 보증하도록 조치를 취하였다(626). 얼핏보면 싸움을 벌인 쌍방을 모두 처벌하는 것으로 볼 수도 있으나 당시는 불·도의 세력범위가 10 : 1 이하였으므로 도교측으로서는 크게 유리한 조치였다.

다행인지 불행인지 이것은 현무문(玄武門)의 변으로 인해 실시되지 않았지만, 종교를 국가가 관리 통제한다고 하는 이념은 출가득도(出家得度)의 제도, 면허증이라고도 할 수 있는 도첩(度牒)의 발급, 또는 균전제에서의 승니·도사에 대한 급전규정 등에서 소생되고 있다.

도선불후(道先佛後)

불교가 중국사회에 수용되는 과정에서 출가삭발의 시비는 그런대로 넘어갔다고 하더라도 출가자가 부모와 황제에게 배례(拜禮)를 해야 하는지와 같은 풍속·습관의 차이를 비롯하여 아직 불교는 극복해야 할 많은 문제를 안고 있었다. 그러나 당대가 되면 전혀 차원이 다른 '도선불후'의 싸움이 전개된다. 사건의 발단은 정관11년(637) 태종이 조정의례의 자리순서를 도사·불승의 순서로 정한 데서 시작되었는데, 무측천 시기를 제외하고 이 순서는 대체적으로 지켜졌다. 이것은 도·불의 우열이라는 본질에 관계될 수도 있는 중대한 문제였기 때문에 불교측의 저항도 격렬하였다. 태종은 조상인 노자를 존숭하기 때문이라고 해명

했지만, 대세로 보면 정관19년(645) 인도 구법(求法) 여행에서 돌아온 현장(玄奘:602~64) 등의 활약과 무측천의 봉불(奉佛)에 의해 당시 불교는 확고한 우위를 차지하고 있었다. 어쨌든 이 '도불선후'문제는 노·공·석[도교·유교·불교]의 서열을 기조로 하는 당의 종교정책을 구체적으로 보여주고 있다.

도교우대가 최고조에 달했던 것은 현종(玄宗: 712~56)시기이다. 고종 역시 반사정(潘師正)·엽법선(葉法善)과 같은 도사를 측근에 끌어들이고, 백관에게 『노자도덕경(老子道德經)』을 익히게 하였으며 과거시험에도 『효경』『논어』와 함께 시험과목으로 채택하였다. 현종은 모산파 12대종사인 사마승정(司馬承禎: 647~735)을 맞아들여 법록(法籙)을 받고 있는데, 이것은 그가 도군황제(道君皇帝)가 되었음을 의미하였다. 그의 사후 현종이라는 묘호(廟號)가 추증된 것도 동일한 의미를 갖는다. 그는 또한 『도덕경』에 주석을 가한

흥교사
(興敎寺)

雷行·余鼎章 主編『西安』中國歷史文化名城叢書(中國建築工業出版社, 1986)

것에 만족하지 않고 집집마다 한 권씩 소장하도록 하였다. 과거시험도 노자책(老子策), 즉 『도덕경』에서 출제했으며, 더욱이 중앙과 각 주에 숭현학(崇玄學)을 두고 『도덕경』 외에 『장자(莊子)』 『문자(文子)』 『열자(列子)』를 배우게 하였고, 과거의 하나로 도거(道擧)를 추가하도록 하였다.

이미 고종 이래 각 주에 세운 1사1관의 제도를 본받아 현종도 개원사(開元寺)·개원관(開元觀)을 두었고 그밖에 현원황제묘(玄元皇帝廟)를 개명하였으며, 장안에 태청궁(太清宮), 낙양에 태미궁(太微宮), 각 주에는 자미궁(紫微宮)을 짓고 노자의 탄생일을 2월 15일로 정하여 매년 그 곳에서 재초(齋醮:법회)를 열었다. 도사와 여관의 관리를 당실(唐室) 호적을 담당하는 종정시(宗正寺)에 이관한 것도 이 무렵이었다. 당시의 기록인 『대당육전(大唐六典)』에 의하면 사원 5,358〔尼寺 2,113〕개소에 대하여 도관 1,687〔女冠觀 550〕개소로 3분의 1의 비율에 이를 정도로 도교는 고도성장을 이룩하고 있었다.

회창(會昌)의 폐불(廢佛)

밀교(密教)의 불공(不空:705~74)에 귀의한 숙종(肅宗)·대종(代宗)도 도교를 특별하게 대우하였고, 헌종(憲宗)·목종(穆宗)·경종(敬宗) 등 도사의 권유로 불로장생약을 복용한 끝에 요절한 황제들은 도교에 심취한 모습을 보여준다. 그 최후를 장식한 자가 무

입당승(入唐僧)과 밀교(密敎)

사이쵸(最澄)·공해(空海)가 가지고 간 밀교는 일본 불교에 커다란 변화를 일으켰다. 이 밀교를 중국에 확산시킨 자가 공해의 조사(祖師) 불공(不空:Amoghavajra)이다. 그는 인도 출신의 스승 금강지(金剛智)의 유언에 따라 인도·스리랑카로 건너가 밀교 경전을 구해 돌아왔다. 그 후 안사의 난 때 활약하여 숙종·대종 2대에 걸쳐 황제 이하 많은 사람들의 귀의를 받아들이고 불교계를 주도하여 개부의동삼사(開府儀同三司)·시홍려경(試鴻臚卿)·숙국공(肅國公)의 작위까지 받았다. 그의 제자 혜과(惠果)가 공해의 스승이다. 최근 공해가 공부한 청룡사(靑龍寺) 터에 고야산(高野山) 등의 협력을 얻어 절이 재건되었다.

종(武宗)으로, 불·도 양교의 오랜 불화의 역사를 비극으로 이끌었던 장본인이다. 세간에 이름높은 회창의 폐불이다.

무종은 즉위하자마자 노자의 탄생일을 강성절(降聖節)이라 하여 공휴일로 정했다. 또 조귀진(趙歸眞:~846)을 비롯한 81명의 도사를 불러 금록재(金籙齋)를 개최하고, 9개의 천단(天壇)을 설치하여 법록을 받고 현종과 마찬가지로 도군황제가 되었다. 이윽고 불교세력의 삭감에 착수하여 회창5년(845)까지 4,600개의 사원을 헐고 26만여 승니를 환속시켰으며, '기름진 땅은 전부 절의 소유'라고 일컬어지던 수천만 경(頃)의 사전(寺田)을 몰수하고 노비 15만명을 일반호적에 편입시켰다. 초제(招提)·난약(蘭若)과 같은 작은 불당과 초암(草庵)도 4만여 개소나 헐었으며 금속제 불상·불구는 모두 화폐와 농구류로 모습이 바뀌었다. 이 전무후무한 대폐불사건을 장안에서 경험한 엔닌(圓仁:794~864)은 그 참상을 『입당구법순례행기(入唐求法巡禮行記)』 권4에서 상세하게 소개하고 있다. 846년 계위한 선종(宣宗)에 의해 불교는 부흥되었다. 그러나 북주의 폐불이 새로운 활기를 불러일으켰던 것과는 달리, 이제는 과거의 생기를 되찾을 수가 없게 되었다.

말법(末法)의 도래

돈황(敦煌)·운강(雲崗)·용문(龍門) 등의 대석굴

과 함께 귀중한 불교유적으로 석경(石經)이 있다. 그 하나인 하남성 보산(寶山)의 대주보굴(大住寶窟)은 수가 남북통일을 이룩한 589년 명승 영유(靈裕:518~605)가 불법(佛法)이 오래 머물기를 기원하며 열었던 석굴이다. 비로자나불·아미타불·미륵보살 삼존 이외의 여러 불보살상이 배치된 내외의 벽면에 『법화경』『열반경』『승만경(勝鬘經)』 등에 섞여 『대집월장경(大集月藏經)』 법멸진품(法滅盡品)이 새겨져 있다. 이것은 영유와 마찬가지로 북제에서 수 초에 걸쳐 활약했던 북인도 오장국(烏場國)의 승려인 나렌드라야사스(那連提黎耶舍)가 한역했던 것으로, 수당시대에 풍미한 말법(末法)사상의 기원을 이루고 있으며 일본에도 큰 영향을 주었던 경전이다. 이에 의하면 석가불의 사후 불법이 올바로 행해지던 정법(正法)의 시대 500년, 그와 비슷한 불법이 주류를 이루는 상법(像法)의 시대 1,000년을 지나면 말법의 시대로 들어간다. 말법의 시대에는 파계·투쟁·악왕(惡王)출현 등에 의한 불법 은멸(隱滅)의 위기가 도래한다고 이 경전은 경고·예언하고 있다.

하북 일대에서 유(裕)보살로 추앙되었던 영유는 북주 무제의 폐불을 경험하고 말법시대가 찾아왔음을 깨닫고는 법멸(法滅)의 위기에 대처하기 위해 이 석굴 개착에 착수하였다. 영유만이 아니었다. 최근 보수공사가 거듭되고 있는 하북성 방산현(房山縣) 백대산(白帶山)의 이른바 방산석경(房山石經)도 정법·상법·말법의 삼시(三時)사상을 받아들인 정완(靜琬)이 영유보다

방산석경

북경시 방산현 남쪽 태행산(太行山) 지맥인 방산에 있으며, 수대 유주(幽州)의 승려 정완(靜琬)이 대업 원년(605)에 개착했던 것을 시발로 한다. 그 후 석각 작업장으로 건립된 것이 운거사(雲居寺:石經寺)이다. 6천여 권의 경 천체가 최근 탁본되어 출판되었다.

방산 운거사 (房山 雲居寺)

小西天第三窟(雷音洞) 내부의 석경

약간 늦게 시작한 호법사업이다. 이 석경은 그가 죽은 뒤에도 요·금·원 시대까지 750년간에 걸쳐 많은 독지가에 의해 계속 추진되었으며, 최대 규모를 자랑하고 있다. 그러한 석경은 『정법염처경(正法念處經)』으로 기록된 인도의 석경처럼 전례가 없는 것은 아니며, 또한 한대 희평(熹平)석경과 같이 유교경전을 새긴 것도 있다. 그러나, 석각(石刻)대장경의 경우 어떤 형태로든 폐불사건이나 말법사상과 결부되어 있다는 점이 특징이다.

서로 전후하여 일어난 말법사상과 북주의 폐불은 상승효과를 나타내어 전술했듯이 새로운 불교의 태동을 촉구하게 되었다. 대장경의 석각도 그 구체적인 운동의 일환이었다. 양자의 영향을 강하게 받으며 불교를 되살리고자 일어난 운동 가운데 지식보다는 신앙, 교학보다는 실천을 중시하는 수·당 불교의 특색을 마음껏 발휘하고 있는 것은 삼계교(三階教)와 정토교(淨土教)일 것이다.

삼계교와 정토교

삼계교의 창시자인 신행(信行:540~94)은 정법 500년을 제1계(階), 상법 1,000년을 제2계, 이후를 제3계로 하여 불교를 때·장소·사람 세 가지로 나누어 설명하였다. 석가의 사후 1,500년을 경과한 수대부터는 제3단계인 말법시대에 들어가고, 서 있는 곳은 예토(穢土)이며 사람은 편견과 애증에 눈이 어두워져 악행·파계를 거듭한다고 보았다. 그는 이렇게 말했다. 지금까지의 교상판석(教相判釋)에서와 같이 『법화경』『화엄경』『아미타경』에 전후와 우열을 정하는 것은 교만함도 이만저만이 아니다. 제3계의 불법은 보진(普眞)·보정(普正)·보법(普法)으로서, 모두에게 불성(佛性)이 있음을 인정하고 서로를 경애(敬愛)하는 겸허한 마음을 가져야 구원을 받을 수가 있다. 그는 이러한 입장에서 출가·재가의 구별없이 함께 불법을 믿고 함께 수행할 자를 구하였고, 계율에 구애되지 않고 솔선하여 노역에 종사하는 등 실천에 힘썼다.

신행은 589년 수 문제의 부름을 받고 장안 진적사(眞寂寺:당의 化度寺)에 들어가 삼계원(三階院)을 설치하고 『대근기행삼계집록(對根起行三階集錄)』『삼계불법(三階佛法)』 등 35부 44권의 책을 지었다. 그가 죽은 후 그 교설은 제왕을 중상하고 불교 각 파를 배척하는 것이라 하여 박해를 받았다. 당대에 세를 회복했던 것도 잠깐, 무측천 시기에 이단으로 낙인찍혀

> **교상판석**
> **(教相判釋)**
>
> 교판(教判)이라고도 약칭되는데 요컨대 석가의 가르침을 분류하고 체계화하는 시도이다. 5세기에 시작된 교판을 남삼북칠(南三北七)로 소개했던 지의(智顗)는 설법의 형식을 네 가지로 분류하였다. 즉 점교(漸教)와 돈교(頓教), 그리고 가르침은 같으나 받아들이는 쪽의 능력에 따라 이해정도가 다른 경우를 다시 부정교(不定教)와 비밀교(秘密教)로 나누었다. 이를 화의사교(化儀四教)라 한다. 다음 석가의 설법을 5단계로 나누어 화엄시(華嚴時:『화엄경』)·녹원시(鹿苑時:『阿含經』)·방등시(方等時:『維摩經』 등)·반야시(般若時:『般若經』), 그리고 법화열반시(法華涅槃時)의 5시로 대별하였다. 그 중 『법화경』이야말로 최고 진리를 담은 가르침이고 『열반경』을 그 추설(追說)이라고 하였다.

현종 개원13년(725) 결국 금지되고 말았다. 그리고 최근 돈황문서 가운데 삼계교와 관련된 문헌이 발견되어 1,200년 만에 햇빛을 보게 되었다. 그러나 신행이 보시(布施)를 통한 수행법으로서 세운 무진장원(無盡藏院)은 지금도 민간에 무진(無盡:상호부금, 계)이라는 이름으로 남아 있다. 이것은 상호부조·사회구제사업을 목적으로 하는 독특한 시설로서, 보시된 곡물과 전백(錢帛)을 저장하여 곤궁한 민중에게 대여하였으며, 이윤이 있으면 사원의 수축과 빈민구제에 사용하기도 하였다. 곧 일반사원도 이것을 본받아 사고(寺庫)를 두었는데, 나중에 이 사고는 사원경제를 떠받치는 금융기관으로 변해 갔다.

수대 산서성 교성현(交城縣)의 석벽산(石壁山) 현중사(玄中寺)에서는 도작(道綽:562~645)이 정토교를 널리 보급하였다. 정토교 또한 말법시대의 민중불교로서 '전수염불(專修念佛)'의 도를 역설하였다. 그의 저서 『안락집(安樂集)』은 『관무량수경(觀無量壽經)』을 기초로 여기에 현중사를 창건한 북위 승려 담란(曇鸞)의 자력(自力)·타력(他力)의 설을 합쳐놓은 것이다. 이에 의하면 아미타불의 이름을 부르며 염불하면 정토(淨土)에 왕생할 수 있고 이것이 말법시대에서 취할 수 있는 유일한 길이라고 하였다. 무환자(無患子)나무 구슬이나 팥알을 헤아리면서 염불하는 실천방법은 민중의 공감을 불러일으켰다. 그의 제자 선도(善導:617~81)는 장안을 중심으로 포교하며 『관무량수경의소(觀無量壽經義疏)』 외에 5부 9권의 책을 지었다. 또 서방

정토에서 아미타불이 설법하는 '정토변상도(淨土變相圖)' 300여면의 벽화를 제작하여 그림으로 풀이하는 방법〔繪解〕을 통해 정토신앙을 깨우치는 등 노력을 거듭하고 있는 것도 잊어서는 안된다.

2. 과학기술

대운하의 개착

7세기 초부터 9세기 말에 이르는 수당시대에 중국인은 매우 적극적이고 또 생산적인 문화활동을 전개하였다.

그들은 남북으로 분열해 있던 중국을 통일하는 데 머무르지 않고 남북을 잇는 물자교류의 동맥이라고도 할 대운하를 개착하였으며 또 당시 세계 최대도시인 장안을 건설하였다. 이리하여 동서의 문화는 장안으로 모이고, 중국문화가 장안으로부터 동서로 흘러나갔다. 여기서는 그러한 문화교류를 과학기술을 중심으로 살펴보겠다.

수당의 과학기술은 관료제도 안에 편입되어 있고 또한 제도적인 교육의 힘도 있어서 높은 수준을 유지할 수 있었다. 그러나 창조적인 측면에서의 업적이나 비약적인 발전은 그 제도내의 사람보다도 오히

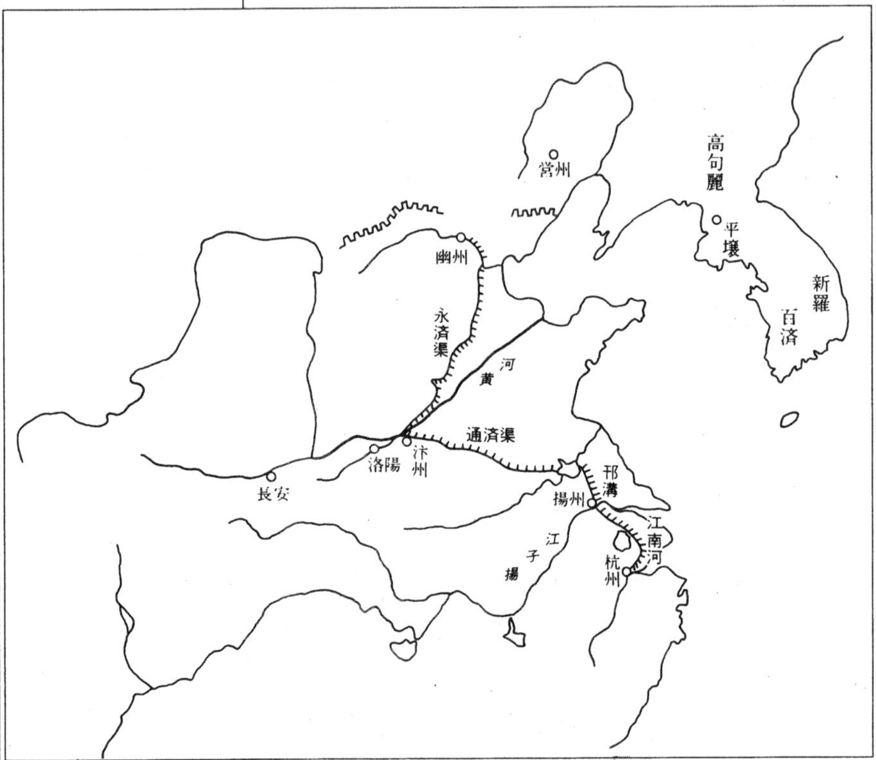

수·당 운하도

려 정치가나 종교인과 같은 지식인에 의해 많이 이루어졌던 점은 주목해야 한다.

중국의 하천은 서쪽에서 출발하여 때로는 남북으로 흐름을 바꾸기도 하지만 결국은 동류하여 바다로 흘러 들어간다. 티벳고원에서 발원하는 양자강[전체길이 5,200km]과 황하[4,800km]는 그 대표적인 예이다. 양자강의 중하류 유역에는 수로가 발달해 있으나, 황하는 진흙[泥砂] 때문에 배의 운항에 적합하지 않아 북방에서는 육운(陸運)이 중심을 이루고 있었다. '남선

소주의 운하

북마(南船北馬)'라는 말이 생겨난 것도 그 때문이다.

수는 남북을 통일하자 문제시기에 황하와 장안을 연결하는 광통거(廣通渠)를(584), 또 회하(淮河)와 양자강을 연결하는 산양독(山陽瀆:邗溝)을 열었다(587). 더욱이 양제는 즉위 다음해(605)에 황하와 회하를 잇는 통제거(通濟渠)를 한꺼번에 개통하였다. 물론 기존

서안시 (西安市) 조감

천복사(薦福寺)
소안탑(小雁塔)

의 부분도 이용하였으나 국도 대흥성(大興城:당의 장안성)에서 양자강 하구 근처의 강도(江都:揚州)까지 선박의 왕래가 가능하게 되었던 것이다. 대업4년(608)에는 대운하가 황하에서부터 북방으로 연장되어 지금의 북경 근처인 탁군(涿郡)까지 도달하였다. 이를 영제거(永濟渠)라고 한다. 당시 북경은 아직 조영되지 않았지만, 이 탁군은 군사·교통의 요지로서 북방 이민족과 대치하고 있는 전방기지였다. 또한 대업6년(610)에는 단양군(丹陽郡:강소성 鎭江市)과 여항군(余杭郡:절강성 杭州市)을 연결하는 강남하(江南河)가 개통되어 양자강과 전당강(錢塘江)이 접속되었다.

대운하는 전체가 평탄하지는 않다. 왜냐하면 황하는 높고 양자강은 낮아서 양자강으로의 낙차가 수십 미터나 되는 곳도 있기 때문이다. 그래서 운하를 중도에서 막아 비탈을 만들고 도르래[轆轤]를 사용하여 배를 끌어올리거나 내리거나 하지 않으면 안되었다. 그러나 당대가 되면 현재의 파나마운하와 같은 수문방식이 응용되기 시작한다. 수문방식은 9세기 전반, 이발(李渤)이 광서성에서 개착한 운하에 사용한 것이 세계 최초라고 한다.

대운하의 전체길이는 2,400km에 이르며 통제거의 폭은 약 60m나 되는 곳도 있었다. 통제거와 영제거의 개착에 동원된 인민은 각 100여만 명이라고 일컬어진다. 영제거에서는 남자만으로는 부족해 부녀자까지 징발하였다. 살아 돌아간 자가 두 사람에 한 명 정도로 가혹한 사역이 강제되었다. 이렇게 큰 희생을 치르고 개착한 운하였음에도 불구하고 양제는 양주의 이궁에서 반란군에게 살해되었기 때문에 대운하를 충분히 이용했다고는 말하기 어렵다. 은혜를 입은 것은 후세 사람들이었다.

당 이후 시대가 내려옴에 따라 대운하는 중요성을 더해갔다. 송이 수도를 개봉(開封)으로 옮긴 것은 강남으로부터의 식량수송이 편리했던 점을 고려했기 때문이라고 한다. 원·명시대가 되면 보다 동쪽에 치우친 북경으로 수도를 옮김에 따라 대운하가 서쪽으로 굴곡할 필요가 없게 되어 남북을 거의 일직선으로 종단하는 현재의 수로가 열리게 된다. 지금 전체길이는 1,800km로 단축되었으나 그래도 세계에서 가장 긴 운하이다.

축성기술 : 장안성의 축조

장안은 중국에서 계획적으로 조영된 최초의 도시라고 한다. 수 문제는 신왕조를 건립하자 개황2년(582)에 새로운 국도의 건설을 명하고 전한(前漢) 장안성의 동남쪽인 용수원(龍首原)의 남부를 통일국가에 걸맞는 도성의 땅으로 선택하였다. 이를 설계하고 직접 지휘했던 자가 우문개(宇文愷)였다. 그는 광통거의 개착을 담당했던 외에 동도 낙양성의 건설과 장성(長城)수축의 설계도 직접 맡았고, 공부상서(工部尙書)까지 올랐던 대건축가였다. 또 수천 명을 수용할 수 있는 대규모 텐트인 '대장(大帳)'과 회전전망대

일행(一行)

一行肖像記念切手(中國人民郵政, 1955)

松長有慶, 『密教の相承者』 東洋人の行動と思想3(評論社, 1973)

라 할 수 있는 '관풍행전(觀風行殿)', 자동문이 달린 도서관 '관문전(觀文殿)'을 조영하는 등 재능을 발휘하였다. 그는 서역호(西域胡) 출신으로 그 디자인은 서역의 영향을 받았다고 하며, 유명한 화가인 염립덕(閻立德)·염립본(閻立本)의 부친인 염비(閻毗)와 하주(何稠) 등 시대를 대표하는 기술자들이 그를 보좌하였다.

관중분지는 남쪽에서 종남산(終南山) 자락들이 펼쳐지며 몇 개인가의 구릉을 형성하면서 북쪽으로 위수(渭水)에 잇닿아 있다. 그 북단의 구릉인 용수원에서 서남방향으로 약 9.7km, 남북 약 8.2km에 달하는 광대한 사각형의 지역이 수의 대흥성(大興城)이자 당이 이어받은 장안성으로서 300년에 걸쳐 국도로서 번영을 구가하였다.

중앙의 북단에는 천자가 사는 궁성(宮城)과 그 남쪽으로 잇닿아 관청가인 황성(皇城)이 축조되었다. 관청을 황성에 집중시켜 민가와 구별지은 것은 수대가 최초이다. 궁성과 황성의 동·서와 남쪽이 시가(市街)이며 이들을 둘러싼 외곽성이 축조되었다. 성에는 모두 10개의 문이 있으며 성벽은 그 높이가 5m 이상된 것도 있다. 황성의 남문인 주작문(朱雀門)과 외곽성의 남쪽 정문인 명덕문(明德門) 사이는 폭 150m, 전체길이 5km에 이르는 주작문 대가(大街)로 연결되어 있으며 이 대가는 좌가(左街[동])와 우가(右街[서])로 나뉜다. 상업지역도 동시(東市:金市)와 서시(西市)로 나뉘어져 있다. 서문인 개원문(開遠門) 부근과 서시(西市) 주변에는 호인(胡人)도 많아 장안은 이국적 정서가 감도는 국제도시였다. 번창했을 때의 인구는 100만·150만에 이르렀다고 한다.

일본의 헤이죠(平城京:710~983)는 장안성을 모방한 것이나 규모는 4분의 1 정도이며, 칸무(桓武)천황이 조영했던 헤이안(平安京:794~806) 역시 장안성을 모범으로 하였으나 규모는 3분의 1 정도에 불과하다. 당대의 장안은 가(街)와 방(坊)에 의해 바둑판 모양으로 정연하게 구획되었는데, 오늘날 교토(京都) 역시 마찬가지 모습을 보여준다.

당시 서방에서는 콘스탄티노플이 이미 쇠퇴하고 압바스 왕조의 제2대 칼리프(caliph)인 만수르(Mansur)에 의해 762년 티그리스강 서쪽 연변에 건설된 새로운 수도 바그다드가 동서통상의 십자로이면서 이슬람 세계의 중심지로서 장안과 함께 번영를 누리고 있었다. 그러나 이러한 장안도 당말 천우(天祐)원년(904) 절도사 주전충(朱全忠)이 소종(昭宗)을 낙양으로 납치하면서 성을 파괴하고 그 재목을 뗏목으로 엮어 위수(渭水)에 띄워 황하를 따라 낙양으로 운반해 버렸기 때문에 한때는 폐허로 변했고 지명도 우국군(祐國軍)으로 바뀌었다. 장안땅은 송·금시대에는 경조부(京兆府), 원대에는 봉원로(奉元路), 명·청시대에는 서안부(西安府)라 불렸고 부성(府城)의 개축도 행해졌으나, 당대의 규모에 비하면 6분의 1도 안된다고 한다. 현재 대자은사(大慈恩寺)와 천복사(薦福寺)의 안탑(雁塔)이 겨우 당시의 모습을 남기고 있을 뿐이다.

천문 · 역법

동서의 왕래가 빈번하게 행해졌던 수당시대에는 외국학자의 방문도 많았는데 이들은 세계제국으로 자임하는 왕조 아래에서 후한 대우를 받았다. 현종시기의 인도인 천문학자 구돈싯다(瞿曇悉達)는 태사령(太史令)이 되어 중국의 참위(讖緯)사상과 천문학에 관한 저술인 『대당개원점경(大唐開元占經)』(718)을 편찬하였다. 이 책에는 인도의 천문계산법을 집성한 「구집력(九執曆)」이 포함되어 있다. '구집'이란 일월과 다섯 혹성 외에 두 개의 가공의 혹성을 더한 9개의 천체를 말한다. 또 아라비아 숫자의 원형인 인도 숫자와 삼각함수 중의 정현표(正弦[sin]表)가 기재되어 있어 일식과 월식 계산에 이용되었는데, 중국의 전통적인 천문학에는 결국 영향을 주지 못하고 말았다.

또한 인도의 점성술이 불교를 통해 전해져 미신적인 역(曆)의 주기(注記)에 채용되었다. 8세기 중반 인도에서 건너온 승려 불공(不空)이 번역한 『숙요경(宿曜經)』은 이 방면의 권위서였다. 칠요(七曜) 가운데 밀(密:蜜)이 역에 기입되었던 것도 흥미롭다. '밀'은 마니교를 전한 소구드인의 말인 '미르'의 음역으로 지금의 일요일에 해당한다. 이와 관련하여 일본의 『어당관백기(御堂關白記)』(998~1021)에도 이 '밀'자가 보인다.

중국 밀교의 조사(祖師)인 일행(一行:683~727)은 현종의 명으로 천체를 관측하여 「대연력(大衍曆)」(727)을 완성하였다. 이것은 수대 유작(劉焯)의 「황극력(皇極曆)」을 개량·발전시킨 것이다. 이 일행의 대연력은 유학생 기비노 마키비(吉備眞備)에 의해 일본에 전해졌으며 덴포호지(天平寶字)8년(764)부터 94년간에 걸쳐 관력으로 채용되었다. 지금 일본에 전해진 것은 대연력만이 아니었다. 대연력 이후 시부카와슌카이(澁川春海)의 정향력(貞享曆)이 시행(1685)되기까지 실로 823년에 걸쳐 당의 선명력(宣明曆:822~92)이 사용되었다. 일행과 같은 시기의 태자감(太子監)이었던 남궁열(南宮說)은 자오선(子午線)의 1도의 길이를 알아냈다. 지구의 크기를 측정하는 데까지는 이르지 못했지만, 이 때에는 중국 각지의 위치가 제법 상세하게 측정되어 있었고, 재상이 된 가탐(賈耽:730~805)은 『해내화이도(海內華夷圖)』(801)를 완성하였다.

의서(醫書)

다음에 수당시대의 의학에 관하여 보기로 하자. 수의 태의령(太醫令)이었던 소원방(巢元方) 등이 칙명에 의해 편찬한 『제병원후론(諸病源候論)』〔610년 완성〕은 1,726종의 병상(病狀)을 병의 원인에 따라 분류한 획기적인 증상감별서로 그 뒤의 의학에 커다란 영향을 주었다. 병의 원인으로는 외부의 나쁜 기운(外邪)을 중시하여 그로 인해 오장(五臟)의 기(氣)가 조화를 잃는 데에서 병이 생긴다고 보았다. 당대에는 그리스 의학의 4체액설과 유사한 지수화풍(地水火風)의 관념이 한역불전을 통해 전해졌는데, 이것은 손사

의서(醫書)

중국의 본초학(本草學)은 양대 도홍경이 『신농본초경(神農本草經)』을 교감(校勘)하고 주해(注解)를 가하여 730종류의 약재를 채록한 것을 계기로 크게 전진하게 되었다. 그로부터 100년 후 당 고종 현경(顯慶)4년(659)에 편찬된 칙찬(勅撰) 『신수본초(新修本草)』는 채색의 그림을 곁들인 획기적인 책으로, 일본에서는 나라시대 덴포(天平)기에 읽혀지면서 커다란 영향을 주었다. 그러나 중국에서는 일서(逸書)가 되었고, 교토 인화사(仁和寺)에 소장된 잔본(殘本) 10권이 청조 말 주일대사관 직원인 진구(陳榘)와 학자 나진옥(羅振玉) 등에 의해 역수입되었다. 그 책의 권15 말미에 "天平三年歲次辛未七月十七日書生田邊史"라 되어 있다.

섬서성 耀縣 藥王堂

손사막상 (孫思邈像)

당대의 의학

당대의 문인 유우석(劉禹錫:772~842)의 시 가운데 '증안과의바라문승(贈眼科醫婆羅門僧)'이란 시가 있다. 이것은 인도·서아시아의 안과의사가 활약하고 있었음을 말해주며, 안식향(安息香)·용뇌(龍腦)·호초(胡椒)·회향(茴香)·아위(阿魏)·두관(豆蔻)·서각(犀角) 등의 향료를 중심으로 한 약품도 중국 본초학에 영향을 주었다. 당대에는 궁중에 태의서(太醫署)와 약원(藥園)을 두고 약의(藥醫)박사·침(針)박사·안마박사·주금(呪禁)박사 밑에 많은 의사·약제사들이 소속되어 학생의 지도를 담당하였다. 일본의 전약료(典藥療)도 그것을 모방한 것이다.

막(孫思邈;581~682)의 『천금요방(千金要方)』(652)에도 소개되어 있으나 전통적인 병리설에는 거의 영향을 미치지 못하였다.

그런데 일본에 율종(律宗)을 전한 감진(鑑眞)은 천보7년(748) 운주(韻州:현재 광동성)에서 외국인 의사로부터 안과수술을 받았다고 한다. 또 『외태비요방(外台秘要方)』(752)에는 외국승에게서 안과의학을 전수받았다는 사도인(謝道人)의 처방이 보이며, 동시대의 『용수보살안론(龍樹菩薩眼論)』은 일문(逸文)밖에 전하지 않지만 종래에 비해 대단히 상세한 것이었다고 한다. 이처럼 당대의 안과의학에 미친 외래의 영향을 무시할 수 없는 것은 확실하지만, 그밖의 것까지 외국의 영향을 과대하게 평가하는 것은 위험한 일이다.

수당문화는 주변제국의 동경의 대상이었다. 일본으로부터는 견수사(遣隋使)가 3회, 견당사(遣唐使)는 12회 파견되었다. 수당을 모방한 중앙집권국가를 목표로 율령제가 확립되고(701) 귀족의 지위가 안정되었다. 호국을 기치로 한 불교가 장려되고 국분사(國

分寺)가 건립되었으며 장대한 동대사(東大寺)가 조영되고 비로자나불이 개안되었다(749). 이식(移植)문화의 일부는 지금도 나라지방 정창원(正倉院)의 보물을 통해 엿볼 수가 있다. 관포(寬平)6년(894)에는 견당사가 중지되고 엔기(延喜)7년(907)에는 당이 멸망하였으나 이러한 대륙문화를 계속 소화하여 이해를 심화시켜 갔다.

헤이안시대에는 침(鍼)박사인 단바 야스요리(丹波康賴)의 『의심방(醫心方)』(984)과 후카네 스케히토(深根輔仁)의 『본초화명(本草和名)』(918경)이 저술되었는데, 전자는 수당 의학서의 초록(抄錄)이고 후자는 『신수본초(新修本草)』(659)에 들어 있는 중국약물을 일본토산품과 비교확인한 것으로, 모두 수당의학을 전면적으로 수용하기 위한 작업이었다.

인쇄술

이른바 르네상스의 4대발명 가운데 당대에 서방세계로 전해진 것은 제지술(製紙術)이다. 유럽에서도 파피루스나 양피지(羊皮紙) 대신 종이를 사용하게 되었으며, 이어서 인쇄술이 전해지면서 지식수준이 높아져 학문의 융성을 촉진하였다.

제지술은 후한의 채륜(蔡倫:?~121)이 개량을 가하면서 대량생산되기 시작했다고 한다. 종이는 식물성 섬유를 이용하여 만들었는데, 마·꾸지뽕나무·뽕나무·등나무 외에 대나무의 섬유도 사용하였다. 일본에는 스이코(推古)천황 시기인 610년에 고구려의 귀화승 담징(曇徵)이 제지술을 전해 주었다. 한편 현종시대에 같은 고구려출신 무장인 고선지(高仙芝)는 서터키스탄에 원정하여 군공을 세웠는데, 천보10년(751)에는 지금의 이라크에 본거지를 둔 압바스왕조의 군대를 지금의 탈라스 강변[구 소련령 카자흐공화국]에서 맞아 싸웠으나 대패를 당하였다. 이 때 포로가 되었던 당의 병사 가운데 종이를 뜨는 기술자가 있어서 사마르칸트에서 제지술을 가르쳤다. 이렇게 하여 이슬람세계에 전해진 제지술은 당시 시리아의 수도였던 다마스커스에 전해지고 10세기에는 이집트에 제지공장이 출현하였다. 이 제지술이 아프리카 서안을 따라 전진하여 이슬람 지배하의 스페인에 퍼졌던 것은 12세기이다. 이탈리아에서는 13세기에 제지가 시작되어 14세기가 되면 유럽 전역에서 종이제조가 행해지게 되었다.

종이가 보급되기 시작하면서 인쇄가 가능하게 되었다. 목판인쇄술의 발명자는 확실하지 않지만, 중국의 경우 9세기 후반에는 상당히 일반화되어 있었다. 현존 최고(最古)라 일컬어지는 인쇄물은 재액을 물리치는 효험이 있다는 한 장의 다라니 경문(陀羅尼經文)이다. 일본 고켄(孝謙)천황의 칙원(勅願)에 의해 호키(寶龜)원년(770)경 나라의 법륭사 등에 희사된 백만탑(百萬塔) 속에 넣어둔 것이다. 그러나 한국의 경주에 있는 불국사 석탑 속에서 발견된 다라니경은 한층 더 오래된 것으로 8세기 전반기에 인쇄된 것이라고 한다. 이와 관련하여 유럽에서의 목판인쇄는 14세

일본의 인쇄술

나라시대에 제작되어 십대 사찰에 분치된 백만탑(百萬塔)은 쇼토쿠(稱德)천황(764~70)이 에미노오시가쓰(惠美押勝)의 난(764) 뒤에 『무구정광대다라니경(無垢淨光大陀羅尼經)』의 교설에 의거하여 발원하고 제작한 것으로 현재 법륭사(法隆寺)에 4만 5천여 기 정도가 남아 있다. 탑 속에는 『다라니경』이 납입되어 있는데 현재 3,076권과 2천여 점의 단편이 전한다. 목판인지 동판인지 의견이 분분하지만 제작연도가 명백한 인쇄물로서는 세계에서 가장 오래된 것이다. 일본에서는 죽은 자의 명복과 병의 치유를 기원하기 위해 불전인쇄를 행하는데 이것을 '접공양(摺供養)'이라고 한다. 판목에 글자를 새겨 인쇄한 것을 '접경(摺經)'·'접불(摺佛)'이라고 불렀다. 그러나 이러한 접본(摺本)은 그다지 발전하지 못했던 것 같다.

기 말 이탈리아를 중심으로 회화인쇄에서 시작되어 점차 서적인쇄로 발전하였다.

활판인쇄술의 발명자는 11세기 중반의 직인(職人) 필승(畢昇)이었다. 철판 위에 납을 흘려 활자를 배열하고 위에 종이를 얹어 인쇄하였다. 필승의 활자는 세라믹제였으나 얼마 안가 목(木)활자도 만들어지고 13세기 초에는 한국에서 동(銅)활자가 사용되었다. 그러나 목판인쇄를 대신하는 데는 이르지 못했다. 유럽에서는 마이센의 구텐베르크의 활자가 유명하다. 그러나 그것은 15세기 후반까지 시대가 내려간다.

3. 수당오대의 글씨

해서(楷書)의 완성

수는 불과 40년도 안되는 단명한 왕조이지만 오

과학자 도홍경(陶弘景)

상청파(上淸派) 도교의 대성자 도홍경은 수당시대에 의학생 양성을 위한 텍스트로 채택되었던 『신농본초경집주(神農本草經集注)』를 저술한 본초가이다. 그는 『신농본초경』을 토대로 한방의학을 연구하여 약학과 안마·도인(導引:大氣를 體內에 끌어들이는 養生法) 등에 의한 건강법 발전에 공헌하는 한편, 혼천상(渾天象)을 만든 과학자이기도 한 다재다능한 사람이었다.

다라니(陀羅尼:일부분)

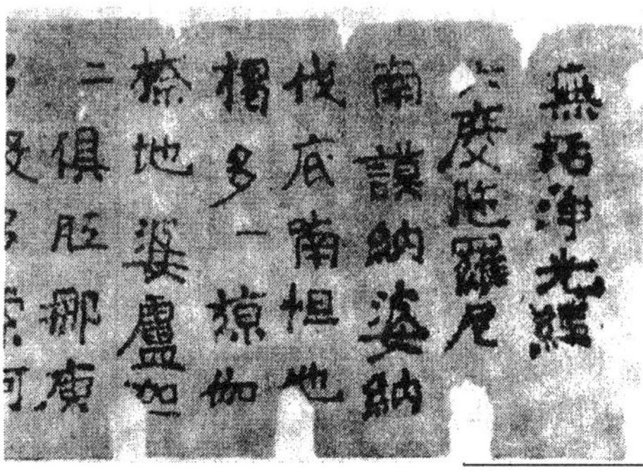

법륭사(法隆寺) 백만탑(百萬塔)

랫동안 남북으로 분열되어 있던 중국을 통일하고 당에 의한 대통일의 기초를 쌓아올렸다는 점에서 그 역사적 의의는 크다.

글씨에 있어서도 전 시대의 자유분방하고 다양한 서풍으로부터 점차 정제(整齊)되고 온아(溫雅)한 서풍으로 변화하여 당 초에는 마침내 해서가 완성되기에 이르렀다. 이 시대를 대표하는 서가는 승려 지영(智永)으로 왕희지(王羲之)의 7세손이라 전해지는데, 왕씨의 서법을 이어받아 『진초천자문(眞草千字文)』 800여편을 임서(臨書)하여 이를 절동(浙東)지역의 여러 사원에 기증하였다. 일본에는 예로부터 전해 내려오는 진적본(眞跡本)인 「진초천자문」이 특히 유명하다. 지과(智果)는 지영에게 글씨를 배우고 스스로 왕희지의 비결을 얻었다고 기술하고 있다. 그의 글씨는 왕희지 「봉귤첩(奉橘帖)」 말미의 서명(署名)에 보이며 『순화각첩(淳化閣帖)』에도 수록되어 있다. 그밖에 수대의 서가로서는 회계(會稽) 여요(餘姚:절강성)의 우작(虞綽), 청하(淸河:하북성)의 방언겸(房彦謙:547~615), 당의 저수량(褚遂良:596~658)의 선생이었던 사릉(史陵) 등이 사서에 이름을 남기고 있으나 믿을 만한 작품은 오늘날 전하지 않는다.

수대의 글씨로는 예로부터 전하는 유명작품 이외에 근년 출토된 묘지(墓誌) 등을 합하면 오늘날 상당히 많은 수가 알려져 있다. 지금 이것을 서풍에 따라 대별하면 ① 남조풍의 팽팽하고 아름다운[緊媚] 서체와 ② 북조 혹은 위진시대의 유풍을 전하는 기이하

「난정서(蘭亭序)」의 수수께끼

왕희지의 명작 「난정서」는 그것을 끔직히 아꼈던 당 태종의 죽음과 함께 소릉(昭陵)에 순장되었다. 지금 남아 있는 것은 모두 임본(臨本)·모본(模本) 또는 모각본(模刻本)이다. 1965년 곽말약(郭沫若)은 같은해 정월 남경 북쪽 교외에서 발굴된 왕흥지(王興之:왕희지의 從弟)의 묘지(墓誌)를 근거로 "「난정서」는 왕희지 7세손인 수의 지영(智永)이 위작한 것"이라고 하는 논문을 발표하여 학계에 커다란 파문을 던졌다. 이 수수께끼의 명작을 둘러싼 논쟁은 이후에도 계속되겠지만, 소릉과 배장묘(陪葬墓)의 철저한 발굴조사가 몹시 기대된다.

고 고아한〔奇古〕 서체가 있다. 그렇지만 남북조 말기에는 남조의 서풍이 북방으로 유입되어 점차 융합되는 추세였기 때문에 단순히 지역성만을 기준으로 구분할 수는 없지만 크게 나누면 다음과 같다. 먼저 ①을 대표하는 것으로는 예로부터 유명한 「용장사비(龍藏寺碑)」와 「하약의비(賀若誼碑)」 「계법사비(啓法寺碑)」 「미인동씨묘지(美人董氏墓誌)」 「소자묘지(蘇慈墓誌)」가 있고, 그 외에 근년에 발굴된 「이정훈묘지(李靜訓墓誌〔608〕)」 등이 있다. ②에 속하는 것으로는 위진의 예서(隸書)의 자취를 남기고 있는 「진숙의수공자묘비(陳叔毅修孔子廟碑)」, 북조 말기의 유풍을 전하는 「조식묘비(曹植廟碑)」 「두건서등조상기(杜乾緖等造像記)」 등이 있다.

이처럼 같은 수대의 글씨라 해도 신구·남북에 따라 상당한 폭이 존재했는데, 그 주류를 이룬 것은 ①에 해당하는 남조풍의 작품들로, 이것이 곧 초당의 해서(楷書)로 계승된다.

난정 전경

『序論』 제3호(書論研究會, 1973)

그러나 수대의 해서를 당대의 해서와 비교하면 거기에는 자연히 뛰어넘을 수 없는 미묘한 차이가 있다. 수대의 해서는 당대에 비해 일반적으로 문자의 키가 좀 낮고 선은 가늘며, 시작[起筆]이 날카롭고, 표정은 신중하고 곧아 좀 딱딱한 느낌이 든다는 점을 그 특징으로 들 수 있다.

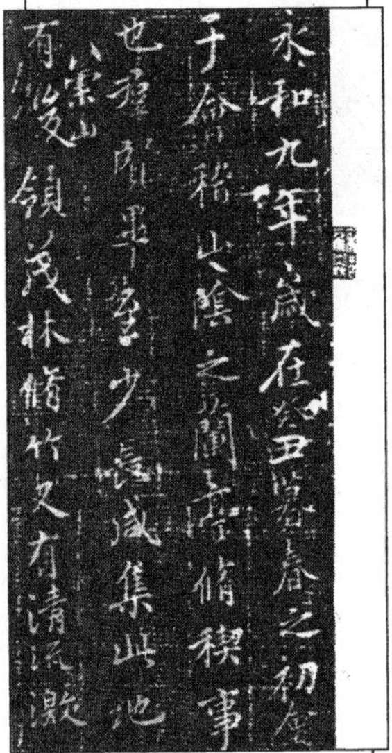

왕허주보 신룡본(王虛舟補 神龍本)

內藤湖南 舊藏

『書論』제3호(書論研究會, 1973)

초당의 4대가

당은 이연(李淵)이 수 말 군웅들 가운데서 대두하여 618년 아들 이세민(李世民)의 도움을 받아 건립한 왕조로 907년 주전충(朱全忠)에 의해 멸망될 때까지 전후 290년간이나 존속한 중국사상 보기 드문 명이 긴 왕조이다. 이 시대에는 남북조 이래의 귀족사회가 새로운 질서 아래 재편성되고 국가제도가 완비되어 화려한 귀족문화가 번영하였다. 지금 글씨를 보더라도 당 초에는 남조 이래 중시되어 왔던 왕희지의 서풍을 계승하여 해서의 이상적인 아름다움이 완성되었다. 특히 그러한 움직임의 중심이 되었던 것은 당 태종 이세민이었다.

태종은 왕희지의 글씨를 너무나 사랑하여 많은 돈을 들여 왕희지의 글씨를 수집하고자 하였다. 당시 궁중의 비밀창고에 수집된 왕희지·왕헌지(王獻之)의 글씨는 백수십 권에 달하였고 그 가운데에서도 왕희지의 해서 「악의론(樂毅論)」과 행서(行書) 「난정서」는 태종이 가장 자랑하는 명작으로서 그것을 보고 쓰거나〔臨模〕 탁본하여 베껴서〔搨寫〕 제왕과 공신들에게 나누어주었다. 태종이 수집할 때 그 감정(鑑定)과 정리를 담당한 자는 처음에는 위징(魏徵)과 우세남(虞世南;558~638), 나중에는 저수량이었다.

또 태종은 홍문관(弘文館)을 설치하고 왕희지의 서풍을 전수한 구양순(歐陽詢;557~641)과 우세남을 불러 귀족의 자제에게 해서를 가르치도록 했다. 그밖에 국립대학에 해당하는 국자감(國子監)에도 서학(書學)이 두어졌고, 또 과거시험 과목에도 명서과(明書科:明字科)라는 것이 있었다. 이 명서과는 "『설문(說文)』·『자림(字林)』을 시험하는데 훈고(訓詁)에 능통하고 아울러 여러가지 서체를 이해한 자를 취한다"〔『당육전』 권4〕고 하였다. 과거시험을 통과해도 실제 관직에 임용되려면 다시 신·언·서·판(身言書判)이라는 네 가지 선발기준에 합격하지 않으면 안되었다. 서(書)란 '해법주미(楷法遒美:해서체로서 필적은 힘이 있고 아름다움)'를 말한다고 『신당서』 선거지(選擧志)에 설명되어 있다.

이와 같이 관료임용제도로서 서예가 존중된 풍조 속에서 가장 뛰어난 활약을 보인 자가 구양순·우세남과 저수량이었다. 이 3인을 초당의 3대가라 하며 여기에 설직(薛稷;649~713)을 더하여 4대가라고도 부른다. 이 가운데 구양순과 우세남은 모두 남조의 진(陳)에서 태어나 수에 벼슬하고 만년에는 당에 귀속한 자로 각각 해서의 이상적인 아름다움을 완성시켰다. 구양순의 대표작으로는 「황보탄비(皇甫誕碑)」「화도사비(化度寺碑)」「방언겸비(房彦謙碑)」「구성궁예천명

소릉(昭陵)과 위지경덕(尉遲敬德)묘지(墓誌)

당 태종이 잠들어 있는 소릉에는 165기에 달하는 배장묘(陪葬墓)의 기석(基石)이 나란히 늘어서 있다. 여기서 발견된 저수량의 「방현령비(房玄齡碑)」와 구양순의 「온언박비(溫彦博碑)」 등 주목할 만한 작품이 많이 있다. 그 가운데 1971·72년에 발굴된 「대당고사도병주도독상주국악국충무공위지부군묘지지명(大唐故司徒幷州都督上柱國鄂國忠武公尉遲府君墓誌之銘)」과 「대당고사도병주도독상주국악국충무공부인소씨지명(夫人蘇氏之銘)」은 태종을 위험으로부터 여러번 구한 명장 위지경덕과 소부인의 묘지 덮개로서 전자는 비백체(飛白体), 후자는 예서(隷書)로 새겨져 있다. 위지경덕은 자은대사(慈恩大師) 규기(窺基)의 백부되는 사람으로, 선조는 선비족 출신인 듯한데 『당서(唐書)』에 기록된 출신지와는 달리 묘지에는 낙양으로 되어 있다. 당 고종 현경(顯慶)4년(659)에 배장되었다.

당태종 진사명액 (晉祠銘額)

『書跡名品叢刊』 제38회配本=唐太宗 晉祠銘·溫泉銘(二玄社, 1960)

(九成宮醴泉銘)」「온언박비(溫彦博碑)」 등이 있고, 우세남은 해서인 「공자묘당비(孔子廟堂碑)」와 행초(行草)체인 「여남공주묘지(汝南公主墓誌)」「적시첩(積時帖)」 등이 있다. 구양순·우세남 2대가의 글씨는 지금까지 해법의 모범으로서 존숭되고 있는데 그 우열에 관해서는 예로부터 논의가 있다. 우세남은 지영(智永)을 사사하여 왕희지의 서법을 가장 정통으로 계승한 인물이라 생각되지만, 표현의 폭에 있어서는 구양순에 미치지 못하였던 것 같다.

한편 저수량은 처음에 사릉(史陵)의 지도를 받았고 다시 우세남에게 배웠으며 성장해서는 왕희지의 서법을 본받아 억양(抑揚)감 넘치는 힘있고 아름다운 해서를 써내려갔다. 대표작으로 「이궐불감비(伊闕佛龕碑)」「맹법사비(孟法師碑)」「방현령비(房玄齡碑)」「안탑성교서(雁塔聖敎序)」 등이 있다. 구양순의 서법은 그 아들 구양통(歐陽通;?~691)에 계승되어 「도인법사비(道因法師碑)」「천남생묘지(泉男生墓誌)」 등의 작품이 나왔고, 저수량의 서법은 설직(薛稷)·경객(敬客)·설요(薛曜) 등에 전수되었다.

당 태종이 죽은 후 그 소릉에 많은 배총비(陪冢碑)가 세워졌는데 그 가운데는 구양순·우세남·저수량의 작품으로 오인될 정도의 명필도 있어서 당시 궁정을 중심으로 그 주변에 많은 서가들이 활약하였음을 짐작케 한다.

태종 자신도 왕희지의 글씨를 충분히 익혀 「진사명(晉祠銘)」「온천명(溫泉銘)」 등 활달한 행서체 비를 남겼다. 또 「진사비」의 액자(額字)에도 보이는 것처럼 비백(飛白) 서법도 시도하여 후세 이 서체가 제왕의 글씨로서 정착하는 선구를 이루었다.

광초(狂草)와 안진경(顔眞卿)

무측천의 치세(690~705)는 피비린내 나는 정쟁으로 날이 새고 진 암흑시대였으나 무측천 자신은 글씨에도 정통했던 듯하다. 지금 남아 있는 「승선태자비(昇仙太子碑)」 외에 사원의 제액(題額)을 비롯하여 많은 휘호를 남겼던 것으로 보인다. 그러나 이 시대에는 전통적인 글씨의 일각이 점차 무너지고 새로운 시대를 향한 태동이 시작된다. 예를 들면 이사진(李嗣眞)이 「후서품(後書品)」에서 "옛날 학자에게는 모두 사법(師法)이 있지만 지금의 학자는 단지 가슴속의 생각에 맡길 뿐, 자연의 뛰어난 기상도 없으며 사심(師心)을 돌아보지 않고 독자적으로 행동한다"고 탄식한 것 등은 이 점을 단적으로 보여주고 있다. 이 시기에는 또 손과

> **홍법대사(弘法大師)의 비백서(飛白書)**
>
> 비백체의 역사는 후한까지 거슬러올라가나 남아있는 것은 거의 없고 당 태종의 「진사명」과 무측천의 「승선태자비」가 가장 오래된 것이다. 일본에서는 중국인으로부터 오필화상(五筆和尙)이라 칭송되던 서도가 공해(空海)가 이 비백체를 즐겨 썼다고 하며 그 작품으로는 「십여시(十如是)」가 전한다. 진품은 교토 다카오(高雄)의 신호사(神護寺)에서 도둑맞아 불에 타버렸다고 한다. 글자체가 재미있는 것은 물론 사체(蛇體)의 「여시(如是)」, 인물과 뱀을 좌우에 대응시킨 「작(作)」, 소나무에 세 마리의 제비를 배치한 「상(相)」 등 취향이 볼 만하다

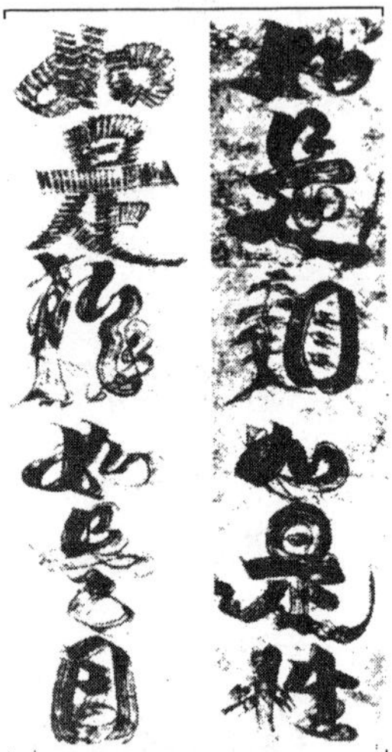

비백 (飛白)

弘法大師 十如是

『神田喜一郎全集』제9권(同朋舍出版, 1984)

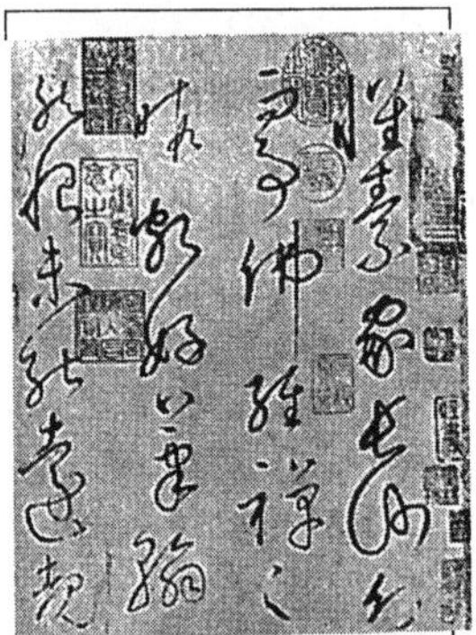

회소(懷素) 자서첩 (自敍帖)

『懷素自敍帖眞蹟』(1979)

정(孫過庭)이 「서보(書譜)」를 지어 한위육조(漢魏六朝)의 서론(書論)을 집대성하였고 아울러 그 글씨도 왕희지의 초서의 진수를 얻은 명작으로서 존중되었다.

그러나 당 8세기 중반에 가까운 개원(713~41)·천보(742~55)시기가 되면 종래의 귀족사회가 점차 막다른 데 이르고, 왕희지 이래의 전통적인 서법도 형해화(形骸化)되어 활발한 기상이 사라지게 되었다. 그리하여 이것을 대신하여 일어난 것이 이른바 광초(狂草)인데, 장욱(張旭)·회소(懷素:725~?)가 그 초기를 대표하는 자이다. 이들은 휘호에 앞서 많은 술을 마시고 감흥을 유발시킨 다음 병풍이나 담벼락 등 넓은 평면에다가 단숨에 종횡무진으로 초서를 써내려갔다. 그 모습은 당시의 시인들에 의해 시가로 노래되고 있는데, 장욱의 「자언첩(自言帖)」, 회소의 「자서첩(自敍帖)」 등이 약간이나마 그 일단을 오늘날까지 전하고 있다. 이 광초는 당 말부터 오대에 걸쳐 일부 승려들 사이에 계승되었다. 이러한 광초의 출현은 그보다 조금 늦게 일어난 일품화(逸品畵)와 함께 과도기에 있어서 고양된 인간정신의 한 측면을 보여주는 것이라 하겠다.

당 중기에 출현한 안진경(顔眞卿:709~85)은 왕희지의 글씨에 숙달한 위에 이들 광초가와도 친교를 맺었는데, 굳세고 생명감 넘치는 새로운 서풍을 내놓아 이것이 마침내 오대·송 이후의 새로운 글씨를 탄생시킨 커다란 원동력이 되었다. 그 대표작으로 해서체의 「천복사다보탑비(千福寺多寶塔碑)」 「마고선단기(麻姑仙壇記)」 「대당중흥송(大唐中興頌)」 「안씨가묘비(顔氏家

廟碑)」 등이 있으며, 행초체의 초고(草稿) 「제질문고(祭姪文稿)」 「제백부문고(祭伯父文稿)」 「쟁좌위문고(爭坐位文稿)」는 3고(三稿)라 불리고, 그밖에 해행초예(楷行草隷)를 섞어 쓴 파체(破体)로서 「증배장군시(贈裵將軍詩)」가 있다.

안진경보다 조금 앞선 이옹(李邕;678~747)은 왕희지의 서풍을 이어받아 특징있는 맑고 힘있는 글씨를 썼으며 「녹산사비(麓山寺碑)」 「이사훈비(李思訓碑)」 등 많은 행서비를 썼다. 안진경 이후에는 유공권(柳公權;778~865)이 안진경의 서풍을 계승하여 보다 견고하고 아름다운 서풍을 완성하였는데, 특히 그 비판(碑版)은 당시 귀족사회에서 인기가 있었다. 대표작으로 「금강반야경(金剛般若經)」 「현비탑비(玄秘塔碑)」 등이 있다.

한편 당 중기에는 현종(685~762)의 예서 「기태산명(紀泰山銘)」과 「석태효경(石台孝經)」, 사유칙(史惟則)의 예서 「대지선사비(大智禪師碑)」, 이양빙(李陽冰)의 전서(篆書) 「반야태제기(般若台題記)」 등 전·예서의 역작이 차례로 나타난 것도 주목할 만하다.

또한 근년 발굴된 묘지(墓誌) 가운데도 뛰어난 작품이 적지 않다. 서호(徐浩)의 예서 「장정규묘지(張廷珪墓誌[746])」를 비롯하여 「영태공주묘지(永泰公主墓誌[706])」 「위형묘지(韋泂墓誌[708])」 「위욱묘지(韋頊墓誌[718])」 「장구령묘지(張九齡墓誌[740])」, 한택목(韓擇木)의 「남천현주묘지(南川縣主墓誌[752])」행서체인 「회왕묘지(會王墓誌[810])」 「정덕유묘지(鄭德柔墓誌[848])」

안진경의 최후

안사의 난이 발발한 것은 안진경이 47세 때였다. 당시 그는 평원(平原)태수로서 분전하여 일약 명성을 떨쳤으나, 항전(抗戰)한 종형 안고경(顔杲卿) 부자는 안록산에게 참살되었다. 「제질문고(祭姪文稿)」는 안고경의 아들 안계명(季明)을 제사지낸 글로서, 안고경은 한쪽 발이 없고 계명은 머리뿐이었다고 한다. 그로부터 25년 후, 이희열(李希烈)의 난이 일어났을 때 안진경은 설득의 임무를 명령받았으나 반란군에 잡혀 채주(蔡州: 하남성 新蔡)로 옮겨져 그 곳에서 3년간 옥살이를 한 후 이희열의 부하에게 살해당했다. 글씨 외에 문학작품집으로서 『안로공문집(顔魯公文集)』14권이 전한다.

등이 그것이다.

오대의 글씨

오대십국 가운데 지금의 남경에 도읍한 남당(南唐), 항주(杭州)에 도읍한 오월(吳越), 그리고 성도(成都)에 도읍한 전촉(前蜀)·후촉(後蜀) 등은 물산이 풍부하고 비교적 평화가 지속되었기 때문에 한 때 문화가 번영하였다. 특히 남당에서는 군주가 문학과 미술을 애호했던 까닭에 징심당 종이(澄心堂紙)와 이정규묵(李廷珪墨) 등 세련된 문방구가 제작되었고 「징심당첩(澄心堂帖)」「승원첩(昇元帖)」 등의 법첩(法帖)도 각인되었다.

글씨를 보면 당 중기에 일어난 혁신적인 조류는 다소 정체되었으나, 당 말에서 오대에 걸쳐 양응식(楊凝式;873~954)이란 자가 나타나 홀로 기염을 토하였다. 그는 원래 기골있는 인물이었으나 난세를 만나

현종(玄宗) 석태효경(石台孝經)

李域錚·趙敏生·雷冰·陝西城박물관 편저『西安碑林書法藝術(增訂本)』(섬서인민미술출판사, 1989)

대당 중흥송(中興頌)

『書道全集』(권10:平凡社), 東京, 三井文庫 소장

몇 번이나 미친 사람을 가장하였으므로 양풍자(楊風子)라고 불렸다. 그 글씨는 회소·안진경의 영향을 받아 자유분방한 초서를 특색으로 하고 있으며, 특히 송대에 와서 구양수(歐陽修)·소식(蘇軾)·황정견(黃庭堅)으로부터 절찬을 받았다. 사서의 기록에 의하면 그는 벽서(壁書)에 가장 자신이 있었던 것으로 보이는데, 낙양의 불사·도관의 담벽은 거의 그의 글씨로 뒤덮였다고 한다. 이러한 벽서는 그 성격상 보존이 어려워 거의 사라지고 말았는데, 그의 작품으로는 「신선기거법(神仙起居法)」「구화첩(韭花帖)」 그리고 노홍(盧鴻)의 「초당십지도(草堂十志圖)」의 발문(跋文)이 오늘날 겨우 전해지고 있다.

이밖에 오대의 글씨로는 1942년 사천성 성도에서 발굴된 「왕건애책(王建哀冊〔918〕)」, 1950년에 강소성 강녕현(江寧縣) 조당산(祖堂山)에서 발굴된 「이변애책(李昪哀冊〔943〕)」 등이 있는데 모두 옥(玉)에 해서로 새겨져 있다. 왕건은 전촉을 세운 사람이고 이변은 남당을 세운 사람으로 이들의 글씨는 모두 오대 해서의 뛰어난 작품으로서 귀중한 유물들이다.

서안 비림 (西安 碑林)

비림은 서안시 섬서박물관 안에 있는데 당 문종(文宗)시기에 각인된 『개성석경(開成石經)』을 보존하기 위해 당말·오대에 시작한 것이라고 한다. 본래는 묵동(墨洞)·비동(碑洞)이라 불렸는데, 청 가경(嘉慶)시기에 비림이란 이름이 생겨 현재에 이르고 있다. 최초의 설치장소는 확실치 않으나 지금의 장소에 두어진 것은 북송 말로, 수차례 지진을 비롯한 각종 피해를 입을 때마다 수축되었다. 신중국 성립 후 충실을 기하여 한에서부터 육조·수당을 거쳐 근대에 이르기까지의 비갈(碑碣)·묘지(墓誌)·경당(經幢)·조상(造像) 등 2,300여점을 보유하고 있다. 글씨를 비롯한 예술의 보고(寶庫)로서 가치가 매우 높다.

▦ 비어 있는 쪽 ▦

Ⅵ. 중세사회의 붕괴

1·2·3/愛宕 元 4/西脇常記

1. 안사(安史)의 난

기미(羈縻)지배의 파탄

무주(武周) 말 이래의 정치혼란은 무삼사(武三思) 등의 외척과 중종(中宗)의 위황후(韋皇后)·안락(安樂)공주·태평(太平)공주 등 황친세력의 정권에 대한 야심으로부터 야기된 것이었다. 그들의 정치개입에 저항하여 황제친정을 회복하려고 했던 자들이 주로 무측천에게 등용되어 두각을 나타내고 있었던 과거출신 관료세력이었다는 것은 얄궂은 일이다. 713년 부친인 예종(睿宗)의 양위를 받아 현종(玄宗)이 즉위하였는데, 이것은 후자 즉 황제친정파가 중앙정계에서 권력투쟁에 승리한 결과였다. 현종은 즉위 다음해 태평공주 일파의 숙청에 성공하여 명실상부한 황제친정체제를 확립하였고 그해 말 개원(開元)으로 연호를 고쳤다. 이른바 '개원의 치(治)'라고 일컬어지는 당대의 극성기(極盛期)가 시작된 것이다. 개원의 치를 이룩한 자들은 요숭(姚崇)·송경(宋璟) 등 과거출신 관료계층이었는데, 이들이 무주시기에 계속되었던 탄압에도 불구하고 현종시기에 다시 세력을 만회한 관롱(關隴)계 귀족세력과 대립하는 것은 불을 보듯 뻔한 일이었다. 734년 이림보(李林甫)가 재상이 되면서 관롱계 귀족의 정치적 우위가 거의 확실하게 되었다. 이림보는

752년에 죽기까지 약 20년에 걸쳐 재상으로서 전권을 행사하였는데, 안록산(安祿山)이 3개 절도사를 겸임하여 강력한 군사력을 보유하고 급기야 반란봉기에 이르게 된 배경에는 재상 이림보의 정치적 의도가 커다란 요인으로 작용하고 있었다.

도호부명	설치연도	설치장소	통치지구
安西	640	龜玆	西域〔天山南路·西투르키스탄〕
北庭	702	庭州	西域〔天山北路〕
安北	646	외몽골 위트겐(郁督軍)산 → 陰山南麓	외몽골
單于	650	雲中	내몽골
安東	668	平壤→遼東→遼東新城	고구려·남만주
安南	679	交州	南海諸國

6도호부표
(都護府表)

여기서 절도사에 관해 기술해 두어야겠다. 당이 주변 이민족을 통치하는 방식을 기미지배(羈縻支配)라고 하는데, 안서·북정·안북·선우·안동·안남 등 6개 도호부를 설치하여 통치거점으로 삼았다. 각 도호부 아래에 다수의 기미주(州)를 두고 현지의 부족장 등 유력자를 도독(都督)이나 자사(刺史)에 임명함으로써 형식상으로는 내지의 주현제를 외부 주변지역에 확대한다는 형태를 취하고 있으나, 기미지배하의 여러 민족이나 여러 부족 각각이 지닌 정치체제에는 거의 간섭하지 않고 조공(朝貢)의 의무를 부담시키는 정도의 극히 느슨한 통치방식이었다. 또한 각 민족이나 각 부족간의 민족적·부족적 불화와 대립을 교묘하게 이용하고 그것을 증폭시켜 이간하는 책략을 취함으로써 군사력을 거의 동원하지 않고도 이들을 지배하는 데 성공, 이들을 포섭한 광역의 대당제국을 형성할 수 있었던 것이다. 그러나 당의 문물·제도, 그리고 문화를 직접 접촉하면서 성장한 이들은 급속히 각각의 민족·부족들을 통합, 자립하면서 당의 기미지배로부터 이탈하여 당의 위협적인 대외세력으로 바뀌게 되었다. 그 때문에 당은 주변 변경지대 방어를 위해 지금까지 채택해 왔던 부병 방인(府兵防人)에 의한 진수(鎭戍)체제를 근본적으로 재검토할 필요성을 절감

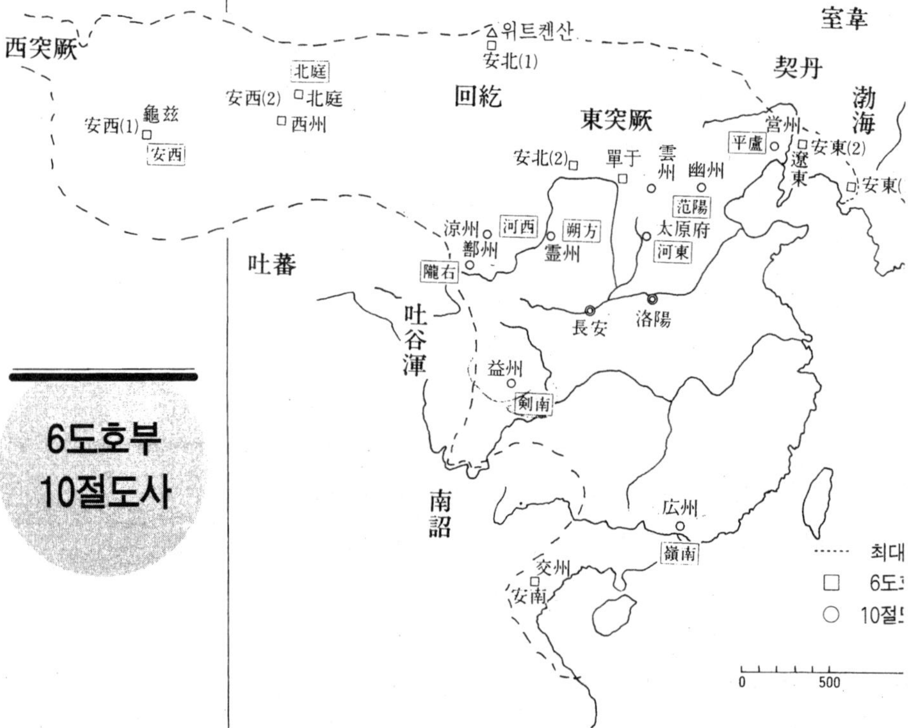

6도호부 10절도사

하게 되었다. 변방강화를 위해 새로이 수천에서 1만 명을 넘는 병력으로 구성된 군진(軍鎭)이 설치되었는데, 그들의 병력원은 징병에 입각한 부병제로는 도저히 불가능하였으므로 모병제에 의지하지 않을 수 없었다. 현종 초년(712)에는 이미 30개 군진을 헤아리고, 30년 뒤인 개원 말년(741)에는 60개 군진으로 그 수가 배로 증가하고 있는 사실로부터도 외압의 강도

절도사名	설치연도	鎭所	방어대상	병력	군마(軍馬)
安西	710	龜玆	西突厥(Türküt)	24,000	2,700
北庭	712	庭州	突騎施(Türgish) 堅昆(Kirghiz)	20,000	5,000
河西	710	涼州	吐蕃과 突厥의 연계방지〔河西回廊의 確保〕	73,000 (776년 토번에게 沒)	7,900
朔方	721	靈州	突厥	64,700	13,300
河東	711	太原	突厥	55,000	14,800
范陽	713	幽州	契丹·奚	91,400	6,500
平盧	719	營州	室韋·靺鞨	37,500	5,500
隴右	713	鄯州	吐蕃	75,000	10,000
劍南	714	益州	吐蕃·蠻獠〔티베트계 산악민족〕	30,900	2,000
嶺南	711	廣州	夷獠〔버마계 산악민족〕	15,400	-
병력통계				486,900	67,700

10절도사 (節度使)

병력 및 군마수는『資治通鑑』권 215, 天寶원년조에 의거한 것임.

와 그에 대처하기 위한 당의 변경방어력 강화가 급속하게 진행되고 있음을 알 수 있다. 이 군진을 지역별로 여러 개를 묶어 통솔하기 위해 신설되었던 것이 절도사이다.

이 시기에 당 초(唐初) 이래의 율령체제로는 대처할 수 없는 상황이 다방면에서 발생하기 시작하였는

데, 이러한 배경에서 율령관제의 틀을 벗어난 직책, 즉 관품령(官品令)·직원령(職員令)에 규정된 것 이외의 관직이 잇따라 생기게 된다. 이들 신설관직은 한결같이 '모사(某使)'라는 명칭이 주어졌기 때문에 사직(使職)으로 총칭되었다. 이것이 이른바 '영외(令外)의 관(官)'인데, 군사방면에서의 사직 가운데 가장 중요한 것이 절도사이다.

절도사는 710년 처음으로 설치된 이후 약 10년 동안 10개의 절도사가 탄생하였다. 10절도사의 설치시기·주둔지·방어대상·병력수는 앞의 표와 같다. 이에 의하면 도호부가 대폭 후퇴하고 변경방어에 대규모 병력이 배치되어 있는 것을 알 수 있다. 병력수 및 군마수는 방어대상의 강약, 특히 기병전력의 강약을 반영하고 있다. 이러한 사실은 기미체제의 파탄, 요컨대 대당제국의 판도축소가 의외로 일찍 진행되고 있음을 보여준다. 또 각 절도사가 보유한 강대한 통할병력에도 주목해야 할 것이다. 안록산이 반란을 일으킨 배경에는 이러한 강대한 병력을 지닌 절도사를 3개나 겸임하고 있었던 사실과 무관하지 않다. 이들 10절도사 가운데 안서·북정·평로 절도사는 그 주둔지가 장성 밖의 최전선에 있다는 이유도 있어서 한결같이 무관이 절도사로 부임하였다. 12위(衛)장군 아니면 번장(蕃將)이라 불린 이민족 출신의 무장이었다. 한편 나머지 7개 절도사의 주둔지는 변경이라 해도 모두 장성내에 설치되어 있어 주로 중앙의 고위 문관이 절도사에 부임하였으며, 중앙에 돌아가 재상으로 승진하는 유력한 하나의 발판이 되기도 했다.

개원의 치의 안과 밖

다음에 현종시기 중앙관계의 동향을 알아보자. 현종치세의 전반기는 무주시기부터 점차 대두해 온 과거출신 관료들의 리더격인 요숭·송경이 차례로 재상에 올라 앞 시기의 정치적 혼란을 수습하고 현종을 적절히 보좌하여 강력한 황제친정을 실현하였다. '개원의 치'로 일컬어지는 당대의 황금시대가 출현하였던 것이다.

그러나 이 개원연간(713~41)에 이미 극심한 대립관계가 정권중추에 내재하고 있었다. 무주시기 이래 계속하여 중앙관계로 진출해 온 유능한 과거출신 관료세력과 무주시기에 억압받았던 전통적 귀족출신 계층, 특히 당실(唐室) 이씨와 강한 유대를 지닌 관롱계 귀족세력과의 대립관계가 그것이었다. 이 양자의 미묘한 정치적 균형 속에서 전자의 주도 아래 실현된 것이 '개원의 치'였다.

734년, 당 종실에 속하는 이림보가 재상이 되면서 양자의 정치적 균형은 무너지고 정국은 관롱계의 우위로 일변한다. "입에는 꿀이, 뱃속에는 칼이 있다" 혹은 "부드럽고 듣기 좋은 말 속에 간교함이 많다"고 평해지던 이림보는 현종의 총비 무혜비(武惠妃)와 총신인 환관 고력사(高力士)에게 교묘히 접근, 미리 현종의 의중을 알아내 그 뜻에 영합하는 언동을 취함으로써 현종의 신임을 얻었고 이례적인 승진으로 재상의 자리까지 올라갔던 것이다. 재상이 되자 그는 경쟁자를 차례로 실각시키고, 자기의 지위를 보다 확고히 하기 위해 당시 문관이 재상으로 승진하는 코스로 간주되던 장성 내 절도사에 문관을 취임시키지 않고 무관과 번장으로 전부 바꾸어 버렸다. 이리하여 안록산이 절도사가 되는 길이 열렸던 것이다.

안록산의 등장

안록산은 이란계 소구드인을 아버지로, 튀르크계 돌궐인을 어머니로 하여 태어났다. 이란계와 튀르크계의 혼혈이었던 이유에서인지 '잡호(雜胡)'라고 불렸다. 어렸을 적 이름은 알락산(軋犖山)이라고 한다. Alexandros의 음역, 또는 인도어로 '빛'을 의미하는 roxsǎn을 음역한 것이라 한다. 록산은 락산과 음이 서로 통해 개명한 것으로 추측된다. 서역 출신자에게는 록산이라는 이름이 별로 진기한 것이 아니었다고 생

조록산(曹祿山)의 상거래에 관한 소송문서. 그는 소구드의 카브단(曹國)출신으로 추정된다.

『吐魯番出土文書(第6冊)』(文物出版社, 1985)

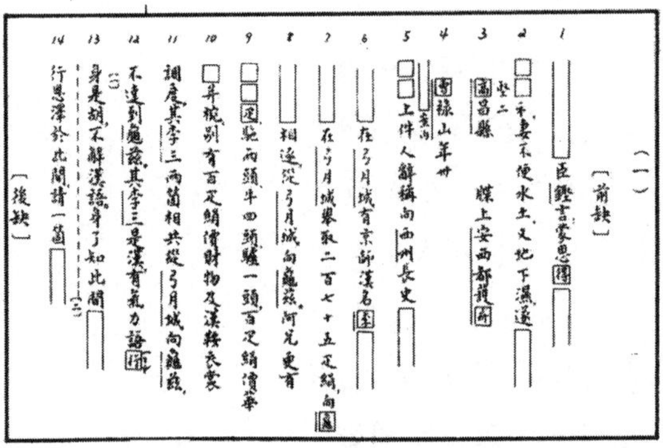
(一)
〔前缺〕
□臣鏗言蒙恩擇□
□□示妻不便水土，又地下濕遂□
高昌縣　牒上安西都護府
曹祿山年卅
□□上件人辭稱向西州長史□
在弓月城有京師漢名□□
在弓月城舉取二百七十五疋絹，向□
相逐，從弓月城向龜茲，阿兄更有
□□□駝兩頭、牛四頭、驢一頭，百疋絹價、華
□并鞍，別有百疋絹價財物及漢鞍衣裳
調度，其李三兩箇相共從弓月城向龜茲，
不達到龜茲，其李三是漢，有氣力語□
身是胡，不解漢語，身了知此間□
行，恐澤於此間，請一箇□
〔後缺〕

투르판(吐魯番) 문서

각되는데, 근년 출토된 투르판(吐魯番)문서 가운데서도 그 이름은 산견된다.

이와 같은 출생배경을 가진 안록산은 돌궐어를 비롯한 6개 언어에 능통하였으므로 젊은 나이에 호시아랑(互市牙郎)이 되었다. 이는 북변 교역장의 통역 겸 중개인이었다. 이어서 범양절도사 장수규(張守珪)에게 인정을 받아 착생(捉生)으로 채용되어 절도사 군단에서의 첫걸음을 내딛게 된다. 착생이란 것은 적의 상태를 살피기 위해 적의 영역 깊숙이 잠입하여 쓸 만한 사람을 유괴하는 것을 임무로 하는 자로서, 그의 언어능력과 예리한 지리감각으로부터 볼 때 그에게 딱 알맞은 자리였다. 그는 곧 자신의 능력을 발휘하였고 이후 편장(偏將)·평로병마사(兵馬使)·범양절도부사(節度副使)·평로군사(軍使)를 역임하며 장성 밖의 평로와 장성 안의 범양 두 군단에서의 중추적인 지위를 순차적으로 밟아 올라갔다.

아울러 안록산은 중앙으로부터 그 지역의 시찰을 위해 관료가 파견될 때마다 많은 뇌물을 주어 현종의 총애를 얻고자 애썼는데, 그 결과 마침내 742년 평로절도사에 임명되기에 이른다. 더욱이 양귀비(楊貴妃)를 매개로 현종의 총애를 더욱 확고히 하는 동시에 이림보에게도 교묘히 접근하여 744년에는 장성 안의 범양절도사, 751년에는 같은 장성 안의 하동절도사 등 3개 절도사를 겸임하는 데 이르렀다. 이로써 안록산은 10개 절도사의 총병력 486,900명 가운데 37.8%에 해당하는 183,900명을 거느리게 되었다.

더욱이 이 병력 이외에도 해(奚)·거란(契丹)족 등으로 구성된 수만 명의 사병(私兵)군단을 소유하였다. 이들은 안록산과 가부자(假父子)관계를 맺고 있어 그 충성심은 매우 강고했으며, 뒤에 안록산이 반란을 일으켰을 때 반란군의 중핵부대가 된다. 755년 반란 봉기까지 3개 절도사 재임기간을 보면 평로에 14년, 범양에 12년, 하동에 5년으로, 당시 다른 지역 절도사의 임기가 약 2년이었던 것에 비하면 유달리 길었다는 느낌이 든다. 그런 가운데 안록산은 가부자 관계에 입각한 절대적인 충성심으로 유지되고 있는 사병군단뿐만이 아니라 일반장병[官健]과의 사이에도 긴밀한 주종관계를 맺어놓고 있었다.

그런데 안록산에게 3개 절도사를 장기간에 걸쳐 겸임하도록 하고 강대한 병력을 맡겨두었던 이례적인 조치는 전술했듯이 오로지 안록산에 대한 현종의 개인적 은총과 재상 이림보의 정치적 의도가 복합적으로 결합된 결과였다. 다시 말해 황제권력과 전통적 귀족세력과의 타협 아래 성립하고 있던 율령적 군신관계의 균형이 무너지면서, 황제권력의 자의적인 행사에 대한 귀족세력의 억제력이 저하된 결과였다.

여기에 새로이 현종의 개인적인 은총에 힘입어 급속히 부상한 인물이 또 하나 있으니, 바로 양국충(楊國忠)이었다. 3천명의 후궁 가운데 현종의 총애를 한몸에 모았던 양귀비의 육촌 오빠였던 그는 재무관계 능력을 인정받아 40여개의 사직(使職)을 겸임하면서 중추적 지위를 차지하게 되었다. 이렇게 많은 직

율령적 군신관계

주지하듯 당대 관제의 중심은 율령규정에 의거한 삼성육부제(三省六部制)이다. 황제의 뜻을 토대로 제고조칙(制誥詔勅)을 기초(起草)하는 등 황제권을 대행하는 기능을 가진 것이 중서성(中書省)이다. 중서성에서 입안된 조칙의 가부를 심의하고, 신하가 올린 상주를 황제에게 진언할 것인가 아닌가를 결정하는 것이 문하성(門下省)이다. 문하성에는 중서성에서 회부된 조칙에 대하여 거부권을 발동하는 봉박(封駁)의 권한이 제도적으로 보장되어 있었다. 문하성의 장관·차관급은 문벌귀족 출신자가 차지하여 황제권력의 일방적인 행사를 제약하는 기능을 맡았다. 상서성에는 이(吏)·호(戶)·예(禮)·병(兵)·형(刑)·공(工)부의 6부가 있어 문하성의 심의를 거친 조칙의 문서행정을 담당하였다.

책을 겸임했다는 것은 농본주의에 기초한 조용조(租庸調)제도의 파탄으로 초래된 대폭적인 국고수입 감소를 보충하기 위해 수많은 재무관계 사직이 신설되었다는 사실을 반영하고 있었다.

국가방위상 최일선인 동북변경에서 군사적 공적을 크게 쌓아올린 안록산과 재무관료로서 능력을 발휘한 양국충. 정치적 인맥이나 사회적인 세력기반을 가지지 못하고 오로지 현종의 사적인 은총에만 의존할 수밖에 없었던 이들이 현종의 은총을 둘러싸고 서로 대립하게 되는 것은 필연적인 일이었다. 현종의 변덕에 따라서는 하루아침에 지금까지 올라온 지위를 잃게 될지도 모를 취약한 입장에 있었기 때문이다. 다만 이림보가 살아 있는 동안은 이 양자를 교묘히 조종하여 간신히 대립관계가 표면화되는 일은 일어나지 않았다. 그러나 752년 이림보가 죽고 양국충이 재상이 되자 양자의 대립은 즉각 표면화되어 이미 돌이킬 수 없는 상태가 되었다.

양국충은 자신을 삼류귀족으로 경멸하는 관롱계 귀족을 중심으로 한 이림보 집단을 배제하고 문벌적 배경이 약한 과거출신 관료를 중용하는 한편, 현종의 사적 은총만으로 유지되고 있던 극히 불안정한 자기의 지위를 보존하기 위해서 은총의 최대 경쟁자인 안록산을 제거하는 데 전념하였다. 재상으로서 수도 장안에 있는 이상 현종 가까이에서 마음대로 안록산을 중상하는 것은 양국충에게는 용이한 일이었다. 양국충의 이 같은 안록산에 대한 노골적인 도발행위와 실

가부자(假父子) 관계

군사력을 확대할 목적으로 이성(異姓)의 양자를 취하여 맺은 의제적(擬制的)인 부자관계를 말한다. 가부(假父)는 유력한 부하를 가자(假子)로 삼음으로써 가자에 대하여 가부장적인 지배력을 행사하고, 가자는 가부에 대하여 절대적인 충성을 바친다. 당대 후반기 하극상을 두려워한 무인계 절도사에게 일반적으로 나타나고 있는데, 당 말·오대시기에는 수백명, 혹은 그 이상의 많은 가자를 거느린 예도 드물지 않다. 가부를 중심으로 한 강고한 주종적 결합인 가부자 관계는 일종의 운명공동체이며, 의제적이긴 하지만 가부장을 핵으로 한 당시의 '가(家)'관념이 표출된 것이었다.

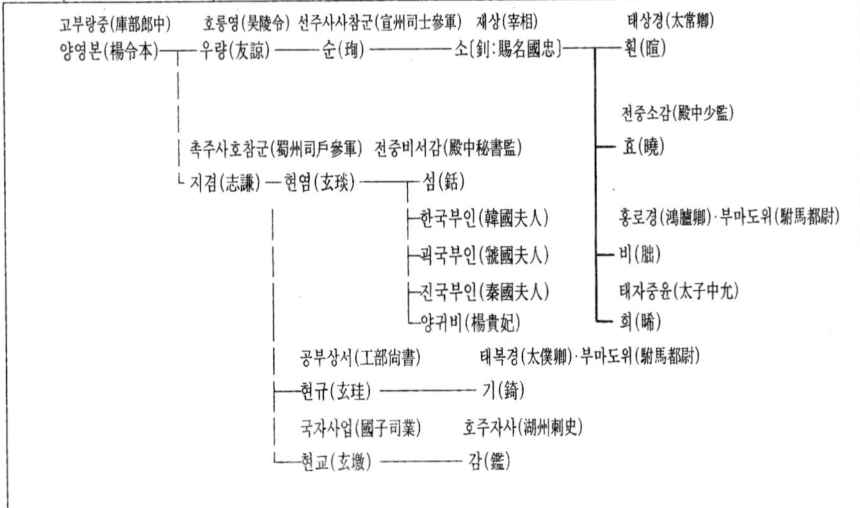

『신당서(新唐書)』 권71하, 宰相世系表에 의거

양씨 계보

양국충

본명은 소(釗). 현종의 은총을 얻어 국충(國忠)이란 이름을 하사받았다. '나라에 충성'해야 할 그가 안사의 난의 직접적인 도화선이 되어 당을 멸망의 위기로 몰아넣은 것은 얄궂은 운명이라고 하겠다. 또 별도로 게재한 양씨 계도(系圖)는 문헌들마다 큰 차이가 있어서 불명확한 점이 적지 않다.

각공작은 장안에 정보망을 깔아놓았던 범양의 안록산 진영에 낱낱이 보고되어 왔다. 안록산의 위기의식은 점점 더 고조될 수밖에 없었다. 장안과 동북변경, 황제와 얼마나 멀리 떨어져 있느냐의 거리차가 이 시점에서 양자의 우열을 결정했던 것이다.

반란의 발생

현종의 사적 은총을 둘러싼 두 사람의 투쟁에서 이미 자신의 열세를 회복하기 어렵다고 판단한 안록산은 755년 11월 9일 군주의 측근에 있는 간신 양국충을 주벌(誅罰)한다는 구실로 본거지인 범양(幽州)에서 거병하였다. 그의 본의는, 현종의 은총으로 지탱하고 있는 현재의 지위를 보존할 수 없을 바에는 스스로가 황제가 되는 길밖에는 없다고 하는 인식에 이르렀던 것으로 생각된다. 더구나 강력한 정예의 군사력을 보유하고 있었으므로 군사적인 승산은 충분했을 것이다.

본거지 범양 등에 일부 수비부대를 남겨두고, 해·거란·동라 부자군(父子軍) 8천명의 정예 기마부대를 중핵으로 한 15만의 반란군은 곧장 장안을 향하여 남하하였다. 그리고 거병 뒤 불과 1개월 정도가 지난 12월 3일에는 낙양을 점령한다. 선봉을 맡은 정예 기마부대의 기동력과 파괴력이 이 같은 파죽지세의 원동력이었다. 다만 남쪽으로 향한 진군에만 주력한 나머지 하북 배후지를 치는 데 충분한 주의를 기울이지 못했던 점, 또 하동절도사를 겸임하면서도 하동방면[산서성]을 확실하게 제압할 수 없었던 점이 전략상의 실패로, 나중에 후회를 남기게 된다.

다음해인 756년 정월 초하루, 안록산은 대연(大燕)황제를 칭하며 낙양에 머물러 앉아 하남방면으로의 공략을 전개한다. 그러나 이것은 당 지방관의 분전에 의해 저지되고, 당의 곡창지대인 강남으로의 반란군 진출은 이루어지지 않았다. 낙양함락 후 반년이 지난 6월 8일, 장안 동쪽 방면의 최대거점인 동관(潼關)이 돌파되었다. 당 중앙은 대혼란에 빠졌고, 현종은 양귀비를 동반하고 6월 13일 새벽 황망히 장안을 떠나 촉

▼

해(奚)·거란(契丹)·동라(同羅) 부자군(父子軍)

모두 북·동북아시아의 유목민족이며 당의 기미지배 아래에 있었다. 해는 몽골계[또는 튀르크계] 선비족의 한 지족(支族)으로 7세기 전반 당에 복속하였다. 거란은 몽골계로서 10세기에 정복왕조 요(遼)를 건국한다. 동라는 튀르크계 철륵(鐵勒) 여러 부족의 하나로 돌궐에 복속하고 있다가 8세기 초(716)에 당에 복속하였다. 안록산은 이들 세 민족[부족]의 정예병을 선발하여 이들과 가부자관계를 맺고 충성스러운 강력한 사병부대를 편성하였다. 안록산 자신이 '잡호(雜胡)'였던 점을 함께 고려하면 매우 홍미로운 일이다.

(蜀:사천성)으로 몽진하지 않으면 안되었다.

그런 도중, 장안에서 서쪽으로 얼마 멀지 않은 마외역(馬嵬驛)에서 호위병사들의 분노가 폭발하여 현종을 수행하던 양국충이 살해되었다. 그 뒤 병사들의 분노를 가라앉히기 위해 현종은 양귀비의 목숨까지도 희생하지 않으면 안되었다. "육군(六軍)은 움직이지 않으니, 어쩔 수가 없네. 둥글게 돌아간 눈썹, 말 앞에서 죽네", 「장한가(長恨歌)」에서 읊은 한 장면이다. 현종이 장안을 탈출한 지 20일 후인 6월 23일 반란군은 장안에 입성하였다.

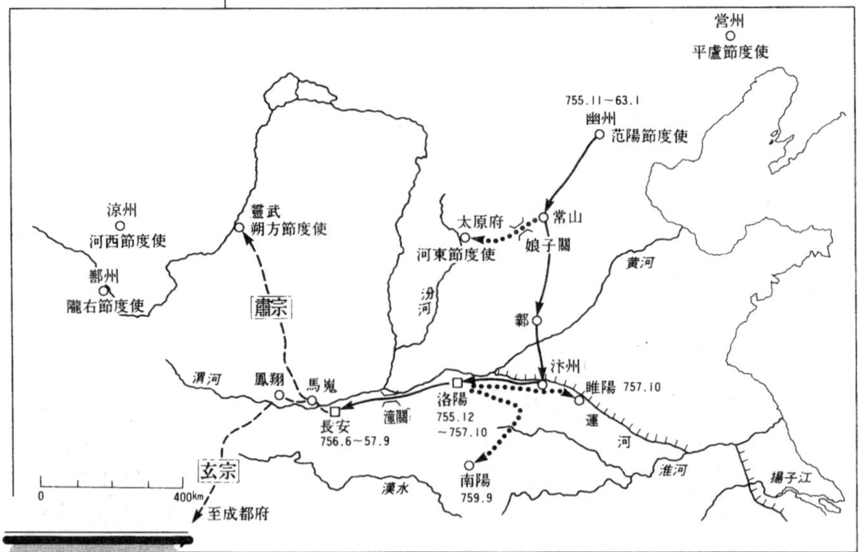

안사의 난 주요이동로

안록산 본군(本軍)행로 — 안록산 별군(別軍)행로 ·········

현종·숙종퇴각로 — 연·월은 반란군 점령기간

당의 반격

한편 당은 삭방(朔方)절도사의 주둔지인 영무(靈武)에서 즉위한 숙종의 지휘 아래 태세를 재정비하여 하서·농우(隴右)·삭방 등의 절도사 병력을 결집함과 동시에 튀르크계 위구르[回紇]족을 불러들여 기마병력을 증강하였다. 또한 안록산의 본거지인 범양과 낙양·장안과의 연락을 단절하는 작전이 화북 각지에서 전개되었으므로 반란측은 많은 병력을 그쪽 방면으로 분산하지 않으면 안되었다.

이러한 직접적인 군사반격과 병행하여, 반란측의 유력 장수들에 대해서는 많은 은상과 고관자리를 약속하며 귀순을 유도하여 반란측의 붕괴에 상당한 효과를 거두었다. 단 귀순해 온 유력 장수들에게는 절도사의 직책이 수여되었는데, 그들이 강대한 군사력과 넓은 지역의 지방민정권을 장악하여 당 중앙의 통제에 복종하지 않고 자립해 나간 과정은 다음 장에서 서술할 것이다.

공세에서 수세로 몰리기 시작한 반란군측은 격렬한 내분으로 인해 자멸의 길을 걷게 된다. 757년 정월 안록산이 아들인 안경서(安慶緖)에게 살해되고 함께 거병했던 사사명(史思明)은 범양에서 따로 독립하려는 움직임을 보임으로써 반란측은 화북과 낙양·장안 세력으로 분열하고 말았다. 전세를 재정비한 사사명은 당의 반격에 결정타를 가함과 동시에 759년 3월에는 안경서를 살해하여 재차 낙양에서 대연(大燕)

숙종(肅宗)의 즉위

숙종은 756년 7월 12일에 영무(靈武)에서 즉위하였는데, 성도(成都)로 간 현종이 그 사실을 안 것은 8월 12일이다. 이 시점에서 그간의 사정을 알게 된 현종은 양위를 한다. 그 때문에 숙종에게는, 비상시라고 하지만 부제(父帝)의 양위를 기다리지도 않고 이미 저질러 놓은 일을 가지고 양위를 강요했다고 하는 후세의 비난이 따르고 있다. 원결(元結)이 짓고 안진경이 글씨를 쓴 유명한 마애석각(摩崖石刻)인 '대당중흥송(大唐中興頌)'은 안사의 난이 평정되고 당이 재흥된 일을 칭송하여 쓴 것이지만, 글 가운데 숙종에 대한 비난의 뜻이 포함되어 있는지의 여부를 둘러싸고 의논이 분분하다.

황제를 칭하였다. 세간에서 안사(安史)의 난이라고 부르는 까닭은 여기에 있다. 그러나 사사명도 아들 사조의(史朝義)에게 살해된다. 사조의는 약 4년에 걸쳐 낙양을 지배했으나, 762년 10월 마침내 낙양을 유지하지 못하고 도주하였으며 다음해 정월 부하에게 배신당한 뒤 자살하였다. 이로써 9년에 걸친 대란이 가까스로 일단락되었던 것이다.

사사명의 동전

위 득일원보(得壹元寶), 아래 순천원보(順天元寶) 순천(順天)은 사사명이 내걸었던 연호(759년 4월~761년 3월)

중국인민은행, 『中國歷代貨幣』(編集組 편), 『中國歷代貨幣(기원전 16세기~기원후 20세기)』(신화출판사, 1982).

안사의 난의 의의

안사의 난의 계기가 되었던 것은 현종치세 후한기 정치적 해이를 배경으로 현종의 사적 은총을 둘러싸고 벌어진 권력투쟁이었다. 안록산·사사명은 모두 번장(蕃將)이고 그 군사력의 중핵은 해·거란·동라 부자군이라 불린 이민족 부대였지만 그밖의 잡다한 여러 민족도 포함한 혼성부대였다. 개개 민족의 자립의식은 그다지 명확하지 않았다. 따라서 이 대란을 당의 기미지배로부터의 민족자립운동이었다고 보는 데에는 커다란 의문이 있다. 그렇지만 화북 전역을 휩쓸었던 대란으로 말미암아 일어난 변화는 매우 컸다. 전통적인 귀족세력, 특히 산동귀족은 본관지에서 결정적인 타격을 입고 몰락화의 경향을 더해갔다. 또한 전란으로 인한 유망민의 격증, 그리고 화북 각지에서 신흥토호층을 중심으로 한 자위집단의 출현 등, 당대 사회가 유동화·다양화 되어가는 결정적 계기를 마련했다는 점에서 안사의 난은 확실히 당대를 전기와 후기로 구분짓는 기점이 되는 사건이었다. 정적인 율령체제 지배는 대폭적인 전환을 하지 않을 수 없었고, 동적인 사회정세의 진행에 당은 새롭게 대응하지 않으면 안 되었다. 끝으로 이 같은 시대변화를 상징하는 하나의 에피소드를 소개하고자 한다. 사치를 좋아하는 현종은 마구간의 말을 음악에 맞추어 춤출 수 있도록 조련하게 하였다. 그리고 현종의 생일〔千秋節〕에 이 춤추는 말을 금은주옥과 금수비단으로 치장하여 어전에서 춤을 추게 하고 입에 술잔을 물려 현종에게 바치게 하였다. 그 때까지도 안록산에 대한 현종의 은총이 두터웠던 때라 그는 여러 필의 춤추는 말을 하사받아 범양으로 돌아갔다. 곧 난이 일어나고 춤추는 말 하나가 그의 주요부장인 전승사(田承嗣)의 소유로 돌아갔다. 그러나 전승사는 그것이 특수한 조련을 받은 말인 줄 알지 못하고 다른 군마와 함께 묶어 두었다. 어느 날 연회가 열리고 음악이 마구간에까지 들려오자 춤추는 말은 능숙하게 몸을 흔들기 시작했고 이를 본 부하들은 놀라서 그런가 보다고 생각해 말을 때렸다. 말은 춤이 시원찮은 것으로 생각하고 계속하여 한층 더 격렬하게 몸을 흔들어댔고 결국은 맞아죽고 말았다.〔『太平廣記』 권435에 인용된 「明皇雜錄」〕. 이 말의 운명은, 안사의 난을 계기로 절정기에서 쇠퇴를 향해 하일로를 걷게 된 당의 운명을 매우 적절히 상징하고 있는 듯하다. 1970년 10월 서안 남

하가촌에서 출토된 금은기

출토문물은 1천여 점에 이르며 그 가운데 금은기는 270점으로 모두 극히 정교하다. 하가촌은 당 장안성내 흥화방(興化坊)의 중심에서 약간 서남쪽에 위치하는데, 현종의 종제(從弟)인 빈왕(邠王) 이수례(李守禮) 혹은 그 아들인 사빈왕(嗣邠王) 이승녕(李承寧)의 저택이 있던 장소와 거의 일치하므로, 이 금·은기들은 그들이 소유했던 것일 가능성이 크다. 이 곳에만 다수의 귀중품이 지하 깊숙이 한 곳에 모여 묻힌 것으로 보아 긴급히 피난하면서 움을 파고 감추어둔 것이라 생각된다. 756년 6월의 안록산, 763년 10월의 토번, 783년 10월의 경원(涇原)절도사 주체(朱泚) 가운데 그 누군가가 장안을 점거했을 때의 일로 추정된다. 그러나 최근, 사원의 탑 기단 지하매장물이라고 하는 새로운 설이 제시되고 있다.

도금무마함배문은호(鍍金舞馬銜杯文銀壺)

陝西省博物館 編, 講談社·文物出版社 編集, 『陝西省博物館』 중국의 박물관1(講談社, 1981)

唐 높이 18.5cm, 口徑 2.2cm 西安市南郊何家村穴藏 出土

유목민족이 말 탈 때 항상 휴대하고 다녔던 가죽자루를 모방한 것. 당시의 이국적 취미를 보여준다.

쪽 변두리 하가촌(何家村)에서 움 속에 묻혀 있는 대량의 금은기(金銀器)류가 출토되었다. 그 하나인 도금무마함배문방피낭은호(鍍金舞馬銜杯文仿皮囊銀壺)는 바로 이 춤추는 말을 주제로 한 작품이다.

2. 번진(藩鎭)과 양세법(兩稅法)

내지(內地) 절도사의 설치

안사의 난이 한창이던 756년 당은 난의 대책으로서 운하의 요충지인 변주(汴州)에 하남절도·채방처치사(河南節度採訪處置使)를 두었다. 종래 변방을 위해 설치했던 10개 절도사 이외에 내지에 절도사가 설치된

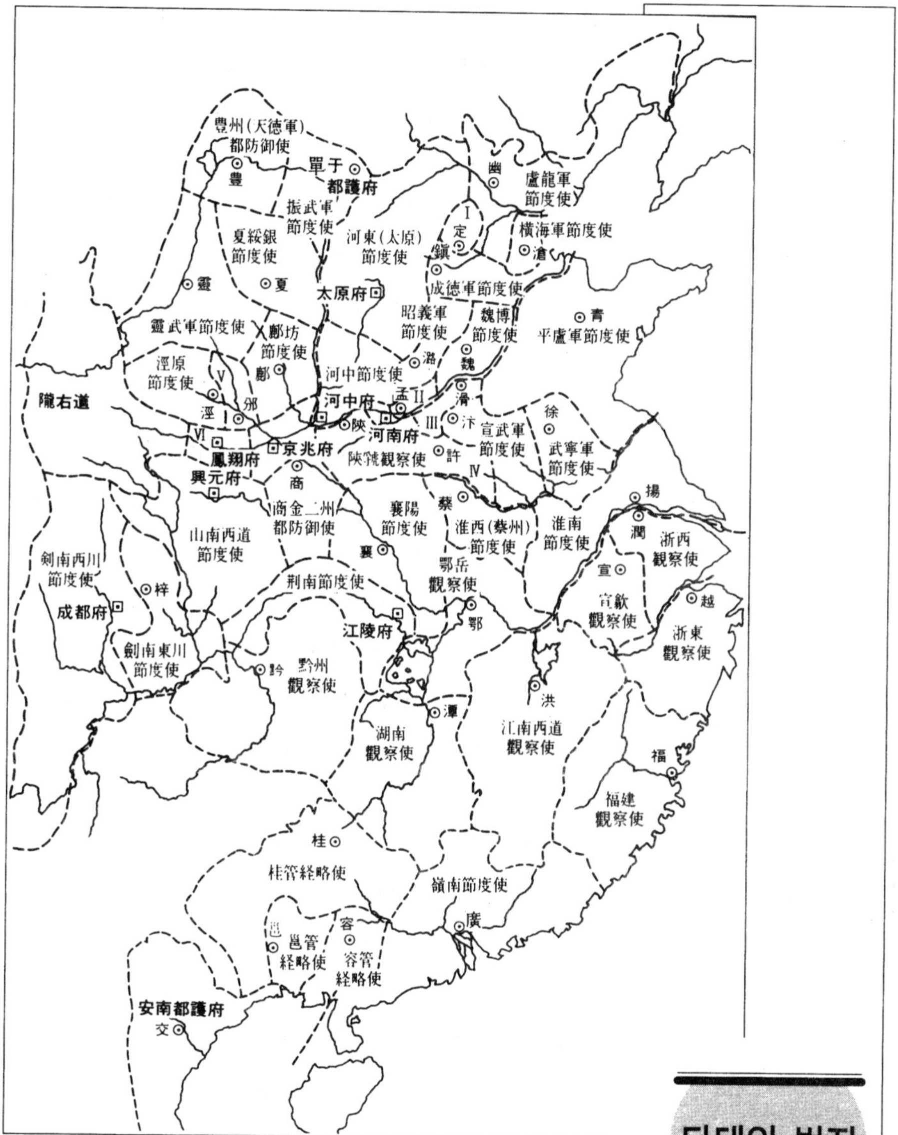

당대의 번진

Ⅰ 義武軍節度使 Ⅱ 河陽三城節度使 Ⅲ 義成軍節度使
Ⅳ 忠武軍節度使 Ⅴ 邠寧慶節度使 Ⅵ 鳳翔節度使

최초의 예였다. 이후 내지 요충지에 차례로 설치되어 9세기 후반에는 경조부(京兆府)·하남부(河南府)의 2개 수도권을 제외한 전국 300여 주가 40~50개의 절도사·관찰사 중 어느 하나에 속하게 되었다.

이들 내지 절도사는 강력한 병권을 보유했을 뿐만 아니라, 동시에 광범위한 지역의 민정·재정권까지도 지녔던 점에서 사실상 주(州)의 상급 행정구역이라고 할 수 있었다. 이것을 번진이라고 한다. 민정·재정·군사권을 한꺼번에 장악했기 때문에 그 중에는 강력한 군벌로서 지역지배를 강화하여 중앙으로부터 자립경향을 보이는 번진도 출현하였다. 그 경향이 가장 두드러진 번진이 안사의 난의 항장 이보신(李寶臣)·이회선(李懷仙)·전승사(田承嗣)가 각각 재임했던 성덕군(成德軍:恒冀)·노룡군(盧龍軍:幽州 즉 范陽)·천웅군(天雄軍:魏博)의 3개 절도사로서, 이들은 중앙의 경질 명령을 거부하고 절도사 자리를 여러 대에 걸쳐 세습하였다.

앞의 하북 삼진(河北三鎭)만큼은 아니더라도 중앙으로부터의 자립화 경향을 보이는 번진이 적지 않았는데, 중앙은 이들을 '반측(反側)의 땅'이라 하여 그 대책에 고심하게 된다. 이에 대하여 중앙의 통제에 복종하는, 주로 강남에 위치한 번진들은 '순지(順地)'라고 불렸는데, 당 후반기는 오로지 이 '순지'에 의존함으로써 존속할 수 있었다고 해도 과언은 아니다.

번진의 권력구조

우선 이해의 편의를 위해 천웅군절도사 전승사의 정식관함을 보자.

> 위박절도 지탁 영전 관찰처치등사 개부의동삼사 태위 검교상서좌복야 동중서문하 평장사 겸 위주대도독부장사 상주국 안문군왕전승사(魏博節度·支度·營田·觀察處置等使, 開府儀同三司, 太尉·檢校尙書左僕射·同中書門下平章事·兼魏州大都督府長史, 上柱國, 鴈門郡王田承嗣)

개부의동삼사는 문산계(文散階) 종1품이다. 태위 이하가 실제의 직장(職掌)을 나타내는 직사관(職事官)이지만, 위주자사와 같은 뜻인 위주대도독부장사 이외의 고위관명은 권위를 덧붙이기 위한 단순한 가관(加官)이며 실제로 직책을 맡은 것은 아니다. 상주국은 훈관(勛官) 정2품이며, 안문군왕은 작위(爵位) 종1품이다. 이상은 산관(散官)·직사관·훈관·작위의 순으로 관함을 표시하는 공문서의 서식 규정인 「공식령(公式令)」에 의거하여 기록한 것으로, 결국 율령관제 범위 내의 직함이다. 중요한 것은 전반부에 군사권·재정권·둔전(屯田)관리·민정권을 각각의 직장으로 하는 절도사·지탁사·영전사·관찰사라는 네 개의 사직(使職)을 띠고 있다는 점이다. 이렇게 본다면 군사·재정·행정권을 행사하여 광범위한 지역을 지배하는 군벌로서의 번진권력이 어떻게 제도적으로 뒷받

침되고 있는지 이해할 수 있을 것이다.

사직의 확대는 안사의 난을 계기로 율령체제에 의한 중앙집권 통치력이 쇠퇴하고 전국 3백여 주를 주단위로 직할할 수 없게 됨에 따라 보다 광역의 행정구역을 설정함으로써 효율화를 기하려 했던 데 목적이 있었다. 그러나 이것은 중앙의 의도와는 달리 강대한 권력을 부여받은 번진이 분권화의 길을 걷게 되는 결과를 낳았다.

번진의 권력기구는 행정·재정을 담당하는 주원(州院)과 군사를 관장하는 사부(使府)의 이중구조로 이루어져 있다. 번진은 사부가 있는 주를 거점으로 순속(巡屬)의 주를 지배하기 위해 다수의 문관 막료(幕僚: 僚佐)를 필요로 하였다. 주원 및 사부는 이들 막료에 의해 구성되는데, 벽소(辟召)를 통해 유능한 인재를 모집하였다. 순지(順地)의 사부에서는 과거합격자가 초임 내지 재임단계에서 벽소되고 이어서 중앙의 엘리트 코스로 되돌아가는 예가 많지만, 반측(反側)의 번진에서는 과거 낙제자가 벽소되는 예도 적지 않았다. 낙제자라고는 하지만 높은 수준의 교양을 갖추고 있었던 이들은 번진에 있어서 중요한 인재 공급원이었다.

관료가 되어 체제 내에서 영달하기를 바라면서도 과거에 낙제하여 반체제로 기울게 된 인물은 물론 어느 시대에나 존재한다. 당 말 대반란의 지도자 황소(黃巢), 주전충(朱全忠)의 모사(謀士)로서 '백마(白馬)의 화(禍)'를 교사(敎唆)한 이진(李振), 서하(西夏)로 망명하여 송의 전략상의 약점을 폭로한 장원호(張元昊), 명

말에 일어난 '이자성(李自成)의 난'의 참모 우금성(牛金星), 그리고 청을 뒤흔들었던 태평천국(太平天國)의 홍수전(洪秀全) 등은 전부 과거낙제자였다.

그러나 과거의 최종합격자는 당대에 수십명, 송대에는 수백명에 불과하고, 낙제자의 수는 당대에 수백명, 송대에는 일만 수천명에 이른다. 결국 매년[송대는 3년에 한번] 다수의 낙제자가 재생산되고 누적되어 가는 것이다. 이들 낙제자 가운데 직접적인 반체제로 기울었던 자는 숫자상으로 본다면 오히려 극히 소수의 예외일 뿐 압도적 다수는 가정교사, 사숙(私塾)의 경영, 묘지(墓誌)·족보 등의 대서(代書)업, 그리고 번진의 벽소에 응하여 준관료가 되기도 하였다. 당대 중기 이후 과거출신 관료가 관계에 진출함에 따라 낙제자까지도 어느 정도 적극적인 평가를 받게 되었던 것이다.

번진에 의한 낙제자의 벽소—물론 낙제자뿐만이 아니지만—라는 측면에 주목하면, 이들 낙제자는 당의 정식 관리등용법인 과거에서 탈락한 자들이다. 그럼에도 불구하고 당 후반기 번진체제하에서, 비록 준관료이기는 하지만 이들이 관료가 될 수 있는 길이 열림에 따라 그 중 많은 사람이 번진 사부·주원의 막직관(幕職官)으로 진출해 갔다. 번진에 의한 낙제자 벽소는 불평지식인으로서의 낙제자가 직접적인 반체제로 돌아서는 것을 어느 정도 억제하는 작용을 하는 한편, 그들이 의도했든 아니든 결과적으로는 번진권력을 강화하는 역할을 행하게 되었다. 그것은 당의 통치력을 상대적으로 약체화시켰음을 의미한다. 이것

사부주(使府州)·순속주(巡屬州)

번진이 지배하는 영역에서 가장 중요한 주성(州城) 안에 사부·주원이 두어졌기 때문에 그 주를 사부주라고 한다. 말하자면 절도사가 막부(幕府)를 둔 주를 말한다. 사부주 이외의 영역내의 주를 순속주라고 한다. 앞의 전승사를 예로 든다면 사부주는 위주(魏州), 순속주는 박(博)·패(貝)·위(衛)·전(澶)·상(相)의 5주이다. 일반적으로 사부주에는 사부·주원을 둘러싸듯이 내성(內城)을 축조하는 경우가 많다. 이 내성을 아성(牙城)·자성(子城)이라고 부른다. 복곽(複郭)이나 중곽(重郭)구조의 성곽이 이 시기 이후 당말·오대에 이르기까지 다수 출현하고 있는 것은 시대상을 반영하는 것으로 주목할 만한 현상이다.

은 그야말로 역사의 아이러니라 할 것이다.

번진의 군사구조

절도사가 통괄하는 병력은 아군(牙軍)·외진군(外鎭軍) 및 순속주(巡屬州) 자사가 관할하는 병력 등 세 종류로 되어 있다. 아군은 사부주(使府州)에 상주하는 최정예 친위부대이며, 아군이 주둔한다는 뜻에서 사부주의 내성(內城)은 아성(牙城)으로 불렸다. 외진군은 영내 요충지에 배치되어 안으로는 영내 순속주의 감시, 밖으로는 인근 번진에 대한 방어를 담당한 부대로서 군사(軍使)·진장(鎭將)이 통솔하였다. 순속주 자사는 방어사(防御使)·단련사(團練使)·수착사(守捉使) 등의 군사관계의 사직(使職)을 갖고 일정병력을 보유하여 주의 치안유지를 담당하였다. 이상은 번진 병력의 대부분을 차지하는 정규병력으로서, 일체의 경비를 관에서 지급한다 하여 관건(官健)이라고 불렸다.

절도사는 이 관건 이외에 사병(私兵)으로 구성된 가병(家兵)집단을 거느리고 있는 것이 보통이었다. 절도사는 갑자기 성공한 무인인 경우가 많아서 아군에 대하여 반드시 충분한 권위를 지닌 것은 아니었고, 또 아군 병사는 본시 용병이기 때문에 절대적인 충성심이 결여되어 때때로 병란을 일으켜 절도사의 폐립을 행하기도 하였다. 그 때문에 절도사는 가병(家兵)이라는 신뢰할 만한 군사집단을 조직하여 신변 가까이에 두고 스스로를 보호하지 않으면 안되었다. 절도

> **관건(官建)**
>
> 농민 가운데 건장한 자를 선발하여 편성한 단련병(團練兵)이라 일컫는 병종(兵種)을 일부 포함하지만, 거의가 모병(募兵)으로 편성되어 있다. 군의(軍衣)·병량(兵糧)·급여(給與) 등이 모두 국가에서 지급되는 국가의 용병(傭兵)이다. 그 대부분은 생업을 잃은 유민·객호(客戶)·무뢰배가 모집에 응한 것으로, 그들은 대우개선 등을 내걸고 각종 병란을 일으키게 된다.

사와 가병은 집단적인 가부자 관계를 맺고 있었으므로 그들의 주종관계는 매우 강고하였다.

가병은 앞 장에서 서술한 안록산의 부자군(父子軍)과 기본적으로 동질적인 존재이지만, 반드시 이민족 출신자로 고정된 것은 아니었다. 이들은 '가부(假父)'와 '가자(假子)'라는 의제적인 부자관계로 맺어져 있기는 하지만, 비상시에는 부(父)인 절도사에게 가장 신뢰할 만한 군사력으로 존재했다. 이것은 인정사정 없는 하극상의 시대에서 패(敗)하면 일족 전체가 죽는다고 하는 냉혹한 운명공동체 의식을 공유하고 있었기 때문이었다. 그렇게 해야만 신명(身命)을 함께 하는 관계가 성립할 수 있는 것이다.

가병은 일반 관건보다 경제적으로 훨씬 우대를 받았고 또 그 재원을 중앙으로부터 각 번진에 지급되는 일정 액수의 관건경비를 삭감하여 마련하는 일이 적지 않았기 때문에, 아군을 중심으로 한 관건병사의 불만과 반감을 초래하여 병란발생의 한 요인이 되었다. 이에 대하여 절도사는 가장 신뢰하는 가병의 부장(部將)을 아군의 중추에 두고 또 외진군의 진장에 배치하는 등 번진병력 전체를 장악하고자 애를 썼다.

이와 같이 아군(牙軍)을 비롯한 정규군과 사병(私兵)으로 이루어진 가병집단을 동시에 거느리지 않을 수 없었던 군사상의 이중구조에서도 번진의 내부모순을 볼 수 있다. 번진 여러 세력이 자립화 경향을 더해가는 상황 속에서 당이 후반기에 어쨌든지 150년간이나 존속할 수 있었던 배경에는 그와 같은 번진의 사정이 중요한 요인으로 자리하고 있다. 즉 이러한 군사상의 이중구조로 말미암은 번진의 불안정성 때문에 각 절도사는 당으로부터의 관작부여 등을 통해 자신의 권위를 강화할 필요가 있었고, 따라서 완전히 자립한 존재로 박차고 나가지는 못했던 것이다. 적어도 9세기 후반 황소의 난까지는 당의 권위가 어느 정도 효력을 지니고 있었다.

번진(藩鎭)명칭	절도사 이름	지배영역(州)	병 력(명)
盧龍軍(幽州)	朱滔	12	6만 3천
天雄軍(魏博)	田承嗣(田悅)	7	7만
成德軍(恒冀)	李寶臣	7	5만
平盧軍(淄靑)	李正己	15	10만
宣武軍(汴宋)	李忠臣(李勉)	4	10만
淮西(蔡州)	李希烈	3	?
義武軍(易定)	張孝忠	2	?
橫海軍(滄景)	?	2	?

780년 무렵의 반측 번진

(注) 모군(某軍)이라는 호칭은 번진 아군에 사여한 군액(軍額:軍號)이지만 그 번진병력을 총칭하는 말로 쓰였다. 괄호 안의 사부주 또는 유력 순속주명을 앞에 붙인 호칭도 사용되었다.

반측 번진의 세력

안사의 난이 종식된 지 약 20년, 정확히 양세법 시행연도에 해당하는 780년경의 주요 반측 번진의 지배영역과 보유병력은 다음 표와 같다. 여기에 제시한 병력은 관건만의 숫자이며, 가병 또는 사병은 포함되어 있지 않다. 예컨대 노룡군의 경우, 일반 사병 약 1만명과 위구르(回紇) 사병 약 3천명을 보유하고 있었던 사실이 전하므로 그밖의 번진도 같은 정도의 사병

부대를 거느렸던 것으로 추정된다.

중앙에 대하여 가장 반항적인 자세를 보인 노룡·천웅·성덕군 등 이른바 하북삼진(河北三鎭)과 그 밖의 자립화 경향을 강하게 보인 반측 번진은 모두 하북·산동지방에 집중되어 있다. 이것은 안사의 난으로 인한 후유증이라 할 수 있다. 즉, 난 진압을 위해 반란측의 유력장수를 대상으로 실시한 귀순공작은 일정한 성과를 올렸으나 그 대가로서 구반란측 본거지를 분할하여 그들 항장을 각각 내지 절도사로 삼았던 결과인 것이다. 다만 당에게 다행이었던 것은 강회(江淮) 이남의 지역을 순지(順地)로 확보할 수 있었다는 점이다. 강회·강남의 풍부한 생산력과 그 생산물을 양경(兩京)으로 수송하는 운하지대는, 중국 남부에 대한 경제적 의존도가 높아진 후반기에 있어서는 바로 당의 생명선이었던 것이다.

양세법의 시행

농민층의 계층분화는 안사의 난에 의해 더욱 가속화되었다. 대토지소유가 확대되어간 반면, 토지를 잃은 객호(客戶)가 격증하였다. 토지와 농민의 불가분성을 전제로 한 균전체제에서의 조용조 징수체계는 점차 기능이 마비되고, 재정수입은 대폭 감소해 갔다. 이것을 보충하기 위해 임시적인 세였던 호세(戶稅)와 지세(地稅)가 상설화되는 동시에 갈수록 증징(增徵)되었고, 또한 청묘전(青苗錢)이라고 하는 전납(錢納)세가

> **객호(客戶)**
>
> 본관지를 떠나 타향에 있는 자를 말한다. 당대에는 균전체제가 붕괴된 후 본관지에서의 토지를 유지하지 못하고 다른 곳으로 유망하여 대토지소유의 용작(傭作) 등이 되는 경우가 많았다. 이들은 본관지의 주현 호적에서 탈락되었기 때문에 당연히 호적에 의거한 징세기능은 크게 약화되었고, 이어 국고수입이 대폭 감소하였다. 양세법 시행의 의도 중 하나는 이와 같은 객호 역시 국가가 파악한다는 점에 있었다. 객호란 토지 보유자를 일컫는 토호(土戶:主戶)의 대칭어이다.

신설되는 등 조용조 외의 부가세가 증가되어 갔다. 780년 양염(楊炎)의 건의로 시행된 양세법은 위와 같은 급변하는 사회정세에 대처할 수 없게 된 조용조제를 대신하여 등장했던 것이다. 양세법의 내용은 다음의 6개 원칙으로 정리된다.

① 단세(單稅)원칙 : 조용조 외의 각종 세를 일원화하고 양세 이외의 세금징수를 금한다. 세율과 징세시기가 다른 각종 세를 일원화함으로써 징세의 효율화를 기하는 동시에, 번진의 자의적인 증세에 의한 군비확장을 재정적 측면에서 규제하려는 의도가 내포되어 있다.

② 2회징수의 원칙 : 맥전(麥田)에 대한 하세(夏稅)의 납기는 6월, 속(粟)·도전(稻田)에 대한 추세(秋稅)의 납기는 11월을 기한으로 한다. 주의할 것은 동일한 토지의 생산에 대한 2회징수는 아니라는 점이다.

③ 호(戶) 대상과 자산대응의 원칙 : 농민은 소유지의 면적, 도시의 상공업자는 자산에 따라 과세한다. 또 행상(行商)에게는 30분의 1의 상세(商稅)를 징수한다. 이는 조용조제에서의 정(丁)대상 부과방식, 즉 정남(丁男)의 노동력을 모두 균등시하고 이를 근거로 동일 면적의 토지를 급전하고[정남에게 口分田 80畝가 반드시 급전되었던 것은 아니지만] 균등부과(賦課)한다는 제도상의 이념이 이미 완전히 비현실적인 것으로 인식된 결과이다. 이것은 빈부의 차, 요컨대 토지소유의 불균형을 시인하고 현실적으로 진행되고 있는 대토지소유를 사실상 용인한 것이다.

④ 양출제입(量出制入)의 원칙 : 세출(歲出)예산을 산정하여 세액을 결정하는 것을 원칙으로 한다. 이것은 번진의 반란으로 인한 막대한 비용지출이 주된 이유이겠지만, 지출의 격심한 증감에 대응할 수 있도록 재정에 유연성을 주기 위한 것이다. 또 예산의 범위를 설

정함으로써 역시 번진을 재정면에서 규제하려는 의도도 갖고 있다. 조용조제에서는 전술했듯이 징세단위로서 정(丁) 대상을 원칙으로 하고 있기 때문에, 호적에 의거해 정남의 수를 파악하면 자연히 조용조의 총액, 즉 세입액이 정해지고 그것에 의해 세출이 결정된다고 하는 경직된 양입제출(量入制出)의 원칙을 따르고 있다. 양세법의 양출제입의 방침은 그런 의미에서 재정상 커다란 진보였다고 할 수 있다.

⑤ 전액전납(錢額錢納)의 원칙 : 과세기준이 되는 자산, 평가·예산편성·세액결정 등을 모두 전액(錢額)으로

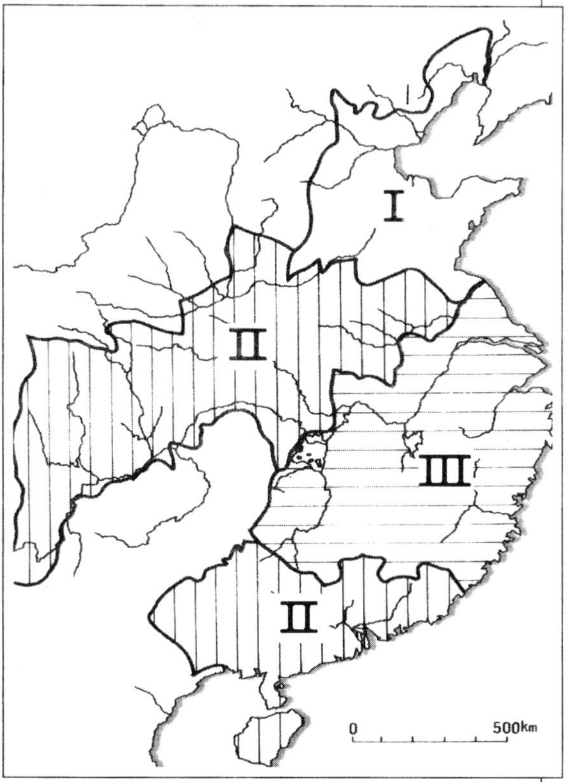

양세의 상공(上供) 상황(9세기 초)

I. 자립번진
II. 부정기적인 상공을 하는 번진
III. 정기적 상공을 하는 번진

그 외는 변경 번진

결정하고, 납세도 전납을 원칙으로 하였다. 이것은 화폐경제의 진전에 대응한 조치이다. 다만 화폐가치로 환산하여 그와 등가(等價)의 현물을 납부하는 것도 인정되었다. 이것을 절납(折納)이라 하였다.

⑥ 현거(現居)의 원칙 : 토호(土戶)·객호(客戶)의 구별없이 유산호(有產戶:면적에 관계없이 토지를 소유한 호)는 모두 현재 거주하고 있는 곳의 호적에 등록하여 과세한다. 물론 대토지 소유자의 땅을 경작하는 무산용작(無產庸作)·전호(佃戶)에게는 과세하지 않는다. 이것은 본관지 이탈을 사실상 용인하였음을 의미한다.

이상의 6개 원칙에서 분명히 알 수 있듯이, 양세법은 무엇보다도 당 정권이 사회정세의 커다란 변화에 대응하기 위해 좀더 효율적이고 기능적인 세제를 채택할 필요에서 나온 것으로, 납세자인 농민대중의 입장에서 보면 상당한 증세(增稅)의 부담을 안게 되었다.

양세법의 운용내용

양세법의 운용은, 징세현장으로부터 상급기관에 상납하는 과정에서 하급단위부터 순차적으로 예산화된 필요경비를 먼저 제외하고 남은 잔액을 상급단위에 상납한다는 방식이 취해졌다. 우선 현에서 먼저 취하는 필요경비분을 유현(留縣)이라고 한다. 다음, 주에서 취하는 필요경비분은 유주(留州)라 하며, 그리고 사부주에서는 번진의 경비분으로서 유사(留使 또는 送使)를 먼저 취하였고, 남은 잔액을 상공(上供)이라 하여 중앙으로 올려보낸다. 양세 총수입 중 유사이하의 지방 배분액과 중앙경비인 상공의 대체적인 배분비율은 2대 1 정도이다.

양세의 상공분은 전국에서 일률적으로 중앙에 송부해야 하는 것이지만, 현실적으로는 그렇지가 않았다. 그림에서 보듯이 하북삼진은 거의 상공을 거부하고, 그 외의 반측번진도 부정기적인 상공밖에 하지 않았으며, 상공하는 경우도 관내의 양세부담 호수를 과소(過少)하게 신고하여 정액(定額)에 훨씬 못 미치는 액수를 상공하는 것이 보통이었다.

따라서 당이 재정적으로 의존할 수 있는 곳은 오로지 강회(江淮) 이남의 순지번진에 한정되었다. 그러나 이들 순지번진에서는 상부의 명령으로 부임한 절도사가 중앙으로 영전하기 위하여 가렴주구의 방법으로 뇌물성 재원을 축적하는 경우가 많아 그 반발로서 종종 병란이 발생하였다.

번진의 반란과 헌종(憲宗)시기의 억압책

안사의 난을 계기로 설치되었던 내지절도사는 난후에 노룡·성덕·천웅의 하북삼진을 필두로 반(反)중앙의 움직임을 더해 갔다. 이에 대하여 당은 누차 억압책을 폄으로써 중앙집권 회복을 도모하였다. 775년 당은 천웅군과 이웃번진인 성덕군이 서로 대립하고 있는 상황을 이용하여 당시 가장 반항적이었던 천웅군의 전승사를 토벌하라는 명령을 내렸다. 그러나 관군으로 동원된 주변의 9개 번진은 명령에 따르지 않았고 도리

식출계량
(食出界糧)

관건(官建)이 유사시에 자기 영역 밖으로 동원된 경우에는 평상시의 3배에 해당하는 전시(戰時)수당이 지급되었다. 이것을 식출계량이라고 한다. 용병으로 이루어진 각 번진의 장병은 오로지 식출계량을 보다 많이 얻으려는 욕심에서 본래의 진압작전 행동을 의도적으로 지연시키면서 날짜 수를 버는 경우가 적지 않아 작전수행에 커다란 장해가 되었다.

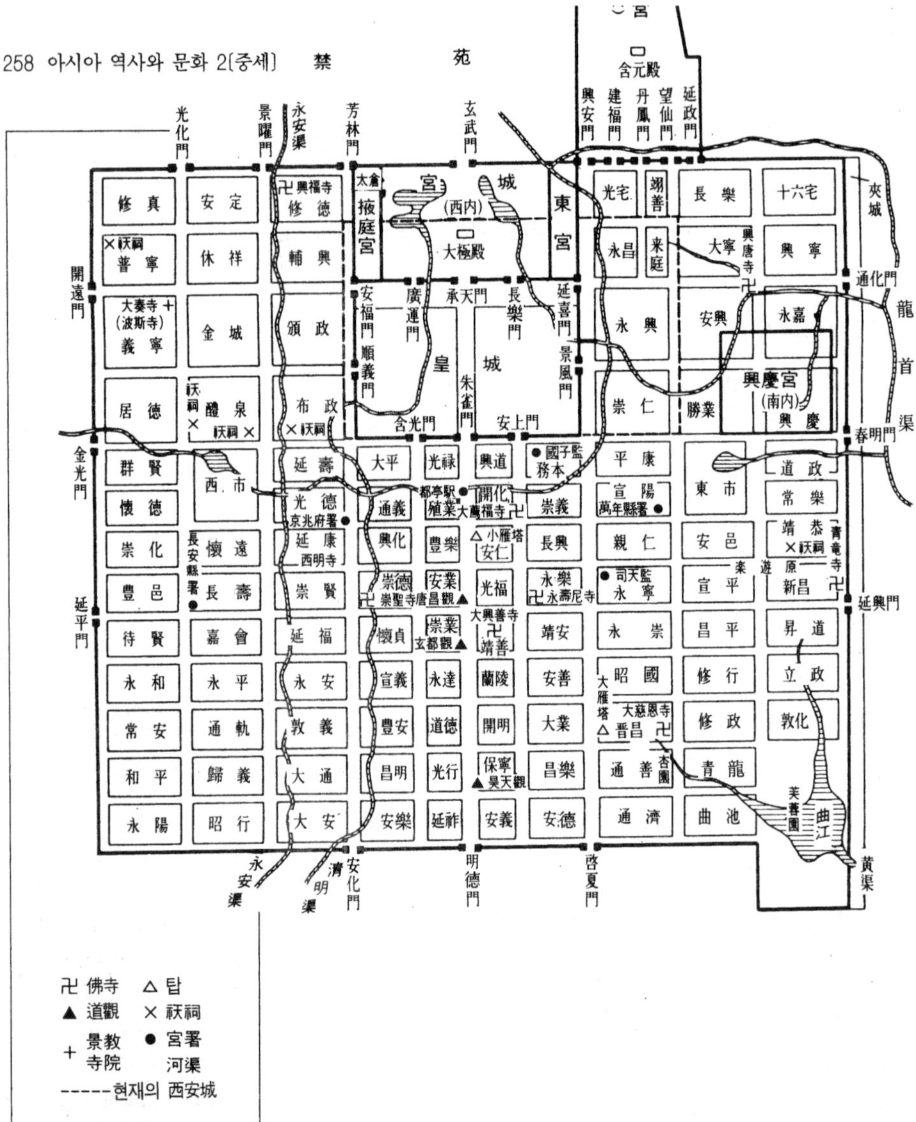

장안성도 (長安城圖)

어 천웅군에 가담하는 번진이 나오게 되어, 대종(代宗:762~79)은 이듬해 천웅군에 사면령이란 형식으로 토벌령을 철회하지 않을 수 없었다.

이어서 성덕군 절도사 이보신(李寶臣)의 죽음을 기

회로 그 후임을 중앙에서 파견하자, 성덕군은 절도사의 세습을 주장하며 781년에 항명하였다. 여기에 천웅·평로 두 번진이 호응하고, 다시 노룡·회서(淮西)·산남동도(山南東道)·경원(涇原) 등 여러 번진이 가담하여 번진연합에 의한 대반란의 양상을 띠게 되었다. 가장 반항적이었던 안사의 난의 항장 절도사가 차례로 사망한 것을 계기로 이들 번진을 일거에 순지화(順地化)하려 했던 당의 의도와는 반대로, 번진 여러 세력은 기득권의 상실을 두려워한 나머지 반란측에 가담했던 것이다.

경원군은 원래 토번(吐蕃)에 대비하여 장안 서북쪽에 두었던 절도사인데, 반란진압을 위해 동원되어 관동(關東)으로 이동하는 도중 장안에서 반란측에 가담하였다. 그 때문에 덕종(德宗:779~805)은 일시 장안을 떠나 몽진하지 않을 수 없었다. 당은 금군(禁軍)과 순지 15개 번진의 병력을 총동원하여 간신히 장안을 회복하였으나, 산남동도를 순지화하는 데 성공했을 뿐, 주요한 반측번진을 굴복시키는 일은 실패하고 786년 재차 사면령을 내리는 것으로 사태를 수습하지 않으면 안되었다.

헌종(憲宗:805~20)시기에 와서 간신히 자립적 번진을 억압하는 데에 어느 정도 성과를 거두게 된다. 그 배경으로는, 양세법 시행 후 4반세기를 지나면서 새로운 세제가 거의 궤도에 올라 재정적인 여유가 생겼던 점, 안사의 난 및 이후 번진의 난에서 사실상 해체되다시피 한 금군을 재편·강화할 수 있었던 점 등을 들 수 있다. 재편된 금군은, 황제의 명령이 신속하게 전달·실행될 수 있도록 하기 위해 환관에게 사령관직을 맡겨 직접 지휘하게 하였다. 지금까지 번진의 난 때 각 번진에서 집결한 진압군이 식출계량을 이용하는 등 거의 쓸모가 없었던 경험에 교훈을 얻은 것이다.

재편된 북아금군(北衙禁軍)은 남아금군(南衙禁軍)에 비해 급여를 비롯하여 후한 대우를 받으며 약15만의 정예병력을 갖추게 되었다. 단 환관이 군사력을 장악한 것은 뒤에 환관이 정치에 개입하여 정국을 좌우하는 요인이 되기도 하였다.

앞서 제시한 9세기 초의 양세 상공상태를 나타낸 지도에서 알 수 있듯이, 정기적으로 양세를 상공하는 완전 순지의 번진은 절동(浙東)·절서(浙西)·선흡(宣歙)·회남(淮南)·강남서도(江南西道)·악악(鄂岳)·복건(福建)·호남(湖南) 등 8개 번진 49주의 땅으로 전체 주의 약 15%를 차지하는 데 불과하지만, 호수(戶數)로는 60%에 약간 못 미치나 과반을 넘는다. 이러한 강남의 높은 인구비율은 높은 생산력과 더불어 당을 지탱하는 재원(財源)이었다.

806년에 개시된 반측번진에 대한 평정전에서는 중소 번진을 각각 나누어 제압하고, 순차적으로 그 주변을 억압하는 형태로 하북삼진을 향해 포위망을 좁혀 들어갔다. 819년에는 5대에 걸쳐 59년간 세습을 유지했던 천웅군 전홍정(田弘正)이 입조하여 절도사직의 계승을 청원하였다. 820년이 되면 3대 39년을 유지한 성덕군 왕승원(王承元)이 입조하여 절도사직

> **남아(南衙)·북아(北衙)의 두 금군**
>
> 국초 이래 금군은 좌우위(左右衛)를 비롯하여 모두 12위로 이루어진 율령 관제 내의 군대로서, 부병이 윤번하여 숙위(宿衛)를 담당하였다. 따라서 그 사령부는 모두 관청이 집중되어 있는 황성(皇城) 안에 있었다. 무주 및 현종 시기에 주로 모병에 의한 금군이 신설되었는데, 안사의 난으로 사실상 해체된 후 덕종기 이후에 새로 재편·강화되었다. 그 사령부를 장안성 북쪽의 금원(禁苑)에 두었기 때문에 북아라고 칭하며, 종전 12위를 남아라고 칭한다. 북아금군의 대표격은 우림군(羽林軍)과 신책군(神策軍)이다.

의 계승을 청원하였다. 821년에는 3대 36년을 유지한 노룡군 유총(劉聰)이 번진에서 도망쳤다. 이리하여 반측번진은 일단 순지화되었던 것이다.

이 군사작전과 병행하여 번진권력을 삭감하는 여러 정책이 실시되었다. 우선 양세 배분상의 개정내용을 보면, 순속주에서 사부로 보내는 송사(送使)분을 폐하는 대신에 사부에서 중앙에 올리는 상공을 면제하였다. 이렇게 하여 사부주와 순속주를 개정면에서 분리하려고 했던 것이다. 다음은 순속주 자사가 주내에 배치된 외진군을 포함하여 주내 전병력을 통솔하도록 재정하였다. 이는 절도사가 통괄하는 병력을 아군과 사부주 내의 외진군에 한정시킴으로써 강대한 군사권력을 분할·축소하려는 것이었다. 다시 중앙의 고급문관을 절도사에 임명하고 또한 단기에 경질하여 휘하 장병과의 사이에 주종관계가 형성되지 못하도록 하였으며, 환관을 감군(監軍)으로 삼아 각 번진에 파견·상주시킴으로써 절도사 이하 번진의 동향을 항상 감시하고 환관이 직접 황제에게 보고하도록 하였다.

3. 우이(牛李)의 당쟁과 황소(黃巢)의 난

관음(官蔭)인가, 과거(科擧)인가

9세기가 되면 주로 관음(官蔭)에 의해 입사(入仕)

하는 전통적인 귀족출신의 관료층, 그리고 가문의 배경이 없는 신흥 서인(庶人) 상층의 과거출신 관료층이 각각 붕당(朋黨)을 만들어 격렬한 정쟁을 전개하였다. 그 동안 꾸준히 관계에 진출해 왔던 과거출신자는 9세기 이후가 되면 인원수뿐만 아니라 능력의 면에서도 우위를 차지하게 되었다. 헌종시기의 재상 25명 가운데 60%에 상당하는 15명이 과거 진사과(進士科) 출신이었다.

여기서 당대 관료가 되는 길에 관하여 언급해 두겠다. 그 방법에는 관음〔任子制〕에 의한 입사와, 국자감(國子監)과 향공(鄕貢) 등 공거(貢擧)에 의한 입사 두 가지 코스가 있었다.

관음이란 조·부가 5품관 이상이면 그 자제(子弟)는 무조건 입사할 수 있는 특권을 말한다. 당대 전반기의 관료는 거의가 관음출신으로, 귀족자제는 모두 이 관음에 의해 관료가 되었다.

공거 가운데 국자감 코스란 국학(國學)을 비롯한 학관(學館)에 적을 둔 생도 중에서 성적우수자를 소정의 시험을 통해 선발하여 임관시키는 것이다. 단, 학관의 입학자격을 보면, 관료자제가 아니면 입학이 거의 불가능하였고 또한 정원은 극히 적었다.

공거의 또 한 가지 코스인 향공이란 원칙적으로 스스로 원서를 내는 자천(自薦)이며, 사서(士庶)의 구별없이 누구나 시험을 볼 수 있도록 되어 있었다. 그러나 향공 코스에 따라 주현시(州縣試)를 거쳐 다시 중앙의 예부시(禮部試:省試)에서 실시한 과목별 학력

이부시(吏部試)의 신(身)·언(言)·서(書)·판(判)

채용시험인 이부의 시험은 이 네 가지를 심사한다. 신이란 신체 풍모, 언이란 우아한 언어표현력, 서는 능필의 여부, 판은 가상의 소송사건에 대하여 유교적 윤리관에 맞는 판결문을 작성할 수 있는지를 시험한다. 서·판은 유능한 인물이라면 평소의 수련을 통해 합격점에 달할 수가 있겠지만, 신과 언을 하루 아침에 체득한다는 것은 오랜 전통을 지닌 귀족이 아니면 극히 어려운 일이었다.

시험을 치열한 경쟁을 뚫고 합격하였다 하더라도, 그것만으로 입사할 수 있는 것은 아니었다. 예부시는 관료신분에 어울리는 학력과 교양을 충분히 체득하고 있는지의 여부를 판별하는 자격심사에 지나지 않았고, 다시 채용시험인 이부(吏部)의 시험을 통과하지 않으면 안되었다.

이부의 시험은 신·언·서·판의 네 가지에 걸쳐 있다. 이 가운데 신과 언은 오랜 전통을 배경으로 가진 귀족자제에게는 극히 일상적인 것이지만, 그 이외의 사람들에게는 아마 이토록 난처한 시험은 없을 것이다. 이는 요컨대 당 초 이래의 율령적 신분질서〔士庶 구별〕가 노골적으로 제도상에 반영된 것으로, 귀족자제가 아닌 자들의 관료등용을 극력 배제하려는 시스템이었다고 할 수 있다. 따라서 서인(庶人)상층출신의 능력있는 인재도 예부시까지는 무사히 통과하지만 이부시에서 거의가 불합격이 되고 마는 것이다.

가도(賈洮)의 묘지명 (墓誌銘)

가도는 함통(咸通) 14년(873)에 죽었다. 글을 지은 막내동생 가섭(賈涉)과 글씨를 쓴 외사촌의 아들 고소손(顧紹孫)은 모두 향공진사를 칭하고 있다.

河南城文物硏究所·河南城洛陽地區文管處 編, 『千唐誌齋藏誌〔下卷〕』(文物出版社, 1984)

주현시를 거쳐 중앙 예부시의 수험자격을 획득한 자는 매년 약 1천명, 그 가운데 예부시에 합격하는 자는 30~40명, 그리고 이부시에 합격하여 임관되는 자는 약 10명 전후에 불과했다. 예부시의 합격자는 이부시를 볼 수 있는 자격을 가진 자로서 전진사(前進士)·전명경(前明經) 등 과목별 직함이 주어진다. 예부시에서 낙제한 자는 정규의 관계진출이 불가능한 존재임에도 불구하고, 향공진사(鄕貢進士)·향공명경(鄕貢明經)이라 자칭하면서 치열한 경쟁시험을 뚫고 중앙의 예부시까지 진출하여 시험을 치렀다고 하는 자부심을 내보였고, 사회적으로도 이들을 지식인으로 인정하게 되었다.

우이(牛李)의 당쟁

과거출신 관료가 관음으로 관료가 된 자에 비해 대체로 우수한 인재가 많았던 것은 당연한 일이었다. 그 때문에 관음의 특권을 지녔으면서도 일부러 과거시험을 통해 관료가 되는 귀족 고관의 자제도 나타나 과거출신자에 대한 평가는 더욱 높아지게 되었다.

관음과 과거라는 입사방법의 차이는 대개 출신계층의 차이를 반영하고 있으며, 우이당쟁의 배경을 이루고 있다.

과거출신 관료를 지지기반으로 하는 쪽이 우승유(牛僧孺:779~847)·이종민(李宗閔:?~843)을 중심으로 하는 당파이다. 우승유는 안정(安定:감숙성 涇川縣)

사람이며, 관롱계의 2류 귀족이었다. 진사에 급제한 후 제거(制擧) 제1등이 되었으나, 그 때 당시의 위정자를 혹독하게 비판하여 재상 이길보(李吉甫)의 미움을 샀으며 이것이 당쟁의 원인이 되었다. 이종민은 종실에 속하는 자로서 역시 관롱계 귀족이었는데, 진사에 급제하고 우승유와 같은 해에 제거에 급제했을 때 격렬하게 당시의 정치를 비판하였다. 모두 귀족출신이지만 관음에 의하지 않고 과거를 통해 입사한 점, 둘 다 관롱계 귀족인 점이 주목된다.

반대편의 당파인 이덕유(李德裕:787~849)는 조군(趙郡:하북성 寧晉縣) 사람으로서 남북조 이래 최고의 명족출신이었다. 그의 부친은 이길보이다. 헌종시기에 재상을 지냈고 제거시험에서 당시의 정치를 격렬하게 비판한 우승유와 이종민을 배제했던 당사자가 이

제거(制擧)

매년 치르는 공거(貢擧:科擧)를 상거(常擧)라고 부른 데 대하여, 인재등용에 소홀함이 없도록 하기 위해 황제의 명에 의해 임시로 행해진 선발시험이 제거이다. 제과(制科)라고도 하며 현량방정과(賢良方正科)·박학굉사과(博學宏詞科) 등 많은 종류의 과목이 있었다. 본래의 제도 목적에서 벗어나 점차 상거 합격자의 엘리트 코스 진출을 위한 등용문과 같은 것으로 변화했다.

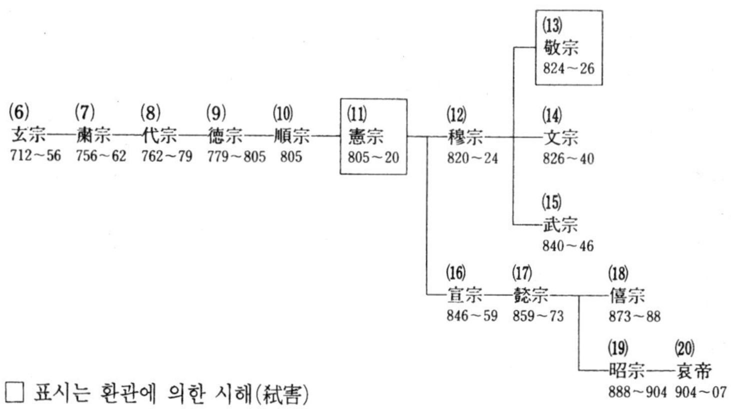

□ 표시는 환관에 의한 시해(弑害)

길보라는 것은 방금 서술한 대로이다. 이덕유는 명문 귀족으로서의 자부심이 강해 서인과 나란히 과거시험을 치르는 것이 싫어 관음을 통해 관계에 들어갔다. 이들은 820년 이후 목종(穆宗)·경종(敬宗)·문종(文宗)·무종(武宗) 4대 약 40년에 걸쳐 서로 당파를 조직하여 격렬한 정쟁을 전개하였다. 한편이 정권을 장악하면 다른 편의 당파에 속하는 자들을 모조리 중앙으로부터 배척하였다. 그 동안 대략 관료의 3분의 1이 이 당쟁에 연루되었다고 하므로 얼마나 격렬한 정치항쟁이었는지 알 수 있다. 후세 사람들은 보통 우이의 당쟁을 우승유파와 이덕유파 각각의 중심인물의 성을 따서 붙인 정쟁으로 이해하고 있지만, 본래는 이덕유파가 우승유·이종민파를 붕당으로 비난하기 위해 두 사람의 성을 병칭했던 것이라고 한다.

과거출신자와 지공거(知貢擧)사이에는 은의(恩義)의식에 입각한 강한 종적 관계가 형성되었는데 이러한 관계를 '좌주문생(座主門生)'이라고 불렀다. 또 같은 해 같은 과의 급제자는 '동년진사(同年進士)' 등이라 칭하며 평생 교우관계를 유지하는 것이 일반적이었다. 이들의 인간관계가 관계에서의 인맥형성에 영향을 미쳤던 것은 상상하기 어렵지 않다. 우승유·이종민파가 상당히 명확한 당파성을 띠고 정치적 행동을 전개했던 것은 이러한 이유에서 납득이 가는 일이다.

그에 대하여 문벌귀족을 배경으로 하는 이른바 이덕유파는 반드시 명확한 당파를 형성하고 있었다고 말하기는 어렵다. 도당을 조직하고 그 무리에 의지하

▼

좌주문생
(座主門生)

성시(省試)의 시험관 총책임자를 지공거(知貢擧)라고 한다. 처음에는 이부원외랑(吏部員外郎: 종6품상)이 지공거가 되었으나, 736년 이후는 공거의 소관이 예부로 옮겨져 예부시랑(禮部侍郎: 정4품하)이 지공거가 되었다. 이 지공거를 좌주, 그 해의 급제자를 문생이라고 한다. 그 뒤 환관의 세력이 강해져 황제의 폐립까지 좌우하게 되자 환관을 지공거에, 황제를 과거합격자에 비유하여 "정책국노(定策國老, 환관이 주모하여 세운 천자), 문생천자(門生天子, 환관의 시험에 합격하여 등극한 천자)"라고 풍자하기도 하였는데, 그만큼 시험관과 급제자의 관계는 밀접한 것이었다.

여 다른 파를 제압하는 붕당이라고 하는 것은 가문의 지위와 가풍을 중시하고 자존심이 극히 강한 문벌귀족에게는 본래 친숙하지가 않았기 때문이다. 이덕유가 우승유·이종민파에 품고 있는 강한 혐오감은 부친 이길보 이래의 인연도 작용하고 있지만, 문벌귀족으로서의 생활방식과도 깊이 관련되어 있다고 할 수 있다.

우이의 당쟁은 몰락해 가는 전통적 문벌귀족과 과거출신 관료간의 정치적 주도권을 둘러싼 투쟁이었다고 할 수 있으며, 당말 오대를 지나서 송 초에는 후자가 완전히 주도권을 장악하게 된다.

환관의 정치개입

황제의 사적 생활에 봉사하는 그림자 같은 존재였던 환관이 공적인 정치에 관여하기 시작한 것은 현종 후반기 때부터였다. 그 후 신책군(神策軍) 등 새로이 편성된 금군의 사령관에 임명됨으로써 그들은 강력한 군사력을 지니게 되었다. 이 새로이 편성된 금군은 헌종시기의 번진 억압에 커다란 힘을 발휘하였고, 이러한 사실이 환관의 발언력을 보다 강화시켰다. 또한 환관은 감군(監軍)으로서 각 번진에 파견되어 중앙에서 임명한 문관 절도사에게 많은 뇌물을 요구하였다. 절도사 쪽에서도, 황제에게 직접 올리는 감군의 보고 내용 여하에 따라 자기의 장래가 좌우되었기 때문에 그러한 요구에 응하는 경우가 많았다. 그리하여 환관은 고위관료의 인사에까지 깊이 관여하게 되었다.

감로의 변

당시 재상 이훈(李訓)이 봉상(鳳翔)절도사 정주(鄭注) 등과 함께 환관 세력의 일소를 도모하였으나 실패했던 사건. 궁원(宮苑)의 앵두나무에 감로가 내렸다는 길조(吉兆)를 조작하여 환관 일동을 그 장소에 모아 주멸하려고 하였으나, 사전에 탄로가 나서 이훈·정주 등은 환관 휘하의 신책군 병사에게 살해되었다.

우이의 당쟁에서도 어느 쪽이든 유력 환관과 결탁한 파가 정쟁에 승리하고 있다. 이와 같이 환관은 정국을 좌우하는 중요한 지위를 차지하게 되었다. 835년 '감로(甘露)의 변' 이후는 더욱 더 정치개입이 심해져, 황제의 폐립과 살해까지 서슴지 않았다. 12대 목종부터 19대 소종(昭宗)까지의 여덟 황제는 13대 경종을 제외하고는 전부 환관에 의해 옹립된 자로, 11대 헌종과 13대 경종은 환관에게 살해되었다. "환관이 주모하여 세운 천자, 환관의 시험에 합격하여 등극한 천자(定策國老, 門生天子)"라고 일컫는 것은 이 때문이다.

전술했듯이 당은 헌종시기에 상당수의 반측번진을 순지화하는 데 성공하였고, 그 절도사는 오로지 중앙의 고급 문관만을 임명하여 내려보냈다. 중앙에서 내려간 이들 절도사는 임기가 짧다는 이유도 있지만 절도사 취임을 단순히 승진을 위한 하나의 과정으로밖에 생각지 않았으므로 부임지의 통치에는 별 뜻이 없었다. 그들은 환관 감군의 요구에 응하여 뇌물을 제공함으로써 황제에게 올리는 보고내용을 자신에게 유리하게 만들었을 뿐만 아니라, 막대한 금은제 등의 재물을 '진봉(進奉)'이라 칭하며 직접 중앙으로 올려보내 자신의 영달을 꾀하기도 하였다. 진봉은 임지 번진에서 경비절약으로 생긴 잉여재원을 중앙으로 반환한다는 명목에서 '선여(羨余)'라고 했는데, 실제로는 관건에게 줄 급여를 유용하거나 또는 관내에서의 세의 증징(增徵) 등 가혹한 징수에 의해 마련한 것이었다. 진봉은 강남 순지의 번진에서 특히 현저하여 인민의 부담 증가와 관건병사의 대우 악화로 인한 불만이 눈에 띄게 높아갔다. 이상과 같은 상황은 당이 재원지대로서 의존해 왔던 강남 순지에서 두드러지게 나타났고, 9세기 후반 이후 강남 각지에서 병란과 민중반란이 빈발하는 요인이 되었다.

구보(裘甫)의 난

858년에는 영남(嶺南)·호남(湖南)·강서(江西)·선흡(宣歙) 번진에서 연속적으로 병란이 일어났다. 모두 도장(都將:하급장교)계급이 주모자가 되어 대우 개선을 요구하였고, 절도사를 구금하거나 추방하기도 하였다. 특히 도장 강전태(康全泰)를 지도자로 하는 선흡번진의 병란에는 일반 병사만이 아니라 그 지방의 부상(富商)과 토호가 참가하였는데, 그들까지도 수탈강화에 반발하고 있다는 점에서 주목을 끈다.

다음해 859년 12월에 절동의 해안지역에서 구보의 난이 일어났다. 봉기 당시 겨우 100명 전후에 불과했던 반란집단은 순식간에 3만으로 늘어나면서 절동번진 관내의 여러 주를 공략하였다. 반란 참가자의 과반수는 몰락농민이며, 여기에 군적(軍賊)·군도(群盜)·무뢰배 등 사회의 소외계층이 가세하여 앞서의 몇 차례 병란과는 자못 양상을 달리하였고, 주현 공략 때에도 주현의 관리를 전부 살해하는 등 당에 대한 격렬한 적의와 증오를 드러내고 있었다.

당은 주변의 번진을 동원하는 동시에 강회(江淮)

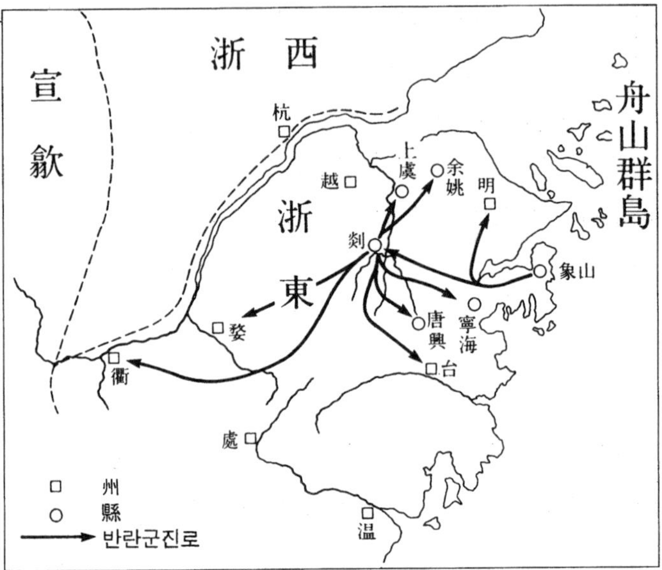

구보(裘甫)의 난

지방에 내사(內徙)시켰던 토번·위구르의 강건자를 선발하여 기마부대를 편성하는 등의 조치를 취하여 이듬해 860년 7월에 간신히 난을 진압하였다. 이 난에서 주목되는 것은 절동지방 토호와 부상(富商)이 난에 직면하여 자위(自衛)는 물론 심지어 반격의 행동까지 취하고 있다는 점이다. 난의 계급성이 명확히 드러났기 때문이다. 구보의 난은 그 뒤에 일어난 황소의 난의 선구를 이루는 사건이라고 할 수 있다.

방훈(龐勛)의 난

864년부터 869년에 걸쳐 무녕군(武寧軍:徐泗) 번진의 병란으로 시작된 방훈의 난이 일어났다.

서주(徐州)에 사부(使府)를 둔 무녕군 번진에서는 강력한 아군(牙軍)이 누차 병란을 일으켜 절도사를 추방한 적이 있다. 앞서 일어난 862년 구보의 난을 진압한 왕식(王式)이 절도사가 되면서 아군의 핵심장교들을 한꺼번에 주살하여 아군의 해체를 단행하였다. 아군의 일반병사는 강제귀농을 시켰지만 돌아갈 땅이 없어 용병으로 변신하였는데, 대개가 서주 근방에서 군적(軍賊)이 되거나 염적(鹽賊)·다적(茶賊) 등과 연계하였으므로 치안상태는 극히 악화되었다.

바로 이 시기 운남방면의 민족이 세운 남조(南詔)가 북침해 왔다. 다급해진 당은 군도(群盜)화한 원래의 무녕군 소속 아군 등 3천명을 다시 모병하였고, 그 가운데 8백명을 남조와 대치하고 있는 전방 계주(桂州)로 파견하여 방위에 임하도록 하였다. 내우외환을 일거에 해결하고자 한 것이다. 그러나 당초 남으로 파견된 부대는 3년 뒤 북으로 돌아가 무녕군 아군 본대에 편입될 것이라는 약속에도 불구하고, 그 약속은 지켜지지 않은 채 폭염의 땅에서 장기주둔하는 상황이 지속되었다. 868년 7월, 마침내 남파된 부대는 양료판관(糧料判官) 방훈을 지도자로 하여 병란을 일으켰다. 이들은 군사임무를 버리고 곧장 북으로 향하였다.

계주에서 영거(靈渠)를 지나 상수(湘水)를 타고 내려간 다음 계속하여 양자강을 따라 내려와 양주(揚州)에서 운하를 타고 북상, 서주(徐州)를 공략하였다. 서주 주변에서는 군적(軍賊)과 몰락농민을 다수 흡수하였고 강회(江淮)방면에서도 군도가 많이 참가하여 순식간에 큰 세력이 되었다. 지역적·계층적으로 광범위한 통일전선이라고도 할 만한 반체제 집단을 형성했던 점에서 황소의 난의 전초(前哨)단계에 해당된다고 하겠다. 그렇지만 절도사 임명과 같은 당의 회유책에 미련이 남아 주요한 전투에 임해서는 공격을 자제했기 때문에 관군측에 전술적인 시간여유를 주게 되었다. 더구나 정세가 불리해지자 약탈을 자행하여 참가한 토호층의 이반을 초래하였다.

당은 여러 번진의 병력 7만을 동원하고 또한 돌궐 사타부(沙陀部)의 기병 3천명을 끌어들여 869년 9월 간신히 진압에 성공하였다. 사타 기병이 특히 커다란 전력으로 활약하였는데, 족장 주사적심(朱邪赤心)은 그 공으로 인해 당으로부터 이국창(李國昌)이라는 성명을 하사받았다. 그가 이극용(李克用)의 아버지이다.

진압되었다고는 하지만 반란참가자 다수가 다시 군도가 되어 분산했던 것에 불과했고, 이것은 곧 그 북쪽으로 인접한 땅에서 6년 뒤 황소의 난(875~84)을 일으키는 요인이 되었다.

염적(鹽賊)·다적(茶賊)

전매물자인 소금과 차의 밀매에 종사하는 조직화된 집단을 말한다. 특히 염세수입은 당에 있어서 중요한 재원이었기 때문에 사염(私鹽)—전매염은 관염(官鹽)이라 한다—판매는 엄중히 단속되었다. 밀매업자들도 조직의 자위를 위해 조직을 비밀화·무장화하는 방법으로 활동하였다. 염적·다적이란 어디까지나 관헌측의 호칭이다.

황소(黃巢)의 난

870년대 초, 산동·하남 지방은 계속된 수해와 가뭄의 피해를 입었고 뒤이어 덮친 대규모 메뚜기떼의 피해로 많은 수의 유민이 발생하였다. 메뚜기떼는 동에서 서로 이동한 뒤로는 푸른 것이라면 닥치는 대로 먹어치워 텅 빈 땅만 남겨놓았다. 이러한 참담한 상황에도 불구하고 경조윤(京兆尹)으로부터 황제에게 올라온 보고에는 "메뚜기가 경기지방에 들어왔으나 곡식은 먹지 않고 모두 가시를 껴안고 죽었다"〔『資治通鑑』 권252 乾符2년 秋7월조〕고 되어 있었다. 당의 통치력은 이미 말기 증상을 드러내고 있었다.

874년 말〔일설에는 875년 5월〕 복주(濮州: 산동성 鄄城縣)의 염적 왕선지(王仙芝)가 골주(滑州) 장원현(長垣縣: 하남성 濮陽縣)에서 거병하였다. 875년 6월 조주(曹州) 원구현(冤句縣: 산동성 荷澤縣)의 황소가 여기에 호응하여 일대세력을 이루며 산동·하남·안휘(安徽) 방면을 휩쓸면서 재물을 약탈하였다. 당은 왕선지에게 좌신책군압아 겸 감찰어사(左神策軍押衙兼監察御史: 加官: 정8품상)의 임명장을 수여하여 반란세력의 분할을 꾀하였으나 황소의 반대에 부딪혀 실패하였다. 이후 왕선지와 황소는 별도의 행동을 취하였고, 878년 2월에 왕선지가 전사하자 황소는 그 잔당을 끌어모아 강남으로 이동하였다. 관군의 예봉을 피하기 위해 강서·복건(福建)을 지나 879년 중반 광주(廣州)성을 포위하였다.

여기서 황소는 절도사 자리를 요구하며 당과의 타협을 꾀하였다. 먼저 고향인 천평군(天平軍)절도사, 이어서 포위하에 있던 광주〔領南〕절도사를 요구하지만 모두 거부되었고 당이 보내온 회답은 솔부솔(率府率: 東宮경비대장: 정4품상)의 임명장〔告身〕이었다. 황소를 수도로 불러들여 반란집단으로부터 분리시키려 했

영거(靈渠)

진시황에 의해 개척된 남령(南嶺)산맥의 분수령을 연결시킨 운하. 상수(湘水) 상류와 이수(漓水) 상류를 연결하였다. 광주(廣州)를 기점으로 상수·양자강·운하를 경유하여 북방에 이르는 남북 수상교통로의 요지로서 후세까지 이용되었다. 19세기 전반의 아편전쟁 패배 결과 남경(南京)조약에서 광주 이북의 항구가 대외적으로 개방됨에 따라 곧 쇠퇴하였다.

던 의도임이 분명했다.

격노한 황소는 광주성을 공격하여 함락시키고, 광주 번방(蕃坊:외국인 거주지)의 외국인 체류자 10여만을 살해하고 영남 각지를 약탈하였다. 이 때문에 해외무역으로 번영을 누리던 광주는 크게 파괴되어 무역항으로서의 기능을 완전히 상실하였고, 그 회복에는 수십년이 소요되었다.

반란집단은 그 대부분이 화북 출신자였으므로 영남의 폭염을 견디지 못하고 병으로 쓰러지는 자가 속출했다. 그래서 북으로 귀환하는 작전으로 바꾸어 앞서의 방훈 군대가 그랬던 것처럼 영거를 경유하는 길을 이용해 양자강 중류로 진출한 다음 한수(漢水)를 거슬러 올라가 장안으로 들어가려 했으나, 형문(荊門)에서 관군의 저지를 받았다. 그 곳에서 강절(江浙)방면으로 방향을 틀어 채석도(采石渡)에서 강을 건넌 뒤 880년 11월에는 낙양 남쪽의 여주(汝州)를 함락하였다. 여기서 황소는 천보평균대장군(天補平均大將軍)을 칭하였다. 천명(天命)을 띠고 빈부격차를 균평하게 한다는 뜻을 내포한 이 장군호의 자칭은 확실히 전통적인 혁명관에 입각한 것이긴 하지만, 거대한 사회모순의 해소를 내걸었던 점에서 주목할 만한 사건이었다. 이를 계기로 약탈행위(流寇主義)는 억제되었고, 왕조를 대신할 독자정권을 수립하려는 의도가 전면에 부각되었다.

같은 달 동도 낙양을 함락한 황소의 군사는 12월 1일에는 동관(潼關)을 돌파하여 5일에 장안으로 무혈 입성하였다. 장안에서는 미처 도주하지 못한 당 관료를 무차별적으로 살해하는 등 격심한 적의를 드러내는 한편, 엄격한 군율에 의해 일반민중에 대한 약탈 및 불법행위를 극력 억제하여 민심을 장악하고자 하였다.

12월 13일 황소는 대명궁(大明宮)의 함원전(含元殿)에서 황제의 자리에 오르고 국호를 대제(大齊), 연호를 금통(金統)으로 개원하였다. 국호인 대제는 그의 고향이 과거 전국시대 제나라 땅이었던 데 연유한다. 금통이란 연호는 토덕(土德)의 당을 뒤이은 금덕(金德)의 왕조라고 하는 오행사상의 오운(五運)설에 의거한 것이다.

지금까지의 약탈위주의 행동을 극복하고 장안을 근거로 독자정권을 수립하기는 했지만, 장안 주변부를 확보했을 뿐 재정적 기반을 결여하고 있었던 것은 황소정권의 치명적인 약점이었다. 또한 집단의 조직상의 특징, 즉 사적 임협(任俠)관계에 입각한 결합원리를 공권력으로까지 충분히 전화시키지 못했던 것도 커다란 약점이었다.

881년부터 882년에 걸쳐, 당이 급편성한 번진연합군에 의해 장안의 포위망이 형성되고 식량공급은 완전히 단절되었다. 형세가 불리하게 기우는 가운데 장안 동쪽의 최대 방위거점인 동주(同州)에 주둔하고 있던 주온(朱溫)이 당에 귀순, 동화절도사(同華節度使)에 임명되어 창끝을 거꾸로 서쪽을 겨누게 된다. 뒤이어 사타부의 이극용(李克用)이 아군(鴉軍)이라 불리

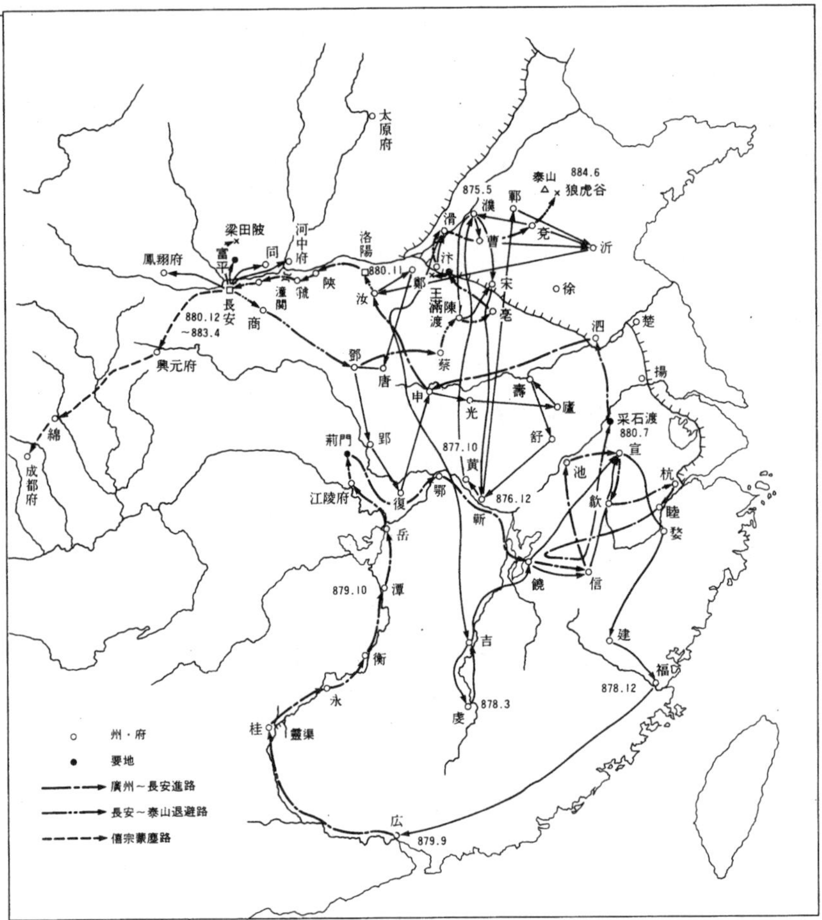

황소의 난 유구도(流寇圖)

는 검은 옷차림의 4만기 정예부대를 이끌고 남하하여 동주에 주둔함으로써 황소에 대한 총공격 태세가 정비되었다.

황소는 일거에 국면을 타개하기 위해서 15만의 병력을 거느리고 양전피(梁田陂)로 출격하지만 이 극용군과 번진연합군의 공격을 받아 대패하였고 그 뒤 장안을 버리고 하남방면으로 탈출하였다. 다시 약탈집단으로 전락한 황소군은 이극용이 이끄는 아군의 격렬한 추격을 받으며 884년 5월 왕만도(王滿渡)에서 전멸을 당하였고, 다음 6월에 태산(泰山)으로 달아난 황소는 낭호곡(狼虎谷)에서 조카에게 목을 베이고 말았다.

이로써 10년에 걸쳐 사천을 제외한 중국 전역을 휩쓸었던 대란은 종식을 고하였다. 당은 여기서 자력(自力)의 진압능력을 완전히 상실하였음을 여실히 드

雷行·余鼎章主編,『西安』中國歷史文化名城叢書(中國建築工業出版社, 1986)

당 대명궁(大明宮) 함원전(含元殿) 복원도

러내었고, 군도 출신·반란군 항장·이민족 수령 등을 절도사에 임명하여 간신히 반란을 종식시킬 수가 있었다. 이후 이들 절도사는 군벌로서 지역지배를 강화하였고 그들 사이의 패권항쟁이 격화되어 갔다. 그런 가운데 당의 귀족지배는 종식을 고하고 시대는 오대십국의 난세로 옮겨간다.

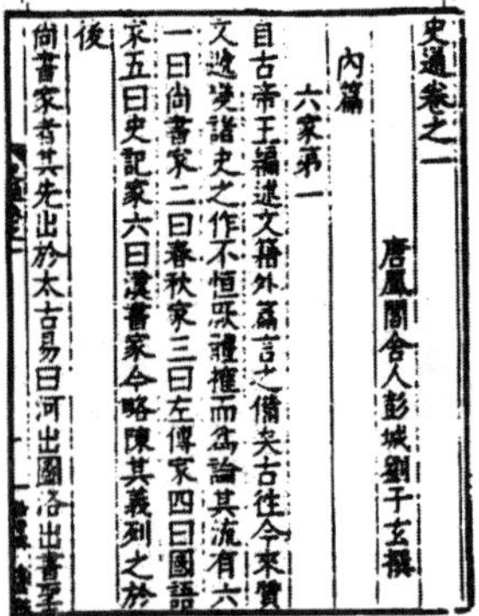
史通卷之一
唐鳳閣舍人彭城劉子玄撰
內篇
六家第一
自古帝王編述文籍外篇言之備矣古往今來質
文遞變諸史之作不恒厥體榷而爲論其流有六
一曰尚書家二曰春秋家三曰左傳家四曰國語
家五曰史記家六曰漢書家今略陳其義列之於
後
尚書家者其先出於太古易曰河出圖洛出書

『사통(史通)』

明 萬曆5년(1577), 張之象 刊本의 影印

4. 고문(古文)부흥 운동[문학·사상·언어]

고문운동 전사(前史)

당대의 역사가인 유지기(劉知幾:661~721)는 정사(正史)의 이상을 논한 사론인 『사통(史通)』을 저술하였는데, 거기서 그는 사서의 문체에 대하여 다음과 같이 말하고 있다.

> 이 이후로 사도(史道)가 쇠미해져 작자의 난잡한 소리[蕪音], 쓸데없는 문구[累句]가 구름이 피어오르고 샘이 솟듯 끝이 없다. 그 문장을 보면 대저 글자를 엮음에 외자로 된 것이 없고 구(句)는 모두 쌍을 이루며, 문구의 장단(長短)을 가지런히 하고 단구(單句)나 대우구(對偶句)를 서로 짝짓는다. 그러므로 한마디 말이면 분명히 뜻을 전할 수 있는 것도 두 마디로 늘여야 만족하고, 세 구절이면 문장을 이룰 것도 반드시 나누어 네 구절로 한다. 가득 늘어놓고 중복할 뿐 절제할 줄을 모른다.(內篇:敍事)

'이 이후로'란 『사기』『한서』 이후의 사서를 가리키며, "작자의 난잡한 소리, 쓸데없는 문구… 반드시 나누어 네 구절로 한다"는 말은 이른바 사육문(四六文)·변려문(騈儷文) 혹은 양자를 합한 사육변려문이 역사를 서술하는 데 적합하지 않다는 점을 지적한 것이다. 변(駢)이란 말 두 필을 나란히 세워놓는다는 뜻이고 려(儷)도 물건 둘을 나란히 놓는다는 것으로, 사육변려문이란 말하자면 4자구·6자구의 구절을 기본으로 대구(對句)를 많이 사용하는 문체이다. 더욱이 한자가 지닌 사성(四聲)에 주목하여 음조를 고르고 미사여구(美辭麗句)와 전고(典故)를 많이 사용하기 때문에 시각적·청각적으로 아름답고 내용적으로는 부풀려지고 여운이 감돌아 모종의 분위기를 자아내는데, 그런 가운데 넌지시 작자의 의지를 전하는 특색이 있었다. 그런 의미에서는 문벌을 중심으로 하는 육조 귀족사회에 어울리는 문체였다고 할 수 있다.

그러나 수식에 치우쳤던 이 문체는 간단명료하게 뜻을 전달하는 문장과는 달리 무의미하고 쓸데없는 말이 많이 포함되어 있어 마음에 호소하는 내실(內實)이 없었다. 이 점은 수·당 초 무렵부터 지각있는 사람들에게 의식되기 시작했다. 사가의 입장에서 그 문제를 지적했던 자가 위에 소개한 유지기였다. 당 초에 쓰여진 요찰(姚察) 부자의 『양서(梁書)』『진서(陳書)』 또는 이연수(李延壽)의 『북사(北史)』『남사(南史)』 등에도 이미 변려문으로부터의 이탈 조짐이 나타나고 있었다. 특히 문학에서는 진자앙(陳子昂;661~702)이 등장하여 당시 지배적이었던 서유체(徐庾體: 徐陵·庾信을 대표로 하는 변려문)의 문체를 배척하려는 움직임이 있었다. 그러나, 이를테면 유지기는 변려문이 사서의 서술에 부적당하다고 평하면서도 정작 자

변문(騈文)과 고문(古文)

변문은 변려문, 사륙문이라고도 칭하지만, 이 명칭은 이들 문장이 유행했던 육조시대가 아니라 유종원이 자신의 작품인 「걸교문(乞巧文)」에서 처음 사용했던 말이다. 변문에 대신하는 새로운 문체를 고문이라 명명하였던 것도 한유(「題哀辭後」)가 처음이다. 모두 고문운동을 추진해 가는 과정에서 자각적으로 만들어진 명칭이다.

기 작품인 『사통』은 일관하여 그 변려문으로 써 내려가고 있다. 당 초에서 중당(中唐)에 이르는 시기, 변려문에 결함이 있다고 느끼면서도 여전히 그것은 사상표현에 가장 적합한 문체로 사용되고 있었던 것이다. 그 후 중당 시대인 8세기 후반에서 9세기 전반에 걸쳐 한유(韓愈;768~824)와 유종원(柳宗元;773~819)이 등장하여 변려문 부정의 기운을 점차 하나의 산문(散文) 개혁운동으로 집약하여 갔다. 이것이 고문운동이다.

한편 당대의 문학을 대표하는 시를 보면, 이 시대까지 오언절구·칠언절구와 율시를 비롯한 여러가지 시형이 출현하였고 대시인을 배출한 성당(盛唐)시대에는 완성단계에 이르게 되는데 이를 금체시(今體詩;近體詩)라고 불렀다. 여기에는 운율을 정하는 것 이외에, 절구에서는 4구가 기·승·전·결을 이루고 율시에서는 제2연과 제3연에 대구를 사용하는 등의 약속이 있었다. 이에 대하여 1구의 자수(字數)나 구수(句數)도 정해진 바 없고 운율의 규칙으로부터도 자유로운 시형이 역시 성당시대에 출현하였는데 이것을 고체시(古體詩)라 불렀다. 이 시형은 금체시가 요구하는 대칭성을 타파하고 불균형의 조화를 추구한 것으로, 앞에 언급한 변문의 부정과 고문 제창의 움직임과도 관계가 있다.

중당시기 문학의 상황은 이상과 같았다. 그런데 고문 추진자들이 변려문에 대신하는 새로운 자신의 문체를 고문이라고 이름붙인 데에는 실은 두 가지 주장이 내포되어 있었다. 하나는 육조 이래 융성을 극하였던 변려문 이전으로 돌아가 진한(秦漢)시대의 고전을 문장의 규범으로 삼고자 하는, 문자 그대로 '고문' 부흥을 주장하는 것이고, 또 하나는 한유 스스로 "내가 고문을 하는 것이 어찌 다만 그 구두(句讀)가 지금과 같지 않기 때문이겠는가. 고인을 생각한다 하나 볼 수가 없으니, 옛날의 도[古道]를 배우려면 아울러 그 말[辭]에 통해야 한다. 그 말에 통하는 자는 진실로 옛날의 도에 뜻을 둔 자이다"[「題哀辭後」]라고 말했듯이 '고도(古道)'의 부활을 의도한 것이다. 그들은 변려문 이전의 고대 문장에는 요순 이래 성인의 올바른 가르침, 즉 수사(修辭)에만 몰두하는 자들이 놓쳐 버린 '도(道)'가 실려 있다고 생각한 것이다. 따라서 고문운동은 단순한 문체 개혁운동에 그친 것이 아니라 하나의 사상운동이었다.

새로운 사대부층의 대두

성당 말기, 정확히 말하면 천보14년(755)에 안사의 난이 일어나 9년 만에 간신히 평정되었다. 당왕조는 그 뒤에도 백수십 년간을 존속하지만 그 정치·사회의 정세는 일변하였다. 그것은 예를 들면 새로운 사대부층의 진출에 의해서도 알 수가 있다. 고문운동의 중심이었던 한유·유종원은 모두 과거를 통해 관리로 등용된 인물이다.

과거제는 수대부터 시작되어 당대에도 답습되었지만 당 전반기에는 아직 육조시대 이래의 문벌귀

당시(唐詩)

'한문(漢文)·당시(唐詩)·송사(宋詞)·원곡(元曲)'이란 중국의 문학장르와 그 최고걸작을 배출한 시대를 묶어놓은 말이다. 그 가운데 당시는 다시 네 시기로 구분된다. 초당(初唐)은 건국에서 현종이 실권을 장악한 710년까지. 왕발(王勃)·노조린(盧照鄰)·양형(楊炯)·낙빈왕(駱賓王)의 4걸 및 심전기(沈佺期)·송지문(宋之問)·진자앙(陳子昻) 등이 있다. 성당(盛唐)은 안사의 난이 종식된 763년경까지. 성당이라는 호칭에 걸맞는 대시인이 배출되었다. 이백(李白)과 두보(杜甫)→

족의 세력이 강하여 그들을 위한 은음(恩蔭)제가 있었고 그 출신자가 사회 상층부를 차지하고 있었다. 그러나 안사의 난 이후 서서히 과거출신자가 활약하게 된다. 성당의 대표적 시인인 이백과 두보는 정치가로서는 그렇다 할 지위를 얻지 못했다. 그에 대해 중당의 문학자인 한유·유종원·유우석(772~842)·백거이(772~846)는 정치의 중추에 몸담고 있었다. 이러한 사실을 보더라도 그 동안 사회가 크게 변했고 그에 따라 문학자의 의식도 달라졌다는 것을 분명히 알 수 있다.

한편 과거는 경서의 이해 정도를 시험하는 것인데, 그 표준적인 텍스트 및 해석을 제공한 것은 태종(太宗)시기에 착수된 『오경정의(五經正義)』였다. 먼저 안사고(顔師古:581~645)에게 오경의 정본(定本)작업을 맡기고, 이어서 공영달(孔穎達:574~648) 등의 학자를 참가시켜 『주역』은 왕필(王弼)의 주, 『상서』는 공안국(孔安國)의 주와 같은 식으로 오경의 주(注)를 선정한 다음, 각각의 주를 더욱 부연 해석한 소(疏:正義)를 덧붙여 경전을 통일적으로 해석한 '정의'를 짓게 하였다. 이로써 위진남북조시대 이래의 다양한 해석, 특히 경서해석상 남북간에 존재했던 커다란 차이가 해소되었다. 그러나 한편으로는, 정부의 손에서 일단 이와 같은 통일적인 해석서가 만들어져 교과서가 되고 그 안에서 과거시험 문제가 출제된다고 한다면, 이는 당연히 새로운 경서연구의 싹을 잘라버리는 결과를 가져올 수도 있었다. 『신당서』 『구당서』의 경적지

를 필두로 왕유(王維)·맹호연(孟浩然)·왕창령(王昌齡)·잠참(岑參)·고적(高適)이 그들이다. 중당(中唐)은 문종(文宗)의 태화(太和)연간이 끝나는(835) 시기까지. 이미 사회는 변화했고, 시인들은 이를 민감하게 감지하여 독자적인 시풍(詩風)을 개척하였다. 백거이(白居易)·원진(元稹)·한유(韓愈)·유종원(柳宗元)·유우석(劉禹錫) 및 이하(李賀)의 시가 그것이다. 만당(晩唐)은 당의 멸망(906)까지. 두목(杜牧)과 이상은(李商隱)을 대표로 하며 퇴폐적인 시를 즐겨 지었다.

(經籍志) 및 예문지(藝文志)에 수록되어 있는 경서의 주석서가 극히 적고, 더군다나 얼마 안되는 그 주석서들이 중당 이후의 것이란 사실은 이 점을 단적으로 말해 주고 있다. 이러한 시대상황 속에서 실시된 과거시험에서도 "서른이면 늙은 명경(明經), 오십이면 젊은 진사(進士)"라는 속언이 있듯이, 경서 자체의 지식을 시험하는 명경과보다도 시율(詩律), 즉 작시(作詩)를 시험내용으로 하는 진사과에 합격하는 것이 명예로운 일로 여겨지고 높은 지위가 약속되었다. 그 때문에 사람들은 명경과를 제쳐두고 어렵기는 하지만 진사시험에 몰려들었고, 세상의 관심은 더욱더 경서에서 멀어지게 되었다.

과거를 비롯하여 정치사회에 있어서는 여전히 유교 이데올로기가 제도로서 군림하고 있었지만, 『오경정의』에 의한 경서해석은 이미 사람들의 관심을 더 이상 끌 수가 없었다. 중당 무렵에 와서야 과거를 통한 신흥층의 대두와 함께, 주소학(注疏學)에 매몰되어 형해화(形骸化)된 경서를 새롭게 자기의 철학사상의

백거이(白居易)

鄭振鐸, 『挿圖本中國文學史』(文學古籍刊行史, 1959)

개성(開城) 석경(石經)

李域錚·趙敏生·雷冰·陝西省博物館 편저, 『西安碑林書法藝術〔증정본〕』(섬서인민미술출판사, 1989)

원천으로서 되돌아보는 움직임이 나타났다. 그들이 바로 고문운동에 관여한 사람들이었다.

유면(柳冕;?~805)은 권덕여(權德輿;759~818)에게 보낸 서신 속에서 당시 과거에 의한 관리 등용방 법을 비판하며 다음과 같이 말했다. "육경(六經)의 뜻을 밝혀 선왕(先王)의 도(道)에 합치하는 것은 군자(君子)에 매달린 유(儒)요, 가르침의 근본이다. 육경의 주(注)와 육경의 소(疏)를 명확히 하는 것은 소인(小人)에 매달린 유(儒)이며 가르침의 말(末)이다. 지금 장구(章句)의 유(儒)를 앞에 놓고 군자인 유를 뒤에 두면서 뜻이 맑고 높은 선비〔淸識之士〕를 찾으니, 또한 어렵지 않은가." 또 양숙(梁肅;753~93)은 친구인 독고급(獨孤及;725~77)의 학문을 평하여 "널리 오경을 연구하되 그 대략(大略)을 들고 장구(章句)의 학문은 하지 않았다"고 하였다. 장구의 학이란 경서의 자구 하나하나에 매달려 경서의 큰 근본을 지나쳐버리는 학문태도를 말한다. "차라리 공자〔孔聖〕가 잘못했다고 말할지언정, 정현(鄭玄)·복건(服虔)이 틀렸다는 말을 듣기를 꺼려한다"〔『舊唐書』 元行沖傳〕라든가, "경을 말하는 자는 복건·두예(杜預)를 비웃는 소리를 듣기 싫어한다"〔『史通』 自敍篇〕는 말에서도 알 수 있듯이, 경서 자체의 권위보다도 오히려 주(注)의 권위가 상회하고 있는 것이다. 이들 주 위에 소〔正義〕가 더해져 그것이 『오경정의』로 결실을 맺은 것이므로, 『정의』를 통하는 한 경서 그 자체를 향한 길은 점점 멀어질 뿐이었다. 따라서 그들은 먼저 장구의 학을 부정, 즉 주소학을 배척하게 되었다.

담조(啖助:724~70)·조광(趙匡:생몰년 불명)·육순(陸淳:避諱하여 陸質로 불림:?~806) 등의 춘추연구는 그 예이다. 종래의 춘추학은 춘추 삼전(三傳)을 개별적으로 연구하였다. 즉 『춘추』의 주석으로 이름높은 좌씨전(左氏傳)·공양전(公羊傳)·곡량전(穀梁傳) 가운데 어느 하나의 전(傳)의 입장에 서서 전을 전제로 『춘추』의 내용을 전면적으로 긍정한 다음에, 그 권위에 의거하여 연구하는 것이었다. 그런데 담조 등은 우선 삼전을 비판적으로 취사선택하여 『춘추』의 본뜻에 접근하고 삼전의 불충분한 점은 독자적인 견해로 보완하였다. 육순에게 배웠던 유종원은 그들의 학문을 평하여 "성인의 뜻을 잘 알고 있다. 그러므로 『춘추』의 말이 그들에 이르러 환하게 밝혀졌다. 보통사람이나 아이들로 하여금 모두 학문을 닦아 성인의 길로 들어서고 성인의 가르침을 전하도록 하였으니, 그 덕이 어찌 크지 않겠는가"라고 하였다. 그들은 장구의 학을 멀리하고, 경서 자체를 파고 들어가 경서에 실려 있는 성인의 도를 파악하고자 하였다. 자유로운 경서해석에 의해 경서를 자기 사상의 원천으로 재생하려고 했던 것이다. 고문운동에 참가했던 사람들은 경서에서 파악한 성인의 가르침〔道〕을 자유롭게 엮어 내는 문체로서 고문을 찾아냈다. 그들은 이것을 "문(文)을 가지고 도를 밝힌다"라든가 "문(文)은 도를 꿰는 도구이다"라고 하였다. 고문에 의해 그들의 사상은 표현되기 시작하고, 또 그들은 표현할 만한 새로운 사상의 세계를 개척

한유(韓愈)

鄭振鐸, 『揷圖本中國文學史』(文學古籍刊行社, 1959)

해 갔다.

유종원의 「비국어(非國語)」「천설(天說)」「천대(天對)」나 유우석의 「천론(天論)」 등은 그들의 비판 정신이 거둔 성과였다. 이들은 하늘이 의지와 인격을 가지고 인간세계를 지배한다고 보는 종래의 천인상관설(天人相關說) 부정하고, 하늘은 자연세계의 운동에 따르는 객관적인 존재에 지나지 않는다고 보았다. 인간에 대하여 적극적인 의미를 부여하고자 했던 것이다. 거기에는 인간이 지닌 지혜의 우월성과 무한한 가능성에 대한 신뢰감이 충만해 있었다. 다음에 그 구체적인 내용을 사상사의 흐름 속에서 고찰해 보겠다.

송학(宋學)의 싹틈

고문운동의 영수인 한유에게는 인간본성에 관해 고찰한 「원성(原性)」이라는 글이 있다. 그는 성(性)삼품설과 정(情)삼품설을 가지고 전통적인 세 가지의 성론, 즉 맹자의 성선설, 순자의 성악설, 양웅(揚雄)의 성선악혼합설을 융합·조화시키려고 시도하였다. 새롭게 성과 정으로 나누어 논하고 있기는 하지만, 사상적으로 특별한 창의성이 보이는 글은 아니다. 그러나 이것을 스승에 관한 글인 「사설(師說)」과 함께 읽으면 그의 의식의 중요하고도 새로운 측면을 발견할 수 있을 것이다.

그는 「원성」에서 중인(中人)에게도 상인(上人:聖人)과 마찬가지로 인·예·의·지·신의 도덕성이 갖추어져 있다고 말한다. 따라서 중인은 배움을 통해 성인의 경지에 도달할 수도 있는 것이다. 「사설」에서는 나면서부터 모든 사물을 알고 있는 인간은 없으며, 스승에게 배움으로써 무지와 미혹으로부터 해방되고 단련을 계속하여 완전한 인간에 가까워질 수 있다고 주장한다. 후천적인 교육에 의해서 인간은 서서히 성장하며 성인의 지위까지 이를 수 있다고 보는 것이다. 여기서는 배움이라는 개인적 노력에 의해 사회적 지위도 획득할 수 있다고 보고, 신분도 태어나면서 고정된 것이라고 여기지는 않았다. 과거는 누구에게나 개방된 등용문이었다. 이러한 사고방식은 과거를 통해 정치무대로 진출한 신흥사대부층의 의식을 반영하는 것이었다. 이 생각은 송대 유학자들에 의해 더욱 강력히 주장되어 "성인은 배워서 도달하는 것이다"라고 하는 송학의 기본정신을 이루었다. 그들에게 있어서 학문이란 이미 고전의 해석을 고수하고 전하는 식의 소극적인 것이 아니라, 자기 사상을 고양하고 자기자신을 형성하는 것으로 바뀌어 있었다.

한유의 성론은 제자인 이고(李翺:774?~836?)의 『복성서(復性書)』에 의해 심화되었다. 이것은 상중하의 3편으로 되어 있는데 상편은 성과 정의 관계 및 성인과 범인의 차이점에 관하여, 중편은 성인이 되기 위한 수양방법, 하편은 도덕수양의 필요성에 대하여 서술하였다. 그는 모든 사람은 태어나면서 성과 정을 갖고 있다고 말한다. 정이란 희·노·애·구·애·오·욕(喜怒哀懼愛惡欲)의 칠정을 말하며 이것이 서로 잇달아 일어나 성을 미혹시키는데, 성과 정의 관계는 "성은 하늘의 명(天之命)"이고, "정은 성의 움직임이다(性之動)"라고 하여 일원적으로 파악되고 있다.

따라서 그는 성인과 백성(범인)의 차이는 성·정의 유무에 있는 것이 아니라고 하며 다음과 같이 말한다. "성인에게 어찌 정이 없겠는가. 성인은 고요하여 움직이지 않고(寂然不動), 가지 않아도 이르고, 말하지 않아도 신통하고, 비추지 않아도 빛나고, 성인의 제작물(制作物)은 천지와 병립하고, 성인의 변화는 음양에 합치한다. 비록 정(情)이 있다 해도 아직 한번도 작용한 적이 없다. 그러한즉 백성은 어찌 성(性)이 없겠는가. 백성의 성과 성인의 성에는 차이가 없다. 그렇지만 백성의 성은, 정(情)에 미혹되어 끊임없이 서로 공벌(攻伐)하기를 한번도 그친 적이 없으니, 죽을 때까지도 자신의 성을 보지 못한다. … 정의 움직임이 쉬지 않는다면 그 성을 회복할 수 없으며, 그렇게 되면 그 성은 천지를 밝히는 영원한 빛이 될 수 없을 것이다." 요컨대 성인이나 범인 모두가 똑같이 태어나면서 성·정을 지닌다는 점에서는 다를 바 없다. 다른 점은 성이 정을 제어할 수 있는지의 여부에 있다. 그래서 다음 단계로는 이 논문의 제목이 된 '복성(復性)', 즉 '성으로 되돌아가는 것', 정에 미혹된 성을 회복하는 것이 문제가 되는 것이다.

성인에 이르는 수양방식인 '복성'은 우선 '불려불사(弗慮弗思)', 즉 아무런 생각도 두지 않고 마음의 평정(靜)을 지키는 것을 제일로 한다. 그런데 이 정(靜)

은 동(動)에 대한 정이기 때문에 상대적인 것이며, 정(情)이 생겨날 가능성이 있다. 그래서 다음에는 '마음은 본래 무사〔心無思〕하다는 것을 깨달을' 것이 요구된다. 그렇게 하면 동과 정의 대립을 뛰어넘은 성인의 성(性), 즉 '적연부동(寂然不動)'의 경지에 도달할 수가 있다.

이상이 이고의 주장인데 이 논문은 송대 유학자로부터 『중용(中庸)』의 의소(義疏)라고 일컬어질만큼 『중용』에서 인용한 것이 많다. 성인의 '적연부동'의 경지를 『중용』에서는 '성(誠)'으로 설명하고 있다. 즉 거기서는 "성실함(誠)으로 말미암아 밝아짐(明)을 성(性)이라 이르고, 밝음으로 말미암아 성실해지는 것을 가르침〔敎〕이라고 하니, 성실하면 밝아지고, 밝으면 성실해 진다"고 하여, 성인-성(誠)-성(性)과 현인-명(明)-교(敎)의 두 가지가 대비되고 있다. 송학에서는 현인도 명(明)을 작동시켜 수업·학문하기를 노력하면 성(誠)에 이른다고 보았는데, 이것은 이미 위에서 보았듯이 이고가 『복성서』에서 말한 것을 경전에 부합되게 체계적으로 정리한 것에 지나지 않는다. 이고가 송학의 선구자로 일컬어지는 까닭은 여기에 있다.

그런데 이고의 『복성서』는 『중용』 이외에 『역(易)』 계사전(繫辭傳), 『맹자』『대학』의 구절도 많이 인용하고 있다. 또한 한유는 도교와 불교의 가르침을 비판·배척하고 인의도덕을 체현했던 성인의 도야말로 진실한 가르침이라고 주장한 「원도(原道)」를 저술하여 새로운 사대부의 철학을 제시하였다. 이 「원도」

역시 『맹자』『중용』『대학』을 인용한 점이 주목된다.

한편, 『예기(禮記)』 악기편(樂記篇)에는 "예악(禮樂)을 제작한 자(作者) 이를 성인(聖人)이라 한다"고 되어 있다. 그러나 「원성」과 마찬가지로 『복성서』에 언급된 성인은 이와 같은 예악·제도의 창시자 혹은 문명 개척자로서의 성인은 아니었다. 대신 인의도덕을 갖춘 성인, 요컨대 내면화된 성인을 일컫고 있는 것이다.

원래 유가경전에는 인간의 내면을 탐구한 부분이 매우 적다. 한유와 이고가 인용한 『역』 계사전과 『중용』『대학』『맹자』는 그나마 약간 정도 인간의 내면을 다룬 사변적 측면을 지닌 경서이지만, 그 책들이 주목된 것은 이 시기 이후였다. 『맹자』를 세상에 드러낸 자는 한유이며, 『역』을 제외한 나머지 세 책이 『논어』와 함께 사서(四書)로서 육경(六經)과는 별도로 널리 읽혀지기 시작한 것은 남송 주희(朱熹) 이후였다.

본시 『예기』의 한 편에 지나지 않았던 『대학』과 『중용』을 별개의 책으로 묶어낸 그들이 주창한 바의 유교는, 도교와 불교의 융성 때문에 퇴색했던 옛 유교의 계승이 아니라 신흥사대부층의 의식을 가지고 도·불교의 사색의 성과도 섭취한 새로운 유교였다. 이 새로운 유교를 선양하는 문체로서 제창된 고문 또한 같은 길을 걷고 있었다. 즉 그것은 육조시대의 변려문을 부정하면서도, 진한(秦漢) 이전의 고문의 단순한 부활이 아니라 변려문에 의해 개발된 중국어의 시각적·청각적인 아름다움의 성과를 충분히 수용하고 있었던 것이다.

고문운동이란, 과거를 통해 진출한 문벌배경이 없는 새로운 사대부층이 그 비판정신에 입각하여 자신의 철학과 그것을 표현할 문체를 추구했던 운동이었다. 그것은 당대 후반기의 시대적 분위기와도 깊은 관련이 있었는데, 즉 당시는 내면을 향한 강렬한 관심을 가진 유불도 삼교의 담당자들이 서로 적극적인 교류를 전개했던 시기였다. 마지막으로 삼교의 교류와 그 영향에 대하여 언급하고자 한다.

삼교 교류

당대 사회, 특히 중당 이후에는 삼교의 접촉과 교류가 매우 성행하였다. 도교를 좋아한 것으로 알려진 현종은 스스로 『노자도덕경(老子道德經)』의 주석을 펴냈을 뿐만 아니라 불교의 『금강반야경(金剛般若經)』, 유교의 『효경(孝經)』의 주석에도 손을 대는 등 적극적으로 그리고 동등하게 삼교를 수용하고자 하였다. 덕종시기(780~805)에는 유불도 '삼교에 통달'한 자로 전하는 위거모(韋渠牟;749~801)가 학식으로 인해 높은 지위를 얻었는데, 그는 어려서부터 유교적 교양을 익히고 그 후 도사·승려를 거친 다음 재차 유학자로서 관계에 돌아왔던 경력의 소유자였다.

이러한 시대 분위기 속에서의 삼교, 특히 유·불 교류의 흔적은 다양한 각도에서 추적해 볼 수 있다. 예를 들면 정치를 풍자한 유종원의 작품에서는 불교경전을 한역하면서 개발된 한자의 조어(造語), 혹은 비유를 비롯한 여러가지 수사법(修辭法)이 사용되고 있다. 그는 32세에 유우석(劉禹錫)·여온(呂溫)과 함께 왕숙문(王叔文) 문하에 모여 순종(順宗)을 옹립하는 정치개혁을 계획했으나, 보수파의 반대에 부딪혀 실각하였다. 이 때문에 그는 소주(邵州)·영주(永州)·유주(柳州) 등지에서 추방생활을 보내야만 했다. 정치적으로는 불우했지만 그 지역 사람들의 고생스러운 생활, 농민의 비참한 실태 등을 고문으로 엮어냈다. 「송청전(宋清傳: 약 파는 이야기)」「재인전(梓人傳: 도편수 이야기)」「종수곽탁타전(種樹郭橐駝傳: 나무심는 집 이야기)」「포사자설(捕蛇者說: 뱀 잡는 이야기)」 등 그 작품에 사용한 비유법은 불교경전의 영향을 받았다고 하며, 「검지려(黔之驢: 검주의 당나귀 이야기)」와 「부판전(蝜蝂傳: 짐을 진 벌레이야기)」은 불교경전의 고사에서 시사를 받은 것이다.

유종원(柳宗元)

鄭振鐸, 『插圖本中國文學史』(文學古籍刊行史, 1959)

사상내용에서도 예컨대 이고 『복성서』의 '복성'이라는 단어는 원래 유교에는 없는 개념이었다. 젊은 이고가 사사(師事)하였던 고문운동의 선구자 중 한 사람이었던 양숙(梁肅)은 천태종의 6대조사 잠연(湛然; 711~ 82)의 제자로 들어갔는데, 스승의 저술인 『지관의례(止觀義例)』를 널리 전하기 위해 썼다고 하는 『지관통례(止觀統例)』의 첫머리에서 다음과 같이 말하고 있다. "무릇 지관이란 무엇을 말하는가. 만법(萬法)의 이치를 이끌어 실제(實際)를 회복하는 것이다. 실제란 무엇인가.

성(性)의 근본이다. 사물이 실제를 회복할 수 없는 까닭은 혼(昏)과 동(動)이 그렇게 만들기 때문이다. 혼을 비추는 것 이것을 명(明)이라 하고, 동을 멈추는 것 이것을 정(靜)이라 한다. 명과 정은 지관의 체(體)이다." 지관에 의해 성(性)을 회복하는 점, 그리고 지관을 '명' '정'으로 파악하여 그것에 대립하는 개념으로서 '혼'과 '동'을 들고 있는 점 등, 이 책이 『복성서』의 '복성(復性)'과 '주정(主靜)'의 발상에 영향을 주고 있음을 쉽게 간파할 수가 있다. 물론 천태의 지관철학뿐만 아니라 '견성성불(見性成佛)'을 제창하여 중국적인 불교를 탄생시킨 선(禪)의 영향도 엿볼 수 있다.

또한 중당시기부터 활약한 '시승(詩僧)'도 이 시대의 유·불의 교류를 살피는 데 잊어서는 안될 존재이다. 그들은 풍부한 유교교양을 지니고 사대부와 시(詩)를 주고받으며 교류를 가졌을 뿐만 아니라, '평상심이 도이다(平常心是道)' 혹은 '내가 바로 도이다(則身是佛)'라고 하며 인간 본연의 모습을 추구하는 선종에 깊이 관여하면서 종래의 호교적인 귀족불교에 대항하였다. 그들은 신흥사대부를 선종과 연결시키는 적극적인 가교 역할을 하였고, 또 학교제도가 쇠퇴한 시대에 미래의 사대부들에게 유학을 강의하는 교육자로서의 역할도 수행하였다. 문학 혹은 철학을 가르치는 선생으로서 유·불에 걸친 자신의 교양을 다음 세대에 주입했던 그들의 존재는, 고문운동으로 집약된 시대정신을 그대로 드러내는 하나의 상징으로서 이 시대를 특색짓고 있었다.

법문사(法門寺)의 사리

1987년 5월 29일 개수(改修)중인 섬서성 보계시(寶鷄市)의 법문사 불탑의 지하궁전에서 발견된 사리 및 당대의 문물이 내외 기자들에게 모습을 드러냈다. 법문사는 당의 수도 장안의 서북쪽 수백 km에 위치하는데, 이 곳의 진신사리를 30년에 한 번 개장(開帳)하면 오곡이 풍년이요, 천하가 태평하게 된다는 세속신앙이 널리 퍼져 있었다. 장안으로 사리를 맞이할 때는 천자를 선두로 한 대규모 공양이 행해졌다. 불교비판의 기수였던 한유가 헌종(805~20)의 성대한 사리 공양에 반대하여 「사리를 논하는 표(論佛骨表)」를 바쳐 조주(潮州)에 유배되었던 것도 이 법문사의 사리와 관련이 있었다. 유물은 각종 직물과 유리제품이 대부분이며, 천자를 비롯한 귀인들이 봉납한 것으로 당시의 최고품으로 전해지고 있다.

▦ 비어 있는 쪽 ▦

Ⅶ. 수당제국과 동아시아 세계

藤善眞澄

1. 동아시아 여러 나라의 각성

『삼국사기(三國史記)』

한대(漢代)의 적극적인 대외정책을 계기로 유형·무형의 영향을 받아왔던 주변지역에서는, 국가형성의 태동이 시작됨과 동시에 한자를 토대로 한 중국문화에 힘입어 자기 변혁이 시도되고 있었다. 한 예로 중국에 인접한 고구려는 가장 먼저 실력을 축적하여 373년에는 진(晉)의 제도를 모방한 것으로 보이는 율령제를 시행하였으며, 이전에 낙랑군이 두어졌던 평양(平壤)을 수도로 정하여 확고한 기반을 구축하고 있었다.

고구려의 융성은 또한 필연적으로 한반도 삼한(三韓)지역의 국가형성을 촉진하였으며, 다시 바다를 건너 일본에까지 영향을 미쳤다. 그리하여 4세기에는 화친과 전쟁의 복잡한 양상을 띤 국제관계가 전개되기에 이른다. "요시노가리(吉野ヶ里) 유적의 발굴을 계기로 새롭게 전개되고 있는 히미코(卑彌呼)의 야마타이(邪馬台〔壹〕)국 논쟁은 그 위치가 큐슈(九州)인가 기나이(畿內)인가" 아직 결론이 나지는 않았지만, 그것이 최초로 등장하는 사료인 『삼국지(三國志)』「위지(魏志)」 동이전(東夷傳)에는 야마타이국〔동이전 중 왜인전〕뿐만 아니라 백제(伯濟)에서 백제(百濟)로, 사로(斯盧)

에서 신라(新羅)로 국가형성이 진행되어 가는 『삼국사기』 전야(前夜)의 동아시아 세계가 묘사되어 있다.

광개토대왕(廣開土大王:391~412)·장수왕(長壽王:413~91)·문자왕(文咨王:492~519)의 3대 120년은 고

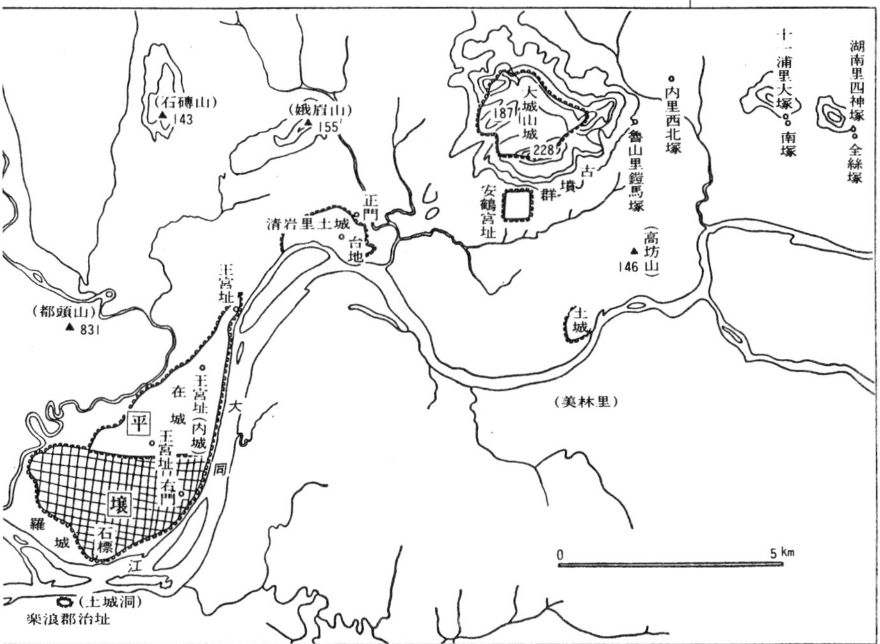

고구려 평양성(平壤城)

구려 최전성기에 해당하는데, 북위(北魏)에 대하여는 신하의 예를 취하면서 백제·신라를 압박하고 양국을 원조하는 왜군을 물리쳐 삼국 가운데 우위를 차지하였다. '왜의 오왕(五王)'이 남조(南朝)에 조공했던 것도 고구려에 의해 북조(北朝)와의 통교를 저지당한 결과, 남조와 연결된 한반도에서 자신의 입장을 유리하게

이끌어 가려는 의도에서였다. 왜뿐만이 아니었다. 이 당시 백제와 신라는 고구려와 왜의 쟁탈전에 시달림을 받았지만, 점차 정치제도의 개혁을 추진하여 국력을 증강하고 곧 왜국세력을 일소하는 동시에 고구려 세력을 한강유역에서 물리치는 데 성공하였다. 백제와 신라가 남조 혹은 북조에 조공하여 관작이나 칭호를 얻으려 했던 것도 또한 동아시아의 복잡한 외교관계를 배경으로 하여 가능한 한 국제적 지위를 확보하고자 했기 때문이었다.

이러한 국제정세를 그 뿌리째 뒤흔들어 놓은 것은 바로 수당왕조의 출현이었다.

평양성의 깊은 해자(垓字)

수당 3백년 역사를 대외정책면에서 조망해 볼 때 현종기를 경계로 뚜렷한 차이가 있음을 알 수 있다. 대략 살펴보면, 급격한 영토확장을 추진했던 전반기에 대하여 후반기는 공격과 수비가 바뀌어 주변민족이 차례차례 침공을 반복했던 시대이다. 그것은 또한 정치력의 성쇠나 사회변혁과 완전히 일치하고 있는데, 이러한 사실은 바로 세계제국에 걸맞게 수당왕조의 동향이 아시아 전역의 국제관계에 긴장 혹은 완화를 초래한다는 것을 여실히 보여주고 있다.

진한(秦漢)제국이 그랬던 것처럼 수당제국도 건국과 동시에 주변민족과의 대결을 피할 수가 없었다. 한이 흉노 때문에 애먹은 것처럼, 수당이 대적해야 할 적은 알타이산맥의 남쪽을 근거지로 몽골고원에서 투르키스탄에 걸쳐 패권을 누렸던 돌궐(突厥:튀르크)이었다. 흉노는 한의 공격과 내분에 의해 남북으로 분열되었는데, 그 중 호한야선우(呼韓邪單于)가 거느린 남흉노는 귀속하여 장성 내로 이주하였으며 선우에게는 왕소군(王昭君)을 짝지어 주었다. 돌궐의 운명도 놀랄 정도로 흉노와 유사하였다. 역시 돌궐의 내분을 틈탄 수의 공격과 교묘한 이간책으로 돌궐은 동·서로 분열하였는데, 서돌궐은 서방으로 도망하고 계민가한(啓民可汗:?~609)이 이끄는 동돌궐은 내몽골로 이주하였으며 가한에게는 의성(義成)공주를 시집보냈다.

통일을 이룩하기까지 수 문제(文帝)는 내정에 힘을 쏟았고 대외정책에는 소극적이면서 신중한 태도를 취하였다. 그러나 통일 후 북조 이래 골머리를 앓아온 돌궐의 위협을 제거함으로써 대외정책에 자신감을 가지게 되었고, 개황(開皇)18년(598)에는 고구려원정에 오르는 등 적극적인 외교로 전환하였다. 다만 고구려원정은 결과적으로 불행을 초래하여 양제(煬帝)가 그 여세를 몰아 무모할 정도의 대외정책을 추진하는 원인이 되기도 하였다.

통일왕조의 출현에 재빠르게 반응한 것은 고구려였다. 한반도에서는 고구려의 우세 속에 백제·신라와의 대립이 계속되었고, 수의 남조병합은 국경을 접한 고구려에게 위협으로 다가왔다. 중국문화에 가까이 접해 있는 곳일수록 분쟁도 끊이지 않았던 것이다. 그러나 수륙 30만 병력을 거느리고 시도한 수 문제의 고구려원정은 작전실패와 뒤이은 전염병의 타격을 받아 겨우 요하(遼河)의 서안에 도달하는 데 그치고 말았다. 고구려 왕이 표면상 공손한 태도를 보였기 때문에 수는 일단 체면을 유지했으나, 고구려원정은 결국 양제를 거쳐 당대까지 넘어가게 되었다.

> **에조(蝦夷: 아이누)국**
>
> 당의 두우(杜佑)가 편찬한 『통전(通典)』은 당과 대식(大食) 사이의 이른바 탈라스강 전쟁에서 포로가 되어 압바스왕조의 수도 바그다드로 연행된 두환(杜環)의 『경행기(經行記)』 등 귀중한 사료를 채록하고 있다. 에조에 관한 기사도 『통전』에 최초로 등장하는데, "대당 현경(顯慶)4년(659) 10월 왜국의 사신을 따라 입조하다"라고 되어 있다. 견당대사(遣唐大使)인 사카이 베노이와스키(坂合部石布)는 난파하여 이가위(爾加委)섬에서 살해되고, 부사(副使)인 쓰모리 노키사(津守吉祥)가 낙양에 들어가 에조인 두 사람과 함께 고종을 알현하고 세 종류의 에조에 대해 설명하였다[『일본서기(日本書記)』]. 그렇다면 "수염 길이 4척, 활이 특히 정교한" 에조(蝦夷: 에미시)라는 한자는 과연 당에서 만들어진 것인지 일본에서 만들어진 것인지 의문이다.

해도(海島)에서 온 사신

수 양제는 즉위하는 즉시 유방(劉方)에게 명하여 임읍(林邑: 베트남 남부)을 정복하게 하고 대업(大業) 3년(607)에는 주관(朱寬)을 유구국(流求國)으로, 상준(常駿)을 적토국(赤土國)으로 파견하여 조공을 촉구하였다. 그러나 유구[대만설, 혹은 필리핀설이 유력하다]가 두번째 권유에도 응하지 않았기 때문에 화가 난 수 양제는 원정군을 보내 국왕 이하를 참수하고 1만 7천명을 포로로 잡아 왔다. 또한 말레이반도 남부, 수마트라섬 잠비 부근, 또는 자바섬 남부라고도 하는 적토국은 즉시 왕자를 수행시켜 조공해 왔다.

한편 신라세력이 급속히 신장하자, 한반도 남부의 근거지인 임나(任那)지역을 상실한 왜국은 실지회복을 위해 백제와 손을 잡고 중국으로 접근하는 길을 모색하고 있었다. 1세기에 걸친 국교단절 끝에 스이코(推古)천황8년[開皇20년(600)]에 와서 사절파견을 재개했던 배경에는, 대제국 수의 출현에 의한 국제정세의 변화와 함께 한반도 문제가 깊이 관련되어 있다고 본다. 쇼토구태자(聖德太子)의 유명한 "일출처(日

出處)의 천자…"로 시작되는 국서를 가지고 소인코(蘇因高), 즉 오노노 이모코(小野妹子)가 수나라 수도 대흥성(大興城)으로 들어간 것은 607년이었다. 한편 이모코 파견에는 유구·적토국과 마찬가지로 양제의 강력한 권유가 있었던 것은 아닌가라는 견해도 있다.

그런데 고구려의 평원왕(平原王:559~90)과 백제의 위덕왕(威德王:554~98)은 수 건국 후 즉시 조공하여 전자는 대장군(大將軍)·요동군공(遼東郡公)·고구려왕(高句麗王)에, 후자는 상개부의동삼사(上開府儀同三司)·대방군공(帶方郡公)·백제왕(百濟王)에 책봉되었다. 또 594년에는 신라의 진평왕(眞平王:579~632)도 사자를 보내 상개부(上開府)·낙랑군공(樂浪郡公)·신라왕에 봉해졌다. 수를 종주국으로, 한반도 삼국을 번국(藩國)으로 하는 이른바 책봉체제가 성립된 것이다. 이에 대하여 히미코에서 왜의 오왕에 이르기까지 동일한 책봉체제 안에 편입되어 있던 왜국은, 거듭된 조공에도 불구하고 무슨 이유인지 수당시대를 통해 책봉체제의 울타리 밖에 남겨지게 되었다. 전통적인 체제라고는 하지만, 유동적인 국제역학에 대응하기에는 이 체제는 너무나 취약했던 것도 사실이다. 수 문제를 뒤이은 양제에 의한 세 차례의 고구려원정〔Ⅳ장 2절〕은 그것을 단적으로 말해 주고 있다. 끝까지 종주권을 관철하려고 한 양제에 대하여 고구려는 동돌궐을 비롯한 거란·말갈과 제휴하여 항전에 힘쓴 결과 마침내 대제국 수나라를 멸망으로 몰아넣었다.

왜의 오왕(五王)

마쓰시타 겐린(松下見林:1637~1703)이 『송서(宋書)』 왜국전에 보이는 찬(讚)·진(珍)·제(濟)·흥(興)·무(武)의 왜왕을 자형(字形)과 자훈(字訓)이 비슷하다는 점 등을 근거로 리쥬(履中)·한제이(反正)·인교오(允恭)·안코(安康)·유랴쿠(雄略) 천황에 각각 비정한 이후, 5왕이 누구인가를 둘러싸고 여러가지 연구가 계속되었다. 현재 제·흥·무왕에 관하여는 마쓰시타설이 유력한 데 대하여, 찬을 닌토쿠(仁德)천황이라고 하는 설로부터 닌토쿠천황은 실재인물이 아니라 오진(應神)천황과 동일인이라는 설까지 있어, 아직 해명해야 할 난제가 산적해 있는 실정이다.

『일본서기』 권22 스이코 천황 26년(618) 8월조에는 고구려의 사자가 와서 수나라 군사 30만을 격퇴시켰다고 자랑하며, 수의 포로 2명을 헌상했다는 기사가 있다. 618년은 수가 멸망한 해이다. 이 한 가지 사실만으로도 고구려의 의기충천함을 엿볼 수가 있다. 양제의 고구려원정 실패가 주변민족의 각성을 촉구하고 독립의 기운을 자극했던 것은, 첫 원정에 실패한 다음해 양제가 장성일대를 순찰하러 나갔을 때 동돌궐 시필가한(始畢可汗:609~19)의 습격을 받아 안문성(雁門城)에서 포위되었던 사실로부터 알 수 있다. 시필은 수에 가장 충성을 보였던 계민가한의 아들이며, 곧 정양가한(定楊可汗) 즉 '양씨의 수를 멸망시킨 가한'으로 자칭하였다. 그들의 자각과 기개가 유감없이 발휘되고 있었다는 것을 이상의 사실로 충분히 알 수 있다.

왜의 5왕 계보

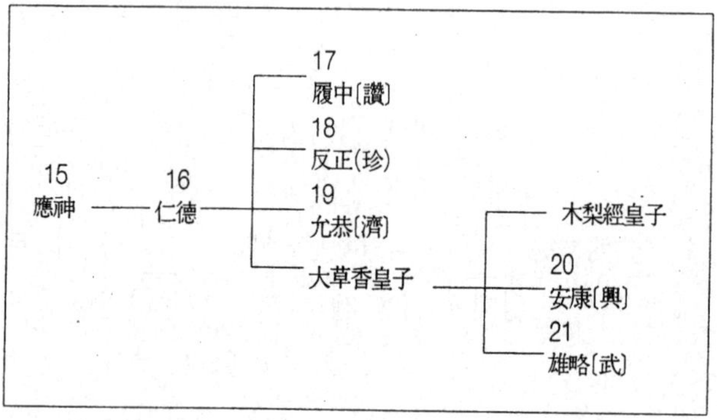

◉ 『日本書紀』와 『古事記』에 의한 계보

2. 패자(覇者) 신라

천가한(天可汗) 패하다

수를 멸망으로 내몰았던 고구려는 당이 건국되자 신라·백제와 마찬가지로 우선 조공사를 파견하여 군왕(郡王)의 책봉을 받았다. 그러나 신라가 양국에 대비할 목적으로 당에 접근하기 시작하자 고구려는 방향을 바꾸어 백제와 손을 잡고 당에 저항하는 기미를 보였다. 부여성(夫餘城:중국 吉林省 農安)에서 발해만에 이르는 장성을 축조했던 것도 이 즈음이었다. 긴장은 긴장을 부르고, 상호 지략을 다한 외교전이 전개되었다. 당 또한 명군 태종 정관(貞觀)4년(630)에 설연타(薛延陀)의 이남가한(夷男可汗)과 동맹을 맺어 수 말의 혼란을 틈타 세력을 떨치던 동돌궐의 힐리가한(頡利可汗:620?~30)을 멸망시켰다. 힐리는 시필가한의 후계자였다. 이 사건직후에 귀순한 서북 여러 부족의 군장(君長)들이 장안에 와서 태종에게 '천가한'[왕중의 왕]의 존호를 봉헌한 사실에서 보듯이, 주변제국의 형세는 다시 당제국을 중심으로 회전하기 시작하였다. 조만간 당과 고구려의 대결은 필연적으로 일어나게 되어 있었다.

고구려의 자만스러운 태도를 방치해 두는 것은

안문관(雁門關)

산서성 북부에 있다. 북제시대에 쌓기 시작한 내(內)장성의 요충지 안문관은 이전부터 구주새(句注塞)라고 불렸다. 이미 진(秦)대의 『여씨춘추(呂氏春秋)』 유시편(有始篇)에 천하 구새(九塞)의 하나로 열거되어 있다. 한대에는 대흉노 방어의 전방기지였고, 남북조시대에도 북방민족과의 쟁탈전이 벌어졌던 곳이다. 수 대업(大業)11년 장성 일대를 순행하던 양제는 동돌궐의 시필가한에게 습격당하자 놀라 근처 안문성으로 도주하여 농성하였다. 운정흥(雲定興) 등의 원군에 의해 포위망을 뚫고 구사일생하였는데, 당시 구출작전에 큰 공을 세운 자는 운정흥 휘하의 16세 소년인 이세민(李世民), 즉 훗날의 당 태종이었다고 한다.

대국의 위신문제로 천가한의 이름을 수치스럽게 하는 것이었다. 또한 수 양제를 교훈으로 삼아온 태종에게 수 2대에 걸쳐 모두 실패한 고구려원정은 자신의 수완과 재능을 천하에 알릴 좋은 기회라는 점에서도 매력이 넘치는 사업이었다. 바로 그 때 고구려에서는 연개소문(泉蓋蘇文:?~665)의 쿠데타에 의해 영유왕(榮留王) 건무(建武)가 살해되는 사건이 있었고, 기회가 왔다고 본 태종은 신하들의 반대를 무릅쓰고 친정(親征)을 결의하였다.

644년 11월 명장 이적(李勣)을 요동도대총관(遼東道大總管)에 임명하여 육군 6만에 거란(契丹)·해(奚)·말갈(靺鞨) 등의 북족부대를 합쳐 선발대로 삼고, 평양도행군대총관(平壤道行軍大總管) 장량(張亮)에게는 강회(江淮)·하남(河南)지방 병력을 주력으로 하는 4만의 수군(水軍)을 맡겨 산동반도에서 평양으로 향하게 하였다. 그리고 다음해 2월 태종은 낙양을 출발, 4월을 기하여 요하(遼河)를 건너 공격을 가하였다. 그러나 요동성은 함락되었지만, 안시성(安市城)은 공격하는 당군을 지치게 만들었다. 그런 가운데 동장군이 찾아들었고 백전노장의 천가한도 도리없이 철군을 결정하는 수밖에 없었다. 단념을 못한 태종은 647년 고구려가 신라에 대한 공격을 그만두지 않는다는 구실을 걸어 재차 원정군을 파견했으나 효과는 없었고, 제3차 계획도 태종의 죽음으로 중지되었다. 태종의 고구려원정은, 그로 인해 심한 타격을 받은 것은 물론 완전히 수 양제의 두 차례 원정을 재연한 데 지나지 않았다. 태종의 숙원을 이루어 동아시아정세를 일변시켰던 사람은 얄궂게도 범용(凡庸)한 황제로 일컬어지는 3대 고종이었다.

백제의 멸망

신라에서는 654년 개명(開明)군주로 명성높은 무열왕(武烈王) 김춘추(金春秋:603~61)가 즉위하였다. 그는 당과 일본 이외에 고구려에도 사신으로 가서 각 나라의 사정을 직접 시찰한 경험이 있는 군주였다. 진덕(眞德)여왕을 도와 정치개혁을 추진하고 부국강병을 도모하였다. 또 그는 당과 긴밀한 관계를 맺어 고구려·백제를 견제할 목적으로 아들 김법민(金法敏:文武王)·김인문(金仁問) 등을 당실의 숙위(宿衛)에 참여시킴으로써 형식상 인질을 보내는 것처럼 하는 한편, 의관(衣冠)과 연호 등 당의 제도를 채용하는 데 유의하였다.

당 고종은 태종의 유지를 이어받고 또 신라의 요청도 있어 고구려에 군사를 파견하지만, 일이 뜻대로 되지가 않았다. 때문에 백제를 우선 희생물로 삼는 작전으로 변경하여 소정방(蘇定方)으로 하여금 육해양군을 합쳐 13만 병력을 거느리고 무열왕이 이끄는 신라군 5만과 호응하여 백제로 진공하도록 하였다. 불의의 습격을 받은 백제는 필사적으로 항전하였으나 승산은 없었다. 수도 사비성(泗沘城:충남 부여)이 함락되고 의자왕(義慈王)이 항복함으로써 백제는 멸망하

동돌궐 관계 계도

啓民可汗	始畢可汗 (609~19)
	處羅可汗 (619)
	頡利可汗 (619~30)

(제1제국)

이적(李勣)

였다. 당 현경(顯慶)5년(660) 8월 18일의 일이었다.

그러나 백제의 역사가 완전히 끝난 것은 아니었다. 의자왕 외 1만 2천여 명이 포로가 되어 당으로 보내진 뒤, 유신(遺臣)인 귀실복신(鬼室福信) 등은 잔병을 모아 주류성(周留城:전북 전주) 안에서 굳게 버텼다. 그리고 일본에 사자를 보내 인질로 있던 왕자 풍장(豊璋)의 송환과 원군을 요청하였다. 다이카개신(大化改新)으로부터 10여년, 나카노오에(中大兄)황자·후지와라 가마타리(藤原鎌足)의 통치하에 정국이 안정되고 의기가 왕성했던 일본은 백제부흥을 위한 적극적인 지원을 약속하였다. 한반도에 거점을 마련하고 싶었던 것이 본심이었던 것 같다. 661년 친정을 결의한 사이메이(齊明)천황은 나니와(難波:지금의 오오사카 지역)를 출발하여 쓰쿠시(筑紫)로 향하였으나 병이 나서 같은해 7월 조창궁(朝倉宮)에서 죽고 말았다. 급히 수도로 돌아와 즉위한 덴치(天智)천황은 부득이 아즈미히라후(安曇比羅夫) 등에게 풍장왕자의 호송을 명하였다.

663년 8월 27일 새로 옹립된 백제왕 풍장의 요청에 응하여 주류성의 구원에 나섰던 아베 히라후(安倍比羅夫)가 이끄는 2만 7천의 일본군은 도중에 당군을 만나 이틀간에 걸친 격전을 벌였다. 역사에 이름높은 백촌강(白村江), 당측 기록의 이른바 백강구(白江口) 전투였다. 당시 당의 수군(水軍)을 지휘했던 유인궤(劉仁軌) 열전[『구당서』 권84]에는 왜의 군대와 백강〔금강〕구에서 만나 네 차례 싸워 이기고 그들의 선박 400척을 불태웠다. 연기와 화염은 하늘에 가득하고 바닷물은 붉게 물들었다. 적의 무리는 크게 무너졌다.

라고 간결하게 묘사되어 있다. 고립무원(孤立無援)에 빠진 풍장은 고구려로 도망가고 이로써 백제는 명실공히 역사로부터 모습을 감추었던 것이다.

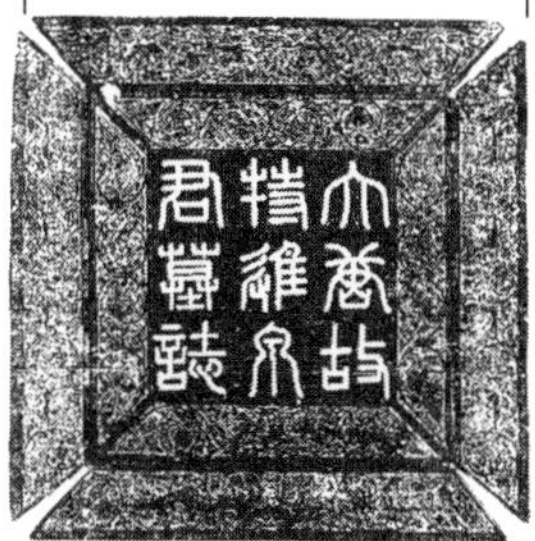

구양통(歐陽通) 천남생(泉男生) 묘지(墓誌:蓋) 정본(整本)

『唐代의 碑刻』 觀峰collection 圖錄제2호(〈財〉日本習字敎育財團, 1988)

어부지리

백제평정에 성공한 소정방은 창끝을 돌려 신라의 협력 아래 고구려의 수도 평양을 포위했으나 성공하지는 못했다. 그러나 665년 고구려의 실력자 연개소문이 죽자 그의 아들 천남생(泉男生)과 그 동생들 사이에 골육분쟁이 일어났다. 이 기회를 놓치지 않고 나·당 연합군은 고구려를 공략하여 668년 9월 마침내 평양성을 함락시킬 수 있었다.

그보다 앞서 당은 백제땅에 5개 도독부(都督府)를 설치하였는데, 고구려의 경우도 평양에 안동도호부(安東都護府)를 두어 9개 도독부를 직속시키고 도독부 아래에 주·현을 배속하였으며, 도독 이하 자사(刺史)·현령(縣令)에는 귀순한 고구려인을 임명하여 그들의 자치를 인정하였다. 이러한 간접적인 통치방식은 이른바 책봉체제와 함께 이민족 지배를 위한 상투적인 수단이었으며, 고삐 매인 소와 말에 비유하여 '기미정책(羈縻政策)'이라고 불렀다. 이제 동으로는 한반도에서로는 중앙아시아에 이르기까지, 북으로는 외몽골에서 남으로는 베트남 북부에 이르는, 역사상 유례없는 영역을 지배하고 영역 내의 여러 다양한 민족을 끌어안게 된 당에게 있어서 기미정책은 가장 간편한 통치방법이었다. 그러나 그것 역시 많은 모순과 약점을 내포하고 있었던 것도 사실이었다.

기미정책의 파탄은 머지않아 찾아왔다. 백제가 멸망한 뒤 당은 신라의 영토를 계림주(鷄林州)라고 고쳤다. 이것은 직할령으로 취급한 것에 지나지 않았다. "입술이 없으면 이가 시리다"라고 하듯이 위험을 감지한 신라에서는 당에 대한 반발심이 높아져 고구려를 무너뜨리는 즉시 당군 축출에 착수하였다. 마침내 676년에는 대동강 이남을 제압함으로써 한반도에서는 최초의 통일국가가 되었다. 당측에서도 평양의 안동도호부를 요동으로 옮기고, 735년에는 현종이 신라를 공식적으로 승인하는 것으로 결말을 맺었다.

3. 발해의 건국

대조영(大祚榮)의 등장

기미정책의 파탄은 한반도에만 찾아온 것이 아니었다. 운중(雲中:내몽골)에 있었던 선우도호부(單于

都護府)에서는 동돌궐의 아사나쿠틀룩(阿史那骨咄祿)이 독립을 선언한 이후 묵철(默啜:Khapaghan)·비가(毗伽:Bilgeä) 두 가한의 시기에 오면 거란·해(奚)·당항(党項) 등을 공격하며 세력을 급격히 신장하였다. 또 청해(青海)지방에서는 토번(吐蕃)이 토욕혼(吐谷渾)을 복속시키고 운남지방에서는 남조(南詔)국이 출현하는 등 무측천에서 현종시기에 걸쳐 주변민족의 활발한 움직임이 두드러지는데, 698년에 건국한 발해도 그 가운데 하나였다.

당은 고구려를 멸망시킨 후 완강하게 저항한 포로를 말갈·거란인과 함께 영주(營州:遼寧省 朝陽)로

발해국계도

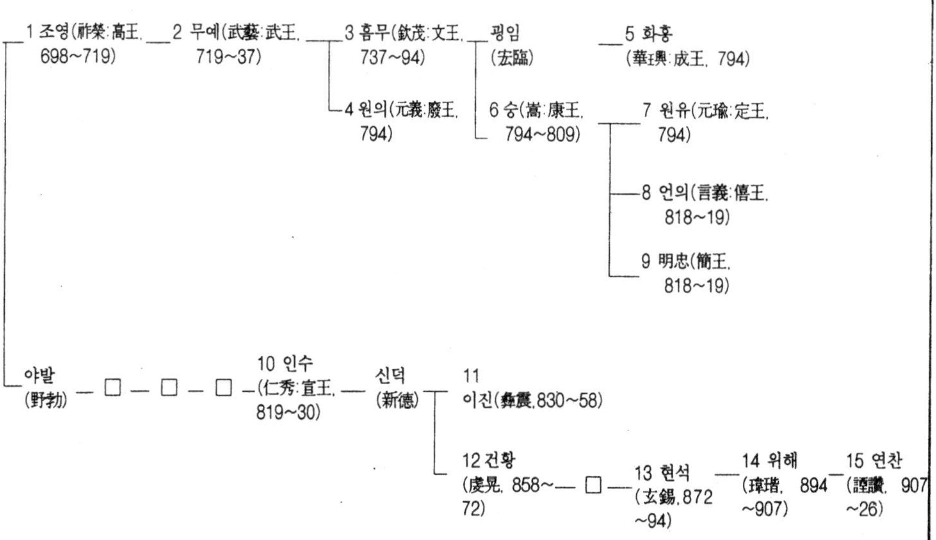

강제이주시켰다. 신라의 공세에 도호부가 요동으로 물러나자 거란인 이진충(李盡忠)이 반란을 기도하였고, 고구려유민과 말갈족에도 호응하는 자가 속출하였다. 대부분은 진압되었지만 휘하를 이끌고 동쪽으로 도망갔던 대조영(698~719)은 자립하여 진국왕(震國王)으로 자칭하였다. 대조영에 관해서는 말갈계 고구려인이란 설이 유력한데, 당군을 격퇴하고 영토확대에 힘썼기 때문에 당도 태도를 바꾸어 현종은 그를 발해왕으로 봉하였다. 발해라는 국호는 여기서 비롯되었다. 그리고 발해는 당의 멸망보다 20년이 늦고, 신라의 멸망보다는 9년이 빠른 927년에 거란에 의해 멸망될 때까지 15대 229년이나 존속하였다.

제2대 무왕(武王) 대무예(大武藝:719~37)는 당의 내정간섭에 반발하여 연호를 정하고 독립국으로서의 체제를 정비하였으며, 최대의 영역과 57년간의 치세를 자랑하는 문왕(文王) 대흠무(大欽茂:737~94)가 이것을 물려받았다. 여기에는 하나의 일화가 전해진다. 무왕의 정책에 불만을 가진 친당파인 동생 대문예(大門藝)는 일신의 위험을 느껴 당으로 도망하였다. 무왕은 범죄자인 동생의 신병을 인도해 줄 것을 요구하였으나, 당은 애매한 말만 하면서 응하지 않았다. 무왕이 보낸 암살단도 낙양의 천진교(天津橋)에서 대문예를 습격하다가 도리어 죽음을 당했다. 격노한 무왕은 선단(船團)을 산동반도의 등주(登州:산동성 蓬萊縣)로 파견하여 부근 일대를 약탈하게 했다고 한다. 이 내분이 말해 주듯이 주변제국에서는 당과의 관계, 혹은 문화의 섭취를 둘러싸고 여러가지 파문이 일고 있었다. 수당제국이 세계제국인 이유는 여기에 있었다.

발해루트

당과 발해의 싸움은 생각지도 못한 방향으로 역사를 이끌어갔다. 발해사절이 일본에 건너온 것이다. 727년 7월 고제덕(高齊德) 등 8명이 데와(出羽)국에 도착하여 다음해 정월 나라(奈良)로 가서 국서를 전했다. 최초 24명이 출발했으나 불행히도 에조(蝦夷)에 표류하여 정사(正使) 이하 16명이 죽고 말았다. 발해의 사절파견은 신라 및 당과의 관계가 소원해짐에 따라 무왕이 자국의 고립을 두려워했기 때문이라고 보인다. 일본도 신라와 소원해져 있던 터였으므로, 내심 사절파견을 기뻐하였다. 쇼무(聖武)천황은 히케다노 아손 무시마로(引田朝臣 蟲麻呂)를 답례사로 삼아 발해의 사자를 수행토록 하였다. 이후 양국의 친밀한 관계는 발해가 멸망할 때까지 지속되었고, 동해를 왕래했던 발해사절은 35회에 이르렀다.

문왕은 무왕의 방침을 바꾸어 당의 문물·제도를 적극적으로 받아들였다. 근래의 조사발굴에 의해 공백으로 남아 있던 역사가 점차 메워지고 있다. 중앙관제에는 당의 3성(三省)을 모방한 선조(宣詔)·중대(中臺)·정당(政堂)의 3성을 두었고, 6부(六部)에 상당하는 충·인·의·지·예·신의 덕목을 딴 6부제를 채용하였다. 일본과 마찬가지로, 모방과 독자성의 발

견당발해사선 (遣唐渤海使船)

발해에서 당으로 육로가 아닌 해로를 통해 사절이 왕래했던 것은 정관(貞觀)15년(873) 3월 고시키섬(甑島:鹿兒島)에 두 척의 배가 표류한 사건으로 알 수가 있다. 그들은 서주평정경하사(徐州平定慶賀使)로서 당에 파견되었다. 즉 869년 방훈(龐勛)의 난 진압을 경하하기 위해 가는 도중 발해만에서 조난을 당해 표착했던 것이었다. 대재부(大宰府)로 회송되던 중 1척은 도주했으나 또다시 천초(天草)에 표착하였다. 대당통사(大唐通事) 장건충(張建忠)의 심문을 받은 결과, 대사(大使) 문손재(門孫宰)와 최종좌(崔宗佐)의 선박임이 판명되었다. 그들은 일본에서 후대를 받고 가을에 출항하였으나 역풍을 만나 다시 이와미(石見)국에 표착하였고 이듬해 6월이 되어서 귀국하였다.

견당사비화
(遣唐使悲話)

일본의 하쿠치(白雉)4년(653) 제2차 견당사 기시나가니(吉士長丹)와 함께 파견된 다카다 네마로(高田根麻呂)가 탄 배는 난파하여 거의가 바다에 빠져죽었다. 당시 항해가 얼마나 어려운 일이었는지를 보여주는 사건이다. 또한 나가니의 배에 승선한 유학승 14명 중 벤죠(弁正)·에세(惠施)·도코(道光)·도쇼(道昭) 등 귀국하여 활약한 자는 다행이지만, 해상에서 병사한 지소(知聰), 당에서 죽은 가쿠쇼(覺勝) 등 비운에 간 자도 많았다. 그 가운데 한사람인 유학승 죠에(定惠)는 당시 11세로 중신(中臣) 후지와라 가마타리(藤原鎌足)의 장남이었다. 당에서 12년간 머물다가 옛 백제의 땅을 경유하여 귀국하였으나 3개월 후 급사하였다. 『가전(家傳)』에는 백제의 유신이 독을 섞었다는 등 갖가지 억측을 낳고 있다. 견당사시대의 복잡한 국제관계, 국내사정의 희생자임에 틀림이 없다.

양이라는 두 방향의 틈 사이에서 고심했던 모습이 엿보인다. 발해는 739년 11월 제2차 견왜사를 보내면서 헤구리노아손 히로나리(平群朝臣 廣成)를 함께 보냈다. 그는 덴포(天平)5년(733) 견당대사(遣唐大使)인 다지히노마히도(多治比眞人) 히로나리의 판관(判官)으로, 귀국 도중에 역풍을 만나 제3선은 남해로 표류하여 선원 다수가 죽었다. 히로나리는 고생 끝에 장안으로 돌아가 이번에는 등주(登州)에서 요동반도로, 다시 발해의 수도를 경유하여 귀국했던 것이다. 문왕의 정책전환으로 인해 발해와 당과의 관계가 회복됨에 따라, 일본과의 교류도 정치색이 약해지고 교역중심으로 양상이 바뀌게 된다. 이것은 신라를 경유하는 루트에 대신하여 발해루트가 당의 문물과 정보를 입수하거나 혹은 견당사·유학생들이 오가는 교통로로서 중요한 역할을 수행했던 사실과 함께 주목해야 할 현상이다.

4. 일본의 견당사

참천가한도(參天可汗道)

이슬람 상인들은 수도 장안을 '경성(京城)'의 당음(唐音)이 와음(訛音)된 쿰단이라 부르는 데 친숙했다. 또 태종에게 천가한의 존호를 바쳤던 족장들은 장안으로 통하는 길을 '참천가한도'라고 불렀는데, 사절·유학생·학문승·상인과 심지어는 포로·노예에 이르기까지 수없이 많은 이국인들이 이 길을 왕래하였다.

수에 유학했던 일본인은 수말·당초의 격동기를 겪은 후 당의 번영을 자세히 목격하고 돌아갔다. 스이코31년(623)에 귀국한 구스시 에니치(藥師慧日) 등은 "저 대당의 나라는 법식이 정비된 굉장한 나라이다. 늘 왕래해야 할 것이다"라고 하며 당을 배워야 할 필요성을 역설하였다. 그 결과 죠메이(舒明)천황2년〔당 정관4년(630)〕에 수나라를 다녀온 경험이 있는 이누가미 미타스키(犬上御田鍬)를 대사로, 에니치를 부사로 파견하였는데 2년 뒤에 유학중인 소민(僧旻)과 당 사절인 고표인(高表仁)을 동반하여 귀국하였다. 이것이 제1차 견당사이다. 이 때 당 태종은 "일본은 나라가 멀어 매년 조공할 것까지는 없다"는 특전을 부여하였다. 백제·신라 등과 달리 책봉조차 행하지 않았던 사실은 당과 일본의 관계를 살펴보는 데 중요하다.

그로부터 264년 뒤 간포(寬平)6년(894), 스가와라 미치자네(菅原道眞)의 건의에 따라 정식으로 폐지가 결정될 때까지 실제로 바다를 건넜던 견당사는 15회에 이르렀고, 규모도 초기의 2척, 240명 정도에서 중기에는 4척, 600명 정도로 늘어났다. 또한 한반도 연안으로 북상하여 발해만을 가로지르던 초기의 북항로에 비하여, 중기의 견당사 배는 신라와의 관계가 악화된 여파로 인해 오도열도(五島列島)에서 곧장 대해

입당팔가 (入唐八家)

많은 입당유학승 가운데서도 밀교(密敎)를 공부한 대표적인 8인, 즉 사이쵸(最澄)·구카이(空海)·죠교(常曉)·엔교(円行)·에운(惠運)·엔닌(円仁)·엔친(円珍)·슈에이(宗叡)를 '입당팔가'라고 하여 특별히 경의를 표하고 있다. 말할 것도 없이 천태종(天台宗)계는 사이쵸·엔닌·엔친 3인이지만, 구카이가 죽은 죠와(承和)2년(835) 후 곧바로 엔진·슈에이를 제외한 4인이 일시에 입당하고 있는 사실은 흥미롭다. 일본밀교의 중단을 우려한 나머지 완전한 밀교체계를 확립하려는 요구가 있었기 때문이며, 죠교의 태원수법(太元帥法), 엔닌의 치성광법(熾盛光法) 등 새로운 수양법이 도입되어 커다란 영향을 미쳤다.

를 건너는 남항로를 취하게 되었다.

그러나 선박의 대형화에 항해술이나 조선기술이 따르지 못해 항해사고의 위험은 배가하였다. 발해를 경유하는 루트가 주목된 것은 당연했다.

제4차 견당대사 사카이베 이와스키(坂合部石布) 일행은 낙양에서 고종을 알현하였으나, 다음해로 계획된 백제원정의 정보누설을 방지하기 위해 장안으로 송환되어 연금당하였다. 이처럼 초기의 사절은 한반도를 둘러싼 국제정세의 변화에 대처하는, 극히 정치성이 강한 면을 보이고 있다. 그러나 율령체제가 정비된 다이호(大寶)2년(702), 33년 만에 파견된 집절사(執節使) 아와타 마히토(粟田眞人:?~719)의 제7차 견당사부터는 문화적 색채를 농후하게 띠게 된다. 『속일본기(續日本紀)』에는 그들이 상륙한 강소성 염성현(鹽城縣) 사람으로부터 국호가 주(周)로 바뀐 지 10년이요, 무측천이 황제로 있다는 것을 듣고 놀라워 했던 모습이 기록되어 있다. 이 이야기는 견당사의 정치색이 희박해지면서 일본에 주변국 사정에 대한 정보가 전해지지 않았음을 증명하고 있다. 무측천은 인덕전(麟德殿)에서 마히토를 접견하여 사선경(司膳卿)이란 직함을 수여하고 위로의 연회를 열었는데, 『구당서』『신당서』에는 "학문을 좋아하고 문장에 뛰어나며, 행동거지도 훌륭하였다"고 마히도를 칭찬하고 있다.

나카마로(中麻呂)와 감진(鑑眞)

나라천도 7년째인 701년 제8차 견당압사(遣唐押使) 다지히 아가타모리(多治比縣守) 일행에는 기비 마사비(吉備眞備:695~775)·승려 겐포(玄昉:?~746)·아베 나카마로(阿倍仲麻呂:698~770) 등이 있었다. 당에 머무른 지 17년 만에 견당사 다지히 히로나리(多治比廣成)와 함께 귀국한 마사비는 많은 서적과 기물을 헌상하고, 또 현종에게 자가사(紫袈裟)를 하사받은 겐포도 많은 불상과 5천권의 경전을 갖고 귀국하여 현장(玄奘)의 법상종(法相宗)을 전하였다. 중국에 남은 나카마로는 조형(朝衡:혹은 晁衡)으로 개명하고 진사시험에 합격하여 비서감(秘書監)에까지 올랐다. 그 뒤 당 천보12년(753) 제10차 견당사인 후지와라 기요카와(藤原淸河)를 따라 귀국하던 도중, 남기(嵐氣:푸르스름한 안개)를 만나 베트남에서 표류하다가 결국 기요카와와 함께 고국땅을 밟지 못한 채 장안에서 죽었다.

견당사가 일본문화에 미친 영향은 이루 말할 수 없을 정도지만, 제9차 견당부사 나카토미 나시로(中臣名代)의 배에 승선했던 인도승려 보리선나(菩提僊那), 당 승려 도선(道璿), 임읍(林邑) 승려 불철(佛哲), 페르시아 의사 이밀(李密) 등도 잊어서는 안된다. 보리선나(704~60)는 대불 개안(開眼) 공양에 존사(尊師)를 맡았고, 도선(702~60)은 요에이(榮叡)와 후시요(普照)의 초청으로 일본 대안사(大安寺)에서 율종(律宗)

과 선종(禪宗)을 널리 전하였다. 요에이 등은 또 양주(揚州) 대명사(大明寺)의 율사 감진(鑑眞:688~763)에게 일본에 와달라고 요청하였다. 다섯 차례 실패를 거듭한 끝에 제10차 견당부사인 오토모 고마로(大伴古麻呂)의 배로 일본에 건너간 감진은 대불전(大佛殿) 앞에 계단(戒壇)을 설치하고 천황 이하 사람들에게 계를 주었다. 이후 그는 당초제사(唐招提寺)를 창건하여 율종을 널리 알리고 천태종의 기초를 공고히 하는 외에도 서화·의약에 이르기까지 폭넓은 공헌을 하고 있다. 그 업적은 수행제자 사탁(思託)이 쓴 전기를 기초로 오미 미후네(淡海三船:眞人元開)가 완성한 『대화상동정전(大和上東征傳)』에 상세하다.

감진(鑑眞)이 머물렀던 법정사(法淨寺)

趙樸初·塚本善隆 監修, 中國佛敎協會·日中友好佛敎協會 編集, 『中國佛敎の旅2』(美乃美, 1980)

왕회도(王會圖)

중국에서는 언제부터인가 외국사절의 모습과 복식 등을 그림으로 그려 보존하는 관례가 생겨났다. 양(梁) 원제(元帝:508~54)시기의 작품으로 유명한 「직공도(職貢圖)」는 배자야(裵子野)의 「방국사도(方國使圖)」를 본뜬 것이라 하며, 그 뿌리는 더욱 거슬러 올라간다. 수의 배구(裵矩)가 「서역도기(西域圖記)」를 지었을 때도 역시 서역 여러 나라의 인물상이 채색화로 그려졌고, 당대에는 629년 안사고(顔師古)가 「왕회도」의 제작을 건의함에 따라 태종은 유명한 화가 염립본(閻立本)에게 명하여 그리게 하였다. 이누가미 미타스키가 입당하기 바로 전년으로, 일본사절로는 아와타 마

당 벽화
예빈도(禮賓圖)

雷行·余鼎章 主編, 『西安』, 中國歷史文化名城叢書(中國建築土業出版社, 1986)

히도가 묘사되어 있다. 이 그림은 이민족자료관이라고도 할 번장(蕃藏) 안에 보관되었다. 고종의 건릉(乾陵)에 늘어선 목없는 석상과 이현(李賢)의 묘 벽화 등에 묘사된 「공직도(貢職圖)」를 통해 그 얼굴모습을 떠올릴 수가 있을 것이다.

「왕회도」에 묘사된 조하(朝賀)의식에는 외국사절이 쇄도하는 자리인만큼 생각지도 않았던 문제가 발생한다. 현종 천보12년(753) 정월, 일본부사 오토모 고마로(?~757)가 대회장 책임자인 오회보(吳懷寶)에게 자리 배정문제로 시비를 걸었다. 일본에게 조공하고 있는 신라를 동반 제1석에 두고, 일본을 서반 제2석으로 하는 것은 납득할 수 없다는 것이었다. 자리의 차례는 외국에 대한 대우의 경중을 나타내는 것이기 때문에 위구르(回紇)와 흑의대식(黑衣大食) 사이에서도 일어났던 일이었다. 고마로의 억지에 지고 만 오회보는 일본과 신라의 자리를 바꾸도록 했다. 세계제국이 아니고는 있을 수 없는 웃지 못할 이야기다.

▦ 비어 있는 쪽 ▦

부록

참고문헌 · 참고논저(국내)

참고문헌

◉ 총 론

岡崎文夫,『魏晉南北朝通史』, 弘文堂, 1932.
宮川尙志,『六朝史硏究(宗教篇)』, 平樂寺書店, 1964.
浜口重國,『秦漢隋唐史の硏究(上·下)』, 東京大學出版會, 1966.
宮崎市定,『大唐帝國』世界の歷史7, 河出書房新社, 1968.
『岩波講座世界歷史(5·6)』, 岩波書店, 1970·71.
中國中世史硏究會,『中國中世史硏究』, 東海大學出版會, 1970.
谷川道雄,『中國中世の探求』, 日本エディタ-スク-ル, 1987.
內藤虎次郎,『中國古代の文化』, 內藤湖南全集 第10卷, 筑摩書房, 1969.
外山軍治·礪波 護,『東洋の歷史』, 人物往來社, 1967.
礪波 護,『中國(上)』, 朝日新聞社, 1992.
川勝義雄,「魏晉南北朝」,『中國の歷史(3)』, 講談社, 1974.
布目潮渢·栗原益男,「隋唐帝國」,『中國の歷史(4)』, 講談社, 1974.
岡崎 敬,「魏晉南北朝の世界」,『中國の歷史(3)』, 講談社, 1977.
日比野丈夫,「華麗なる隋唐帝國」,『中國の歷史(4)』, 講談社, 1977.
塚本善隆,『中國佛教通史(第一)』, 春秋社, 1979.

◉ Ⅰ. 귀족사회의 성립

吉川幸次郎,『三國志實錄』吉川幸次郎全集 第7卷, 筑摩書房,, 1969.
狩野直禎,『三國志の世界』人と歷史シリ-ズ, 淸水書院, 1971.
谷川道雄,『世界帝國の形成(後漢~隋·唐)』, 講談社新書 新書東洋史2, 講談社, 1977.
尾形 勇,『東アジアの世界帝國』, ビジュアル版世界の歷史 第8卷, 講談社 1985.
增淵龍夫,『中國古代の社會と國家』, 弘文堂, 1960.
宮崎市定,『九品官人法の硏究-科擧前史-』, 同朋舍出版, 1956.

內藤虎次郎,「槪括的唐宋時代觀」, 內藤湖南全集 第8卷,『東洋文化史硏究』, 筑摩書房, 1969.
谷川道雄,『中國中世社會と共同體』, 國書刊行會, 1976.

Ⅲ. 동요하는 한인사회

岡崎文夫,『南北朝に於ける社會經濟制度』, 弘文堂, 1935.
越智重明,『魏晉南朝の政治と社會』, 吉川弘文館, 1963.
越智重明,『東晉南朝の貴族制』, 硏文出版, 1982.
川勝義雄,『六朝貴族制社會の硏究』, 岩波書店, 1982.
川勝義雄·礪波 護,『中國貴族制社會の硏究』, 京都大學人文科學硏究所, 1987.
中村圭爾,『六朝貴族制硏究』, 風間書房, 1987.
矢野主稅,『門閥社會史』, 長崎大學史學會, 1965.
內田吟風,『北アジア史硏究(鮮卑·柔然·突厥篇)』, 同朋舍出版, 1975.
內田吟風,『北アジア史硏究(匈奴篇)』, 同朋舍出版, 1975.
田村實造,『中國史上の民族移動期』, 創文社, 1985.
谷川道雄,『隋唐帝國形成史論』, 筑摩書房, 1971.
宮川尙志,『六朝史硏究(政治·社會篇)』, 日本學術振興會, 1956.

Ⅲ. 위진남북조

守屋美都雄,『六朝門閥の一硏究-太原王氏系譜考-』, 日本出版協同株式會社, 1951.
天野元之助,『中國農業史硏究』, お茶の水書房, 1962.
米田賢次郎,『中國古代農業技術史硏究』, 同朋舍出版, 1989.
渡邊信一郎,『中國古代社會論』, 青木書店, 1986.
堀 敏一,『均田制の硏究』, 岩波書店, 1975.
西嶋定生,『中國經濟史硏究』, 東京大學出版會, 1966.
西村元佑,『中國經濟史硏究』, 東洋史硏究會, 1968.
谷川道雄,『中國中世と共同体』, 國書刊行會, 1976.
森三樹三郎,『六朝士大夫の精神』, 同朋舍出版, 1986.

吉川忠夫, 『六朝精神史研究』, 同朋舍出版, 1984.
中嶋隆藏, 『六朝思想の研究』, 平樂寺書店, 1985.
日原利國 編, 『中國思想史(上·下)』, ぺりかん社, 1987.
水野清一, 『中國の佛教美術』, 平凡社, 1968.
水野清一·長廣敏雄, 『龍門石窟の研究』, 同朋舍出版, 1980.
長廣敏雄, 『雲崗と龍門』, 中央公論美術出版, 1964.
長廣敏雄, 『六朝時代美術の研究』, 美術出版社, 1969.
大阪市立美術館 編, 『六朝の美術』, 平凡社, 1976.
內藤虎次郎, 『支那繪畵史』 內藤湖南全集 第13卷, 筑摩書房, 1973.
閻 文儒 著, 秋山光和・松原三郎 監・譯, 『世界美術大系(9)』, 講談社, 1964.
關野 雄 編, 『世界美術(18-中國), 講談社, 1966.
江上波夫 外 編, 『世界美術全集(8-中國Ⅱ)』, 平凡社, 1950.
鈴木 敬, 『中國繪畵史(上)』, 吉川弘文館, 1981.
『新潮 世界美術辭典』, 新潮社. 1985.
町田甲一, 『東洋美術概說』, 世界文化社, 1989.
米澤嘉圃, 『中國繪畵史研究-山水畵論』, 東京大學東洋文化研究所, 1961.
小杉一雄, 『中國佛教美術史の研究』, 新樹社, 1980.
張 彦遠 著・長廣敏雄 譯, 『歷代明畵記(12)』, 東洋文庫, 平凡社, 1977.

Ⅳ. 貴族社會의 再編

宮崎市定, 『隋の煬帝』, 中公文庫, 中央公論社, 1987.
谷川道雄, 『唐の太宗』, 人物往來社, 1967.
宇都宮淸吉 譯注, 『顔氏家訓』, 平凡社, 1972.
入矢義高 譯注, 『洛陽伽藍記』, 平凡社, 1974.
布目潮渢, 『隋唐史研究-唐朝政權の形成-』, 東洋史研究會, 1968.
布目潮渢, 『隋の煬帝と唐の太宗』, 淸水書院, 1975.
氣賀澤保規 譯注, 「隋末唐初の諸反亂」, 『中國民衆反亂史(1)』 東洋文庫, 平凡社, 1978.
池田 溫, 『中國古代籍帳硏究-槪觀·錄文-』, 東京大學出版會, 1979.
石田幹之助, 『長安の春』, 東洋文庫, 平凡社, 1967.
佐藤武敏, 『長安 古代中國と日本』, 朋友書店, 1974.
室永芳三, 『大都長安』, 教育社, 1982.

外山軍治,『則天武后 女性と權力』中公新書, 中央公論社, 1966.
林 語堂 著・小沼 丹 譯,『則天武后』, みすず書房, 1979.
澤田瑞穗,『女傑と惡女に生きて 則天武后』, 集英社, 1986.
池田 溫 編,『敦煌の社會』講座敦煌3, 大東出版社, 1980.
氣嘉澤保規,『則天武后』, 白帝史, 1995.

Ⅴ. 수당의 문화

常盤大定,『支那に於ける佛教と儒教·道教』東洋文庫, 平凡社, 1930.
吉岡義豊,『道教の硏究』, 法藏館, 1952.
大淵忍爾,『道教史の硏究』, 岡山大學共濟會書籍部, 1964.
窪 德忠,『道教史』, 山川出版社, 1977.
酒井忠夫 監修, 福井康順 外,『道教(1・2・3)』, 平河出版社, 1983.
砂山 稔,『隋唐道教思想史硏究』, 平河出版社, 1990.
塚本善隆,『塚本善隆著作集(3・4・6)』, 大東出版社, 1974~76.
山崎 宏,『隋唐佛教史の硏究』, 法藏館, 1967.
道端良秀,『中國佛教史全集(1・2)』, 法藏館, 1985.
滋野井恬,『唐代佛教史論』, 平樂寺書店, 1973.
藤堂恭俊・鹽入良道,『アジア佛教史(中國篇 I -漢民族の佛教)』佼城出版社, 1975.
鎌田茂雄,『中國佛教史』岩波全書, 岩波書店, 1978.
『中國佛教史(1~6)』, 東京大學出版會, 1992~94.
任繼愈 主編·丘山新 等譯,『中國佛教史(1~3)』, 柏書房, 1994.
諸戶立雄,『中國佛教制度史の硏究』, 平河出版社, 1990.
牧田諦亮,『中國佛教史硏究 第1』, 大東出版社, 1981.
藪內 淸,『中國の科學文明』岩波新書, 岩波書店, 1970.
T.F. カーター 原著・藪內 淸・石橋正子 譯註,『中國の印刷術(1・2)』, 東洋文庫, 平凡社, 1977.
北京中醫學院 主編, 宮下三郎 譯,『中國醫學史講義』, 燎原書店, 1984.
吉田 忠 編,『東アジアの科學』, 勁草書房, 1982.
J. Needham 著, 牛山輝代 譯,『中國科學の流れ』, 思索社, 1984.
藪內 淸,『中國の科學』, 中央公論社, 1979.
中田勇次郎 編,『書道藝術(1~10)』, 中央公論社, 1971~72.

中田勇次郎, 『中國書道史』書道藝術 別卷3, 平凡社, 1973.
中田勇次郎 編, 『中國書論大系(1~4)』, 二玄社, 1977~81.
赤井清美, 『中國書道史』, 東京堂出版, 1979.
神田喜一郎, 『中國書道史』, 岩波書店, 1985.
伏見冲敬, 『中國書道の新研究(上・下)』, 二玄社, 1981.
中西慶爾, 『中國書道辭典』, 木耳社, 1981.
外山軍治, 『中國の書と人』, 創元社, 1971.
杉村邦彦, 『書苑彷徨』, 二玄社, 1981.
杉村勇造, 『中國書道史』, 淡交社, 1974.

Ⅵ. 中世社會의 崩壞

E.G. Pulleyblank, 『安祿山の叛亂の政治的背景」, 『東洋學報(35-2·3·4)』, 1952.
谷川道雄, 「『安史の亂』の性格について」, 『名古屋大學文學部研究論集(8)』, 1954.
E.G. Pulleyblank, "The Background of the Rebellion of An Lushan", Oxford, 1955.
藤善眞澄, 『安祿山』, 人物往來社, 1966.
藤善眞澄, 『安祿山と楊貴妃』, 淸水書院, 1972.
日野開三郎, 『支那中世の軍閥』, 三省堂, 1942, →『東洋史學論集(1)』, 三一書房, 1980.
栗原益男, 「安史の亂と藩鎭體制の展開」, 『岩波講座世界歷史(6)』, 岩波書店, 1971.
松井秀一, 「兩稅法の成立とその展開」, 『岩波講座世界歷史(6)』, 岩波書店, 1971.
船越泰次, 「唐代兩稅法における斛斗の徵科と兩稅錢の折糴·折納問題」, 『東洋史研究(31-4)』, 1973.
礪波 護, 『唐代政治社會史研究』, 同朋舍出版, 1986.
堀 敏一, 「藩鎭親衛軍の勸力構造」, 『東洋文化研究所紀要(20)』, 1960.
松井秀一, 「唐末民衆叛亂五代の形勢」, 『岩波講座世界歷史(6)』, 岩波書店, 1971.
谷川道雄, 「龐勛の亂について」, 『名古屋大學文學部研究論集(11)』, 1955.

堀 敏一,「黃巢の反亂」,『東洋文化硏究所紀要(13)』, 1957.
谷川道雄·森 正夫,『中國民衆反亂史(1)』東洋文庫336, 平凡社, 1978.
森三樹三郞,『中國思想史(下)』, 第三文明社, 1978.
淸水 茂,『唐宋八家文(上)』, 朝日新聞社, 1966.
筧 文生,『韓愈·柳宗元』, 筑摩書房, 1973.
小川環樹,『唐詩槪說』, 岩波書店, 1958.

Ⅶ. 隋唐帝國과 동아시아 世界

西嶋定生,「6~8世紀の東アジア」,『岩波講座日本歷史(2)』, 岩波書店, 1962.
鳥山喜一,『渤海史上の諸問題』, 風間書房, 1968.
藤間生大,『東アジア世界の形成』, 春秋社, 1966.
藤間生大,『倭の五王』, 岩波新書, 岩波書店, 1968.
笠井倭人,『硏究史 倭の五王』, 吉川弘文館, 1972.
井上秀雄,『古代朝鮮』, 日本放送出版協會, 1972.
西嶋定生,『東アジア世界』, 講談社, 1973.
唐代史硏究會 編,『隋唐帝國と東アジア世界』, 汲古書院, 1979.
唐代史硏究會 編,『中國律令制とその展開-周邊諸國への影響を含めて-』, 唐代史硏究會, 1979.
江上波夫 編,『遣唐使時代の日本と中國』, 小學館, 1982.
上田 雄·孫 榮健,『日本渤海交涉史』, 六興出版, 1990.
增村 宏,『遣唐史の硏究』, 同朋舍出版, 1989.
小野勝年,『入唐求法巡禮行記の硏究(1~4)』, 鈴木學術財團, 1964~69.
小野勝年,『入唐求法行歷の硏究(上·下)』, 法藏館, 1983.
井上光貞 外 編, 『東アジア世界における日本古代史講座(3·4·5)』, 學生社, 1981.
三上次男,『高句麗と渤海』, 吉川弘文館, 1990.
佐伯有淸,『円仁』, 吉川弘文館, 1989.
佐伯有淸,『智証大師傳の硏究』, 吉天弘文館, 1989.
佐伯有淸,『最後の遣唐使』, 講談社, 1978.
東野治之,『遣唐使と正倉院』, 岩波書店, 1992.

▦ 비어 있는 쪽 ▦

참고논저〔국내〕

총 론

金榮煥 譯, 勞榦 著,『魏晋南北朝史』, 藝文春秋館, 1995.

任大熙 譯, 川勝義雄 等著,『중국중세사의 이해』, 혜안, 1998.

任仲爀·朴善姬 共譯, 宮崎市定 著,『中國中世史』, 신서원, 1996.

朴漢濟,「日本에 있어서의 中國史의 中世分期－封建制 및 貴族制論을 中心으로」,『中國學論叢』1, 1985.

______譯,「東아시아에서의 '古代'의 종말」(前田直典,「東アジアに於ける古代の終末」,『歷史』1-4, 1948)

______譯,「中共에서의 '古代史'區分 論爭 I」(金景芳,「中國古代史分期問題商榷」,『歷史研究』1979-2·3)

______譯,「中國 '中世史'研究의 立場과 方法」(川勝義雄·谷川道雄,「中國中世史研究における立場と方法」,『中國中世史研究』, 東京, 東海大學出版會, 1970), 이상 閔斗基 編,『中國史時代區分論』(創作과批評社), 1984.

I. 귀족사회의 성립

朴漢濟,「後漢末·魏晋時代 士大夫의 政治的 指向과 人物評論」,『歷史學報』143, 1994.*

李公範,「九品中正制度－魏晉時代를 中心으로－」,『史叢』1, 1955.

任大熙 共譯, 宮崎市定 著,『九品官人法의 研究』, 서경문화사, 1998.

鄭卿謨,「九品官人考－魏晉時代를 中心으로－」,『全南大論文集』12, 1966.

崔振默,「漢魏 交替期 經世論의 形成과 그 展開－禮敎秩序에서 名法秩序로의 指向－」,『東洋史學研究』37, 1991.*

______,「後漢末 魏晉代 人物優劣論의 展開와 그 性格」,『서울대 東洋史學科論集』17, 1993.

許富文, 「三國時代의 校事制度」, 『東亞研究』 6, 1985.
______, 「蜀漢의 南夷 經營」, 『歷史學報』 99·100합집, 1983.

Ⅱ. 동요하는 한인사회

姜文皓, 「五胡前期 胡族君主 稱號의 變化와 그 影響」, 『慶州史學』(東國大) 11, 1992.
______, 「五胡前期 匈奴國家의 性格」, 『芝邨金甲周敎授華甲紀念史學論叢』, 1994.
______, 「北魏初期의 宗室과 帝權-五胡時期 他胡族王朝와의 比較觀點에서-」, 『慶州史學』 15, 1996.
______, 「前燕의 宗室과 帝權」, 『東國史學』 30, 1996.
______, 「前秦 苻堅의 本族分徙 원인에 대하여」, 『東國史學』 31, 1997.
______, 「苻堅의 政治와 帝權」, 『中國學報』 37, 1997.
金民壽, 「국가권력을 통하여 본 東晉末期史-司馬道子 父子와 桓玄의 府僚를 중심으로-」, 『東洋史學研究』 45, 1993.
______, 「劉裕의 晉宋革命과 寒門세력」, 『魏晋隋唐史研究』 2, 1996.
金榮煥, 「論拓跋氏之發展過程與其建國北魏前夜周圍情勢」, 『明知史論』 4, 1992.
______, 「北齊 鮮卑정권의 創建背景考-『北齊書』「列傳」의 人物을 中心으로-」, 『白山學報』 43, 1994.
______, 「後漢末 曹魏初 三郡烏桓 考釋-『後漢書』·『三國志』「烏桓傳」을 중심으로-」, 『明知史論』 7, 1995.
______, 「托跋鮮卑의 傳說時期小論」, 『中國學報』 36, 1996.
______, 「拓跋鮮卑의 傳說時期小論-『魏書』「序紀」의 분석을 중심으로-」, 『魏晋隋唐史研究』 2, 1996.
______, 「拓跋鮮卑 歷史時期의 諸問題考釋-『魏書』「序紀」를 中心으로-」, 『明知史論』 8, 1997.
______, 「拓跋鮮卑 第二次 南下過程의 諸問題考釋-推寅, 大澤, 匈奴故地의 考證을 中心으로-」, 『明知史論』 9, 1998.
______, 「『魏書』「序紀」에 나타난 拓跋鮮卑族의 神異現象 考釋-神人, 神獸, 天女의 考證을 中心으로-」, 『中國學研究』 15, 1998.
朴漢濟, 「魏晋南朝貴族制의 展開와 그 性格-封建制와 관련하여-」, 『講座中

國史』 Ⅱ, 1989.
李成珪, 「北朝前期門閥貴族의 性格－清河의 崔浩와 그 一門을 中心으로－」, 『東洋史學研究』 11, 1977.*
______, 「中國帝國의 分裂과 統一－後漢解體 以後 隋·唐 統一의 형성과정을 中心으로－」, 『歷史上의 分裂과 再統一』(上), 一潮閣, 1992.
______, 「中國古代 皇帝權의 性格」, 『東亞史上의 王權』, 1993.
池培善, 「鮮卑族의 初期段階 氏族分裂에 대하여」, 『白山學報』 23, 1977.
______, 「鮮卑拓跋氏의 氏族分裂過程에 대하여」, 『白山學報』 24, 1978.
______, 「北魏의 大人對策」, 『漢成大論文集』 4, 1980.
______, 「吐谷渾과 南朝와의 交涉에 대하여」, 『漢城大論文集』 6, 1982.
______, 「吐谷渾과 北朝와의 交涉에 대하여－北魏를 중심으로－」, 『歷史學報』 98, 1983.
______, 「吐谷渾과 西域諸國과의 交涉에 대하여」, 『漢城史學』 1, 1983.
______, 「西燕에 關한 研究」, 『白山學報』 32, 1985.
______, 「前·後燕의 宗教」, 『漢城大論文集』 10, 1986.
______, 「北燕에 대하여－高句麗王族 後裔 高雲과 그 在位時를 中心으로－」, 『東方學志』 54·55·56합집, 1987.
______, 「馮素弗傳」, 『漢城大論文集』 12, 1988.
______, 「北燕에 대하여(Ⅱ)－馮跋과 그 在位時를 중심으로－」, 『東洋史學研究』 29, 1989.
______, 「慕容德과 南燕」, 『中國學報』 13, 1990.
______, 「北燕에 대하여(Ⅲ)－馮弘 在位時와 對高句麗 關係를 中心으로－」, 『東洋史學研究』 32, 1990.
______, 「南燕에 대하여－慕容德을 중심으로－」, 『東方學志』 75, 1992.
______, 「南燕 慕容超의 즉위이전의 행적」, 『延世大梅芝論叢』 10, 1993.
______, 「陽裕」, 『五松李公範教授停年退任紀念東洋史論叢』, 1993.
______, 「慕容翰에 대하여」, 『東方學志』 81, 1993.
______, 「五胡十六國時代의 研究史에 대하여」, 『魏晋南北朝研究會會報』 2, 1994.
______, 「韓恒에 대하여」, 『東方學志』 86, 1994.
______, 「前趙와 劉淵」, 『東方學志』 88, 1995.
______, 「裵嶷」, 『東아시아의 人間像』, 혜안, 1995.
______, 「高瞻」, 『金文經教授停年退任紀念 동아시아사 연구논총』, 1996.

______, 「太上5년 이후의 南燕에 대하여」, 『東方學志』(延世大) 91, 1996.
______, 「李產과 李績에 대하여」, 『歷史學報』 154, 1997.
______, 「東晉과 前燕의 관계에 대하여－前燕 慕容廆 재위시를 중심으로－」, 『東洋史學研究』 62, 1998.
______, 「永興 元年 이후의 前趙」, 『中國學報』 38, 1998.
______, 「前燕 慕容皝재위시의 사회 경제정책에 대하여－封裕의 상서를 중심으로－」, 『東方學志』 99, 1998.
______, 『中世東北亞史研究－慕容王國史－』, 一潮閣, 1986.
______, 『中世 中國史 研究』, 연세대출판부, 1998.

Ⅲ. 위진남북조

金民壽, 「東晉·南朝의 조세제도」, 『東洋史學研究』 53, 1996.
______, 「西晉의 占田·課田과 조세제도」, 『金文經敎授停年退任紀念 동아시아사 연구논총』, 1996.
______, 「魏晋南朝의 財政政策」, 『歷史學報』 151, 1996.
金羨珉, 「沈約의 生涯와 思想－六朝 貴族像의 한 理解－」, 『學林』(延世大) 7, 1985.
金聖翰, 「西魏 均田制하의 麻田의 성격－計帳戶籍文書에 대한 분석을 통하여－」, 『東洋史學研究』 55, 1996.
______, 「西晉의 占田·課田制와 戶調制」, 『金文經敎授停年退任紀念 동아시아사 연구논총』, 1996.
金容範, 「南朝의 士人에 대하여」, 『忠南史學』 8, 1996.
______, 「南朝의 士風에 대하여－儒士를 중심으로－」, 『湖西史學』 23·24합집, 1996.
______, 「南朝士人의 紐帶意識」, 『湖西史學』 25, 1998.
金裕哲, 「南朝의 通貨政策에 대하여－財政確保策과 관련하여－」, 『東洋史學研究』 19, 1984.
______, 「均田制와 均田體制」, 『講座中國史』 Ⅱ, 1989.
______, 「江夏王 義恭의 정치활동과 그 지향－南朝 親王의 정치적 활동과 이념에 대한 一例－」, 『東洋史學研究』 34, 1990.
______, 「宋齊時代 親王의 정치적 성격과 활동기반」, 『歷史學報』 126, 1990.
______, 「宋齊時代의 호적위람과 檢籍－唐寓之叛亂의 性格과 관련하여－」,

『人文科學』(延世大) 67, 1992.
______, 「中國 南朝에서 軍主의 출현과 그 활동」, 『인문과학』 69・70합집, 1993.
______, 「梁 天監初 改革政策에 나타난 官僚體制의 新傾向」, 『魏晋隋唐史研究』 1, 1994.
______, 「梁武帝와 改革官僚－새로운 지배체제를 위하여－」, 『東아시아의 人間像』, 1995.
______, 「魏晋南北朝시대 江南社會와 種族問題－'蠻夷'的 緣邊에서 中華的 江南社會로－」, 『중국의 江南社會와 韓中交涉』(集文堂), 1997.
金仁淑, 「중국도교의 여성관」, 『湖西史學』(湖西史學會) 21・22합집, 1994.
______, 「魏晋時代 儒教의 여성관」, 『史學志』 28, 1995.
______, 「魏晋南北朝時代 축첩의 유행」, 『全州史學』 4, 1996.
______, 「魏晋士大夫와 寒食散」, 『史學志』(檀國大) 29, 1996.
______, 「魏晋士大夫와 음주풍조」, 『湖西史學』 23・24합집, 1996.
______, 『중국 중세 사대부와 술, 약 그리고 여자』, 서경출판사, 1998.
金鍾完, 「北朝部曲考」, 『全州又石女子大學論文集』 2, 1980.
______, 「梁書 東夷傳의 文獻的 檢討」, 『全州又石大論文集』 3, 1981.
______, 「晉代의 塢主－晉의 南遷과 관련하여－」, 『全州又石大論文集』 6, 1984.
______, 「南北朝時代의 朝貢關係 槪觀」, 『震檀學報』 61, 1986.
______, 「南北朝의 交聘關係」, 『東亞史의 比較研究』(一潮閣), 1987.
______, 「南北朝時代의 冊封에 대한 檢討－賜與된 官職을 중심으로－」, 『東亞研究』 19, 1989.
______, 「南北朝時代 國書에 대한 小考」, 『全州又石大論文集』 14, 1992.
______, 「仇池 楊氏政權과 南北朝의 關係」, 『全州又石大論文集』 15, 1993.
______, 「南北朝間의 使行路에 대한 試論」, 『全州又石大論文集』 16, 1994.
______, 「南北朝時代의 蠻・獠・俚人과 左郡縣의 분포」, 『吉玄益教授停年紀念史學論叢』, 1996.
______, 「南朝의 戎蠻府」, 『人文論叢』(우석대 인문과학연구소) 3, 1996.
______, 『中國南北朝史研究－朝貢・交聘關係를 중심으로－』, 一潮閣, 1995.
金鐸敏, 「北魏 三長制에 관한 研究」, 『史叢』 24, 1980.
______, 「均田制下에서의 奴婢受田과 官人永業田」, 『金俊燁教授華甲紀念中

國學論叢』, 1983.
______, 「北魏 太和年間의 社會改革政策方向과 均田制의 機能」, 『國史硏究』(朝鮮大) 4, 1983.
______, 「均田制下에서 田種의 性格과 受田의 意味－北朝 均田制를 중심으로－」, 『歷史學報』 109, 1986.
______, 「北魏太和以前의 胡族의 編制와 그 經濟的基盤－均田制와 三長制의 이해를 위한 前提」, 『歷史學報』 124, 1989.
______, 「北魏末 氾皆 頻發의 배경과 그 實態」, 『金文經敎授停年退任紀念 동아시아사 연구논총』, 1996.
金翰奎, 「南北朝時代의 中國的 世界秩序와 古代韓國의 幕府體制」, 歷史學會 編, 『古代韓國의 政治와 社會』(一潮閣), 1985.
______, 「魏晋南朝 覇府의 構造와 機能」, 『東亞硏究』 10, 1986.
______, 「東魏 高氏의 覇府와 晉陽」, 『梨大史苑』 22·23합집, 1988.
______, 「漢代 및 魏晉南北朝時代의 輔政」, 『歷史學報』 137, 1993.
______, 「漢代 및 魏晉南北朝時代의 輔政體制」, 『東洋史學硏究』 44, 1993.
______, 「魏晋南北朝時代 幕府體制의 社會經濟的 基礎」, 『東亞硏究』 28, 1994.
______, 『古代 東亞細亞 幕府體制 硏究』, 一潮閣, 1997.
朴元熇, 〈飜譯〉「魏晉南北朝의 史學(周一良)」, 『中國의 歷史와 文化』(朴元熇 編), 1992.
朴漢濟, 「南北朝末-隋初의 過渡期的 士大夫像－顔之推의 '顔氏家訓'을 중심으로」, 『東亞文化』 16, 1979.
______, 「南北朝時代의 南北關係－交易과 交聘을 中心으로」, 『韓國學論叢』 4, 1981.
______, 「魏晉南北朝時代 貴族制硏究에 대하여」, 『韓國學論叢』 5, 1983.
______, 「前期五胡政權과 漢人士族－胡漢問題와 관련하여」, 『韓國學論叢』 6, 1984.
______, 「高允(390-487)의 理想과 行動－崔浩의 경우와 비교하여」, 『歷史와 人間의 對應(高柄翊先生回甲紀念史學論叢)』, 1984.
______, 「前秦 苻堅政權의 性格－胡漢體制와 統一體制의 구축과정과 관련하여－」, 『東亞文化』 23, 1985.
______, 「北魏 均田制의 成立과 胡漢體制」, 『東洋史學硏究』 24, 1986.*
______, 「北魏王權과 胡漢體制－北魏社會의 變質과 관련하여－」, 『震檀學

報』 64, 1987.

_____, 「北魏 對外政策과 胡漢體制－統一體制指向과 관련하여－」, 『歷史學報』 116, 1987.

_____, 「胡漢體制의 展開와 그 構造－統一體制 指向과 관련하여－」, 『講座中國史』 II, 1989.

_____, 「北魏 洛陽社會와 胡漢體制－都城區劃과 住居分布를 중심으로－」, 『泰東古典硏究』 6, 1990.

_____, 「木蘭詩의 時代－北魏 孝文帝時期 對柔然戰爭과 關聯하여－」, 『五松李公範先生停年紀念東洋史論叢』, 1993.

_____, 「西魏・北周時代 胡漢體制의 展開－胡姓再行의 經過와 그 意味－」, 『魏晋隋唐史硏究』 創刊號, 1994.

_____, 「'僑民體制'의 展開와 南朝史－南・北朝史의 統一的 理解를 위한 하나의 提案－」, 『東洋史學硏究』 50, 1995.

_____, 「南北朝末 一羈旅詩人 庾信의 軌跡－顔之推의 경우와 비교하여－」, 『黃元九先生定年紀念論叢－東아시아의 人間像』, 도서출판 혜안, 1995.

_____, 「東晉・南朝史와 僑民－'僑舊體制'의 形成과 그 展開－」, 『東洋史學硏究』 53, 1996.

_____, 「魏晋南北朝・隋唐史硏究를 위한 하나의 方法」, 『金文經先生停年退任紀念동아시아사연구논총』, 도서출판 혜안, 1996.

_____, 「西魏・北周時代 胡漢體制의 展開－胡姓再行의 意味」, 『歷史의 再照明(2)－歷史上의 亂과 革命』, 도서출판 小花, 1997.

_____, 「北齊時代의 胡漢體制의 展開－胡漢葛藤과 二重構造」, 『分裂과 統合－中國 中世의 諸相』(지식산업사), 1998.

_____, 「新胡漢體制論」, 『魏晉隋唐史硏究』 4, 1998.

_____, 『中國中世胡漢體制硏究』, 一潮閣, 1988.

朴亨寬 共著, 「南朝貴族制의 崩壞過程」, 『國史硏究』(朝鮮大) 4, 1983.

_____, 「東晉末의 반란」, 『朝鮮大人文科學硏究』 6・7, 1985.

_____, 「東晉王朝의 成立過程과 王道의 役割」, 『朝鮮大傳統文化硏究』 1, 1990.

_____, 「東晉初・中期의 軍事的 基礎」, 『朝鮮大傳統文化硏究』 2, 1992.

白允穆, 「結束民田인 桑田(麻田)과 永業田의 比較檢討」, 『釜山史叢』(釜山産業大) 2, 1986.

______, 「北魏 均田制의 奴婢受田」, 『釜山史學』 14·15합집, 1988.
______, 「北魏 均田制下의 露田의 성격에 대하여」, 『釜山史學』 18, 1990.
______, 「均田制의 發生에 관한 一考察」, 『中國問題硏究』(慶星大 中國問題硏究所) 4, 1991.
______, 「所謂 計口受田制에 관한 一考察」, 『釜山史學』 25·26합집, 1994.
______, 「桑田 法規의 疑難點에 대한 一考察」, 『中國問題硏究』(慶星大 中國問題硏究所) 7, 1995.
______, 「北魏 均田制에 있어서 民의 受田對象과 受田順序에 대하여」, 『嶺南史學』 14, 1996.
______, 「北魏 均田制下의 麻田에 대하여－疑爭點을 중심으로－」, 『釜山史學』 33, 1997.
______, 「北魏 均田令 제11조에 대한 一考察」, 『中國問題硏究』(慶星大 中國問題硏究所) 10, 1998.
辛聖坤, 「'隷臣妾'身分에 대한 試論的 考察」, 『서울大東洋史學科論集』 9, 1985.
______, 「雜戶身分의 變遷과 그 性格」, 『歷史學報』 115, 1987.
______, 「'幹'身分의 변화와 食幹制度」, 『서울大東洋史學科論集』 14, 1990.
______, 「魏晉南北朝時期 部曲에 대한 再考察」, 『東洋史學硏究』 40, 1992.
______, 「北周期 部曲·客女身分의 再編과 唐代 部曲의 性格」, 『魏晋隋唐史硏究』 1, 1994.
______, 「魏晋南北朝時期 身分秩序의 變遷과 職役」, 『魏晋隋唐史硏究會會報』 2, 1994.
______, 「北朝 兵戶制의 變遷과 丁兵制의 性格」, 『慶尙史學』 11, 1995.
______, 「南北朝時期 俸祿制·食幹制의 운영과 幹」, 『同大史學』(同德女大) 1, 1995.
______, 「身分史로 본 魏晋南北朝史」, 『中國學報』 38, 1998.
______, 「魏晋南北朝時期 吏役之戶의 登場 背景」, 『分裂과 統合－中國 中世의 諸像』(知識産業社), 1998.
吳相勛, 「李家道의 성립과 전개－漢·六朝시대 道教 전개의 一樣相－」, 『東洋史學硏究』 23, 1986.*
______, 「『太上洞淵神呪經』論－南北朝時代의 李弘信仰과 관련하여－」, 『震檀學報』 63, 1987.
______, 「南北朝道教의 민중적 전개－南北朝시기 道·佛 교류의 一端」, 『釜

大史學』 12, 1988.*
李啓命, 「北魏貴族制의 一硏究」, 『全南大學校論文集』 29, 1984.
______, 「高歡政權論」, 『龍鳳論叢』 14, 1984.
______, 「北魏 貴族의 一硏究」, 『龍鳳論叢』 15, 1985.
李啓命・南成勛, 「北朝의 貴族과 明代의 紳士」, 『全南史學』 創刊號, 1987.
李啓命, 「北朝貴族의 存在形態」, 『龍鳳論叢』(全南大) 16, 1988.
______, 「北魏末의 亂政과 叛亂－尒朱氏政權을 중심으로－」, 『全南史學』 9, 1995.
李公範, 「南朝의 門生 故吏」, 『成大論文集』 4, 1959.
______, 「南朝의 山林藪澤問題」, 『史學硏究』 3, 1959.
______, 「南朝部曲考」, 『成大論文集』 11, 1966.
______, 「北朝의 部曲形成過程」, 『大東文化硏究』 7, 1968.
______, 「南朝貴族沒落에 대한 一考察」, 『大東文化硏究』 9, 1971.
______, 「兩晉南朝의 租調制」, 『大東文化硏究』 11, 1976.
______, 「南朝貴族의 性格－琅邪王氏 分析－」, 『東洋史學硏究』 14, 1979.
______, 「南朝貴族의 經濟的 基盤의-側面－山澤을 중심으로－」, 『大東文化硏究』 20, 1985.
李均垠, 「戶籍制度를 통해서 본 東晉初期政權의 性格」, 『五松李公範敎授停年退任紀念東洋史論叢』, 1993.
______, 「東晉南朝時代의 山澤開發에 대한 一考察」, 『成大史林』 11, 1995.
李尙揆, 「六朝期 新경제중심지로서의 太湖・浙東지역」, 『建國史學』 8, 1993.
______, 「漢-南北朝期 人口增減과 地域的 分布」, 『慶尙史學』 9, 1993.
______, 「魏晋南北朝時期 江南地域 개발의 형태와 그 역사적 의의」, 『昌原史學』 3, 1997.
李榮奭, 「南朝貴族佛數에 對하여－그 弊害를 中心으로－」, 『慶北史學』 3, 1981.
______, 「北魏의 華北統一에 따른 對佛政策－大武帝의 廢佛以前을 中心으로－」, 『慶北史學』 5, 1982.
______, 「北魏의 太武帝의 華北統一과 對佛政策」, 『大丘史學』 24, 1983.
______, 「北魏 文成帝의 興佛政策에 관한 硏究」, 『馬山大論文集』 6-2, 1984.
______, 「神異僧佛圖澄과 後趙佛教」, 『昌原大論文集』 7-2, 1985.

_____, 「北周의 佛教復興政策에 관한 연구-宰相 楊堅을 中心으로-」, 『慶南史學』 3, 1986.
_____, 「南北朝時代 佛教教團의 統制에 관한 硏究-北朝의 僧官制를 中心으로-」, 『昌原大論文集』 10-1, 1988.
_____, 「北魏 獻文·孝文帝 時代의 佛教政策-文明太后를 中心으로-」, 『慶北史學』 15, 1992.
_____, 「洛陽遷都以後의 北魏佛教」, 『昌原史學』 창간호, 1993.
_____, 「東晉의 明帝·孝武와 佛教」, 『慶北史學』 21, 1998.
李潤和, 「晉代의 尙書官에 對하여」, 『大丘史學』 15·16합집, 1978.
_____, 「晋代의 官吏任用에 關한 一考察」, 『安東大論文集』 3, 1981.
_____, 「魏晋의 宗室에 관한 一考察」, 『安東大論文集』 4, 1982.
_____, 「南朝교체기의 貳臣에 대하여」, 『大丘史學』 20·21합집, 1982.
_____, 「魏晋以前의 士人硏究 一面」, 『大丘史學』 26, 1984.
李在成, 「初期 庫莫奚의 成長과 周邊諸族-특히 北魏와의 交易을 중심으로-」, 『東洋史學硏究』 28, 1988.
_____, 「契丹部」의 成立과 '碑麗'」, 『東國史學』 26, 1992.
_____, 「契丹 '十部聯盟'의 形成과 그 實相-6~7世紀初 東·北아시아 國際情勢의 變化와 關聯하여-」, 『芝邨金甲周教授華甲紀念論叢』, 1994.
_____, 「東蒙古史(4~10C) 新硏究의 前提-庫莫奚에 대한 再認識과 契丹史의 時代區分-」, 『魏晋隋唐史硏究』 2, 1996.
_____, 「契丹史 硏究의 現況과 課題」, 『중앙아시아연구』 창간호, 1996.
_____, 『古代 東蒙古史 硏究』, 法仁文化史, 1996.
李周鉉, 「後漢末 三國時代의 參軍」, 『魏晋隋唐史硏究』 1, 1994.
_____, 「六朝 軍府의 領兵과 指揮官」, 『忠北史學』 7, 1994.
_____, 「南朝의 行府州事」, 『吉玄益教授停年紀念論叢』, 1996.
_____, 「軍府體制로 본 魏晋南北朝史」, 『中國學報』 38, 1998.
_____, 〈論說〉「역사속의 라이벌-제갈량과 사마의-」, 『역사비평』 43, 1998.
林炳德, 「西晋 占·課田의 硏究現況과 論點」, 『忠北史學』(忠北大) 1, 1987.
_____, 「魏晋南北朝의 良賤制」, 『歷史學報』 142, 1994.
張甫榮, 「北魏 太和年間의 對漢人豪强政策-均田·三長制실시를 중심으로-」, 『慶北史學』 11, 1996.
全永燮, 「北魏 均田制의 成立과 그 性格」, 『釜山史學』 22, 1992.

______, 「北魏前期 被征服民政策과 身分制支配－內屬民·徙民·生口를 중심으로－」, 『釜大史學』 18, 1994.
______, 「北朝後期 厮役身分의 推移와 그 性格」, 『釜山史學』 30, 1996.
______, 「北朝時期 신분제에 대한 몇 가지 검토」, 『釜大史學』 22, 1998.
鄭起燉, 「何晏思想의 性格－魏 正始期를 中心으로－」, 『人文科學研究所論文集』(忠南大) 6-1, 1984.
______, 「北魏的 征服王朝的 性格－統治意志를 中心으로－」, 『論文集』(忠南大) 14-2, 1987.

Ⅳ. 귀족사회의 재편

金明姬, 「『唐會要』 勅令分析을 통해 본 唐代의 賤民制度」, 『論文集』(湖南大) 9, 1989.
______, 「唐律에 나타난 官賤民의 性格」, 『湖南大學校論文集』 10, 1989.
______, 「唐代의 良賤制와 北魏의 良奴制에 관한 研究」, 『湖南大論文集』 11-1, 1990.
______, 「唐代 奴婢層의 地位變化와 그 原因에 대한 一考察」, 『湖南大論文集』 13, 1992.
______, 「Servile system in T′ang danysty; Decline of the System and its Role in Social Mobility」, 『全南史學』 8, 1994.
金秉駿, 「唐代의 家産分割의 形態와 그 性格－均田制의 施行과 관련하여－」, 『東洋史學科論集』(서울大) 16, 1991.
金羨珉, 「唐太宗의 對外膨脹政策」, 『東아시아의 人間像』, 1995.
______, 「唐代 府兵役의 性格에 관하여」, 『魏晋隋唐史研究』 2, 1996.
______, 「唐 開元·天寶期 西北地域의 兵役制度 變化」, 『歷史學報』 151, 1996.
______, 「唐初 서북변경 西州의 府兵制 실시과정」, 『東西文化交流研究』 1, 1997
金善昱, 「唐代 折衝府에 關한 研究」, 『忠南大論文集』 10, 1971.
______, 「唐代 塞外民族에 關한 研究－突厥을 中心으로－」, 『忠南大 人文科學研究所論文集』 1-1, 1974.
______, 「唐代之府兵制」, 『湖西史學』 4, 1976.
______, 「隋文帝의 專制化에 關한 研究」, 『湖西史學』 7, 1979.

_____, 「唐玄宗의 失政要因에 關하여」, 『湖西史學』 8, 1980.
_____, 「隋代 '遼東之役'의 延義에 關한 檢討」, 『忠南大 人文科學研究所論文集』 14-1, 1986.
_____, 「隋의 南北融合策에 關한 研究-文帝의 禮儀敎化를 中心으로-」, 『忠南大 人文科學研究所論文集』 17-1, 1990.
_____, 「隋代의 士風에 關하여-『隋書』 儒林傳을 中心으로-」, 『忠南史學』 7, 1995.
金聖翰, 「唐代 吐魯番 均田制하의 給田基準額」, 『東洋史學研究』 60, 1997.
_____, 〈연구노트〉「唐代 土貢의 州別表와 土貢의 年代」, 『魏晉隋唐史研究』 3, 1997.
_____, 『중국토지제도사연구-중세의 균전제-』, 신서원, 1998.
金容範, 「隋의 南朝出身仕人에 관한 검토」, 『忠南史學』 3, 1988.
金鐸敏, 「8世紀初 唐代農民의 土地所有에 관한 研究-그 零細性을 中心으로-」, 『史叢』 25, 1981.
_____, 「唐代吐魯番 지방의 退田給田의 意義」, 『五松李公範敎授停年退任紀念東洋史論叢』, 1993.
_____, 「隋代의 租庸調 徵收體制와 土地所有關係」, 『東洋史學研究』 42, 1993.
_____, 「貞觀之治와 經濟政策方向」, 『宋甲鎬敎授停年退任記念論文集』, 1993.
_____, 「唐初 戶口 編制의 弛緩」, 『歷史學報』 141, 1994.
_____, 「魏徵의 行迹과 그 평가」, 『東아시아의 人間像』, 1995.
_____, 「唐代史 연구의 현황과 과제」, 『東洋史學研究』 50, 1995.
_____, 「隋 煬帝의 勛官 폐지와 唐代의 勛官 濫授」, 『歷史學報』 149, 1996.
_____, 「隋・唐의 創業과 正統性」, 『魏晉隋唐史研究』 3, 1997.
金鐸敏・任大熙 共譯註, 『譯註唐律疏議』(1)名例篇, 한국법제연구원, 1994-98.
_____________ 共譯註, 『譯註唐律疏議』(2)各則篇, 한국법제연구원, 1997.
_____________ 共譯註, 『譯註唐律疏議』(3)各則篇, 한국법제연구원, 1998.
金鐸敏, 『中國土地經濟史研究』, 高麗大學校出版部, 1998.
金浩東, 「古代遊牧國家의 構造」, 『講座中國史』 II, 1989.
_____, 「唐의 기미지배와 北方 遊牧民族의 對應」, 『歷史學報』 137, 1993.

______, 「北아시아 유목국가의 군주권」, 『東亞史上의 王權』(한울아카데미), 1993.
朴根七, 「唐 前期 戶等制 運用原則과 그 變容」, 『東亞文化』(서울大) 30, 1992.
______, 「唐代 戶籍制와 收取制度」, 『魏晋隋唐史硏究會會報』 2, 1994.
______, 「唐 前期 鄕里制의 運營과 그 限界」, 『魏晋隋唐史硏究』 1, 1994.
______, 「唐代 籍帳의 작성절차에 대한 이해」, 『韓國歷史硏究會會報』 26, 1996.
______, 「唐代 戶籍制의 運營원칙과 그 변화－戶籍類 出土文書의 분석을 중심으로－」, 『慶尙史學』 12, 1996.
______, 「唐 前期 手實・計帳에 대한 再檢討」, 『魏晋隋唐史硏究』 2, 1996.
______, 「唐 前期 地稅 징수와 靑苗簿 작성의 의미」, 『漢城史學』 9, 1997.
______, 「唐 前期 戶籍檢括策의 財政的 성격－武周時期 逃戶對策과 관련하여－」, 『歷史學報』 157, 1998.
______, 「唐代 財政史 硏究의 現況과 課題」, 『中國學報』 38, 1998.
______, 「唐 前期 西北地域 和糴制의 運營實態와 特徵－燉煌・吐魯番出土文書의 分析을 중심으로－」, 『分裂과 統合－中國 中世의 諸相－』(지식산업사), 1998.
朴春澤, 「唐代 親族의 刑法上에서의 特例와 效果」, 『慶北史學』 11, 1996.
______, 「唐代 逃戶의 발생원인과 그영향」, 『中國史硏究』 2, 1997.
朴漢濟, 「七世紀 隋唐 兩朝의 韓半島進出 經緯에 대한 一考－隋唐初 皇帝의 正統性 確保問題와 關聯하여－」, 『東洋史學硏究』 43, 1994.
白允穆, 「唐代 均田制의 硏究」, 『嶺南史學』 12, 1982.
______, 「民支配策으로서 均田制의 種類」, 『慶州史學』(東國大慶州分校) 3, 1984.
______, 「唐代 敦煌戶籍에 나타난 永業田 優先의 一硏究」, 『釜山史叢』(釜山産業大) 1, 1985.
卞麟錫, 「唐初의 種族的 開放性에 對한 一序說」, 『白山學報.』 10, 1971.
______, 「治亂週期로 본 唐文化의 特質」, 『中國學報』 23, 1983.
______, 「唐代에 있어서 徙民問題」, 『金俊燁敎授華甲紀念 中國學論叢』, 1983.
______, 「唐玄宗代의 徙民展開」, 『藍史鄭在覺博士古稀紀念東洋學論叢』, 1984.

______, 「含元殿에 얽힌 唐代史研究 二例의 新釋」, 『釜山史學』 17, 1989.
______, 「隋末唐初 中國의 돌궐에 대한 「稱臣事」의 學說史的 考察」, 『東方學志』 80, 1993.
______, 「唐代에 있어서의 中國과 東亞關係」, 『國學資料院』, 1996.
宋台鎬, 「唐代 異民族 出仕에 關한 研究」, 『論文集』(慶尙大) 29-1, 1984.
______, 「唐初의 異民族政策 性格考」, 『慶北史學』 13, 1990.
염경이, 「唐初 宰相制 確立過程에 관하여」, 『全北史學』 19·20합집, 1997.
柳元迪, 「唐代前期에 있어서 官僚基盤의 擴大過程에 對하여-貴族制에서 官僚制 移行의 把握을 爲한 一試論-」, 『歷史教育』 26, 1978.
______, 「唐 武·韋后朝의 濫官에 대하여」, 『全海宗博士華甲紀念史學論叢』, 1979.
______, 「唐初 支配層의 性格에 對한 學說史的 檢討」, 『梨大史學研究』 11·12합집, 1981.
______, 「唐 前期 州縣官의 一考察」, 『木浦大論文集』(人文社會科學藝能篇) 5, 1983.
______, 「唐前半期 都督府·州의 總數와 그 關係」, 『邊太燮博士華甲記念史學論叢』, 1985.
______, 「唐前半期 都督符와 州의 統屬關係」, 『東洋史學研究』 22, 1985.
______, 「唐前期의 支配層-舊貴族과 官僚基盤의 擴大-」, 『講座中國史』 II, 1989.
______, 「唐 武·韋后期 典型的 官僚로서의 李嶠論-그의 官途와 施政策을 중심으로-」, 『裵鍾茂總長退任紀念史學論叢』, 1994.
李啓命, 「唐前期 均田制에 대한 一考察」, 『歷史學研究』(全南大) 5, 1974.
______, 「七世紀前後 南朝系 人士의 動向에 관한 考察」, 『歷史學研究』 6, 1975.
______, 「隋·唐 交替期의 江南諸集團에 關한 一考察-蕭銑을 中心으로-」, 『歷史學研究』 7(3), 1977.
______, 「西魏-北周 官僚貴族의 一研究」, 『歷史學研究』 8, 1978.
______, 「西魏·北周의 勛貴集團」, 『歷史學研究』(全南大) 9, 1979.
______, 「北周末 尉遲迥등의 反亂-周隋革命의 端緖로서-」, 『龍鳳論叢』 10, 1980.
______, 「隋 尙書省의 職能과 人的 構成-隋的 支配集團 把握의 一環으로-」, 『歷史學研究』(全南大) 11, 1983.

______, 「中國科擧制의 成立」, 『全南史學』 5, 1991.

______, 『隋唐官僚制의 成立과 展開－山東貴族과 山東官僚를 中心으로－』, 全南大學校出版部, 1995.

李東潤, 「唐代의 國家經濟와 私企業에 관한 硏究」, 『檀國大論文集』 17, 1983.

任大熙, 「恩赦實施를 通하여 본 唐代政治」, 『大丘史學』 40, 1991.

______, 「唐 開元年間의 右御史臺와 諸道按察使」, 『歷史學報』 138, 1993.

______, 「則天皇帝 統治時期의 政治와 人物」, 『東아시아의 人間像』, 1995.

______, 「唐 高宗 統治時期의 政治와 人物」, 『金文經教授停年退任紀念 동아시아사 연구논총』, 1996.

______, 「則天皇太后 執政時期의 政治와 人物」, 『魏晋隋唐史硏究』 2, 1996.

______ 譯, 「傳統中國의 法制度」(小口彦太), 『歷史教育論集』 16, 1991.

______ 譯, 「唐代戶婚律 立嫡違法條에 對하여」(岡野誠), 『慶州史學』 10, 1991.

______ 譯, 「唐代 佛敎 宗派形成에 있어서 皇室의 後援」(Stanley Weinstein), 『宗敎와 文化』(서울대 宗敎問題硏究所) 창간호, 1995.

任大熙 譯, 「Cambridge History of China Vol.3, chpt.1, 序文」(Denis Twitchett), 『中國史硏究』 4, 1998.

______ 譯, 「1997年度 日本 歷史學界의 回顧와 展望〈唐代史〉」(渡邊孝), 『月刊 歷史學界』 57, 1998.

任大熙・全永燮 共譯, 西田太一郞 著, 『中國刑法史硏究』, 신서원, 1998.

全永燮, 「唐代 良人의 身分秩序 構造와 機能」, 『法史學硏究』 17, 1996.

鄭起敦・金善昱, 「唐代 塞外民族에 關한 硏究－突厥을 中心으로－」, 『忠南大人文科學論文集』 1-1, 1974.

鄭起燉, 「唐代御史制度와 그 職權」, 『忠南大人文科學硏究所論文集』 10, 1976.

______, 「隋文帝의 突厥策에 關한 硏究」, 『湖西史學(忠南大史學科)』 7, 1979.

鄭炳俊, 「唐律의 精神－'原情論罪'－」, 『東國史學』 30, 1996.

鄭秉學, 「唐代 樂遷問題의 社會史的 考察」, 『歷史學會』 17・18합집, 1962.

______, 「唐律令에 反映된 中國女性의 社會的 處遇」, 『亞女硏』 2, 1963.

丁載勛, 「突厥 第二帝國時期(682~745) 톤유쿠크의 役割과 그 位相－≪톤유우크 碑文≫의 분석을 중심으로－」, 『東洋史學硏究』 47, 1994.

_____, 「唐初의 羈縻政策과 西北民族의 中國 認識－'羈縻支配體制'의 成立過程과 관련하여－」, 『서울大東洋史學科論集』 19, 1995.
_____, 「위구르의 北庭地域 進出과 에디즈 위구르(795-840)의 成立」, 『東洋史學硏究』 64, 1998.
_____, 「야글라카르 위구르(744-795) 初期 葛勒可汗(747-759)의 世界觀－突厥第二帝國 빌게 카간(716-734)과의 比較를 中心으로－」, 『中央아시아硏究』 3, 1998.

Ⅴ. 수당의 문화

金文經, 「武宗의 佛敎政策」, 『史學會誌』 4, 1964.
_____, 「赤山法華院의 佛敎儀式－佛敎 大衆化 過程－」, 『史學誌』(檀國大) 1, 1967.
_____, 「唐 武宗의 道敎信仰」, 『史學志』(檀國大) 2, 1968.
_____, 「儀式을 通한 佛敎의 大衆化 運動－唐・新羅關係를 中心으로－」, 『史學志』(檀國大) 4, 1970.
_____, 「武宗의 廢佛과 權力內部의 派閥的 鬪爭」, 『人文社會科學論文集』(崇田大 인문과학연구소) 1, 1971.
_____, 『唐代의 社會와 宗敎』, 숭전대학교 출판부, 1984.
朴永哲, 「나라카(Naraka)에서 地獄으로: 불교의 번역과 중국문명」, 『歷史敎育』 63, 1997.
_____, 「獬豸考－中國에 있어서 神判의 向方－」, 『東洋史學硏究』 61, 1998.
梁必承 譯, 『중국사와 불교』, 신서원, 1994.
吳相勛, 「唐代 道敎의 몇가지 경향들－唐제국의 종교정책과 上淸派도교의 주변－」, 『釜大史學』 17, 1993.*
_____, 「唐 前期 道敎 전개의 한 측면－道敎派 讖類의 전승과 ≪大雲經疏≫의 성립」, 『釜大史學』 18, 1994.*
_____, 「權德輿의 사상－唐代 한 사대부의 佛・道敎 수용 양태－」, 『東아시아의 人間像』, 1995.
任大熙, 「8世紀初期 中國社會와 佛敎에 關한 槪括的 考察」, 『黃鐘東敎授停年退任記念論叢』, 1994.
_____, 「7世紀 後半期의 唐代政治와 宗敎에 關한 一考察」, 『金甲周敎授華

甲記念論叢』, 1994.
池培善, 「中國 唐代의 기독교－景教를 중심으로－」, 『人文科學』(延世大) 68, 1992.

Ⅵ. 중세사회의 붕괴

金奎晧, 「團結兵小考－開元・天寶年間을 中心으로－」, 『公州教大論文集』 7, 1970.
_____, 「唐代科擧制度考」, 『公州教大論文集』 8-2, 1971.
_____, 「唐代文擧制度의 硏究」, 『公州教大論文集』 13-1, 1976.
_____, 「唐代宰相制度의 硏究」, 『歷史教育』 20, 1976.
_____, 「唐代 宦官과 樞密使」, 『東國史學』 14, 1980.
_____, 「兩稅法小攷」, 『東國史學』 15・16합집, 1981.
_____, 「唐代의 異民族系君長」, 『邊太燮華甲記念史學論叢』, 1985.
_____, 「唐代 經濟界 文化界의 異民族活動」, 『江原史學』 3, 1987.
_____, 「唐朝의 異民族管理와 問題點」, 『江原史學』 7, 1991.
金文經, 「敦煌文書」, 『梨花史學硏究』 5, 1973.
_____, 「唐代 藩鎭의 한 硏究－李正己一家를 중심으로－」, 『省谷論叢』 6, 1975.
金善昱, 「唐代 藩鎭에 關한 考察－鎭을 中心으로－」, 『忠南大論文集』 11, 1972.
_____, 「唐代 藩鎭에 關한 考察－跋扈過程을 中心으로－」, 『忠南大論文集』 12, 1973.
_____, 「唐代藩鎭與士人之硏究」, 『忠南大 人文科學硏究所論文集』 4-3, 1977.
_____, 「唐代 平盧淄靑藩鎭에 關한 硏究」, 『忠南大 人文科學硏究所論文集』 6-1, 1979.
金榮濟, 「唐宋代 兩稅法과 收取形態」, 『龍巖車文燮博士華甲紀念 史學論叢』, 1989.
_____, 「唐宋時代의 兩稅와 沿徵」, 『東洋史學硏究』 34, 1990.
_____, 「唐・宋代 上供의 증대과정－특히 宋代의 常平倉・和買・和糴를 중심으로－」, 『東洋史學硏究』 36, 1991.
_____, 「唐代의 兩稅와 元稹의 '同州奏均田狀'」, 『東洋學』 26, 1996.

_____, 『唐宋財政史』, 신서원, 1995.
金貞姬, 「唐末五代의 假父子結合에 대한 考察」, 『藍史鄭在覺博士古稀紀念東洋學論叢』, 1984.
_____, 「唐代 後期 鹽專賣制度下의 鹽商」, 『東洋史學硏究』 37, 1991.
_____, 「唐代 商人의 法的 地位」, 『宋甲鎬敎授停年退任記念論文集』, 1993.
_____, 「唐代 後期 商人對象 雜稅와 商稅」, 『歷史學報』 146, 1995.
_____, 「唐代 前期의 市制와 商人의 法的 地位」, 『魏晉隋唐史硏究』 3, 1997.
朴根七, 「唐 後期 錢荒對策의 展開와 그 性格」, 『東洋史學硏究』 32, 1990.
譯, 「唐代 黃巢의 亂에 대한 藩鎭의 태도－高騈의 경우－」(黃淸連), 『東亞文化』(서울大) 26, 1988.
共譯, 宮崎市定 著, 『중국의 시험지옥－과거(科擧)－』(『科擧－中國の試驗地獄』, 中央公論社, 1963), 청년사, 1996.
朴志焄, 「唐後期 華夷觀에 대한 試論」, 『春史卞麟錫敎授還曆紀念 唐史論叢』, 1995.
卞麟錫, 「安史亂의 前提－異民族 傭兵集團의 形成過程－」, 『大丘史學』 7·8, 1973.
_____, 「安史軍中의 曳落河에 관한 二·三의 문제」, 『李瑄根博士古稀論叢』, 1974.
_____, 「唐代 異族開放論의 序說的 考察」, 『大丘史學』 15·16, 1978.
_____, 「時代區分에서 본 安史亂의 歷史解釋」, 『大丘史學』 17, 1979.
_____, 「安史亂의 展開에 관한 몇 가지 問題」, 『全海宗博士華甲紀念史學論叢』, 1979.
_____, 「安史亂을 통해서 본 異族의 內部展開」, 『中國學報』 21, 1980.
_____, 「唐代의 同化槪念」, 『嶺南史學』 10·11, 1981.
_____, 「安史亂의 硏究史的 考察」, 『嶺南史學』 12, 1982.
_____, 「安史亂 硏究의 方法과 課題」, 『大丘史學』 22, 1983.
_____, 『安史亂의 新硏究』, 螢雪出版社, 1984.
_____, 『唐代文化史叢說』, 한울아카데미, 1994.
辛聖坤, 「唐宋變革期論」, 『講座中國史』 Ⅲ, 1989.
鄭起敦, 「唐代 朋黨考－牛李黨 成立過程을 中心으로－」, 『人文科學硏究所論文集』 2-5, 1975.
鄭起敦·金善昱, 「唐代 藩鎭與士人關係」, 『忠南大人文科學硏究所論文集』

4-2, 1977.

鄭起墩·金善昱, 「唐玄宗의 失政要因에 關하여」, 『湖西史學』 8·9합집, 1980.

鄭炳俊, 「唐代 藩鎭의 州縣官 任用」, 『東洋史學硏究』 54, 1996.

______, 「唐代의 '南選'과 藩鎭의 州縣官 任用」, 『金文經敎授停年退任紀念 동아시아사 연구논총』, 1996.

______, 「唐代의 杖刑-'杖死'를 중심으로-」, 『魏晋隋唐史硏究』 2, 1996.

______, 「唐代의 疏決」, 『東國史學』 31, 1997.

______, 「唐 後期의 吏部銓選과 官途의 多邊化」, 『新羅文化財學術發表會論文集』 19, 1998.

______, 「唐代의 '自代'薦擧-儀禮的 官職辭讓과 人物薦擧-」, 『東國史學』 32, 1998.

鄭秉學, 「采訪處置使의 性格에 對하여」, 『亞細亞學報』 1, 1965.

河元洙, 「唐 順宗代(805年) 執權勢力의 성격」, 『東亞文化』 25, 1987.

______, 「唐代 明經科의 性格」, 『東洋史學硏究』 42, 1993.

______, 「牛僧孺와 李德裕의 對外認識上의 差異와 그 背景-'牛李黨爭'의 再檢討-」, 『魏晋隋唐史硏究』 1, 1994.

______, 「唐後半期 進士科志向 士人들의 政治的 活動과 그 理念」, 『魏晋隋唐史硏究會會報』 2, 1994.

______, 「唐後半期 進士科와 士人들간의 私的 紐帶」, 『東洋史學硏究』 56, 1996.

______, 「唐前半期 科擧에서의 生徒와 鄕貢」, 『魏晉隋唐史硏究』 3, 1997.

______, 「唐前半期 進士科의 性格」, 『歷史學報』 158, 1998.

Ⅶ. 수당제국과 동아시아세계

金文經, 「唐代 外民의 內徙策, 특히 高句麗 遺民의 徙民策을 中心으로」, 『人文科學論集』(崇實大 인문과학연구소) 11, 1981.

______, 「山東佛敎의 性格」, 『崇實史學』 2, 1984.

______, 「唐日 文化交流와 新羅神信仰」, 『東方學志』 54·55·56합집, 1987.

______, 〈論說〉「唐代의 景敎와 新羅」, 『숭전대학신문』 193, 1972. 4. 29.

______, 『唐 高句麗遺民과 新羅僑民』, 일신사, 1986.

卞麟錫, 「唐宿衛制度에 본 羅・唐關係」, 『史叢』 11, 1966.
_____, 「唐代外國使爭長의 研究」, 『亞細亞研究』 10-4(28), 1967.
_____, 「8세기 東아시아 情勢에서 본 唐・渤海關係」, 『先史와 古代』(韓國古代學會) 9, 1997.

해 제

金羨珉

▦ 비어 있는 쪽 ▦

한제국이 붕괴한 서기 2세기 말에서 안사의 난이 일어난 8세기 중반까지의 약 600년에 이르는 역사를 이해하는 접근방법에는 여러가지가 있겠지만, 각 시기를 대표하는 인물을 뽑아 그 생애와 사상을 살펴봄으로써 시대변화의 흐름을 추적해 보는 것도 한 가지 방법일 것이다. 그렇다면 표본인물로 누구를 뽑을 것이냐가 문제인데, 실은 한 인물을 가지고 한 시대를 대표한다고 말할 수 있는 것인지도 의문이 간다. 이런 까닭에 역자는 위진수당사를 공부하면서 나름대로 흥미를 끄는 세 명의 지식인을 임의로 선정하였는데, 그들은 모두 강한 시대성과 개성을 동시에 지닌 저술을 남겼던 사람이다. 첫째는 『논형(論衡)』의 저자로 유명한 후한의 왕충(王充:27~약 97년)을 들고자 한다. 이른바 '중세'를 범위로 하는 이 글에 중세가 시작되는 위진시기보다 100년이나 앞서 출간된 『논형』이 왜 포함되었는지 의문을 가질 수도 있다. 그러나 후한과 위진은 기본적으로 동일한 사회구조를 갖고 있으며 역사의 연속성이란 관점에서 보면 『논형』에 담긴 문제의식은 또한 위진시대 사인들의 문제이기도 하므로 별 무리가 없다고 보았다. 둘째는 동진 갈홍(葛洪:283~343)의 『포박자(抱朴子)』를, 마지막으로 수의 왕통(王通:580~617)과 『문중자중설(文中子中說)』을 들고자 한다. 이 『중설』은 왕통이 직접 저술한 책이 아니며 또한 후대의 위작이라는 설이 있지만, 그럼에도 불구하고 수말 당초 한 지식인의 갈등과 그 대응방식을 집약적으로 보여주는 당시의 귀중한 사료이기 때문에 충분히 주목할 가치가 있다고 본다.

이상의 저술들은 약 240~300년의 시차를 두고 세상에 나왔다. 즉 『논형』이 기원후 82~3년, 『포박자』가 317년, 『중설』의 내용은 7세기 초로 추정된다. 이 세 사람에게는 몇 가지 공통점이 발견된다. 첫째, 세 사람 모두 그 시대의 탁월한 지식인이면서도 그 시대의 주류, 다시 말해 높은 관직이나 중요한 정치적 역할을 맡은 적이 없는 불우(不遇)한 자들이라는 점이다. 둘째, 그들은 모두 현실에 대한 강한 비판정신을 소유했고, 이러한 모순과 갈등에 대해 자신을 속박하고 있는 기존의 가치질서를 뛰어넘어 그와는 다른 새로운 차원의 가치체계를 제시하는 것으로 해결방법을 모색하였다는 점이다. 새로운 가치체계라고 하지만 그것이 우연히 불쑥 등장한 것은 아니며, 어떤 가치체계라도 결국은 그 시대의 역사적 조건 속에서 생성되고 시대의 한계를 벗어나지 못하는 것임은 물론이다. 셋째, 이들의 저술은 우연의 일치인지는 모르겠으나 다분히 다음 시대를 예고하는 성격을 띠고 있다는 점이다. 그들이 제시한 가치체계는 당대(當代)를 포함한 다음 시기의 사인(士人)사회에 적극 수용되어 하나의 시대조류를 형성하기에 이르는데, 그런 면에서 이들 사상의 예견성과 선구성을 엿볼 수 있다. 이 세 편의 저술을 통해 역자는 그들이 당시대를 살면서 무엇을 고민했고, 또 갈등 속에 주저앉기보다는 시대가 지향하는 새로운 방향을 예리하게 감지하여 대응방법을 모색하고 자신의 삶을 개척해간 열정에 접근해 보려 한다. 그들의 저술에는 그들이 삶의 현장에서 겪는 모순, 이상과 현실의 괴리에서 오는 갈등, 결국 그들이 이러한 고뇌를 극복하고 해결해 가는 나름의 독특한 대응방법이 모두 투영되어 있기 때문이다.

앞에서 잠깐 언급했듯이 이 세 사람은 그 시대의 전형적인 인간상을 대표한다거나, 또한 그들이 속한 계층을 대표하는 자라고 단정할 수도 없다. 왜냐하면 설사 출신배경이나 지적 환경 등 외적 조건상 동일한 집단에 속하는 자들이라도 각각이 살아가면서 복병(伏兵)처럼 만나는 여러가지 변수에 의해 현실에 대한 태도나 가치관이 바뀔 수도 있기 때문에 그들의 저술이 반드시 해당계층의 사상을 대표하는 것이라고 볼 수도 없다. 아울러 한 사람의 저술이라도 저술목적에 따라 관점이나 강조점에 차이가 있을 수도 있다는 점도 고려해야 할 것이다. 더욱이 이 시기에는 이들말고도 세간에 이름높은 노장(老莊)사상 혹은 불교철학의 대가들을 비롯하여 탁월한 사상가들이 수없이 많았다. 그럼에도 불구하고 굳이 위의 세 사람을 택한 이유는 그들이 타고난 재능으로 학문적인 위업을 남겼던 자이면서도, 어딘가 모르게 보통사람들의 심정을 헤아리고 이들의 소박한 지적 갈증을 다소나마 해소시켜 주는 측면이 있다고 보이기 때문이다. 보통사람이란 신분이나 사회적 지위가 낮은 사람들만을 가리키는 것은 아니며, 계층의 고하를 막론하고 누구나 현실에 대한 나름의 심한 불만과 갈등으로 고뇌하기 마련인데, 그들의 아픈 곳을 어루만져주고 하나의 이론적인 대안을 마련해 주었다는 생각이 들기 때문이다. 이러한 생각은 어쩌면 역자의 추측과 상상의 산물일지도 모른다. 그러나 인간이란 시대를 초월한 보편적인 감정을 공유하고 있다는 평범한 진리를 위안으로 삼고 글을 전개해 나가고자 한다.

먼저 『논형』은 후한 중반기(82~83년 사이)에 저술된 책으로, 왕충이 이 책을 집필한 것은 그의 나이 55~56세였다. 남다른 학문적 재능을 타고난 왕충은 처음에 군공조(郡功曹)벼슬을 하였으나 여러번 간쟁해도 받아들여지지 않자 벼슬을 그만두고 향리에서 두문불출하며 『논형』 저술에 몰두하였다. '허망한 것을 싫어한' 그는 당시인들이 일반적으로 믿고 있던 천인감응설의 허구성을 폭로할 목적으로 이 책을 저술하였다. 동중서(董仲舒)에 의해 창시된 후 양한의 유자들을 비롯한 일반지식인들 사이에 풍미했던 천인감응설이란 요약하면 다음과 같다. '하늘(天)'이란 사물과 인간을 생성하고 우주를 주재하는 자이므로, 하늘과 인간은 반드시 서로 영향을 주고받는다(感應). 특히 하늘을 대신하여 인민을 통치하는 제왕의 행위는 직접 하늘에 영향을 끼칠 수가 있다. 가령 정치가 잘되면 하늘은 기뻐하여 서상(瑞祥)을 내리고 정치가 잘못되면 하늘은 진노하여 재이(災異)를 내린다. 재해 또는 이변과 같은 천지에 일어나는 모든 기이한 자연현상은 바로 진노한 하늘이 인간에게 내리는 경고이고 징벌이다. 그래도 반성하지 않으면 최후로 천명을 거두고 나라를 멸하며, 이번에는 새로이 제왕이 될 자에게 부명(符命)을 내리기도 한다는 것이 바로 천인감응설이다.

왕충은 그러한 의지를 가진 하늘을 정면으로 부정하였다. 천도(天道)는 무위(無爲)하며, 만물은 천(天)이 생육하는 것이 아니다. 대신 그는 만물은 천지가 기(氣)를 합할 때 우연히 저절로 생기는 것이라고 보았다. 인간 또한 만물과 같은 물(物)인 까닭에 천지의 기를 받아 우연히 저절로 생긴 것이라 했다. 기가 합하여 인간이 만들어지든 아니면 그밖의 다른 물이 만들어지든 이것은 전적으로 우연에 의한 것이다. 이러한 천도자연(天道自然)의 우연론적 입장에 서서 왕충은 다시 인간사회로 눈을 돌린다. 왜 인간은 부귀빈천이나 길흉화복이 저마다 각각 다른 것인가?

> 부귀의 명(命)을 받는 것도 생명이 형성될 때 기(氣)를 받는 것처럼 뭇별들의 정기(精氣)를 얻는다. 별들은 하늘에 있으며 하늘에는 부귀빈천의 상(象)이 있다. 부귀의 상을 얻는다면 부귀해지고, 빈천의 상을 얻으면 빈천해지므로 '하늘에 달렸다'고 한다. 하늘에 달렸다는 것은어떤 것인가? 하늘의 성수(星宿)에는 백 가지 등급이 있다. 하늘이 기를 베풀고 뭇 별들이 정기를 발산하는데, 하늘이 베푼 기 가운데는 뭇별들의 기가 있다. 사람은 기를 받고 태어나서 자라다가 귀해질 명을 얻었다면 귀하게 되고 천해질 명을 얻었다면 천하게 된다. 존귀함에도 높고 낮은 등급이 있으며 부유함에도 재물이 많고 적은 차이가 있는데, 이는 모두 별자리의 높고 낮음과 크기에

따라 부여된 것이다.〔命義篇〕

요컨대 한 개인의 생사, 요절과 장수, 귀천과 빈부는 그 사람이 어느 별의 기를 받고 있느냐에 따라 결정되며 그 사람과 해당별의 대응은 완전히 우연적이다. 뿐만 아니라 그는 국가의 치란(治亂)과 1년의 풍흉(豊凶)도 모두 시대의 운수에 의해 결정된다고 보았는데, 이러한 시대의 운수는 인간이 통제할 수 없다고 했다. 결국 인간이란 아무리 노력을 한다 해도 주어진 자신의 운명과 자신이 속한 사회의 운명을 바꿀 수는 없는 무력한 존재일 뿐이라고 본 것이다. 이러한 왕충의 숙명론은 호족중심의 후한사회가 장차 어떤 방향으로 전개될 것인지를 미리 예견하고 있었다. 즉『논형』은 시기적으로 후한 중반기에 쓰여진 작품이고 또 사상적으로도 당대에 만연한 참위설과 그 맹목적 추종자들에 대한 반박으로 나온 점에서 분명 후한의 사상이라고 해야겠지만, 그 속에는 인간이 태어나는 순간 운명이 결정되고 마는 이른바 문벌귀족사회라는 엄격한 신분사회의 전개가 예고되어 있었던 것이다.

『논형』의 숙명론(命定論)이 일면 인간의 노력을 부정하는 체념주의적 요소가 있는 것은 사실이지만, 그렇다 해도『논형』에서 사람들이 받는 위안은 결코 적지 않았다고 본다. 우선 천인감응설과 가장 직접적 관계에 있는 위정자들의 입장에서 보면, 그들 가운데 특히 감응설의 피해자이거나 그 허망함과 폐해의 심각성에 공감하는 많은 사람들이 이를 속으로 대환영했을 것이다. 천도(天道)는 무위(無爲)하며, 자연계나 인간사회의 모든 현상은 자연히 그렇게 된 것이지 그 속에 어떤 주재자의 의지나 목적이 들어있는 것은 아니다. 재이(災異)현상 역시 우연히 그런 것일 뿐이며, 마찬가지로 하늘에 제사를 지낸다고 화를 막을 수 있는 것도 아니다. 이처럼 왕충은 단지 경외의 대상이던 천(天), 자연현상으로부터 인간을 자유롭게 해방시켰다. 그러나 이와 같은 실제적인 관련이 없는 일반인들 중에도 왕충의 이론에 동조하는 사람들이 많이 있었음에 틀림없다. 왜냐하면 그의 명정론은 현재의 빈부귀천 등 사회불평등의 원인을 개인의 능력과 노력의 차이에서 찾기보다는 우연하게 받은 별빛의 정기로 돌려버림으로써 사람들로 하여금 현재의 자신의 처지에 대한 자책과 책임의 굴레에서 다소나마 해방될 수 있도록 이론적인 근거를 제공했기 때문이다. 그것만으로도 왕충의 이론은 보통사람들에게 큰 위안이 되었을 것으로 생각된다.

주지하듯 위진남북조시대는 신분질서가 고정화된 엄격한 신분사회였고 그 신분은 혈연적으로 세습되었다. 사서(士庶)의 신분이 철저히 구별되는 것은 물론, 같은 사인층 내에서도 엄격한 등급이 존재했다. 왕충 자신도 한 예가 되겠지만, 그런 사회에서는 비록 학문과 재능이 뛰어나도 반드시 이를 펼칠 수 있는 기회가 주어지는 것은 아니었으며, 관직과 영달은 오로지 출신가문의 지위에 의해 결정되었고 배타적 문벌이 이를 독점했다. 신분의 구별은 황제의 명령으로도 바꿀 수 없는 타고난 운명이었다. 이와 같은 신분제도의 굴레 속에 속박되어 평생을 살아야 하는 사회에서 대부분의 사람들이 터득한 지혜는 체념 아니면 왕충의 이론처럼 자신의 신분과 부귀빈천·길흉화복은 이미 자신이 태어나기 전부터 우연하게 받은 별빛의 정기에 의해 결정되어 있다는 숙명론으로 기울 수밖에 없었을 것이다. 결국 자신을 포함한 인간이란 이 거대한 우연의 법칙 앞에 무력한 존재일 따름이라는 사실을 인정하고 확인하지 않을 수 없는 운명 또한 왕충의 '숙명'이었다고나 할까.

왕충의 천도무위론 즉 우연론은 노장자연철학의 영향을 깊이 받은 것으로, 그 같은 우연론은 현학(玄學)의 극성기였던 위진시대에 자연스럽게 계승되었다. 갈홍의 『포박자』에도 같은 내용이 보인다. 그에 따르면 사람의 길흉은 태가 엉기는 날 받는 별의 정기에 의해 결정된다. 성수(聖宿)의 정기를 받으면 성인이 되고, 귀수(貴宿) 혹은 천수(賤宿)

의 정기를 받으면 귀인 혹은 천인이 된다. 마찬가지로 빈부・수명・충효・흉악도 각각 해당별의 정기를 받아 그렇게 된 것이다. 이처럼 인생은 본래 정해진 운명(定命)이 있다고 보았는데, 이는 왕충의 숙명론과 거의 다를 바가 없다. 갈홍이 살았던 시대는 이미 각 가문의 지위(門地)가 고정화되어 거의 모든 고위관직과 정치·경제적인 특권을 소수의 문벌들이 세습 독점했던 사회였으므로, 그런 점으로 본다면 별의 정기론과 같은 숙명론으로 위안을 삼는 것도 하나의 삶의 지혜일 수도 있다.

그러나 갈홍이 살았던 동진시대는 왕충 때와는 또 달랐다. 갈홍은 13세에 부친을 여의고 집안이 가난하여 직접 농사를 짓고 땔나무를 팔아 종이와 붓을 사서 횃불 아래 책을 베끼고 공부했다고 한다. 왕충이 그랬듯이 갈홍 역시 남다른 학식과 재능을 가졌으면서도 높은 관직에 오를 기회는 거의 없었고 이러한 문벌사회의 불합리성에 큰 불만을 갖고 있었다. 그가 지은 『포박자』는 외편과 내편으로 되어 있는데, 외편은 유가적인 견지에서 인간사의 득실을 논했고, 내편은 신선장생술에 관해 기술했다. 본래는 두 편을 따로 저술했으나 후대인이 이를 합쳐 하나의 책으로 묶어냈다고 한다. 실은 두 편이 서로 떼놓을 수 없는 관계에 있었던 것이 아닌가 한다.

갈홍은 역사진화론의 입장에서 현재의 정치체제를 가장 좋은 제도로 인정하는 보수주의자였지만, 지금 눈앞에 전개되는 심각한 사회적 모순과 폐해는 이미 도를 넘어섰다고 보았다. 그는 여러 방면에서 현실적 문제점들을 가차없이 지적했는데, 예를 들면 학문도 없고 무위도식하는 귀족들을 꼬집어 "왕손・공자들은 하는 일 없이 즐거움만 찾아다니며, 페르시아산 의복을 화려하게 걸치고 농사일의 어려움은 알지도 못한다.… 나가서는 술자리의 두목이 되고 앉으면 쌍육(雙六)과 바둑판을 벌인다. 문장을 살펴보나 아는 것이 하나도 없고, 학사(學士)를 초개같이 여긴다. 말이나 글에 전거가 없고, 억지로 인용한 것도 사리에 맞지가 않는다.… 비록 콩과 보리를 구별할 수 있다 하나 어찌 장님 귀머거리와 다르겠는가"[외편, 崇教]라고 비난했다. 더욱 한심한 것은 이 같은 무능력자들이 국가의 요직을 독점하고 있다는 사실이다.

> 중앙의 대신들과 지방의 목민관들은 모후(母后)의 친척이 아니면 아첨하는 사람들이다.… 게중에는 율령의 서책을 열어보지도 않고 대리(大理)의 직위를 훔치는가 하면, 책상이 어디 있는지 몰라도 중요한 관직에 올라 있다. 『오경(五經)』의 명목(名目)도 모르면서 유관(儒官)의 녹을 받고, 책의 시작과 끝도 제대로 모르면서 저작(著作)의 자리에 앉아 있다. 문장이 대범하지도 못하면서 남의 의견을 논박하는 영예로운 자리가 주어지고, 고개를 숙이고 숨을 죽이고 있어도 비위를 탄핵하는 관직이 수여된다. 인물의 좋고 나쁨을 가리지도 못하면서 인물평정의 책임을 떠맡고, 삼재(三才: 天時·地利·人材)의 군세(軍勢)를 알지도 못하면서 장군의 부절(符節)을 하사받아 높은 수레에 오른다. 몇 번이나 북쪽으로 달아난 욕된 장수인데도 전봉(前鋒)의 높은 칭호를 잃지 않고, 콩과 보리도 구별 못하면서 천자를 측근에서 모시는 고문직을 욕되게 하고 있다.[외편, 吳失]

신분의 귀천과 관직의 고하가 별의 정기에 의해 본래부터 정해진 운명이라 한다지만, 작금의 현실을 어찌 우연히 받은 별빛의 소치로만 돌릴 수 있겠는가. 갈홍이 보기에 세상은 분명 잘못되었고, 그 질서문란의 원인은 문벌세습제에 있었다. 따라서 이 사회를 바로잡으려면 문벌의 세습적인 관직독점을 막아야 하는데 그 일은 현실적으로 불가능했다. 사회곳곳에 만연한 불합리와 모순을 통감하면서도 자신에게는 절대 이를 개변할 힘이 없다고 본 갈홍은 다른 방법으로 출로를 모색했다. 그가 귀착한 곳은 신선의 세계였다.

『포박자』는 신선이 실재함을 역설하고 신선이 되기 위한 최상의 선약으로 금단술을 주장했다. 금단이란 수은과 유황의 화합물인 유화수은, 그리고 금을 녹인 금액(金液)을 말한다. 그밖에도 욕망을 극복하여 희노애락에 구애되지 않는 무위자연의 실천을 통한 정신적 초탈,

방중술(房中術) 등의 육체적 양생법, 섭생을 비롯한 여러가지 보조적인 선술(仙術)을 상술해 놓았다. 그러나 『포박자』는 이 같은 비전성(秘傳性) 선술을 기술하는 것으로 끝나지는 않았다. 이 책이 당시인들에게 충격과 매력을 동시에 전달했다고 한다면 그것은 아마도 다음과 같은 이유에서일 것이다. 첫째, 인간의 최대의 약점이자 최고의 갈망인 수명의 증감에 관한 전래의 속설과 신설을 한데 모아 체계적으로 정리한 최초의 책이기 때문이며, 둘째, 인간의 수명증감의 최대요인은 바로 자기자신의 선악의 행위에 있다고 하여 인간의 도덕적 주체성을 강조한 '무서운' 책이기 때문일 것이다.

갈홍은 먼저 인간의 수명에 대해 천지에는 인간의 선악행위를 감찰하는 신이 있어 죄의 경중에 따라 수명을 단축시킨다고 보았다. 우리 몸 안에는 상·중·하 3시(尸)가 있어서 경신(庚申)일마다 하늘에 올라가 사명도인(司命道人)에게 그 사람의 과실을 종합적으로 보고하고 매월 마지막 날 밤에 부뚜막신도 하늘에 올라가 인간의 죄상을 보고한다. 하늘은 이러한 보고에 근거하여 그 사람의 수명을 줄이기도 한다. 큰 범죄에 대해서는 3백 일의 수명을 줄이고 작은 범죄에 대해서는 3일의 수명을 줄인다. 그렇다면 어떤 행위가 죄가 되는가? 죽이기를 좋아하고, 입으로는 옳다고 하면서 마음으로는 그르다고 하는 행위, 아랫사람을 학대하거나, 윗사람을 속이거나, 자신이 섬기는 사람을 배반하거나, 은혜를 받고도 감사하지 않는 행위, 법을 농하여 뇌물을 받거나, 바르지 못한 것을 따르고 곧은 것을 굽히거나, 공적인 것을 사적으로 보는 행위, 무고한 사람에게 형벌을 주거나, 남의 집안을 파괴시키거나 남의 아내를 빼앗거나, 남의 몸을 해치거나 남의 지위를 빼앗는 행위, 항복한 사람을 죽이거나, 남의 선행을 은폐시키거나, 남의 공을 가볍게 여기는 행위, 남이 아끼는 것을 빼앗거나, 노략질로 치부하거나, 공평하지 않은 행위, 충신을 미워하고, 윗사람의 명령에 따르지 않는 행위 등등.

이에 따르면 통상적인 윤리규범에 위배되는 행위는 물론, 법을 지켜야 할 자들이 지키지 않거나 권력과 재부를 많이 소유한 자가 상대적으로 적게 가진 자에 대해 부리는 부당한 횡포와 강탈 역시 죄가 된다. 수명의 계산법은, 만약 악한 마음을 품었으되 악한 행위를 하지 않았다면 3일의 수명을 빼앗고, 악행을 하여 남에게 손해를 끼쳤다면 3백 일의 수명을 빼앗는다. 반면 선행을 하게 되면 신선이 될 수 있는데, 그 선행이란 유가적 사회윤리에 따라 행위하는 것이다. 신선에는 하늘의 신선(天仙)과 땅의 신선(地仙)이 있는데, 지선이 되려면 3백 가지 선을 실천해야 하고, 천선이 되려면 1,200가지 선을 쌓아야 한다. 그런데 반드시 연속적으로 실천해야 하며, 1,199가지 선을 쌓았다 해도 한번의 악행으로 지금까지 쌓은 선행이 아무 소용이 없게 되어 처음부터 다시 시작해야 한다. 선행이 차지 못하면 선약(仙藥)복용도 소용없다고 했다.

흥미로운 것은 신선이 되는 방법을 분명하게 숫자로 나타내고 있다는 것과, 그가 요구하는 선의 연속실천 또한 실제로 불가능할 정도로 어렵다는 것이다. 금단제조과정의 어려움은 말할 것도 없다. 한 예로, 어떻게 한번의 착오도 없이 1,200번의 선행을 연속 실천하는 것이 가능한가? 하기는 이렇게 어렵지 않다면 누구나 쉽게 신선이 될 수 있을 게다. 어쨌든, 이와 같이 갈홍이 숫자의 유희를 통해 사실상 실행불가능한 것을 요구하는 의도는 어디에 있을까? 그가 정통 장생술의 비법을 전수한다는 사명감으로 시종 진지한 태도로 저술작업에 임했을 것이라는 것은 상상하기 어렵지 않다. 그러나 동시에 또 하나의 목표를 노리고 있었던 것은 아닌가.

즉 그가 인간의 최고목표를 신선과 장생에 두었던 것은 간접적으로나마 당시의 문벌제도에 구현되고 있는 사회적 신분등급의 권위를 평가절하시키는 효과가 있었다. 본시 단약을 제조하고 신선이 되기 위한 수양법을 실천할 수 있는 경제적 시간적 여건을 갖춘 자는 보통사람들이 아닌 문벌귀족계층이다. 갈홍은 그러한 문벌귀족들을 신선이란 불가사의한 세계로 유혹한 다음 이들에게 사실상 실천불가능한 신선이 되는 여러가지 방법을 숫자로 정연하게 체계화하여 제시했다. 자신의 수명과 관계된 일이므로 이를 전적으로 외면할 수 없는 것이 인간의 심리이다. 따라서 숫자라는 매개를 교묘히 이용하여 그들로 하여금 도달할 수 없는 목표를 향해가도록 종용한 것은, 바로 특권층과 그들의 기득권을 인정하는 전체 문벌사회체제를 우롱하고 비웃는 것이나 다름없었다.

갈홍은 우회적이긴 하지만 이런 방법으로 개인의 재능이나 노력이 배제된 채 사회적 신분과 지위가 세습되는 불합리한 문벌제도를 비판했다. 갈홍이 최고가치를 둔 신선의 관점에서 본다면 문벌이든 보통의 사인 혹은 서인이든 모두가 동일한 부류 즉 속인에 지나지 않는 것이다. 그는 속인들을 서열화하는 기존의 가치체계를 뛰어넘는 새로운 가치체계를 제시했다. 자신의 가치체계의 우위를 확보하기 위해 그는 첫째로 인간이 가장 두려워하는 수명의 단축이란 무기를 내세웠고, 둘째로 그 반대의 보상체계로서 당시 사회의 보편적인 규범과 질서에 따른 선의 실천을 요구하는 치밀함을 보였다. 『포박자』가 계층에 관계없이 흡인력을 갖고 널리 유포되었던 것은 이런 이유 때문일 것이다.

『포박자』가 가진 위력은 그것이 단행본의 형태로 문자화되어 나타났다는 데도 있다. 『포박자』 이전에도 사람들은 막연하나마 선행을 하면 보답을 받는다는 관념을 갖고 있었다. 유가경전에도 있듯이 '선행이 좋은 결과를 가져다준다(積善之家 必有餘慶)'는 것은 사람들의 보편적인 심리였다. 그러나 구체적으로 어떤 일이 선한 일이고 악한 일인지, 또 악행의 종류에 따라 3일 혹은 3백 일의 수명이 줄어든다는 것이 조목조목 명확하게 문자화되어 마치 하나의 경전처럼 그들 앞에 놓여져 있다는 것은, 막연한 '적선'의 관념과는 달리 대단한 무언의 위력을 가질 수 있는 것이었다. 따라서 『포박자』라는 책이 존재한다는 사실 자체만으로 사람들은 상당한 심리적 부담을 느꼈을 것이다. 그렇다고 사인들이 선행실천에 애를 태웠던 것은 물론 아니었다. 악행은 필요에 따라 언제든지 합리화되었고, 그것은 이른바 지식인들이 살아가는 지혜이기도 했다.

한편 적선하면 장생의 응보를 적악(積惡)하면 수명단축의 응보를 받는다는 『포박자』의 이론은 남북조시대에 성행한 불교의 인과응보설과 매우 흡사한 면이 있는데, 실은 양자간에는 중요한 차이점이 있다. 불교가 전래된 이래 많은 사람들은 지금까지 중국에 미미했던 사후의 세계, 특히 신불멸론(神不滅論)과 윤회설과 응보설에 커다란 매력을 느꼈다. 그런데 불교의 응보설에서는 현세에서 자신이 지은 업의 결과가 내세에서 응보로 나타나며, 내세는 다시 다음 내세로 끝없이 윤회한다고 보는 반면, 중국의 도교에서는 삼세인과(三世因果)설을 말하기도 하지만 현세의 선악의 행위가 당장 현세에서 응보를 받는다는 관념이 지배적이다. 내세가 아닌 현세에서 결과를 보고 싶어하는 것이 중국인의 보편적 정서라면, 그 같은 영겁의 시간관념에 바탕한 불교의 윤회응보설로는 심리적 욕구를 충족시킬 수 없었던 것인지도 모른다. 따라서 당장 이 세상에서 수명을 보태든지 빼앗든지 응보를 받도록 하는 『포박자』에 많은 사람들의 마음이 끌리지 않을 수 없었던 것이다. 도교가 교리면에서 월등한 불교와 상호경쟁하면서도 교세와 영역을 지킬 수 있었던 이유 중에는 이러한 중국인의 정서도 일조한 것이 아닌가 한다.

『포박자』는 인간이 노력에 의해 신선에 도달할 수 있다고 보았던 점에서 『논형』에 비해 보다 진취적이고 적극적이었다. 물론 생성(生星)의 정기를 받은 사람만이 신선이 되는 운명을 타고나는 것이라고 말한 부분도 있지만, 그렇다고 인간의 노력이 필요 없다고 보지는 않았으며, 그 자격에 빈부귀천의 제한을 두지도 않았다. 이처럼 적어도 표면상 누구라도 그 목표에 도전할 수 있도록 문호를 개방했던 점은 불교의 영향이 느껴지면서도 다음 시대의 사상조류를 예고하는 측면이 엿보인다.

한편 시대의 변화는 언제까지나 귀족들이 유선시(遊仙詩)나 지으면서 장생불사에 탐닉하게 내버려두지는 않았다. 지금까지 그들은 비록 남쪽 지방으로 쫓겨온 실향민 신세이기는 했지만 가문과 높은 문화수준을 배경으로 여전히 정치와 경제를 독점했고, 북방과의 전쟁이 끊이지 않았다고 하나 그들의 근거지를 유린당하는 일은 거의 없었다. 그러나 양 말이 되면 사정이 일변하여, 후경(侯景) 군대의 말발굽에 정치적 권위와 물질적 풍요를 사정없이 짓밟힌 남조 귀족들은 과거시절로의 회복이 더 이상 불가능하게 되었다. 새로운 시대는 새로운 문화를 요구했다. 지금까지는 좋은 가문에서 태어나면 앉아서 높은 관직에 자동 진출했던 시대였지만, 이제는 사정이 달라졌다. 북쪽사회에서부터 일기 시작한 반(反)문벌의 기운과 능력중시 풍조는 다음 시대가 나아갈 방향을 예고하고 있었다.

한편 남조시기를 풍미했던 장생술도 그 때만큼은 사람들의 주의를 끌지 못했다. 갈홍 자신이 해박한 이론에도 불구하고 결국 신선이 못된 것처럼—시해선(尸解仙)이 되었다고도 한다—, 장생에 필요한 수천 가지 실천법을 다 지키기란 실제로는 불가능한 일이었고, 게다가 평생을 다 지나봐야 그 결과를 알 수 있었으며, 신선도달 정도를 객관적으로 측정하는 것도 불가능했다. 사람들이 신선에 대한 동경심을 완전히 버렸던 것은 아니나, 더 이상 실현불가능한 일에 많은 정력과 시간을 소비하지는 않았다. 이를테면 당대(唐代)에도 금단을 먹고 요절한 황제들이 많다는 사실은 장생술이 여전히 사람들의 마음을 사로잡고 있었다는 것을 말해 주지만, 과거만큼 사인들의 삶에 큰 비중을 차지하지는 못했다.

사인들은 자신이 기울인 노력에 대하여 좀더 객관적인 측정, 즉 가까운 미래에 판가름나는 눈에 보이는 평가를 원했다. 그들은 자연스럽게 자신들이 원래부터 전담해 왔던 고대 전적(典籍)과 학문에 눈을 돌리게 되었다. 그 결과 이제는 출신이 아니라 학문의 성취정도를 가지고 사회적 등급을 매기고 그에 상응하는 경제적 권리를 부여하는 새로운 가치체계를 창출해냈다. 이를 상징하는 제도가 바로 과거제였다. 물론 전체적으로 보아 과거제에 의한 인재등용은 초당 때까지도 극히 미미한 수준에 머물렀지만, 능력본위 풍조가 남북조 말부터 서서히 거스를 수 없는 대세로 자리잡아갔던 것만은 부인할 수 없는 사실이었다.

왕통의 『문중자중설』은 이러한 시대조류를 배경으로 출현한 책이었다. 왕통은 『수서(隋書)』에 입전(立傳)되지 않은 것으로 보아 당시 사회적으로 큰 영향력을 가진 인물은 아니었던 듯하다. 그는 인수3년(603) 태평십이책(太平十二策)을 들고 수 문제를 찾아간 적이 있었는데 그의 나이 24세 때였다. 그러나 이 태평책은 조정의 반대로 실현되지 못하고 왕통은 귀향하여 저술과 교육에 남은 14년의 여생을 바쳤다고 한다. 또 그는 유가경전인 육경의 후속편이라 할 『속경(續經)』을 지었다고 하는데, 소수의 관련인을 제외하고는 이를 보았다는 사람도 인용한 사람도 없으므로 역시 그 진위를 의심하지 않을 수 없다. 따라서 왕통과 문인들의 대화를 정리했다는 현존 『문중자중설』도 이미 많은 사람들이 의문을 제기했듯이 그의 형제와 후손, 그리고 이들에 동조하는 집단에 의한 위작일 가능성이 매우 높다. 다만 7세기 전반기에 쓰여진 것만은 확실한 듯하다.

왕통이 태평책을 들고 황제를 찾아간 것이 사실이라면 그의 좌절은 일면 당연한 것이였다. 정권장악과 천하통일의 숱한 역경을 치러온 원훈대신들이 기라성같이 포진해 있는 장안에, 아무리 학문이 깊다 해도 겨우 약관을 넘긴 일개 서생이 치국의 요체를 진언한다는 것 자체부터 가소로운 일이었음에 틀림없다. 어쨌든 그는 당시 장안에서 대일통의 천하를 움직이고 있는 관롱계를 비롯한 집권세력의 정치권력 독점을 직접 피부로 느꼈을 것이다. 더욱이 그 권력은 문음제(門蔭制)에 의해 대개는 세습되고 있었다. 그러므로 비록 남북조 말부터 출신가문이 아닌 능력본위의 풍조가 확산되고 일부 과거제가 실시되었다고는 하지만, 관롱계와 이에 공조하는 문벌 등 소수의 집권자들이 인사권을 장악하고 있는 한 능력에 의한 인재발탁의 길은 좁을 수밖에 없었다. 왕통뿐만 아니라 그의 혈연들과, 그밖의 많은 수말당초의 관료들과 관료지망생들이 이 같은 뿌리깊은 관롱계의 권력독점에 반발하고 크고 작은 갈등과 좌절을 겪었음에 틀림없다. 지금 당장 권력자들이 누리는 철옹성 같은 기득권의 벽을 깨뜨릴 힘은 없지만, 이들은 그렇다고 현실과 적당히 타협하거나 좌절 속에 머물러 있지만은 않았다. 갈홍이 속세의 신분적 서열체계에 대신하는 신선의 세계를 창조해냈던 것처럼, 왕통은 권력을 기준으로 한 기존의 서열체계에 대신하는 새로운 가치체계를 확립했다. 즉 조상의 관음(官蔭)이나 현재 자신의 관위, 혹은 군사·경제적인 실력의 정도에 의해서가 아니라, 얼마나 학문과 도덕적 수양을 통한 인격완성에 도달했느냐를 척도로 그 사람의 잠재력을 평가하여 사회적 등급을 매기는 새로운 가치체계를 제시했던 것이다.

『중설』이 쓰여진 것은 이와 같은 시대적 배경에서였다. 따라서 그 내용은 당연히 현재 정치의 모순과 문제점을 지적하는 것이 되겠지만, 당시의 조정과 국가운영체제를 직접 비판할 수는 없었으므로 『중설』에서는 대체로 은유적인 방법이나 과거 역사의 논평을 통해 현재의 정치를 빗대는 우회적인 방법으로 비판의 칼날을 들이댔다. 왕통에 따르면 한말 이래로 위진남북조 때에 걸쳐 왕도가 행해지지 않은 지가 오래되었다. 특히 진(晉) 혜제(惠帝) 이전은 명왕(明王)이 있어 상벌이 왕도의 요구에 부합되었던 반면, 혜제 이후로는 상벌에 혼란이 일어나고 시비가 전도되어 지금에 이르렀다. 그래서 왕통은 공자가 『춘추』로써 포폄의 사명을 자임한 것을 본받아, 자신은 혜제 이후의 역사에 대하여 상벌 대신 포폄을 가하기 위해 『원경(元經)』이란 책을 저술했다고 하나, 아쉽게도 이 책을 보았다는 자는 특정관련인 말고는 없다.

『중설』에서는 수대 정치에 대한 직설적인 비판도 간혹 눈에 띈다. 예를 들면 지난 시대에는 조정의 봉록만 축내는 탐욕한 관리들로 가득하다고 자탄하면서, 가장 대표적인 인물로 상서령이었던 양소(楊素)를 꼽았다. 양소는 열전에 의하면 가동이 수천이고 후정에는 기라(綺羅)를 끌고 다니는 기첩들이 천을 헤아리는, 황제를 능가할 정도의 권세가였다. 왕통 역시 그를 가리켜 '제왕의 작복(作福) 작위(作威)의 권한을 훔치는 자'라고까지 평했다. 이런 자들이 조정에서 황제 주위를 감싸고 있는 한 왕도가 행해질 리가 없다. 왕통은 자신이 태평13책을 들고 문제를 찾아갔다가 좌절을 겪은 이유도 이 같은 자들이 정국을 농단하고 있기 때문임을 빗대고 있었다. 그렇다고 수를 일방적으로 폄하한 것만은 아니었다. 왕통이 『상서』의 후속편으로 지은 『속서(續書)』에서는 진·송·북위·서위·북주·수 등 6대의 정치득실을 논했다고 하는데, 이는 6대가 비교적 왕도에 접근하여 '제(帝)'라는 명칭을 부여할 만하기 때문이라고 했다. 수를 포함시킨 이유가 현재 그가 몸담고 있는 정권이기 때문인지는 모르겠으나, 아무튼 왕통은 수를 한편으로는 대일통을 이룬 위대한 정권이면서도 그 이면에 많은 모순을 안고 있는 국가라고 보는 이중적인 입장에 있었던 듯하다.

이렇게 지난 역사가 위에서부터 '실도(失道)'한 정치의 연속이긴 하지만, 왕통은 왕도정치에 대한 희망을 버리지는 않았다. 그의 학문과 인생은 "왕도를 밝히는 것(明王道)"에 최고의 목표를 두었다. 비록 자신의 태평책이 쓰이지 않음으로써 현실정치에 직접 관여하는 것은 좌절되었지만, 그럼에도 왕통은 왕도정치 실현에 굳은 의지를 가지고 분투했으며 그 가능성을 매우 낙관했다. 그는 평소에 늘 삼가고 두려워하며 근면한 태도로 학문에 임했고, 또 직접 농사를 짓고 향리의 경조사에 빠짐없이 참가하는 등 자신의 생업과 공동체생활에 충실한 삶의 태도를 보여주고 있다. 확실히 지난 시대의 『포박자』에서는 느끼기 어려운 새로운 사인생활의 한 전형을 보여주는 듯하다. 향리에서 출사(出仕)하지 않고 농사를 지으며 교육과 저술에 종사하긴 했지만, 왕통은 분명 세상을 구제하는(救時·經世) 일에 최고의 목표를 둔 적극적인 현실참여자였다고 할 수 있다.

그렇다면 왕통이 그토록 추구한 왕도정치란 무엇을 말하는가. 왕도의 기본내용은 이윤(伊尹) 주공 공자에 의해 일찍이 제출되었던 바로, 왕통은 그 실현을 위해 구체적으로 다음과 같은 주장을 하고 있다. 먼저 정치를 하는 데는 근본원칙이 있어야 하는데, 그는 이를 중도(中道) 즉 중용의 도(中庸之道)를 지키는 것으로 보았다. 중도란 『춘추』에서는 권형(權衡)으로, 『서(書)』에서는 황극(皇極)으로, 『예(禮)』에서는 중용으로 표현된다. 성리학에서는 이를 도(道) 혹은 태극(太極)이라고 칭했다. 공자는 중용의 도로 정치하는 것을 인정(仁政)이라고 했다. 다음은 중도의 개념을 좀더 구체적으로 보여주는 구절이다.

> 방현령이 군주를 바로잡고 인민을 감싸는 도(正主庇民之道)에 관해 물었다.
>
> 문중자가 말하기를 "먼저 그 몸을 버려두어라(遺身)".
>
> 방현령이 "그것에 대해 좀더 자세히 일러주십시오"라고 물었다.
>
> 문중자가 말하기를 "대저 그 몸을 버려둘 수 있은 연후에 무사(無私)할 수 있다. 무사한 연후에 지공(至公)할 수 있다. 지공한 연후에 천하를 마음에 두면, 도를 행할 수 있다."(魏相篇)

몸을 버려둔다는 것은 자기 자신을 잊어버린다는 뜻으로, 일체의 사사로운 마음과 이해관계를 떠나는 것이다. 이것이 바로 '정주' 즉 군주를 바로잡는 일의 출발점이다. 그래서 자기 자신을 잊어버리고 모든 이해관계를 떠난 뒤에 비로소 무사하게 되고, 무사하면 곧 지공하게 되는 것이다. 지공이란 공평하게 인정(仁政)을 베풀고 사사로움이 없는 것을 말한다. 사사로움이 없으므로 결국 군주는 천하만을 마음에 두고 천하 인민의 평안만을 생각하게 되는 것이다. 이것이 바로 나라에 도가 행해진다고 이를 수 있는 것이다. 인민을 감싸는 정치(庇民), 즉 왕도정치의 실현은 군주의 지공여부에 달려 있다는 말인데, 이와 동시에 『중설』은 군주뿐만이 아니라 군주를 보좌하는 신하 역시 지공해야 할 것을 요구했다.

왕도정치 실현의 조건으로 군주를 위시한 위정자들의 지공을 요구했던 왕통은, 다시 보편적인 문제로 돌아가 왕도실현을 위해 사람들은 실제로 무엇을 해야 하는지 그 구체적인 실천방법을 하나하나 제시하고 있다. 무엇보다도 왕통은 개개인의 도덕적 수양을 강조했다. 『중설』에는 역사비판에 못지 않게 인간의 도덕수양의 필요성과 원칙, 방법 등에 관한 내용이 큰 비중을 차지하고 있는데, 이는 바로 왕통의 학문체계가 왕도실현과 이를 위한 실천방법으로서의 도덕수양을 불가분적 관계로 묶어놓고 있음을 보여주는 것이다. 물론 후세 송대의 이학(理學)에서만큼 정연하게 체계화된 것은 아니지만, 현실정치 참여와 개인의 도덕수양을 상호 결합시키고 있는 점에서 『중설』은 분명 앞으로 올 시대를 예견하는 측면이 있었다.

인간의 도덕수양을 논함에 있어 중요한 문제는 인간 중에서도 누가 그런 능력을 갖고 있느냐 하는 범주화의 문제일 것이다. 그런 점에서 볼 때 『중설』은 적어도 이론상 모든 사람에게 문을 열어놓았다고 할 수 있다. 『포박자』 역시 누구에게나 신선의 가능성을 열어놓았지만, 금단복용을 특별히 강조한 것은 극히 일부 사람만이 신선을 꿈꿀 수 있었음을 의미한다. 그에 비하면 『중설』은 적어도 표면상으로는 훨씬 개방적이었다. 그에 의하면 인간의 특징은 인식능력을 갖고 있다는

(統元識) 점인데, 세상에는 태어나면서부터 아는 사람(生而知之)은 없고 모든 지식과 학문은 후천적으로 얻어지는 것이라고 했다. 결국 학문의 도달정도는 개인의 의지와 노력 여하에 달린 것으로, 그 결과로 획득된 인격 혹은 사회적 지위는 전적으로 개인의 책임이라고 보는 것과 다름없다. 중국중세에는 커다란 역사적 사건이 많이 일어났지만 그 중에서도 "사람은 누구나 불성(佛性)을 가지고 있어서 수양을 하다보면 부처가 될 수 있다"는 것과 이 영향을 받아 "누구나 성(性)을 타고나므로 학문수양을 통해 성인이 될 수 있다"고 하는 사상의 전개는 중세가 이룩한 위대한 업적이었다. 인간의 도덕적 주체성과 노력을 인정하는 것은, 거꾸로 개인에게 행위의 모든 책임을 묻는 것을 의미하기도 했다. 『중설』은 이러한 도덕적 주체로서의 인간이 노력을 통해 성인의 단계에 도달할 수 있음을 낙관했고 또 인간으로서 당연히 그렇게 해야 한다고 굳게 믿었다.

즉 인간에게는 서로 대립하는 두 마음 즉 인심(人心)과 도심(道心)이 있다. 그런데 보통 인심이 도심을 가로막고 있기 때문에 도가 전진하기가 몹시 어려운 것이다. 이 인심과 도심은 다른 곳에서는 정(情)과 성(性)으로도 표현되고(以性制情) 있는데, 이는 말할 것도 없이 신유학의 핵심을 이루는 개념이다. 인심을 억제하고 도심을 지키기 위해서는 수양이 필요하며, 그 실제적인 방법으로서 가장 중요한 것은 평소에 삼가고 두려워하는(敬愼誡懼) 태도를 가지고 지식습득과 학문정진에 끊임없이 노력을 반복하는 일이다. 이러한 지식과 학문의 목적이 문장을 잘 짓거나 벼슬이나 이(利)를 구하기 위해서가 아니라, 진도(進道) 즉 명도(明道)에 있다는 것, 궁극적으로는 왕도실현에 있다는 것은 왕통이론의 당연한 귀결이라 하겠다.

왕통의 삶에서 풍기는 성실성과 근면성, 매사에 신중하고 공경스러운 태도, 자신의 학문에 대한 확신, 왕도정치에 대한 신념, 세상에 쓰이던 안 쓰이던 오로지 왕도실현이란 목표를 향해 외길을 걷는 굳은 심지, 그런 가운데 주변 향린들에게 정성을 베풀며 더불어 살아가는 모습, 이러한 면면들은 그 이전 사인들에게서 풍기는 분위기와는 사뭇 다른 느낌을 준다. 어쩌면 『중설』의 저자가 왕통이란 인물에 가탁하여 하나의 이상적 사인상을 제시했기 때문에 과장된 측면이 있을지도 모른다. 그러나 『중설』이 세상의 구제를 자신의 소임으로 여기고 이를 위해 노력하는 7세기 한 지식인의 적극적인 현실참여 정신으로 충만해 있다는 것은 누구도 부인할 수 없는 사실이다.

이상에서 중국중세의 시대조류를 대변하는 세 편의 저술을 나름의 관점에서 간략히 살펴보았다. 이 세 사람은 나라이름을 바꾼 자도, 개혁을 해보겠다고 나선 자도 아니다. 그러나 이들은 누구보다 먼저 자신이 몸담고 있는 시대의 흐름을 감지하고 예견하고 있었다. 이들은 현실과 적당히 타협하거나 안주하기보다는 그 속에서 자신의 역할을 발견했고, 이를 시대적 소임으로 여기며 온 정열을 쏟아부었다. 후한사회 최고의 수준과 권위를 자랑하는 '학문'인 천인감응설과 참위사상의 '허망'됨을 밝혀내기 위한 왕충의 비장한 노력과 결국 숙명론으로 갈 수밖에 없었던 그의 시대적 한계, 또한 인간존재의 근원과 자아에 깊은 관심을 가진 위진시대를 살면서 생명의 비밀에 도전하며 속인들의 가치체계를 조롱한 갈홍의 통쾌한 승리, 그리고 가문과 무력을 배경으로 한 권력소유자들에 대해 인간의 최고가치는 인욕(人慾)을 절제하는 도덕수양을 통해 성인에 도달하는 것임을 역설한 왕통의 진지한 자세, 각자 삶의 방식과 모습은 다르지만 그 시대가 아니고는 보여줄 수 없는 역사의 편린들이 아닌가 한다.